湖南学生联合会　新湖南社　湖南自修大学　编辑

湘江评论　新湖南　新时代

湖湘文库编辑出版委员会
湖南师范大学出版社

湖湘文库
甲编

出版说明

湖湘文化源远流长，博大精深，是中华文化中独具地域特色的重要一脉。特别是近代以来，一批又一批三湘英杰，以其文韬武略，叱咤风云，谱写了辉煌灿烂的历史篇章，使湖湘文化更为绚丽多彩，影响深远。为弘扬湖湘文化、砥砺湖湘后人，中共湖南省委、湖南省人民政府决定编纂出版《湖湘文库》大型丛书。

《湖湘文库》编辑出版以『整理、传承、研究、创新』为基本方针，分甲、乙两编，其内容涵盖古今，编纂工作繁难复杂，兹将有关事宜略述如次：

一、甲编为湖湘文献，系前人著述。主要为湘籍人士著作和湖南地区的出土文献，同时酌收历代寓湘人物在湘作品，以及晚清至民国时期的部分报刊。

二、乙编为湖湘研究，系今人撰编。包括研究、介绍湖湘人物、历史、风物的学术著作和资料汇编等。

三、乙编中的通史、专题史，下限断至一九四九年。

四、甲编文献以点校后排印或据原本影印两种方式出版。

五、除少数图书以外，一律采用简体汉字横排。

六、每种图书均由今人撰写前言一篇。甲编图书前言，主要简述原作者生平、该书主要内容、学术文化价值及版本源流、所用底本、参校本等。乙编图书前言，则重在阐释该研究课题的研究视角和主要学术观点等。

七、对文献的整理，只据底本与参校本、参校资料等进行校勘标点，对底本文字的讹、夺、衍、倒作正、补、删、乙，有需要说明的问题，则作出校记，一般不作注释。

八、甲编民国文献中的用语、数字、标点等，除特殊情况外，一般不作改动。乙编图书中的标点、数字用法、参考文献著录规则等均按现行出版有关规定使用和处理。

《湖湘文库》卷帙浩繁，难免出现缺失疏漏，热望社会各界批评指正。

《湖湘文库》编辑出版委员会

前言

刘苏华

一九一五年九月，陈独秀在上海创办《青年杂志》。以此为起点和中心阵地，一批民主主义知识分子发起了一场以救亡图存、启发理智为宗旨的反封建的新文化运动。一时间，大量进步刊物纷纷创办，宣传新思想的刊物犹如『雷雨已过，春笋怒生』，总数达四百多种，『民主』与『科学』思想传遍神州大地。这股新思潮也引导和鼓励了湖南大批青年解放思想、独立思考。一九一九年，巴黎和会上中国外交宣告失败，北京爱国学生发起了声势浩大的五四运动，各地学生纷纷声援。湖南地区的进步青年以笔为矛，针砭时弊，抨击黑暗现实，以实际行动呼应和支援五四运动，以满腔热血呼唤国人。《湘江评论》、《新湖南》、《新时代》等一批进步刊物①在『五四』精神感召下应运而生；

① 《湘江评论》、《新湖南》、《新时代》三种刊物到底属于报纸还是杂志，众说纷纭。如有研究者就明确反对将《湘江评论》列为杂志（张秀玲、孙金花：《〈湘江评论〉是『杂志』吗？》，《图书馆建设》二〇〇三年第二期）。从其形式来看，《湘江评论》、《新湖南》、《新时代》大体可以归于报纸类别，特别是《湘江评论》的呈现形式更像报纸一些。事实上，当时许多报纸与杂志的区分不是特别明显。『五四时期，正在流行杂志报纸化，毛泽东也采用了报纸的形式编排《湘江评论》，每期分版，每版分栏。』（吉少甫主编：《中国出版简史》，学林出版社一九九一年版，第三五四页）所以，《湖湘文库》本次影印时，没有过多地纠缠于其属性论争，纯粹是基于出版方便的考虑，大致将其归于期刊之列，只将当时的日报确定为报纸，制成光盘出版。基于此种考虑，本文在介绍这三种刊物时，也没有对其进行严格的区分，一并进行介绍。

成为有志青年救国斗争的主要阵地，为湖南地区新思想的传播、民众的觉醒做出了杰出贡献。

五四运动爆发后，军阀张敬尧在湖南严密封锁新闻，并在长沙实行戒严，驱散游行队伍。为了突破限制，在毛泽东和新民学会其他会员的努力下，一九一九年六月三日，湖南学生联合会宣告成立。作为教员的毛泽东经常参加学生联合会的会议，并指导学生开展工作。在他的提议下，一九一九年七月十四日，《湘江评论》创刊号以湖南学生联合会会刊的名义出版，毛泽东被推举为主编。

《湘江评论》是一张四开四版的小报，为周刊。从一九一九年七月出版创刊号至八月中旬，共出版了四号与临时增刊第一号。一九一九年八月中旬第五号未及发行便遭到军阀张敬尧的查封。在编排上，《湘江评论》模仿了当时北京的《每周评论》；在内容上，它继承了中国近代报刊政论传统，并以评论见长。《湘江评论》辟有『西方大事述评』、『东方大事述评』、『湘江大事述评』、『世界杂评』、『湘江杂评』、『新文艺』、『法国通讯』等专栏，全方位地向读者提供国内外最新思想及革命形势的消息、报道，并就读者提出的时事问题在报上展开讨论。文章采用白话写成，笔调生动活泼、简明流畅，受到广大读者的欢迎。

《湘江评论》以『宣传最新思潮』为宗旨发表了大量充满革命热忱与富有批判精神的评论文章，积极传播了革命呼声。毛泽东在《创刊宣言》中称：『自「世界革命」的呼声大倡，「人类解放」的运动猛进，从前吾人所不置疑的问题，所不遽取的方法，多所畏缩的说话，于今都要一改旧观。不疑者疑，不取者取，多畏缩者不畏缩了。……各种对抗强权的根本主义为「平民主义」（兑莫克拉西，一作民本主义、民主主义、庶民主义）。宗教的强权、文学的强权、政治的强权、社会的强权……国际的强权，丝毫没有存在的余地，都要借平民主义的高呼，将他打倒。』①接着，《宣言》

① 泽东：《创刊宣言》，《湘江评论》创刊号。

说明世界革命的潮流任何力量也阻挡不住。世界上最强大的力量是全体人民联合的力量，人民应当起来为自己的彻底解放而向强权统治作斗争。《宣言》指出《湘江评论》的职责，就在『不受一切传说和迷信的束缚，要寻着什么是真理』。动员人们，『时机到了！世界的大潮卷得更急了！洞庭湖的闸门动了，且开了！浩浩荡荡的新思潮业已奔腾澎湃于湘江两岸了！顺他的生，逆他的死。如何承受他？如何传播他？如何研究他？如何施行他？是我们全体湘人最切最要的大问题，即是《湘江》出世最切最要的大任务。』①这一极富战斗性的《宣言》，全面展现了以毛泽东为代表的爱国青年救国的热忱与思想觉悟。它号召人们联合起来，以大无畏的革命精神和天不怕地不怕的革命气概，向黑暗的强权政府统治开战，向强权的日本侵略者开战，表现了反帝反封建的革命精神。

《湘江评论》的主要内容除了宣传革命精神以外，还大力倡导民主和科学，反对封建专制与封建落后思想。《湘江评论》刊载的文章认为：中国的极大危险，不在于兵弱财穷，内乱纷争，而在于中国名为共和，『实则专制』，『没有民主的影子，不晓得民主究竟是甚么』，在于『科学思想不发达』，『全国人民思想界空虚腐败』，『迷信神鬼，迷信物象，迷信运命，迷信强权。全然不认有个人，不认有自己，不认有真理。』任何的强权和迷信，都丝毫没有存在的余地，都要借民众的力量，将它打倒。

《湘江评论》还对西方情况进行了介绍，热情地讴歌了俄国的十月革命，赞扬了英、美、法、德、意各国的罢工运动。『世界战争的结果，各国的民众，为着生活痛苦问题，突然起了许多活动。我（俄）罗斯打倒贵族，驱逐富人，劳农两界合立了委办政府。红旗军东驰西突，扫荡了多少敌人，协约国为之改容，全世界为之震动。匈牙利崛起，布达佩斯又出现了崭新的劳农政府。德人奥人捷克人和之，出死力以与其国内的敌党搏战。怒涛西迈，转而东行，英

① 泽东：《创刊宣言》，《湘江评论》创刊号。

法意美既演了多少的大罢工，印度、朝鲜又起了若干的大革命。』①同时，《湘江评论》发表文章，对帝国主义的侵略本性进行了揭露。像英、美、法、日等帝国主义国家在巴黎『和会』上所作的争吵，纯乎是分赃的活动，不外是谁多『得到若干土地，收赔若干金钱』，出席会议的英、法等国代表，虽然『满嘴的平等正义』，实际上是『一类的强盗』。②和约并没有从根本上解决问题，帝国主义的矛盾仍然存在。『无知的克勒满沙老头子（指法国首相克里孟梭——引者注），还抱着那灰黄色的厚册（指《巴黎和约》——引者注），以为签了字在上面，就可当做阿尔卑斯山一样的稳固，可怜的很呵！』③

《湘江评论》连载的由毛泽东所著的《民众的大联合》一文，明确地提出了民众大联合的主张，对民众大联合的重要性、实现联合的具体办法进行了深刻的分析，成为人民革命统一战线战略思想的雏形。『历史上的运动不论是哪一种，无不是出于一些人的联合。……历来宗教的改革和反抗，学术的改革和反抗，政治的改革和反抗，社会的改革和反抗，两造必有其大联合，胜负所分，则看他们联合的坚脆。』④而到了近代，由于有联合压迫的存在，人民更加痛苦，因而『起了改革、起了反抗，于是乎有（民）众的大联合』。⑤ 俄国十月革命就是人民大联合的结果，其他欧洲各国也通常用这种方法去求得改革的胜利。『我们应该起而仿效，我们应该进行我们的大联合！』只要民众实现大联合，『起而一呼，奸人就要站起身来发抖，就要舍命的飞跑』。⑥

① 泽东：《民众的大联合》（三），《湘江评论》第四号。
② 泽东：《证明协约国的平等正义》、泽东：《可怜的威尔逊》，《湘江评论》第一号。
③ 泽东：《德意志人沉痛的签约》，《湘江评论》第二号。
④ 泽东：《民众的大联合》，《湘江评论》第二号。
⑤ 泽东：《民众的大联合》，《湘江评论》第二号。
⑥ 泽东：《民众的大联合》，《湘江评论》第二号。

《湘江评论》从创办到被查封，虽然只存在一个多月，却被公认为五四时期最出色的革命刊物之一，影响十分深远。群众把它看成是真正代表自己说话的喉舌，有的说『《湘江评论》就是湘江的怒吼』，有的说『《湘江评论》就是湖南人民的声音』，是『吾湘前所未有之佳报』。① 当时的教师、学生和社会上的进步知识分子，都是《湘江评论》的热心读者。每一期《湘江评论》送到各校的阅览室，大家都争先恐后地抢着阅读。第一期原来只印了两千份，结果一天就卖光了，后来又加印了两千份，不到三天又都卖光了。鉴于订购《湘江评论》的读者很多，于是从第二期起刊物印行五千份，这在当时的报刊中已是很大的发行量了，但仍不能满足省内外读者的需要。② 刊物同时也受到业界同仁的赞扬和推崇，上海出版的《湖南》月刊评价《湘江评论》『著论选材，皆极精粹，诚吾湘前未有之佳报。欲知世界趋势及湘中曙光者，不可不阅。』③北京《晨报》也称《湘江评论》『内容完备』，『魄力非常充足』。④ 胡适在其主编的《每周评论》第三十六号（一九一九年八月二十四日出版，此时《湘江评论》已经遭查封）上也撰文评价《湘江评论》：『现在新出版的周报和小日报，数目很不少了。北至北京，南至广州，东从上海、苏州，西至四川，几乎没有一个城市没有这类新派的报纸。……现在我们特别介绍我们新添的两个小兄弟，一个是长沙的《湘江评论》。一个是成都的《星期日》。』并认为：『《湘江评论》的长处是在议论的一方面。《湘江评论》第二、三、四期的《民众（的）大联合》一篇大文章，眼光很远大，议论也很痛快，确是现今的重要文字。还有湘江大事述评一栏，记载湖南的新运动，使我们发生无限乐观。武人统治之下，能产出我们这样的一个好兄弟，真是我们意外的欢喜。』《民众的大联合》

① 《毛泽东同志青少年时代》，《新湘评论》一九七九年第二期。
② 钟镇藩：《毛泽东和〈湘江评论〉》，《毛泽东思想研究》一九八四年第三期。
③ 《五四时期湖南人民革命斗争史料选编》，湖南出版社一九七九年版，第三二四页。
④ 《毛泽东同志青少年时代》，《新湘评论》一九七九年第二期。

一文发表后，除《每周评论》介绍外，北京的《又新日报》、成都的《星期日》周刊、上海的《时事新报》全文转载或摘要了这篇文章。《每周评论》、《新青年》、《新潮》、《晨报副刊》都曾发文推荐《湘江评论》和《民众的大联合》，上海的《新教育》第二卷第五期还介绍了这篇文章的主要内容及其重大意义。①另外，《湘江评论》以崭新的思想和满腔爱国热忱唤起民众的觉醒，引导一大批青年投身到救国革命事业中来。萧劲光在《悼任弼时》一文中谈到他与任弼时受到其影响时说：『毛主席编的《湘江评论》传播了巨大的革命影响。我们正是在这革命运动的影响下开始了革命觉悟。』②其影响可见一斑。

《新湖南》是由湘雅医学学校学生自治会于一九一九年四月二日创办的周刊，原名《学生救国报》③，由龙毓莹（伯坚）主编，编委有张维、李振翩等人，是湖南进步报纸之一。《学生救国报》共出版三期，到一九一九年六月十五日，从第四期开始更名为《新湖南》。《新湖南》以宣传救国为主要内容，推行新思想，意图改革社会时弊。徐善祥在《新湖南祝辞》中提出『新湖南以新中国，新中国以新世界。涓滴之积，可成江河；尘埃之积，可成泰山。人各此心，心各此志，何患百利之不兴，何患百废之不举』的祝愿，对《新湖南》寄予了厚望。《发刊词》提出的办刊宗旨概括而言包括：第一，反对旧礼教，提倡新道德，使国人知所取从；第二，改造家族制；第三，提倡男女平权、生活独立；第四，提倡劳工神圣，反对分利坐食；第五，提倡平民教育；第六，灌输卫生知识。因此，《新湖南》主要宣传编者们改革社会的主张，即『新湖南以新中国』的理想。

---

① 吉家友：《〈湘江评论〉编辑特色及其影响》，《信阳师范学院学报》（哲学社会科学版）一九九六年第四期。

② 萧劲光：《悼任弼时》，《人民日报》一九五〇年十月三十一日。

③ 也有研究者认为刊物原名《救国周刊》。『据五四时期影响很大的《新青年》第七卷第一号记载，《新湖南》「原来本是《救国周刊》」，所讨论的都属于外交，后来因为政治运动难有效果，改称今名，专介绍新思潮来作「文化运动」。』由此可见，《新湖南》周刊的前身是《救国周刊》，而不是《学习救国报》，也不是《学生救国报》。』（参见窦其文：《毛泽东主编〈新湖南〉的几点考证》，《新闻与传播研究》一九八三年第六期）

《新湖南》从第七期开始邀请毛泽东担任主编。① 毛泽东主编的《新湖南》继承了《湘江评论》的风格，打破了先前《新湖南》『言论不涉政事』的局限。其在《刷新宣言》一文中提出了新的出版宗旨：『一、批评社会。二、改造思想。三、介绍学术。四、讨论问题。』大大增强了本刊的革命性。毛泽东在《新湖南》上每期都刊有自己执笔的政论文，继承了《湘江评论》的战斗精神。『毛泽东同志每期都为《新湖南》写很多篇论文，以通俗易懂、生动活泼、犀利透辟的新文风，真正反映了当时革命人民的思想意志和五四运动狂飚突进的时代精神。』②《新湖南》出至第九期③就遭受了《湘江评论》同样的厄运——被军阀张敬尧查封。

虽然《新湖南》改编后只发行了短短几期，但它对当时国内外和本省重大问题的批判、分析及评述，使读者们受到了极大的政治启发和思想启蒙。如《社会主义是什么？无政府主义是什么？》、《工读问题》等文章，正面揭露了社会现实的黑暗，为学生运动指明了方向，产生了较大的影响。当时有文章说：『……湘雅医学校也发行了一种

---

① 对于毛泽东究竟何时主编《新湖南》，主要有两种说法：一种认为是从第三期开始，一种认为是从第七期开始。当事人龙毓莹的表述也不一致：『自毛泽东同志主编第七期开始，《新湖南》周刊进行革新。』后来，他又说：『《新湖南》周刊，由我主编，是用报纸印的，大小等于现在的半张报纸，只出了两期。自第三期起由毛主席主编。』（参见龙伯坚：《回忆〈新湖南〉》，吕芳文主编：《五四运动在湖南》，岳麓书社一九九七年版）钟镇藩在《毛泽东同志是从哪一期主编〈新湖南〉的？》（《求索》一九八二年第二期）和《毛泽东同志创办与主编过的四种报刊》（《党史资料》一九八一年第一期）两文中均持『三期说』。而大部分的研究者（如张素华：《毛泽东同志从第七期主编〈新湖南〉是肯定的》，《求索》一九八二年第五期；窦其文：《毛泽东主编〈新湖南〉的几点考证》，《新闻与传播研究》一九八三年第六期；黄珊琦、吴世明：《毛泽东主编〈新湖南〉历史考辨》，《档案时空》二〇〇八年第七期）均认为『七期说』比较接近事实。他们所列举的最为有利的证据是毛泽东亲笔写给黎锦熙的信，其中明确提到是从第七期开始主编《新湖南》的：『《湘江评论》，出至第五号，被禁停刊。第五号已寄来尊处，谅经接到。此间有一种《新湖南》，第七号以后，归弟编辑，现正在改组，半月后可以出版。彼时当奉寄一份，以就指正。』（《毛泽东早期文稿》，湖南出版社一九九〇年版，第四〇四页）

② 龙伯坚：《回忆〈新湖南〉》，见吕芳文主编：《五四运动在湖南》，岳麓书社一九九七年版。

③ 《新湖南》到底出版到第几期被查封，说法不一。有研究者认为出至第十一号被查封（参见黄珊琦、吴世明：《毛泽东主编〈新湖南〉历史考辨》，《档案时空》二〇〇八年第七期），有研究者认为出至第十二号被查封。（参见陈其相等著：《毛泽东编辑思想与实践》，广西师范大学出版社一九九八年版，第一〇四页）

《新湖南》周刊，也有很实在的价值……这真是湖南教育史上的曙光了。』（H．C：《湘省教育底前途的一忧一喜》，《晨报》一九一九年十一月八日）有的文章说：『湘雅医学校发行的《新湖南》，内容极为完备，并且为《湘江评论》底化身，所以魄力非常充足。』（韶卿：《长沙特约通信》，《晨报》一九一九年十一月二十五日）一九一九年十二月一日出版的《新青年》第七卷第一期，在介绍当时湖南进步刊物时特别指出：革新后的《新湖南》周刊，『其中精彩真是不少』。① 可以说《新湖南》是继《湘江评论》后的又一革命思想阵地。

一九二〇年三月十四日，毛泽东在给周世钊的信中就提到了酝酿成立自修大学，并提出『看情形出一本杂志』的设想。② 一九二一年，毛泽东在筹建中共湘区委员会过程中，利用船山学社的经费和社址创建了湖南自修大学，后经多方努力终于在一九二三年以《湖南自修大学校刊》的名义创办了《新时代》。在此之前，一九二二年，李达同志应毛泽东同志函邀到自修大学担任学长并任《新时代》主编。自此，《新时代》秉承《湘江评论》的革命精神和批判精神，继续为宣传真理、实现民主联合战斗。其《发刊词》明确提出扫时弊、兴教化的宗旨：『同人自信都有独立自强的精神，都有坚苦不屈的志气，只因痛感着社会制度的不良和教育机关的不备，才集合起来，组织这个学问上的亡命之邦，努力研究致用的学术，实行社会改造的准备。……将来，国家如何改造，政治如何澄清，帝国主义如何打倒，武人政治如何推翻，教育制度如何改革，文学艺术及其他学问如何革命如何建设等等问题，本刊必有一种根本的研究和具体的主张贡献出来……』而且《新时代》较《湘江评论》和《新湖南》更自觉地宣传马列主义思想，成为中国共产党早期的革命舆论阵地。

---

① 吕芳文主编：《五四运动在湖南》，岳麓书社一九九七年版，第二五〇页。

② 《毛泽东早期文稿》，湖南出版社一九九〇年版，第四七六页。

《新时代》接连发表了《外力、军阀与革命》、《何谓帝国主义》、《曹公不出，如苍生何？》等直接揭露和批判帝国主义、军阀统治的战斗檄文。『《新时代》月刊首先把研究和宣传的重点放在「帝国主义如何打倒，武人政治如何推翻」这个有关社会和国家改造的根本问题上。创刊号上发表的头两篇文章就是毛泽东同志的《外力、军阀与革命》和李达同志的《何谓帝国主义》。这两篇文章适应当时革命斗争的需要，着重宣传了反对帝国主义和封建军阀的严重意义。』①同时，《新时代》还『密切注视全国政治形势的发展，对于各地正在兴起的反对帝国主义和封建军阀的各种实际斗争，及时地发表指导性的文章。』②如在全国开展收回旅大的运动时，《新时代》就发表了《为收回旅大敬告国人》一文；当全国人民开展反直系军阀运动时，《新时代》就发表了《旧国会不死大盗不止》和《中国商工阶级应有之觉悟》等文。同时，『《新时代》月刊在研究中国革命的实际问题，宣传党的正确路线，抵制错误倾向方面，作出了很大的努力和贡献。』③如在怎样正确制定建立革命统一战线的方针和策略这样一个关系到中国革命前途的重大理论问题和实践问题上，《新时代》也『有一种根本的研究和具体的主张贡献出来』。其发表的《马克思学说与中国》就是关于这一问题的重要文章。

《新时代》最引人注目的是从第二号开始定期发表马克思主义、共产主义理论及研究文章，较为著名的文章有《马克思学说与中国》等等。『《新时代》月刊还着重于马克思主义理论的宣传和介绍。在创刊号上发表了李达同志译述的《德国劳动党纲领栏外批评》即《哥达纲领批判》，在第三号、第四号上连载了罗学瓒同志翻译的《共产主义与经济的进化》，还在第二号至第四号上连续发表李维汉同志写的阐述唯物史观，批评历史唯心主义观点的《观念史

① 熊崇善：《〈新时代〉月刊与李达》，《教学与研究》一九八〇年第四期。
② 熊崇善：《〈新时代〉月刊与李达》，《教学与研究》一九八〇年第四期。
③ 熊崇善：《〈新时代〉月刊与李达》，《教学与研究》一九八〇年第四期。

观批评》一文，等等。』①这些文章为马克思学说在中国的传播和实施以及正确制定党的民主革命政策方针做出了科学分析，起到了推动作用。《新时代》另外还开设了《观念史观批评》、《中外哲学政治思想介绍》、《教育学说探讨》及《随感杂谈》、《小说》、《诗歌》等多个板块。『各期发表的一些探讨教育、文学艺术及其它学问的文章，都使人耳目一新。』②

《新时代》共出版四号，每期印刷约两千份，发行量较大，后被军阀赵恒惕查封。但《新时代》宣扬的马克思主义学说以及对黑暗现实的鞭笞，极大地鼓舞了进步人士，对民众的觉醒和民众大联合的实现起到了积极作用。『在我党创立的初期，它在传播马克思主义真理，研究中国革命问题，宣传党的「二大」提出的反帝反封建的革命领纲和路线，提高干部的理论水平，推进中国革命的斗争中，起了重大的作用，具有不可磨灭的功绩。』③

《湘江评论》、《新湖南》与《新时代》三种革命期刊均与毛泽东息息相关，毛泽东为三种刊物的出版付出了艰辛的劳动。如《湘江评论》从发起、创办，到编辑、校对、印刷，都由毛泽东一人承担。有时，因为约好的稿件不能按时到稿或稿件不适合，他还不得不亲自写作。毛泽东为《湘江评论》写作的各种类型的文章共三十多篇，约占全部稿件的一半。《湘江评论》也成为毛泽东投身革命、领导革命的开端。『以主编《湘江评论》为标志，毛泽东举起了反帝反封建的大旗。』『以主编《湘江评论》为标志，毛泽东走上了职业革命家的道路。』④『《湘江评论》的问世绝不是偶然的。它是毛泽东同志在直接投身到五四时期的中国革命运动，已经走到马克思主义的路上，从一个急（激）进民

① 熊崇善：《〈新时代〉月刊与李达》，《教学与研究》一九八〇年第四期。
② 熊崇善：《〈新时代〉月刊与李达》，《教学与研究》一九八〇年第四期。
③ 熊崇善：《〈新时代〉月刊与李达》，《教学与研究》一九八〇年第四期。
④ 邹鲁清：《毛泽东与〈湘江评论〉》，《求索》一九九三年第四期。

主主义者转变成为赞成俄国革命的具有初步共产主义思想的知识分子的时候产生的。』『《湘江评论》一经产生，就反映了青年毛泽东同志开始运用马克思主义观点分析中国和世界问题的趋势，体现了从实际出发的精神。』①《新时代》也是在毛泽东的倡议与筹办下创立的，他对《新时代》也极为重视。『正当这个刊物即将问世的时刻，毛泽东同志遭到当时北洋军阀统治湖南的代理人赵恒惕的通缉，于同年四月离开长沙到上海，随后又到广州出席党的第三次代表大会。在他动身离开长沙的前夕，还在清水塘的煤油灯下，为《新时代》创刊号赶写了《外力、军阀与革命》一文，充分体现了他对这个刊物的关注。』②

《湘江评论》、《新湖南》和《新时代》均是在毛泽东的主编或主持下编辑出版的，三种刊物一脉相承，秉承和发展了毛泽东的编辑思想。一九一九年七月，毛泽东主编《湘江评论》，通过此次经历，毛泽东积累了早期的编辑实践经验，并逐渐形成了自己的编辑思想。《湘江评论》以『宣传最新思潮』的办报宗旨充分体现了毛泽东明确报刊宗旨，立足于『唤起民众之觉醒』的编辑思想。毛泽东接手《新湖南》后，对其进行了改革，首先就其宗旨重新进行定位，并坚定推行：『第七号以后的本报，同人尽其力之所能，本着这四个宗旨去做，「成败利钝」，自然非我们所顾……因为我们的信条是「什么都可以牺牲，惟宗旨绝对不能牺牲！」』《新时代》虽然不是毛泽东主编的，但其战斗风格和政治特质与《湘江评论》、《新湖南》是一致的。也就是说，《新时代》实质上也是按照毛泽东的编辑思想和编辑意图来进行编辑的。③《湘江评论》、《新湖南》、《新时代》均以针砭时弊和救国为主要内容，紧密联系现实政治，体现了毛泽东立足于现实不空谈大道理的编辑方针。

---

① 徐建源：《毛泽东同志走上马克思主义道路的开端——读〈湘江评论〉》，《辽宁大学学报》（哲学社会科学版）一九八一年第四期。

② 熊崇善：《〈新时代〉月刊与李达》，《教学与研究》一九八〇年第四期。

③ 陈其相等：《毛泽东编辑思想与实践》，广西师范大学出版社一九九八年版，第十五、十六页。

本书这次收录了《湘江评论》全部四号与临时增刊一号、《新湖南》一号与《新时代》全部四号影印出版，增加了前言与目录。《新湖南》第二号至第六号以及毛泽东主编的第七号至第八号，我们查找了国家图书馆、湖南省图书馆、湖南省档案馆、湖南省博物馆、湖南省社科院图书馆、长沙市博物馆、韶山毛泽东纪念馆、韶山图书馆、新民学会旧址纪念馆等地，以及全国几大有代表性的图书馆，都没有发现，故没有收入此书中，这不能不说是一个极大的遗憾，只能留待以后发现后再行修订补充。对于三种刊物正文中的错漏，影印本保留原样，没有对其进行修饰与更改，留待读者使用时自己辨析。《湘江评论》因为底本印刷模糊，有些地方无法进行正常的阅读，但因没有找到其他版本进行补充修正，所以只能保留原样。在影印处理时，因为本书开本大小的局限，原刊物为四开的《湘江评论》缩小作为一页时内容根本无法辨认，所以不能采取一版一页的影印方式，只能采取重新剪贴的方法，将四开一版的一页内容裁剪为四个页面内容，分别放置在图书的四个页面中，以保证正常的阅读以及与后两种刊物呈现形式的一致性。这种处理方法，必然导致本书《湘江评论》的呈现形式与原版的《湘江评论》有较大的差异，请读者使用时留意。

目录

诗

随感录

湘江评论

發行所湖南學生聯合會

湘江評論

本報零售一份價目如下 每號銅子二枚 外埠大洋二分郵費在內

The Shian Kian Weekly Review

創刊號

●創刊宣言●

澤東

自「世界革命」的呼聲大倡。「人類解放」的運動猛進。從前吾人所不置疑的問題。所不遽取的方法。多所畏縮的說話。於今都要一改舊觀。不疑者疑。不取者取。多畏縮者不畏縮了。這種潮流。任是什麼力量。不能阻住。任是什麼人物。不能不受他的軟化。

世界什麼問題最大？吃飯問題最大。什麼力量最强？民衆聯合的力量最强。什麼不要怕？天不要怕。鬼不要怕。死人不要怕。官僚不要怕。軍閥不要怕。資本家不要怕。

自文藝復興。思想解放。「人類應如何生活」？成了一個絕大的問題。從這個問題。加以研究。就得了「應該那樣生活」—「不應該這樣生活」的結論。一些學者倡之。大多民衆和之。就成功或將要成功許多方面的改革。

見於宗教方面爲「宗教改革」。結果得了信教自由。見於文學方面。由貴族的文學。古典的文學。死形的文學。變爲平民的文學。現代的文學。有生命的文學。見於政治方面。由獨裁政治。變爲代議政治。由有限制的選舉。變爲沒限制的選舉。見於社會方面。由少數階級專制的黑暗社會。變爲全體人民自由發展的光明社會。見於敎育方面。爲平民教育主義。見於經濟方面。爲勞獲平均主義。見於思想方面。爲實驗主義。見於國際方面。爲國際同盟。

各種改革。一言蔽之。「由强權得自由」而已。各種對抗强權的根本主義。爲平民主義」。(德莫克拉西。一作民本主義。民主主義。庶民主義。)宗敎的强權。文學的强權。政治的强權。社會的强權。敎育的强權。經濟的强權。思想的强權。國際的强權。絲毫沒有存在的餘地。都要借平民主義的高呼。將他打倒。

如何打倒的方法。則有二說。一急烈的。一溫和的。兩樣方法。我們應有一番選擇。(一)我們承認强權者都是人。都是我們的同類。濫用强權。是他們不自覺的誤謬與不幸。是舊社會舊思想傳染他們遺害他們。(二)用强權打倒强權。結果仍然得到强權。不但自相矛盾。

並且毫無効力。歐洲的「同盟」「協約」戰爭。我國的「南」「北」戰爭。都是這一類。

所以我們的見解。在學術方面。主張澈底研究。不受一切傳說和迷信的束縛。要尋着什麼是眞理。在對人的方面。主張羣衆聯合。向强權者爲持續的「忠告運動」。實行「呼聲革命」——麪包的呼聲。自由的呼聲。平等的呼聲。——「無血革命」。不至張起大擾亂。行那沒効果的「炸彈革命」「有血革命」。

國際的强權。迫上了我們的眉睫。就是日本。罷課。罷市。罷工。排貨。種種運動。就是直接間接對付强權日本有効的方法。

至於湘江。乃地球上東半球東方的一條江。他的水很清。他的流很長。住在這江上和他鄰近的民族。渾渾噩噩。世界上事情。很少懂得。他們沒有有組織的社會。人人自營散處。只知有最狹的一己。和最短的一時。共同生活。久遠觀念。多半未曾夢見。他們的政治。沒有和意和澈底的解决。只知道私爭。他們被外界的大潮捲急了。也辦了些敎育。却無甚効力。一班官僚式教育家。死死盤據。把學校當監獄。待學生如囚徒。他們的產業沒有開發。他們中也有一些有用人材。在各國各地方學好了學問和藝術。但沒有給他們用武的餘地。閉鎖一個洞庭湖。將他們輕輕擺住。他們的部落思想又很利害。實行湖南飯湖南人吃的主義。教育實業界不能多多容納異材。他們的腦子貧弱而又腐敗。有增益改良的必要。沒人提倡。他們正在要學的青年。很多。很有為。沒人用有効的方法。將種種有益的新知識新藝術啟導他們。咳！湘江湘江！你真枉存在於地球上。

時機到了！世界的大潮捲得更急了！洞庭湖的閘門動了。且開了！浩浩蕩蕩的新思潮業已奔騰澎湃於湘江兩岸了！順他的生。逆他的死。如何承受他？如何傳播他？如何研究他？如何施行他？是我們全體湘人最切最要的大問題。即是「湘江」出世最切最要的大任務。

西方大事述評

各國的罷工風潮

澤東

法英美三國的官閥和財閥，傾注全力於巴黎和會，用高壓手段對付敗北的德奧，正在興高采烈時候，他們的國裏，忽然發生了罷工風潮。罷工在他們國裏，原是一件常事。政府和財閥，雖然不敢十分輕視勞動者。每當勞動者拿着勞銀不均，工時太久，住屋不適，失職無歸，種種怨懣不平問題，聯合同類，鼓起罷工的時候，也不得不小小給他們一點恩惠。正如小兒哭餓，到着十分傷心，大人也不得不笑着給他一個餅子。但終是極不重視，看得甚輕。所以廣義派人，都笑英法的工人是小見識。從老虎口裏討碎肉，是不能夠的。

此回各國的罷工風潮，英國因為歐戰初了時候（去年十二月）英倫[illegible]交涉機關，然料業[illegible]礦山業[illegible]已演了一大罷工。故此次罷工，未發生於英倫本土。法國罷工情形，初頗嚴重。終亦以小惠收場，沒鬧出什麽好結果。廣義派人有乘機在巴黎實行政治運動之說，亦未見諸事實，美國一部分電報電話人員的罷工，乃在附和議院多數派反對加入國際聯盟。與英法罷工，異其目的。意大利之罷工乃社會黨嫉惡其政府所爲的一種動運，德國自去冬少數社會黨大失敗，各處大罷工，亦隨之而沒得好結果。多數社會黨掌握政權以來，早已禁若寒蟬，不敢出聲。此次爲和約簽字問題，有激起罷工的形勢。但施特滿內閣倒了，繼任巴安內閣，仍是前內閣的同僚。抵禦外侮不足，防備家賊有餘的武力，緊握在手，誰敢予侮。廣義一派的猛斷政略，暫時決沒有發動的機會。罷工不能成爲事實，亦無足怪。匈牙利所受罷工影響不大，其原因即全在缺糧沒飯吃。今將一月以來各國罷工情形，分述於下，——

●●法國　六月三日，罷工風潮發生後，蔓延甚速。巴黎一區，男女工人賦閒者，二十萬人。所要求各業不同，而一致主張每日工作八小時。四日，蔓延更廣，推算當有五十萬人罷工。五日，洗衣工人罷工。自後罷工的人數更多。地底鐵道，電車，街車，的用人決議繼續罷工。地底鐵道工人要求工值每月至少四百五十佛郎。（以每佛郎當四角合我一百八十元）滿五十歲須給養老金。服役十五年後亦須給養老金若干。七日巴黎罷工現象有轉機，五金業與機器業，工人與雇主，已商妥數事。十一日，五金業及地底鐵道工人上工。當道已取必要方法對付鐵道罷工。煤鑛工人有全體罷工的形勢。十二日，國會通過礦工每日工作八時議案。但鑛工會議，仍不滿意，決定從十六日，全體罷工。水夫聯合會，也決計於十六日罷工。工人聯合會，言及生活代價奇昂，（記者按，近有從巴黎回者，舉一物貴實例，一個舊米[illegible]，價二佛郎。一雙皮鞋，價六十佛郎，[illegible]

存貨如山，輪船火車，商閒置不運載。柏林的政府，可要快快廢止他的消耗，欺騙，和[illegible]十四日。風潮漸平。極端派有乘推翻克勤滿沙强權政府的運動●●●●●●●●●●。路工聯合會拒絕之。但礦工因解釋政府每日工作八小時議案，未能滿意，定六日全體罷工。恐怕路礦運輸聯合會工人，也會罷工，表示同情。克勤滿沙老頭子急了，和運輸公司及運輸工人代表會商，懇請彼等在國家危急時候，發出些愛國熱忱。工人吃了他的濃米湯，已老老實實決議上工了

●●英國 倫敦五月三十日電，全國警察擬於三日罷工的氣象，正在醞釀中，政府己允增給薪資，優加待遇。但不承認警察聯合會及收用己革除的警察。英國的屬地澳洲，坎拿大，蘇彝士，皆有罷工風潮。六月四日，坎拿大維克斯兵工廠工人罷工，要求每星期工作四十小時。六月五日，蘇彝士運河工人罷工，局勢狠惡，六月九日，澳洲航務罷工，勢頭狠烈，各項工業，都受窒碍。十[illegible]風潮仍嚴重，他業工人 因此賦閒的逐日增多。

●●美國 六月七日，芝加哥電報司員預定十一時罷工，共約六萬人。內有二萬五千人係屬電報司員聯合會。該會會長康能斯氏正計劃全國罷工辦法。同日，全國電話司員奉命於十六日起罷工，表同情於電報司員。八日，電報人員聯合會幹事，向全體電報人員宣布，連收發電報生在內，一律罷工。目的在停止威爾遜總統每日在巴黎往來的電報，使他注意國民不贊成他在和會的主張。十二日，各電報公司報告，電報司員罷工沒成

●●意國 六月十三日，意大利斯貝者亞地方，因糧食昂貴，發生暴動，搗毀商店。十四日，熱那亞工界示威，被捕者數百人。銀行商店閉門，電車不走。杜林工人此日多停工，紀念德國斯巴達團領袖盧生堡氏。米蘭工人罷工，抗議熱那亞與斯貝者亞當道的行動。

●[illegible]月十二日，[illegible]

決罷工。各職業及軍界中人，均贊助停止各項實業工作的計劃。有人料此舉將促成國內戰爭。中等社會將得政權。

匈國 五月三十一日，匈京飢餓的工人，發生暴動。紅旗軍奉共產政府命令到各工廠制亂。匈京幾無糧食。

東方大事述評

陳獨秀之被捕及營救

澤東

前北京大學文科學長陳獨秀，於六月十一日，在北京新世界被捕。被捕的原因，據警廳方面的布告，係因這日晚上，有人在新世界散布市民宣言的傳單，被密探拘去。到警廳詰問，方知是陳氏。今錄中美通信社所述什麽北京市民宣言的傳單於下——

一，取消歐戰期內一切中日秘約。

二，免除徐樹錚曹汝霖章宗祥陸宗輿段芝貴王懷慶職。並即逐驅出京。

三，取消步軍統領衙門，及警備總司令。

四，北京保安隊，由商民組織。

五，促進南北和議。

六，人民有絕對的言論出版集會的自由權。

以上六條，乃人民對於政府最低之要求，仍希望以和平方法達此目的。倘政府不俯順民意，則北京市民，惟有直接行動，圖根本之改造。

上文是北京市民宣言傳單，我們看了，也沒有甚麽大不了處。政府將陳氏提了，各報所載，很受虐待。北京學生全體有一個公函呈到警廳。請求釋放。下面是公函的原文——

警察總監鈞鑒，敬啓者，近聞軍警逮捕北京大學前文科學長陳獨秀，擬加重究。學生等期期以為不可。[illegible]

望，其言論思想，皆見稱於國內外。倘此次以嫌疑遽加之罪，恐激動全國學界再起波瀾。當此學潮緊急之時，殊非息事寧人之計。二，陳先生向以提倡新文學現代思想見忌於一般守舊者。此次忽被逮捕，誠恐國內外人士，疑軍警當局，有意羅織，以為摧殘近代思想之步。現今各種問題，已極複雜，豈可再生枝節。以滋糾紛？基此二種理由，學生等特陳請貴廳，將陳獨秀早予保釋，

北京學生又有致上海各報各學校各界一電，——

陳獨秀氏為提倡近代思想最力之人，實學界重鎮。忽於真日被逮。住宅亦被抄查。羣情無任惶駭。除設法援救外，并希國人注意。

上海工業協會也有請求釋放陳氏的電。有『以北京學潮，遷怒陳氏一人，大亂之機，將從此始』的話。政府尚未昏憒到全不知外間大勢，可料不久就會放出。若說硬要與一文字獄，與舉世披靡的近代思潮，拚一死戰。吾恐政府也沒有這麽大膽子。章行嚴與陳君為多年舊交。陳在大學任文科學長時，章亦在大學任圖書館長及研究所邏輯教授。於陳君被捕，即有一電給京裏的王克敏，要他轉達警廳，立予釋放。大要說，——

……陳君向以講學為務，平生不含政治黨派的臭味。此次雖因文字失當，亦何至遽興大獄，視若囚犯，至斷絕家常往來。且值學潮甫息之秋，詎可忽興文網，重激衆怒。甚為諸公所不取。……

章氏又致代總理龔心湛一函。說得更加激切——

仙舟先生執事 久違矩教，緝念為勞。茲有啟者，前北京大學文科學長陳君獨秀，前因牽涉傳單之嫌，致被逮捕，迄今未釋。其事實如何，遠道未能詳悉。惟念陳君平日，專以講學為務。雖其提倡新思潮，著書立論，誠不無過甚之詞。然範圍實僅及於文字方面，[illegible]

可殺。方今國家多事，且值[illegible]之餘，[illegible]蹈腹誹之誅，啓豎儒之禁，而愈激動人之心理耶。竊爲賢公所不取。故就歷史論，執政因文字小故而羣興文人爲難，致興文字之獄。幸而勝之，是爲不武。不勝人心瓦解，政紐搖崩，雖有善者，莫之能挽。試觀古今中外，每當文網最甚之秋，正其國運衰歇之候。以明末爲殷鑒，可爲寒心。今日謠諑蠭興，清流危懼。乃迭有此罪及文人之舉，是眞國家不祥之象，天下大亂之兆也。杜漸防微，用敢望諸當事。且陳君英姿挺秀，學貫中西。皖省地綰南北，每產材武之士，如斯學者，誠歎難能。執事平視同鄉諸賢，諒有同感。遠而一國，近而一省，育一人才，至爲不易。又焉忍遽而殘之耶。特專函奉達，請即飭警廳速將陳君釋放。釗與陳君總角舊交，同岑大學。於其人品行誼，知之甚深。敢保無他，願爲左證。……

章士釗拜啓六月二十二日

我們對於陳君，認他爲思想界的明星。陳君所說的話，頭腦稍爲清楚的聽得，莫不人人各如其意中所欲出。現在的中國，可謂危險極了。不是兵力不強財用不足的危險，也不是內亂相尋四分五裂的危險。危險在全國人民思想界空虛腐敗到十二分。中國的四萬萬人，差不多有三萬九千萬是迷信家。迷信神鬼，迷信物象，迷信運命，迷信強權。全然不認有個人，不認有自己，不認有眞理。這是科學思想不發達的結果。中國名爲共和，實則專制，愈弄愈糟，甲仆乙代，這是羣衆心裏沒有民主的影子，不曉得民主究竟是甚麽的結果。陳君平日所標揭的，就是這兩樣。他曾說，我們所以得罪於社會，無非是爲着「賽因斯」（科學）和「克莫克拉西」（民主）。陳君爲這兩件東西得罪了社會，社會居然就把逮捕和禁錮報給他。也可算是罪罰相敵了！凡思想是沒有畛域的，去年十二月德國的廣義派社會黨首

[illegible]民主派政府殺了，上月中旬，[illegible]的意大利一個都林地方的人民，舉行了一個大示威以紀念他。瑞士的蘇里克，也有個同樣的示威給他做紀念。仇敵尚且如此，況在非仇敵。異國尚且如此，況在本國。陳君之被逮，決不能損及陳君的毫末。並且是留着大大的一個紀念於新思潮，使他越發光輝遠大。政府決沒有膽子將陳君處死。就是死了，也不能損及陳君至堅至高精神的毫末。陳君原自說過，出試驗室，即入監獄。出監獄，即入試驗室。又說，死是不怕的。陳君可以實驗其言了。我祝陳君萬歲！我祝陳君至堅至高的精神萬歲！

世界雜評

強叫化　前月的初間，日本米價頂貴時候，每石超四十元。日當局有狼狽之狀。報紙證言糧食的危機已迫。可憐的日本！你腸將餓斷，還要向施主逞強。天下那有強叫化能得多施的理。　澤東

研究過激黨　阿富汗侵印度，俄過激黨為之主謀，過激黨到了南亞洲。高麗的「呼聲革命」正發時，亦有激黨參與之說，則已到了東亞。過激黨這麼利害！各位也要研究研究，到底是個甚麼東西？切不可閉着眼睛，只管瞎說，「等於洪水猛獸」「抵制」「拒絕」等等的空話。一光眼，過激黨布備了全國，相驚而走，已沒得走處了！　澤東

實行封鎖　前月巴黎高等經濟會議議決，實行封鎖匈牙利，說要直到匈政府宣言願遵從民意時為止。這要分兩層觀察，一，協約國看錯了匈政府與匈國民志願不合。匈政府與匈國民之少數有產階級，紳士階級，志願不合，是有的。若與大多數無產階級，平民階級，斷沒有志願不合的理。因為匈政府原是他們所組織的。二，實行封鎖，適足幫助過激

主義的傳播，吾恐怕協約國也會要陷入這個漩渦。果然，則這實行封鎖，眞是「切莫大罵」了。

證明協約國的平等正義

德國覆文和會，要求德國陸軍減少之後，協約國也須同減。這話誰人敢說錯了？協約國滿嘴的平等正義，我們且看協約國以後的軍備如何？就可求個證明。

澤東

阿富汗執戈而起

一個狠小的阿富汗，同一個狠大的海上王英國開戰，其中必有重大原因。但據英國一方面的電傳，是靠不住的。土耳其要被一些虎狼分吞了。印度捨死助英，賺得一個紅巾照爛給人出醜的議和代表。印民的要求是沒得允許。印民的政治運動，是要平兵力平壓。阿富汗是個回教國，狐死兔悲，那得不執戈而起？

澤東

來因共和國是醜國

協約國要化來因流域爲自己擋敵的長城，必先使之脫離德國的關係，別成一國。聽說已在威薩登設立臨時政府，一位道登博士做總統。這位道登博士不知果然高興到甚麼樣？金人立了劉豫，契丹立了石敬塘，我們中國也曾有幾個這樣的國呢。

澤東

好個名族自決

波蘭截克復國，都所以制德國的死命，協約國盡力援助之，稱之爲「名族自決」。亞剌伯有分裂土耳其的好處，故許他半自立。猶太欲在巴力斯坦復國，因爲於協約國沒大關係，故不能成功。西伯利亞政府有攻擊過激黨的功績，故加以正式承認。日本欲伸足西伯利亞，不得不有所示好，故首先提議承認。朝鮮呼號獨立，死了多少人民，亂了多少地方，和會只是不理。好個名族自決！我以爲眞是不要臉！

澤東

可憐的威爾遜

威爾遜在巴黎，好像熱鍋上的螞蟻，不知怎樣才好？四圍包滿了克勒滿沙，路易喬治，牧野伸顯，歐蘭杜，一類的强盜。所聽的，不外得到若干土地，收賠若干金錢，所做的，不外不能伸出己見的種種會議。有一天的路秀電說，「威爾遜總統卒已贊成克勒滿沙不使德國加入國際同盟的意見」。我看了「卒已贊成」四字，為他氣悶了一大半天。可憐的威爾遜！ 澤東

炸彈暴舉 人人知道很文明很富足的美國，有「炸彈暴舉」同時在八城發生。無政府黨蔓延甚廣。炸彈爆炸的附近，有匿名揭貼說，「階級戰爭」業已發生，必待國際勞働界完全勝利，始能停止。炸彈往往埋藏在一些官員的住宅，屋頂上發現人頭。可怕可怕！我只望欠官員人家的一些小姐小孩子，他們晚上何如睡得着？議院裏一些錢多因而票多票多因而當選的議員，還在那裏痛詆暴動者，通過嚴懲案。我正式告訴諸位，諸位的「末日審判」將要到了！諸位要想留着生命，並想相當的吃一點飯，穿一點衣。除非大大的將腦子洗洗。將高帽子除下。將大禮服收起。和你們國裏的平民，一同進工廠做工，到鄉下種田。 澤東

不許實業專制 美國工黨首領戈泊斯演說曰，「工黨決計於善後事業中有發言權，不許實業專制。」美國為地球上第一實業專制國，托剌斯的惡制，即起於此。幾個人享福，千萬人要哭。實業愈發達，要哭的人愈多。戈泊斯的「不許」，辦法怎樣？還不知道。但既有人倡言「不許。」即是好現象。由一人口說「不許，」推而至於千萬人都說「不許，」由低聲的「不許。」推而至於高聲的狠高聲的狂呼的「不許，」這才是人類真得解放的一日。 澤東

割地賠償不兩全 德國警告協約國，說，如失去西里細亞及薩爾煤礦，則無力履行賠償。「我料協約國聽了一定狠煩腦。何以故？地可割，賠償也可得，最為兩全。據德國的說，兩樣便成了反比例，如之

何不煩膩？雖然，奉勸協約國的袞袞諸公天下那有兩全的好事！　澤東

爲社會黨造成流血之地　奧總代表任納博士答復和會說，「奧國今已吃食其較前大減之資本，若再加以摧殘，必爲社會黨造成流血之地」，懿哉任納博士！你還不知道協約國一年以來之眞目的，係專爲造成社會黨流血之地嗎？　澤東

彭斯坦　德博士彭斯坦演說曰，「媾和條件，乃野蠻戰爭的結果，德國最宜負責。和約條件十九爲必要的一。我們固然反對協約國的強迫和約。但博士這話，係專對野蠻戰爭而發，聽了倒很爽快。　東澤

各國沒有明倫堂　康有爲因爲廣州修馬路，要折毀明倫堂，動了肝火。打電給岑伍，斥爲「侮聖滅倫」說，「遍遊各國，未之前聞。」康先生的話眞不錯，遍遊各國，那裏尋得出什麽孔子。更尋不出什麽明倫堂。　澤東

什麽是民國所宜？　康先生又說，「強要折毀，非民國所宜。」這才是怪！難道定要留着那「君爲臣綱」「君君臣臣」的事，才算是「民國所宜」嗎？　澤東

大略不是人　鄧鎔在新國會云，「尊孔不必設專官，節省經費。」張元奇云，「內務部祀孔，由茶房錄事辦理，次長司長不理，要設專官。」內務部的茶房錄事，大略不是人。要說是人，怎樣連祀孔都不行呢？我想孔老爹的官氣到了這麽久的年載，減也減少了一點。　澤東

走崑崙山到歐洲　張元奇又說，「什麽講求新學順應潮流，本席以爲應宗孔道挽潮流。」不錯不錯！張先生果然有此力量，那麽，揚子江裏的潮流，會從崑崙山倒過去。我們到歐洲的，就不必走崑崙山了。

湘江雜評

好計策 一個學校的同學對我說，我們學校裏辦事人和教習，怕我們學到了他們還未學到的新學說，將圖書室閉了。外面送來的雜誌新聞紙和書籍，是稍新一點的，都沒得見。我聽了爲之點首嘆服，他們的計策眞妙！豈僅某學校？通湖南的學校，當一律都像聯了盟似的。

搖身一變 一些官僚式教育家，爲世界的大潮捲急了，不提防就會將他們的飯碗衝破。搖身一變，把前日的爛調官腔，輕輕收拾。一些眞有所感悟改變的，很可佩服。一些則是假變，容易露出他們的馬脚。這類人我狠爲他羞！狠爲他危！ 澤東

我們餓極了 我們關在洞庭湖大門裏的青年，實在是餓極了！我們的肚子固然是餓，我們的腦筋尤餓！替我們辦理食物的廚師們，太沒本領。我們無法！我們惟有起而自辦！這是我們餓極了的哀聲！千萬不要看錯！ 澤東

難道走路是男子專有的 一個女學校裏的辦事人，把學生看做文契似的收藏起來，怕他們出外見識了甚麼邪樣。新青年一類的邪書，尤不准他們過目。此次驚天動地的學生潮，北京的女學生聚訴新華門。貧兒院的小女孩子，願到監獄替男學生抵罪。這個女學校的學生獨深閉固拒，一步也不出外。好像走路是男子專有似的。 澤東

哈哈！ 青島問題發生，湖南學生大激動，新劇[illegible]說，一時風行。有一位朋友對我說，一位老先生[illegible]因爲他的兒子化裝演劇，氣得了不得。走到[illegible]先生，開口便說，「我的命運如何這麼壞？養了[illegible]兒子竟做出那麼下流事」！我聽了這話，忍不住[illegible]

女子革命軍　或問女子的頭和男子的頭，實在是一樣，女子的腰和男子的腰實在是一樣。爲甚麼女子頭上偏要高聳那招搖長風的髻？女子腰間偏要緊縛那拖泥帶水的裙？我道，女子本來是罪人，高髻長裙是男子加於他們的刑具。還有那臉上的脂粉，是黥文。手上的飾物，就是桎梏。穿耳包脚爲肉刑。學校家庭爲牢獄。痛之不敢聲。閉之不敢出。或問如何脫離這罪？我道，惟有起女子革命軍。　澤東

崇拜英雄　崇拜英雄的人，就是要人家將來崇拜他自己。故埋黃蔡於嶽麓山的，也不啻是埋他自己哩。又有人說，假如詹天佑是湖南人，必不得也把他埋到嶽麓山，因爲他只知做鐵路的工程師，不曉得打仗，不算英雄。　子暲

你也做平民就得了　有人疑惑，貴族資本家，若被平民壓倒了，讓平民的勢力，大於貴族資本家，也是不平等的。我說，不要緊，你也做平民就是。　子暲

新文藝

節孝坊　子暲

一座節孝坊，竪在田野中間，門樓模樣。我打他前過，仔細的看，——
右邊刻的「冰清，」左邊寫的「玉潔，」頂上頭一塊「聖旨」牌，後面有兩個字「恩榮。」我看了半天，莫明其妙的這個東西！
下這幾塊玩石頭，堆砌着一級，二級，三級，壓死了幾多幽怨「自然人」的婦女。壓滿他的

身，他的心，幾多的苦！——數不出一，做不得聲的苦楚！

建你這節孝坊的人——拿麻石一級，一級三級來壓婦女的人，到底是一種甚麼作用？甚麼心理？

節孝坊！人世長留你，人類算無恥！

甚麼話

張敬堯云，「政府猶父兄也。學生猶子弟也。國家幸，父兄之教先，子弟之率謹，國必昌。不幸而父兄有過當之舉，子弟補救，亦當有小雅怨誹而不亂之心，國庶安。非是則危。」讀者試思這是甚麼話？

日本掘內中將云「此際亟應執果斷之手段，要求中政府懲罰彼等暴行者。並欲以日本權威之可畏，更願派兵至京津，遣艦至長江，絕對防止排日暴動。」讀者試思，這是甚麼話？

張作霖云，「和會閉議，大總統以至誠惻怛之仁，提倡於上。海內明達，秉忠愛懇摯之意，翊贊於下。雲龍風虎，千載一時。……」居然奴才口吻。讀者試思，這是甚麼話？

王占元云，「湖北者，王占元之湖北也。」讀者試思，這是甚麼話？

會讖

北京徐總統派代總理龔，安福部國會為調查國會內訌之禍源，國民為救亡計，自當以封禁安福部解散該會為唯一之要求。乃國民大會及全國學生聯合會疊次電達，未見允准。全國驚惶，不知所措。其總乘機立斷，封禁解散，全國幸甚。湖南學生聯合會員

發行所長沙落星田湖南學生聯合會

湘江評論

本報每週一回假日如下
每號銅元二枚外埠
大洋二分郵費在內

The Siang Kian
Weekly Review

第二號

◆廣告價目◆
封面頁期每字大洋一分
二期至五期一分半 六期
至十期一分二
中縫首期每字一分二
期至五期一分一 六期至
十期一分 均以五號字計
論長價另議

本報申明（一）

本報純粹學術的研究，社會的批評。絲毫不涉及實際政治。

本報申明（二）

本報創刊號兩千份，即日銷盡。今特重印兩千份。因印刷忙甚，尚須稍待數日，才能出版。祈索報諸君原諒。

民衆的大聯合

澤東

國家壞到了極處，人類苦到了極處，社會黑闇到了極處。補救的方法，改造的方法，教育，興業，努力，猛進，破壞，建設，固然是不錯，有為這幾樣根本的一個方法，就是民衆的大聯合。

我們試看歷史。歷史上的運動不論是那一種，無不是出於一些人的聯合。較最大的運動，必有較大的聯合。最大的運動，必有最大的聯合。凡這種聯合，遇有一種改革或一種反抗的時候，最為顯著。歷來宗教的改革和反抗，學術的改革和反抗，政治的改革和反抗，社會的改革和反抗，兩造必都有其大聯合。勝負所分，則看他們聯合的堅脆，和為這種聯合基礎主義的新舊或真妄為斷。然都要取聯合的手段，則相同。

[illegible]聯合，以強權者的聯合，貴族的聯合，資本家的聯合爲多。如外交上各種「同盟」「協約」，爲國際強權者的聯合，如我國的「什麼派」「北洋派」「西南派」，日本的「什麼藩」「薩藩」「長藩」，爲國內強權者的聯合。如各國的政黨和議院，爲貴族及資本家的聯合。（上院者元老院，固爲貴族聚集的巢穴。下院因選舉法有財產的限制，亦大半爲資本家所盤據，）至若什麼托辣斯（鋼鐵托辣斯，煤油托辣斯……）什麼會社（日本郵船會社，滿鐵會社……）則純然資本家的聯合 到了近世，強權者，貴族，資本家的聯合到了極點，因之國家也壞到了極點，人類也苦到了極點，會社也黑闇到了極點。於是乎起了改革，起了反抗。於是乎有民衆的大聯合。

自法蘭西以民衆的大聯合，和王黨的大聯合相抗，收了「政治改革」的勝利以來，各國隨之而起了許多的「政治改革」。自去年俄羅斯以民衆的大聯合，和貴族的大聯合資本家的大聯合相抗，收了「社會改革」的勝利以來，各國如匈，如奧，如捷，如德，亦隨之而起了許多的社會改革。雖其勝利尚未至於完滿的程度，要必可以完滿，並且可以普及於世界，是想得到的。

民衆的大聯合，何以這麼利害呢？因爲一國的民衆，總比一國的貴族資本家及其他強權者要多。貴族資本家及其他強權者人數既少，所賴以維持自己的特殊利益，剝削多數平民的公共利益者，第一是知識，第二是金錢，第三是武力。從前的教育，是貴族和資本家的專利，一般平民，絕沒有機會去學得。他們既獨得知識，於是生出了智愚的階級。金錢是生活的媒介，本來人人可以取得。但那些有知識的貴族和資本家，想出什麼「資本集中」的種種法子，金錢就漸漸流入田主和工廠老板的手中。他們既將土地，和機器，房屋，收歸他們自己，叫做什麼「不動的財產」。又將叫做「動的財產」的金錢，收入他們的府庫（銀行）。於是替他們作工的千萬平民，反只有一佛郎一辨士的零星給與。作工的結果沒有金錢，於是生出了貧富的階級。貴族資本家有了知識和金錢，他們即便設置軍營練兵，設置工廠造械，藉有外國的招牌，便幾十師團都有神聖的招牌招事兵來。前者便仿照抽丁的辦法，發明什麼「徵兵制度」。把強壯的兒子當了兵，過幾開還，就拾出機關槍來打他們儲蓄的老子。我們且看去年南軍在湖南退兵時，不打死了他們自己多少的老子嗎？貴族和資本家利用這樣的妙法，平民就更不能做聲，就甚生出了強硬的階級。

可巧他們的三種法子，漸漸替平民他曾曉得了多少。他們當做「枕中秘」的教科書，平民也偷看念了一點，所漸漸有了知識。金錢所從出的田地和工廠，平民早已窩宅其中。假紅資本家的銀兩，他們也想與一般份。至若軍營裏的兵士，就是他們的兄弟，或是他們的哥哥，或是他們的丈夫。當拿着鎗槍對着他們射擊的時候，他們便大聲的喚。這片喚聲，早使他們的槍彈，化做軟泥。不覺得攜手同歸，改一改化成了抵抗貴族和資本家的健將。我們且看俄羅斯的革命，忽然飛起旗易了紅旗，就可以曉得其中都有很深的道理了。

平民既已將貴族資本家三種法子識破。並識破他們的獨特的三種，是用聯合的手段。又覺悟他們的人數是那麼少，我們的人數是這麼多。便大大的聯合起來。聯合以後的行動，有一派很激烈的，就用「炸彈炸藥」；「以其人之道還治其人之身」的辦法，同他們拼命的倒撓。這一派的稱號，是一個生在俄國的，叫做柯克斯。一派是較為溫和的。不想急於見效，先從平民的手腳入手，人人要有互助的道德，和自願工作，對於資本家，只要他回心向善能夠工作，能夠助人而不害人，也不必殺他。這派人的意思，更廣、更深遠。他們要聯合地球做一國，聯合人類做一家，和樂親善「不是日本的親善」共樂昇平。這派的首領，就是一個生於俄國的，叫做克魯泡特金。

我們要知道世界上事情，本極易簡。看不見的新，便是因爲被惡的勢力——習慣——我們何能奮舉一步。將這惡更的勢力撲敗，更大大的聯合，過我們將來的幸福……

大呼。我們已經得了勝利。陸榮廷的子彈，就會打不到曹汝霖等一班好人，我們起而一呼，好人就要站起身來發抖，就要拾命的飛跑。我們要知道別國的同胞們，是通常用這種方法，來求到他們的利益。我們應該起而仿效，我們應該進行我們的大聯合！

「新」「老」都可怕

列九

早幾天一個朋友，寄一封信把我，恭維我是「老教育家」。前幾天又有一個朋友，當面恭維我是「新教育家」。我受了這兩個絕端相反的恭維，倒覺得有點不舒適！有點可怕！

何以呢？「老」這個形容詞，是很危險的。樹老了心，叫做「老樹」。人隔死不遠，叫做「老人」，身體裏面要排泄的東西，叫做「老廢物」，要亡的國，叫做「老大國」，假人情假世故最適用逢迎的，叫做「老資格」。諸位！「老」這個形容詞，危險不……？

「新」也不見得定好，還要看他的力量怎樣。譬如專門模仿人家的「新人物」，樹上採摘生澀不熟果摘新的「新果」，譬人的「新聞」，前清先生們見不容易歡迎却容易惹起反對的「新思想」。像這一類，若不多見着就要頭痛，就要「退避三舍」。「新」又有什麼可喜呢？

怕「老」就不應該怕「新」，怕「新」就不應該怕「老」，像我這樣一味的怕，不成了一個矛盾的思想嗎？豈知道不然。諸君且看今日我國的社會，不是容矛盾的一件東西嗎？什麼程度的國家，就有什麼程度的人民代表，因果相承，離開不得。我是一個非驢非馬的國家裏面的一個人，自然應該有這種非驢非馬的矛盾思想。

雖然，我却很怕……。

西方大事述評

德意志人沉痛的簽約

澤東

簽約之前　敗而不與西[illegible]

（五月初旬）到巴黎。（五月七日），凡在畫案宮舉行很莊嚴的和約交付禮。德代表的態度很踞傲。克勒孟沙站起發述其開會詞。德總代表藍超，則坐誦其如下之演說詞——

德國軍事破裂，德國失敗的程度，已自明白。但這回歐戰，負責的不僅德國，全歐都與有罪。因五十年以來，歐洲各國的帝國主義，實貽毒於國際局勢。德國戰中的罪行，固不可諱，戰爭的時候，人民的天良，爲感情所蔽，故有罪行。然自去年十一月十一日以後，德國沒與戰事的人，多死於封鎖的影響，協約國亦冷淡視之。威總統十四條大綱，爲全世界所贊助，協約國案已聲明依照此項大綱而立和約，那麼，德國當不至於全沒救濟。國際聯盟，各國都應加入，不能將德國丟在外邊。德國願以好意的精神，研究和約。……

和約爲灰黃色布面一大冊，和會的秘書長杜斯瑪，將了交到藍超手中。藍超回到寓舍，晚餐的時候，默無一言。晚餐畢，即使人繙譯和約，於晨間三點譯成，送到藍超寢室。藍超看到天明方畢。另外錄出幾份，派專差送到柏林。八日德內閣會議許久。內閣總理薛特滿，向考慮和約委員會演說，——

和約條件，簡直是宣告德國死刑。政府必以政治的沈靜態度，討論這可厭而狂妄的公文……

臨時和約條件，電告各聯邦政府，請他們表示意見。因爲感受很深的痛苦，「特命公衆停止行樂一星期」，僅許劇院演唱和這日痛苦極度相同的悲劇。股票交易所，因感受痛苦的印象，停閉三日。名界人士聽得和約要簽字，皆爲作怒，群相討論拒絕簽字的後患，甚至沒有一人想到或可受納此項條件的。柏林各報一致評論，有的說，「和約的苛刻，遠過最實際的資料，這樣狂暴無智識的製品，將不能修改。」有的說，「只有用『否』字答他。」有的說，「我們如簽定條約，實是屈於武力。我們的心中，應堅決拒絕。」一個獨立社會黨的機關報，則主張簽約說，「從經驗看來，拒絕徒增後患。」

這時候最可注意的，是德國政黨的態度。多數社會黨的政府派，是不主張簽字的。民治黨，和中央黨、也是這樣。只有獨立社會黨不然。(十二日)獨立社會黨通過決議案，主張接受和約，並說「德國政府恢復軍武主義的行爲，使別人堅其對德的疑懼。德國舍屈於强迫簽字，沒有辦法。俄德和約，及德羅和約，均沒多久的壽命就取消了。凡爾塞和約，也未嘗不可以革命的發展取消他。」我們爲德國計，要想不受和約，惟有步俄國和匈牙利的後塵，實行社會的大革命。協約國最怕的就在這一點。俄羅斯，匈牙利，不派代表，不提和議，明白强膽的對抗協約國，協約至今末如之何。向使去冬德國廣義派社會黨的社會革命成了功，則東聯俄而南結奧，更聯合匈牙利和截克，廣播其世界革命主義，或竟使英法美久鬱的社會黨，起而響應，協約國政府還食得下咽嗎？獨立社會黨和廣義派社會黨，本是一黨而分爲二，他的議論如此，本不足怪。「用革命的發展取消和約，」這話正不要輕看呢。

同日德國會討論媾和條件。施特滿演說，「今日爲德國人生死關頭！我們必須團結一致！我們除謀使國家生存，無旁的責任！德國不圖進行其國家主義的夢想。並沒爭榮奪權的問題。於今人人的喉嚨中間都覺有手塞住他的呼吸！人類的尊嚴，現付於諸君的手中以保持他！」

(十四日)霍超致克勒滿沙一個牒文，內容的大要如下——

和約中關於領土的條款，是使德國失去其關係重要的生產土地。穀和蕃芋的收成，將減百分之二十一。煤減三分之一。鐵減四分之三。鋅減五分之三。德國既因失去殖民地和商船，使經濟減了麻木不仁。今又不能得充分的原料，勢將被毀到極大的程度。同時輸入的糧食必將大減。依賴航務和商業爲生的數百萬人，德政府不能將工業和糧食供給他們在勢不得不到國外來生，而重要的國家，多禁止德國移民入境。故簽定和約，不曾向數百萬德人宣告死刑。……

藍超於上述的牒文之外，更以牒文兩通致克勒滿沙。第一通的大要說：「協約國占德土地，和威總統宣布的主義不合。」第二通的乃關於賠償條款提出抗議。謂「德國願賠償，但不是因為負了戰爭責任的原故。」我們看德國的抗議，大要注重(一)，不獨負戰爭責任。(二)不願失去原料所從出的土地。其他各項，雖有抗議，但不是最重要的處所。

(十三日)晚上，柏林有大舉示威。多數社會於示威時，起壇演說謂，「和約條件，較羅馬施於加薩臣的，尤為刻毒而可羞。」羣衆遊行各街，止於協約委員團所住的亞特倫旅館前面。有人向衆演說，其勢洶洶。欲攻旅館。為警察所阻。到內閣總理屋前，施特滿氏臨窗演說。又有人民一大隊，於薄暮時候，唱歌到亞特倫旅館，大呼「持翻強暴的和局。興克勒滿沙偕亡」與英倫偕亡」衆又到施特滿處，請他演說，施氏講到威爾遜總統十四大綱時，衆忽大呼「與威爾遜偕亡」。這日柏林和鄉間獨立社會黨開會，有四十處。

(十九日)柏林某報載有社會黨領袖彭斯坦博士的演說，謂「非常苛刻的和約條件，非完全出於激怒與仇念。實德國政策既不能見信於人，則當然受此待遇。一切破壞，咎在德國。德國之履行各項要求，不過補償他們前所奪於人的而已。我很不以一般人士所發激烈的演說為然。告訴他們！不可再具一九一四年八月四日的氣燄！」這於德國熱烈的反對聲中，算是一瓢涼水。

(二十日)藍超致書和會，要求改正審查及討論和約的期限，(二十二日)克勒滿沙覆書，允許展長期限，至五月二十九日為止。(二十三日)晚德全權大使起程往斯巴，將和來自柏林的閣員數人會晤，決定一切。(二十四日)斯希特芒，歐士白格，從柏林乘車到斯巴，藍超及委員十六人也到，即開一極長的會議，斯希特芒主席，通過德國的反提案。會畢，政府委員回柏林，藍超等回凡爾賽。

(五月二十七日)。德國有答案交付和會。答案的第一部分，要點如下——

(一)德國承認減少軍隊到十萬人。

(二)交出鉅大的軍艦，而保留商船。

(三)反對關於東邊土地的決定。要求於東普魯士民中，舉行庶民大會。

(四)承認丹齊爲自由口岸。

(五)要求協約國，在簽字四個月後，撤退軍隊。

(六)要求加入國際同盟。

(七)堅欲取得代管殖民地的權利。

(八)賠償總數，不得過十萬兆馬克。

(九)拒絕引渡凱撒，及其他人物。

(十)德國須有重行經商海外的權利。

德國答案的第二部分，亦有如下的要點——

(一)在過渡時代，須維持大軍，以保治安。

(二)須許德人開公民大會，討論土地割讓問題。並許奧人以加入德國的便利。

(三)拒絕割讓西利細上部。

(四)不承認俄國有索取賠償的權利。

(五)無賠償意，門，羅，波蘭，等國的義務。

右之德國答案，四大國代表爲長久的討論後，提出答覆文，將德國所約議的，逐件駁復。全文很長。不外說德國戰爭責任萬難推諉。德國必須盡其能力賠償損失。必須交出戎首，和戰時行暴的人，用法懲治。必須於數年內受特別的約束。凡協約國所持以構成和約的根本主義，萬難更易。惟對於德國的實際建議，可以讓步云云。

(五月二十九日以後)又因德代表的請求，屢次展緩簽約日期。最後允展至六月二十八日爲止。六月前半月的光陰，全爲着往復反議事占去。

至(六月十八日)德代表團，乃由法京回德，一致告誡德內閣，拒絕簽約。德內閣乃準備在威瑪召集國

[illegible]

（六月二十二日）協約國對德的「最後通牒」，「於這日超撥德代表，限德國以五日承受和約。「最後通牒」內，這可以讓步的條件，如下，——

（一）西里西亞上部，施行民衆投票。

（二）西普魯士邊界，重行劃定。

（三）德軍暫縮至三十萬人

（四）德國宣布超於一個月內將發表破壞戰時法律的人的名單問題

（四）修正關於財政問題的細則。

（五）以德國履行義務為條件保證德國為將來國際同盟的一員。

施特滿內閣知和約不能再有挽回，遂決計引退。

（二十二日）德新內閣組織成立。國務總理巴安氏，外交穆勒氏，財政歐士白格氏，內務達維特氏，陸軍翁斯奇氏，殖民貝爾氏，郵電格萊斯勃賁氏，勞動森士甯氏，工程斯利奇氏，公衆經濟惠塞爾氏，國庫夏勲氏，糧食斯塔氏。巴安氏及諸閣員，多屬多數社會黨，本係前內閣的同僚；在這回外交緊急聲中，出當此簽定和約的難局。新內閣既成，已可決其是預備簽約的了。施特滿退職。施特滿內閣所委任的講和代表，當然隨着退職。於是德國議和代表團易人。新代表團即以新內閣中的外交總長穆勒郵電總長格萊斯勃賁等組織而成。

此時國會業已在韋瑪召集，巴安氏即赴國會，作很沈痛的演說。極言加入新政府的痛苦。懇請國會確立主張。否則戰事將復發作。巴安氏曰「我特於自由的日耳曼最後一次，起抗此強暴破壞的和約！起抗此自決權利的假面具！起抗此奴隸德人的手段！起抗此妨害世界和平的新器！」國會乃於「反對」「贊成」的喧譟聲中，通過簽約勸議。

簽約的動議通過，二十三日巴安再赴國會，申述無條件簽約的必要，其演詞謂，「戰敗的國家，身魂

[illegible]政府有[illegible]，乃作表決，結果[illegible]許簽約。[illegible]長[illegible]氏起立致短簡的演說：「以不中的[illegible]國、委託[illegible]的上帝！」且謂「各黨領袖，允宜告軍界，全國希望海陸軍樹克己犧牲的精神，補助勞工，重造祖國！」關係全世界安危的德國簽字，在一場非常慘痛的辯論中，完全決定。德意志人的大紀念，有史以來，當沒有過於這日了！

簽字案既經國會通過，德新代表團乃到巴黎，致一「允可簽約的牒文」於和會。牒文的大要說：——

「日耳曼民國政府，知協約國決計以武力强迫日耳曼承受和約條件。此項條件，雖沒有重大的意味。然實志在剝奪日耳人民的榮譽。日耳曼政府雖屈服於優勢的武力。但關於從古未聞離背公道的和約條件，仍不放棄其意見！今特宣布願受納協約國所施的條件。」

右文既布，各國的歎怍，自不可言。至（二十八日）而最後展緩的滿期已到。於是凡耳塞宮中，乃有亘古未聞的大簽約一舉。

●簽約之際●　一千九百十九年六月二十八日午後三點五分，凡爾塞宮中開會。在鏡宮中設高壇，甚為莊嚴。協約國全權代表首先會集。次為德國全權代表，外國外交總長穆勒，和交通總長斐爾，此餘均不願到。克勒滿沙主席，首發短簡宣言，謂「協約國和共同參戰國政府，均贊成講和條件。今加簽字，表示彼等忠誠依守莊嚴的「了解」。」繼乃請日耳曼民國代表首先簽字。德代表所坐的席次，忽發大聲，「德意志！德意志！」克勒滿沙於是乃改稱「德意志。」德代表即起立在約上簽名。斐爾氏首先簽之。時為午後三時十二分，園中噴泉四射。砲聲大作。當德代表回到坐處的時候，全場皆露喜容。次為美國簽字。次為英國簽字。次為法國簽字。次為意國簽字。次為日本簽字。最後簽約的為徽克斯拉夫民國。三時三十五分簽字完畢。克勒滿沙氏宣布散會。

[illegible]國即有受國的宗[illegible]，歡呼致敬於年老的[illegible]兵員。各報對於審判德皇問題，表示極大的忿怒。有一報謂自一九一四年的陸軍軍官，表示如德皇受審判，也願受協約國的審判。並謂組織團體或須入荷蘭，保護德皇。各地暴動罷工情事，接續而起。及（二十八日）和約簽字的消息傳到柏林。柏林某報即載出一文，題「德人終必報一九一九年的恥辱！」為政府禁止發行。（二十九日）各報皆有「黑線」，表示哀痛。各報皆載有悲觀的評論。柏林及各地鐵路工人及電車工人罷工。柏林城裏的運輸機關全停。亭堡等處出了亂子。全國的罷工，有擴張形勢。

評論　我叙簽約。我單叙德國的簽約。我叙德國簽約，單注重其國民精神上所感痛苦的一點。是什麽意思？原來這回和約，除却國際同盟，全是對付德國的。德國為日耳曼民族。在歷史上早蜚聲譽，有一種倔強的特質。一朝決裂，新劍發形，幾乎要使全地球的人類都擋他不住。我們莫將德國的窮兵黷武，看做是德皇一個人的擧動。德皇乃德國民族的結晶。有德國民族，乃有德皇。德國民族，晚近為尼采，菲希特，顧德，泡爾生，等「向上的」「活動的」哲學說所陶鑄。繁宏實大，待機而發。至於今日，他們還說是沒有打敗。「非戰之罪」。德國的民族，為世界最富於「高」的精神的民族。惟「高」的精神，最能排倒一切困苦，而惟求實現其所謂「高」。我們對於德皇，一面恨他的窮兵黷武，濫用強權。一面仍不免要向他灑一掬同情的熱淚，就是為着他「高」的精神的鼓勵。德國的民族，他們敗了就止了。像這樣的屈辱條件，他們也忍苦承受。他們第一次翻轉面目，已從帝國變成了民國。他們的第二次翻轉，或竟將民國都不要了。這話我殊敢下一個粗疏的斷定。我們且看擋在西方的英法，不是他們的仇敵嗎？英法是他們的仇敵，他們的好友，不就是屏障東方和南方的俄，奧，匈，義，和波蘭嗎？他們

[illegible]成了功，不用說，[illegible]日電傳說渣克巴屢成了勞農民國了。德國[illegible]斯巴達團，去年冬天的猛斷舉動，和成功僅僅相差一獨。愛倍爾政府成立，多數社會黨握權，所恃以制服廣義派的，全是幾個兵，幾桿槍。和約成功，兵是會要解散了。槍是會要繳出了。那時候政府還恃着什麽？德國工商業的大破敗，要重造起來，不得不仰賴出力的勞動者。以後政府所應做的大事，就是向勞動者多多的讓步。而廣義派的武器，不是別的，就是這些勞動者。故我從外交方面的趨勢去考慮，斷定德國必和俄奥匈截連合，而變為共產主義的共和國。又從內治方面的趨勢去考慮，也可作同樣的斷定。

一千九百一十九年以前，世界最高的强權在德國。一千九百一十九年以後，世界最高的强權在法國英國和美國。德國的强權。為政治的强權。國際的强權。這回大戰的結果，是用協約國政治和國際的强權，打倒德奥政治和國際的强權。一千九百一十九年以後法國英國美國的强權，為社會的强權，經濟的强權。一千九百一十九年以後沒有戰爭，就是階級戰爭。階級戰爭的結果，就是東歐諸國主義的成功。即是社會黨人的成功。我們不要輕看了以後的德人。我們不要重看了現在和會高視闊步的偉人先生們。他們不能旰食的日子快要到哩！他們總有一天會要頭痛！

然則這回的和約，「其能五稔」，尚屬未定。如若真以「德俄和約」，「德羅和約」的例來推測，恐怕就是早晚的問題。無知的克勒滿沙老頭子，還抱着那灰黃色的厚冊，以為簽了字在上面，就可當做阿爾卑斯山一樣的穩固。可憐的很呵！

世界雜評

高興和沉痛　克勒滿沙在辦公室接到德國接受和約的電話，高興了不得。站起身來，和在辦公室的閣員及同僚握手。說，「諸君！我之靜候這一分鐘，已西十九年了！」這話何等高興。雖然，不算高興，又含有多少沉痛的意思。一千八百七十一年，威廉第一和俾士馬克，高踞凡爾塞，接受法國屈服條文的時候，何等高興。結果遂釀成此次的戰爭。雖然，威廉第一，俾士馬克，不算高興，又含有多少沉痛的意思。一千八百年至一千八百一十五年，拿破侖蹂躪德意志。分裂他的國，占據他的地，解散他的兵，普王屈服，解番納稗。拿破侖何等高興。結果遂釀成千八百七十一年的戰爭。雖然，拿破侖不算高興，又含多少沉痛的意思。一千七百八十九年至一千七百九十年，德奧爲巨擘的神聖同盟軍，深恐法國的民權自由，幾度蹂法境，圍巴黎。結果激起拿破崙，而有蹂躪德國，令德人頭痛的事。我們執因果而看歷史，高興和沉痛，常相聯繫，不可分開。一方的高興到了極點，一方的沉痛也必到極點。我們看這番和約所載，和拿破侖對待德國的辦法，有什麽不同？分裂德國的國，占據德國的地，解散德國的兵，有什麽不同？克勒滿沙高興之極，即德國大沉痛之極。包管十年二十年後，你們法國人，又有一番大大的頭痛，願你們記取此言。

澤東

卡爾和傅儀　奧前皇卡爾避居瑞士，某報通信記者求見，見其侍臣。侍臣說：「皇帝的退位，本非得已，故願望恢復帝制。惟目下暫時隱忍，不問政治。」凡做過皇帝的，沒有不再想做皇帝。凡做過官的，沒有不再想做官。心理上觀念的習慣性，本來如此。西洋人做事，喜歡澈底，歷史上處死國王的事實頗多。英人之處死沙爾第一世，（一千六百四十八年）法人之處死路易十六，（一千七百九十三年）俄人之處死尼哥拉斯第二，（一千九百一十八年）都已爲不這樣不足以絕禍根。拿破崙被囚於聖赫利島，今番威廉第二亦要[illegible]拿破侖的[illegible]受協約[illegible]

腐北京的傅儀，溥良不加意防備，早晚還是一個禍根。 澤東

湘江雜評

職業教育 「職業教育」已成我們湖南官僚式而兼八股式教育家的口頭禪，他們向來有耳無目，有頭無腦。聽別人說體育要注重，就加體操鐘點，聽別人說童子軍要組織，就組織童子軍。究竟什麼是體會？什麼是童子軍？他們就不管了。近兩年來，他們聽別人說職業教育好，他們便談起職業教育來。其實「職業教育」四字，是很「不詞」的，教育就是職業，職業就是生活，除職業或生活以外，還有什麼教育可談呢？況且一面既有所謂「職業教育」，他一面必有所謂「非職業教育」，換一句話說，就是不適於生活的教育，就是製造游民的一種工具，試問這種工具到底是不是教育？ 慎厂

難道麻雀不是賭錢 小民賭錢警察便要干涉，麻雀是賭錢的一種，一班大人先生們，整天在麻雀的窠裏，警察偏不去干涉，難道麻雀不是賭錢嗎？ 竹如

放言

過於新 一些老頭子，看見了我們，總說我們是「過於新」，世界上那裏有「過於新」的事，說「過於新」，就是他們「過於舊」的反證。 竹如

「古」是壞東西 我們生在這個時代，吃這個時代的飯，穿這個時代的衣，住這個時代的屋，就應該有這個時代的思想，做這時代的事業。萬不可替們去好「古」還「古」，要曉得「古」是一個壞東西，不是一個好東西。 竹如

生活革命 富貴人吃不了的飯，穿不了的衣，貧窮者餓壞了肚子，凍壞了肌膚，還不肯給他們一點。除了生活革命，還有什麼法子。 竹如

這個便宜 現今世界上出了一位做工的聖人，喚做「波爾札[illegible]」，他說我國的學者、先生們，都有點[illegible]學圃的做[illegible]。晉自食其力的「許行」算不得賢，說「長沮」「桀溺」是不可同羣的鳥獸，硬把勞心的當做君子，勞力的當做小人。他很的病了。[illegible]既[illegible]是[illegible]學者先生們都[illegible]這個。[illegible]了[illegible]
[illegible]，先生們[illegible]

了此項消息，一時便手忙腳亂，好像有大禍臨頭的樣子，連我也是如此。有一個朋友對我說，「不要緊，他說不過是要強制我們作工。我們素日有一種以夷制夷的老法子，我們就大家工作起來，看他還有甚麼話說。」我說，這個使得。　楚

杜威先生討嫌　自從「杜威先生」的學說到湖南，那些包辦教育的，儘聽得從前的學校，都不是社會，從前教育都不是生活，但終沒根本的法子去解決，惟有暗地裏低聲的說「杜威先生討嫌！」　楚

比較好一點就去做　有的人說，「我們做事，總要求個萬全，」這話實錯的很，我們覺得比較好一點，就可去做。硬要求個「萬全」，恐怕到了「棺木抬矣」還是一件事都沒成。　楚

不成立他有什麼壞處　有人說，「女子解放，恐怕家庭難成立」我說，現在這種累人的家庭，沒組織的家庭，摧殘個性的家庭，單靠着他穿衣吃飯的家庭，成立他有什麼好處？不成立他又有什麼壞處？　楚

讓他餓死　有人疑心，「取消私產制度，沒有競爭，便沒人做事」我就答道，孔席不暇煖，墨突不得黔，難道是單爲着私產嗎？不願意做事的，就讓他沒飯吃，就讓他餓死。　楚

專利　大凡天地間遺給百姓，沒有甚麼厚薄，沒有甚麼深淺，如空氣這樣東西，是天然養人的東西，斷沒有這是你的空氣，那是我的空氣的分別。也斷沒有你空氣多些，我空氣少些的分別。日光也是一件天然養人的東西，也斷沒有你我之分，多少之別。土地也一樣是天然養人的東西，也沒有這塊土地是你的，那塊土地是我的道理。於今卻大不同，凡百天然養人的東西，必定有些惡霸的惡王來佔據來作主，這就是叫做「專利」。我且分開做幾項來說

（一）空氣的專利和日光的專利　空氣日光是天然養人的東西，沒有甚麼所有權，也沒甚麼你我的分別。於今卻不然，這空氣日光都專起利來了。所以我說呀，你沒有看見那強霸的惡王之待遇亡國的奴隸嗎？他們定了一個法律，就是「凡亡國奴屋上的窗子，不准開大，若要把窗子開大的時候，必定要每月納多少租稅」諸位想想！開大窗子，本是要透日光透空氣。於今都要納起稅來！你看可惡不可惡啊？

（二）土地的專利　土地也是天然養人的，據

沒有這塊是你的那塊是我的的分別。這個道理，同我以前所說的「空氣」「日光」是一樣。不過有些強霸惡王佔去，就說這土地是他的。並且他自己不去耕作，要雇用一般農民去耕作，還要農夫出多重的押租。可憐的農夫！風吹日曬，辛辛苦苦種出來的穀子，自己得不到幾粒，還要送給那些強霸的惡王，這是甚麼道理？那些強霸土地的人，大吃大用不盡，他還要特樣的欺負這些農夫，你看可恨不可恨！

（三）權利與自由的專利　照以上所說的看來，天地間的權利與自由，一定也是人人所能得到手的。一人能得的權利與自由，人人也能得到他。何以呼做「權利與自由的專利呢」？就是一般盜賊，把我們殺死，自我們手裏奪去我們的權利及自由。我講到此處，諸位大約也是明白了。

弘君

新文藝

紀遊

嗇農

（一）

當着太陽落水的時候，乘着一葉似的划子，坐在資江的中流。

彎彎的月兒，點點的星兒，緩緩掛在兩岸樹上的梢頭。

啊！那是甚麼？

一雙雙的白魚，在那裏跳着不休。

（二）

遠遠望見千重萬疊的樹中，好像有個[illegible]村。犬兒不吠，雞兒不鳴，蟲兒也不[illegible]，祇見一株株的桃樹，在那裏「夭夭」的擺風。桃花已經落了，桃子已結實了，怎樣一年四季總是叫他「桃花村」？

一隻一隻的屋子，老老少少的男，女，雨雜着許多若斷若續的笑聲，歌聲，哭聲。新村！「桃花村」。

（三）

千年的老樹，百年的老屋，終日[illegible]的[illegible]。只有江中的[illegible]忽起忽落，樹上的老鴉飛上飛下。

山間的清風吹來吹去。

明明頭門的額上寫着「資本文明」，「」路上的石門又寫着「學界一席」字。

我們且[illegible]的[illegible]開了，江中的[illegible]。

[illegible]的星兒要大了。

那[illegible]一[illegible]，[illegible]。

湘江評論臨時增刊

第一號 隨報附送 不另取費

湘江大事述評

健學會之成立及進行（澤東）

健學會以前的湖南思想界 湖南的思想界，二十年以來，黯淡已極。二十年前，譚嗣同等在湖南倡南學會，招集梁啓超麥孟華諸名流，在長沙設時務學堂，發刊湘報，時務報。一時風起雲湧，頗有登高一呼之概。原其所以，則彼時因幾千年的大帝國，屢受打擊於列强，怨痛愧悔，激而奮發。知道徒然長城渤海，擋不住別人的鐵騎和無畏兵船。中國的老法，實在有些不夠用。變法自强的呼聲，一時透衝霄激夢的大倡。中國時機的轉變，在那時候爲一個大樞紐。湖南也跟着轉變。在那時候爲一個大樞紐。

思想變了，那時候的思想是怎樣一種的思想？那時候思想界的中心，是在怎樣的一點？此問不可不先答如下——

（一）那時候的思想，是自大的思想。什麽「講求西學」，「什麽「虛心考察」，「都不外「學他到手還以奉敬」的辦法。「人人心目中，都存想十年二十年後，更可學到外國的新法。學到了新法，便可自强。一達到自强目的，便可和洋鬼子背城借一或竟打他個片甲不回。正如一個小孩，受了隔壁小孩的晦氣，便要偷着取出他的棍棒，打算明早跑出大門，老實的還他一個小禮。什麽「西學」「新法」相當於小孩的棍棒罷了。

(二)那時候的思想，是空處的思想。我們試一取看那時候鼓吹變法的出版物，便可曉得。一隊的「新奇衰微，徵刺他人威權作用。內面多是空空洞洞，很少關於人生社會的實際說話。那時有一種「辦學堂」「辦自治」「請開議會」的風氣，窮其根柢，多半湊熱鬧而已。湊熱鬧成了風，人人思想界，便不容易引入實際去研究實事和真理了。

(三)那時候的思想，是一種「中學為體西學為用」的思想。「中國是一個聲名文物之邦，中國的禮教教甲於萬國，西洋只有格致鎗礮利害，學來還一點便得」。設若議論稍不如此，便被人看做一「心醉歐風者流」，要受一世人的唾罵了

(四)那時候的思想，是以孔子為中心的思想。那時候於政治上有排滿的運動，有要求代議政治的運動。於學術上有廢除科舉，與辦學校，采取科學的運動。却於孔老爹，仍不敢說出半個「非」字。甚且還倡其「學問要新道德要舊」的謬說，「道德要舊」就是「道德要從孔子」的變語。

上面所舉，全中國都有此就形，湖南在此情形的中間，占一位置。所以思想雖然變化，却非透底的變化。僅可說是，籠統的變化，盲目的變化，過渡的變化。從戊戌以至今日，湖南的思想界，全為這籠統的，盲目的，過渡的變化所支配，

湖南講求新學二十餘年，尚沒有蔚然的學風。湖南的舊學界，宋學漢學兩支流，二十年前，頗能成為風氣，二十年來，風韻尚未盡歇。不過書院為學校占去，學生為科學吸去，他們便也淹沒在社會的底面了。推原新學之所以沒有風氣，全在新學未曾有確立的中心思想。中心思想之所以不曾確立，湖南以下的數個原因(一)沒有壯實純粹的學會。(二)沒有大學。(三)在西洋留學的很少。有亦為看吃飯問題和虛榮心理所趨於「學非所用」的一途，不能持續研究其專門之學。在東洋留學的，被黃興吸去做政治運動。(四)政治紛亂，沒有研究的餘材。這是湖南新學界中心思想不能確立的原故。即是沒有學風原故

。辛亥以來，盛倡教育的，大都市儈一流。逮其一知半解的見解，造成非驢非馬的局勢。中心思想，新學風氣，可是更不能談及了。

，近數來年，中國的大勢斗轉。蔡元培，江亢虎，吳敬恆，劉師復，陳獨秀等，首倡革新。革新之說，不止一端。自思想，文學，以至政治，宗教，藝術，皆有一改舊觀之概。甚至國家要不要，家庭要不要，婚姻要不要，財產應私有應公有，都成了亟待研究的問題。更加以歐洲的大戰，激起了俄國的革命，潮流侵捲，自西向東，國立北京大學的學者首歡迎之，全國各埠各學校的青年大學應之，怒濤澎湃，到了湖南，而健學會遂以成立。

●●●●●

健學會之成立　六月五日，省教育會會長陳潤霖君邀集省城各學校職教員徐特立，朱劍帆，湯松，蔡湘，鍾國陶，楊樹達，李雲杭，向紹軒，彭國鈞，方克剛，歐陽蕙，何炳麟，李景僑，趙翌等，發起健學會。在楚怡學校開會。今錄某報所載陳潤霖君報告組織學會的意旨於下——

兄弟前次到京，偶有感觸，深抱樂觀。緣四年前，北京大學學生，以作官為唯一目的。非獨大學唯然，即大學以外之學生，亦莫不皆然。前次居京，所見迥然不同。大學學生思潮大變，皆知注意人生應為之事，其思潮已多表露於各種雜誌日刊中。因之京師各校學生，亦頓改舊觀，發生此次救國大運動。其致此之故，則因蔡孑民先生自為大學校長以來，注入哲學思想、人生觀念，使舊思想完全變換。或誤認學生救國運動為政客所勾引，而不知實出學生之自動，及新舊思潮之衝突也。蓋自俄國政體改變以後，社會主義漸漸輸入於遠東。雖派別甚多，而潮流則不可遏抑。即如日本政府，從來對於提倡社會黨人，不待殘殺，不遺餘力，而近日竟許社會黨人活動。如吉野博士等，則主張採用國家社會主義以和緩過激主義，細觀世界之趨勢，從容將日本政體改變為英國式虛君制。於此可知世界思潮激[illegible]

。我國新思潮亦甚發展，終難久事遏抑，國人當及時研究，導之正軌。同人等組織學會，在採用正確健全之學說，而爲徹底之研究……

這日開會，聽說尚有朱劍帆君主張各除成見研究世界新思想服從真理」的演說，向紹軒君「主張采用國家社會主義」的演說。在湖南思想界，不可不謂爲空前的創開。今錄出該會所發表的，會則於下——

(一)本會由同志組合，以輸入世界新思潮，共同研究，擇要傳播爲宗旨。

(二)本會定名爲健學會。

(三)會所暫定長沙儲英源楚怡小學校。

(四)入會者須確有研究學術之志願，經本會會友一人以之介紹，得爲本會會員。

(五)關於輸入新思潮之方法——

(1)凡最近出版之圖書雜誌，由本會隨時蒐集，以供會員閱覽。會員所藏書報，得借給本會會員覽閱。其有願捐入本會者，本會尤爲歡迎。

(2)函託海內外同志，隨時調查，通信報告。

(3)介紹名人談話。

(六)關於研究之方法——

(1)研究範圍，大體爲哲學，教育學，心理學，論理學，文學，美學，社會學，政治學，經濟學，諸問題，會友必分認一門研究。

(2)重要之問題，由會友共同研究。

(3)會員有願習外國語者，由本會會友傳授。

(七)關於傳播之方法——

(1)講演。分定期，臨時，二種。定期講演，每週日曜日午前八時至十時，由會友輪流擔任。講員，及演題，均於前週日曜日決定。講友須預備講稿，交由本會發刊。臨時講演，凡有重要演題，或由會友，或請名人講演另定地點，擇期舉行。

(2)出版。

(八)本會設會計，幹事，書記，各一人。其他會務由會友共同負責，每次開會，推會友一人臨時主席。

(九)會友應守之公約如左，——

(1)確守時間。

(2)富於研究的精神。

(3)學問上之互助。

(4)自由討論學術。

(5)不尚虛文客氣，以誠實爲主。

(十)會員年納二元以上之會金。有能特別籌助經會者，本會極爲歡迎。

(十一)本會遇有重要事項，必須討論時，得於定期演講後，臨時通告全體，舉行合議。

會則中的(五)，(六)，(七)，(九)，極爲重要。九)之富於研究的精神，所以破除自是自滿的成(是，文意很好。)當盡於「研究」的精神之後，繼之以「批評」的精神。現代學術的發展，大半爲個人的獨到所創發。最重的是「我」是「個性」和中國的習慣，非死人不加議論，著述不引入今人的言論，恰成一反比例。我們當以一己的心思，居中活動。如日光之普天照耀，如探海燈之向外搖射。不管他到底是不是，(以今所是的爲是)合人意不合人意。只顧求心所安合乎真理才能。老先生最不喜歡的是狂妄。豈知道古今真確的學理，偉大的事業，都係一些被人加着狂妄名號的狂妄人所發明創造來的。我們住在這繁複的社會，詭詐的世界，沒有批評的精神，就容易會做他人的奴隸。某君謂中國人大半是奴隸，這話殊覺不錯。(九)之自由討論學術，很合思想自由，言論自由的原則。人類最可寶貴，最堪自樂的一點，即在於此。學術的研究，最忌演繹式的獨斷態度。中國什麼「師嚴而後道尊，」「師說，」「道統，」「宗派」都是害了「獨斷態度」的大病。都是思想界的強權，不可不竭力打破。像我們反對孔子。有很多別的理由。單就這獨霸中國，使我們思想界不能自由，鬱鬱做二千年年偶像的奴隸，也是不能不反對的。

●●●●●●

健學會之進行　健學會進行事項，會則所定大要係研究及傳播最新學術。現在注重於研究一面。開[illegible]派人到京滬各處，採買書籍新聞紙和雜誌。在省中設一英語學習班，使會員學習英語，爲直接研究西方學術的預備。有年在四五十的會員，都喜歡學習。又設一演講會，由會員輪流發表想見，實行知識的交換。官氣十足的先生們，忽然屈尊降貴虛心研究起來。雖然旁人尚有不滿意的處所，以爲官氣還有十分五六，演講亦多採用命令式和訓話式。更有嫌他們是膏藥上膏藥的體合作用。像這樣的求全責備，我以爲可以不必。在這麼女性纖纖暮氣沈沈的湖南，有此一舉，頗足出幽囚而破煩悶。東方的曙光，空谷的足音，我們正應拍掌歡迎，希望他可做「改造湖南」的張本。看他們四次講演的問題，如如國人誤謬的生死觀」「怎樣做人」「教育和白話文」「採用杜威教育主義」都可謂能得其要。倘能盡就習氣採用公開講演，普人都可去聽，則傳播之快，得益之大，當有不可計量的了。

法國通信

留法勤工儉學的情形

五月七日，由倫敦寄上一書，想已接到。弟在英留五日，即過海來法。五月十日抵巴黎，晤蕭君子昇，劉君慶勳。（二君都住在李石曾家）十二日赴蒙達爾尼，(Montargis)入該地的一個小學校，前天已開始上課矣。我此次旅歐，計坐船一星期，由上海到巴黎，共十五日。沿途雖說好看，而以路途如是之遙，也不免稍覺疲倦。幸未得病，尚可喜也。法國找工作一事，李石曾先生報告，各工廠因戰爭時候改爲軍工廠，現欲恢復戰前原狀，狠不容易。對各工廠交涉，皆因手續尚未弄清。或有原料尚未到者。然法人頗歡迎華人來法，有幾個工廠約李先生於三個月後開工時，即聘用華人，希望稍爲等等。

所以李先生要我們暫爲學些法語。我等九十一人，有卅六人進了木蘭的公學。五十一人進了此間學校。亦有二十多人沒有帶一個錢的，祇得暫爲找些下等勞苦工作。俟三月後，再找工廠。總之勤工儉學一事，無論何人何地，都可做得。無差是要吃些辛苦能了。汪精衛君由美來法，於五月十二日，在華法教育會報告中國人在美國工讀會的情形甚詳。是日李先生演說則謂此地人士之以工求學者的很多。可見此事在歐美本極普通的一樁事。兄等想做，就在湖南做起也可行得。并非定要留美留法，才算是勤工儉學哩。但做此事，我亦有數事相告。(一)要不浪費。我以前喜歡用錢，現在怕起來了，用一文錢，也須得特別想想。我以為要不浪費，就是不做半文錢的應酬，不買半文錢的零碎食物。要買的祇是日用品和衣服。(二)生活要簡單。我在倫敦時，住在旅館裏，每日至少要用半磅，大家都很驚奇。只因與政府諸君留難，要[illegible]，不然，就是十倍倫敦的好看，也不敢久看。後到巴黎，我住在李先生家，每日吃幾塊麵包，幾十個生的就可以生活一日。現在學校，早晨祇有麵包一小塊，和咖啡一杯。中飯稍稍好點，也有一定限量，三餐合起尚不及中國一餐的多。卻也可過得日子。並且西人身體，反較強壯，吃多有何益啊。諸兄對於上列兩條如能做得，就可將剩下的錢讀書，不做工也可以。我今再述我們學校的情形。我校共分九班，九年畢業。畢業後可入大學本科。高年級有鬍子。初年級是頂細的孩子。我們則另開法文專班。原有之班」亦可隨意上課。每月學膳洗衣剃頭被服等，一切祇百二十佛郎，便宜算是到了極點。此校與中國人感情很好，與李先生更好。中國留法學生，十九都是預先在此校學習法文，現亦有中國學生三人。其教授異常得法，一點鐘可當中國一禮拜以上是我校的大略情形。劉君慶勳至此間，做工三年，已剩下幾千佛郎。法文法語，都弄好了。如此看來，勤工儉學并不單是理想很難的事，是實際上極尋常極容易的事。我們學師範的人，多是沒錢的，祇好勤工儉學呀！諸兄畢業了，去當教員，就是做工。做工剩下的錢，就可以再讀書，諸兄如以為然，請試試如何。諸兄寄我的信，我極歡迎，當一概同復。寄我的相片及他紀念物，便是感激不盡。寫信祇求鑑涵消息，不必咬文嚼字。就擱日子，有話拿筆就寫，諸兄承認這個條件麽？……來信由蕭子昇君轉，或華法教育會都可，蕭子昇君的住址如下——

Mr. S. T. Shiao, 12 bis Bolevard Bourdon Neuilly, Seine, France.

易利賓　一九一九，五月十七日　由法國蒙達爾尼

對於救國運動的公言

●北京七校長呈政府文云●　惟學生在外犯法，與在校內犯規，情形不同，其懲處當有分別。學生違反學校規程，自應由學校懲處。若違反國家法律，儘可依法懲辦。學生與學校截然二事，學生犯法，不能罪及學校。況學校爲國家永久作育人才之地，非政府隨意執行形法之地，今以軍警包圍學校，似非正當辦法

●武漢學生被官廳解散最後留云●　我們犯的究竟是甚麽罪？我們平日在學校裏，教師總叫我們愛國。今天盡我們所能盡的力量，來做一點愛國的事情；未必這便是我們的罪？……若是這狠的警察，這很的保安隊，能夠替我們向日本爭青島，他便打死我們，亦所甘心。只是他們除了對於我們手無寸鐵的學生，誣以擾亂秩序，將我們毆打以外。看了外國人，呼亦不敢呼一句。……好在中國所有這樣能幹的警察，同保安隊，本用不着甚麽學生。我們現在同警察們磕一百個頭，難爲你們這些大爺的鴻慈，放我們一條生路，讓我們改過自新，好與你們同去做了日本的奴隸。甚麽叫做杜傑所領的保安隊，實在會用他的刺刀，同鎗背，擊着沒有不吐血斷骨的。這眞了不起！日本人看了，當然要欽佩非常。有日本人欽佩，這也算是偉人了！少陪了！請你們與我們轉達官廳，若是不改變辦法，索與請他貼過告示，寫明「禁止愛國，違者重懲。」免得一般像我們的糊塗虫，當眞愛起國來，又要累官廳生氣。（待續）

發行所長沙落星田湖南學生聯合會

湘江評論

The Shian Kian Weekly Review

第三號

本報每週一回價目如下
每號銅子二枚外埠大洋二分郵費在內

民衆的大聯合（二）

（澤東）

以小聯合做基礎

上一回的本報，已說完了「民衆的大聯合」的可能及必要。今回且說怎樣是進行大聯合的辦法？就是一「民衆的小聯合」。

原來我們想要有一種大聯合，以與立在我們對面的強權者害人者相抗，而求到我們的利益。就不可不有種種做他基礎的小聯合。我們人類本有聯合的天才，就是能羣的天才，能夠組織社會的天才。「羣」和「社會」，就是我所說的「聯合」。有大羣，有小羣，有大社會，有小社會，有大聯合，有小聯合，是一樣的東西換却名稱。所以要有羣，要有社會，要有聯合，是因爲想要求到我們的共同利益。共同利益因爲我們的境遇和職業不同，其範圍也就有大小的不同。共同利益有大小的不同，於是求到共同利益的方法，（聯合）也就有大小的不同，

諸君！我們是農夫。我們就要和我們種田的同類，

結成一個聯合，以謀我們種田人的種種利益。我們種田人的利益，是要我們種田人自己去求，別人不種田的，他和我們利益不同，決不會幫我們去求。種田的諸君！田主怎樣待遇我們？租稅是重是輕？我們的房子適不適？肚子飽不飽？田不少嗎？村裏沒有沒田作的人嗎？這許多問題，我們應該時時去求解答。應該和我們的同類結成一個聯合，切切實實章明較著的去求解答。

諸君！我們是工人。我們要和我們做工的同類結成一個聯合，以謀我們工人的種種利益。關於我們做工的各種問題，工值的多少？工時的長短？紅利的均分與否？娛樂的增進與否？……均不可不求一個解答。不可不和我們的同類結成一個聯合，切切實實章明較著的去求一個解答。

諸君！我們是學生。我們好苦，教我們的先生們，待我們做寇讎，欺我們做奴隸，閉鎖我們做囚犯。我們教室裏的窗子，那麼矮小光綫照不到黑板，使我們成了「近視。」一桌椅太不合式，坐久了便成了「脊柱彎曲症。」先生們只顧要我們多看書，我們看的實多，但我們都不懂，白費了記憶。我們眼睛花了，腦筋昏了，精血虧了，面色灰白的使我們成了「貧血症。」成了「神經衰弱症。」我們何以這麼呆板？這麼不活潑？這麼萎縮？呵！都是先生們迫着我們不許動，不許聲的原故我。們便成了「僵死症。」一身體上的痛苦還次。諸君！你看我們的試驗室呵！那麼窄小！那麼貧乏！！幾件壞儀器，使我們試驗不得。我們的國文先生那麼頑固。滿嘴裏「詩云」「子曰」，一清底却是一字不通。他們不知道現今已到了二十世紀，還迫着我們行「古禮」守「古法。」一大堆古典式死屍式的臭文章，迫着向我們腦子裏灌。我們圖書室是空的。我們遊戲場是穢的。國家要亡了，他們還貼着佈告，禁止我國愛國。像這一[illegible]國運動，受到他們的恩賜真多呢！咳！誰使我們的身體，精神，受摧折，不娛快！我們不聯合起來，講究我們的「自教育」，還待何時？我們已經陷在苦海！我們要講求自救：盧梭所發明的「自教育」，[illegible]

用得着。我們儘可結合同志，自己研究。咬人的先生們，不要睬他。遇着事情發生，——像這回日本强權者和國內强權者的跋扈——我們就列起隊伍向他們作有力的大呼。

諸君！我們是女子。我們更沈淪在苦海！我們都是人，爲甚麼不許我們參政？我們都是人，爲甚麼不許我們交際？我們一窩一窩的聚着，連大都門不能跨出。無耻的男子，無賴的男子，拿着我們做玩具，教我們對他長期賣淫，破壞戀愛自由的惡魔！破壞戀愛神聖的惡魔！整天的對我們圍着。什麼「貞操」却限於我們女子！「烈女祠」遍天下，「貞節廟」又在那裏？我們中有些一窩的聚着在女子學校，教我們的又是一些無耻無賴的男子整天說什麼「賢母良妻」，無非是教我們長期賣淫專一賣淫，怕我們不受約束，更好好的加以教練。苦！苦！自由之神！你在那裏！快救我們！我們於今醒了！我們要進行我們女子的聯合！要掃盪一般姦好我們破壞我們身體精神的自由的惡魔！

諸君！我們是小學教師。我們整天的教課，忙的要很！整天的吃粉條屑，沒處可以遊散舒吐。這麼一個大城裏的小學教師，總不下幾千幾百，却沒有專爲我們而設的娛樂場。我們教課，要隨時長進學問，却沒有一個爲我們而設的研究機關。死板板的上課鐘點，那麼多，並沒有餘時，沒有餘力，——精神來不及！——去研究學問。于是乎我們變了留聲器，整天演唱的不外昔日先生們教給我們的異傳講義。我們肚子是餓的。月薪十元八元，還要折扣。有些校長先生，更仿照「剋減軍糧」的辦法，將政府教育的錢，上到他們的腰包去了。我們爲着沒錢，我們便做了有婦的鰥夫。我和我的親愛的婦人隔過幾十里幾十里的孤住着，相望着。教育學上講的小學教師是終身事業，難道便要我們做終身的鰥夫和寡婦？教育學上原說學校應該有教員的家庭住着，才能做學生的模範，於今却是不能。我們爲着沒錢，便不能買書，便不能遊歷考察。不要說了！小學教師橫直是奴隸罷了！我們要想休做奴隸，除非聯結我們的同類，成功一個小學教師的聯合。

諸君！我們是警察。我們也要結合我們同類，成功一個有益我們身心的聯合。日本人說，最苦的是乞丐，小學教員，和警察，我們也有點感覺。

諸君！我們是車夫。整天的拉得汗如雨下！車主的賃錢那麼多！得到的車費這麼少！何能過活，我們也有什麼聯合的方法麼？

上面是農夫，工人，學生，女子，小學教師，警察，車夫，各色人等的一片哀聲，他們受苦不過，就想組成切於他們利害的各種小聯合。

上面所說的小聯合，像那工人的聯合，還是一個狠大很籠統的名目，過細說來，像下列的

鐵路工人的聯合，

鑛工的聯合，

電報司員的聯合，

電話司員的聯合，

造船業工人的聯合，航業工人的聯合，

五金業工人的聯合，

紡織業工人的聯合，

電車夫的聯合，

街車夫的聯合，

建築業工人的聯合……

方是最下一級小聯合。西洋各國的工人，都有各行各業的小聯合會。如運輸工人聯合會，電車工人聯合會之類，到處都有。由許多小的聯合，進爲一個大的聯合。由許多大的聯合，進爲一個最大的聯合。於是什麼「協會」，什麼「同盟」，接踵而起。因爲共同利益，只限於一小部份人，故所成立的爲小聯合。許多的小聯合彼此間利益有共同之點，故可以立爲大聯合。像研究學問是我們學生分內的事，就組成我們研究學問的聯合。像要求解放要求自由，是無論何人都有分的事，就應聯合各種各色的人，組成一個大聯合，

所以大聯合必要從小聯合入手，我們應該起而仿效別國的同胞們。我們應該多多進行我們的小聯合。

東方大事述評

日本的平民運動

齊慶

自從去年歐洲大戰告終，幾個强盜首領的分贓會議開始，日本也隨着派出幾個貴族代表趕去分贓。剛到那裏自命五大强國之一的欽差大臣，便氣燄薰天的活躍起來，他們國裏的政府不消說是特別的高興。不久和會裏果然事事聽他命令。我們以爲這萬世一系的老帝國外面既如此「闊若長縣」，內部裏必然是「安如磐石」。那知過細攷察，却大不然。今將數月來他們國內發生的重大事件略爲敍說，閱者諸君就可以明白這萬世一系的老帝國，也不免有動搖的形勢了。

第一是朝鮮的獨立運動 朝鮮自一九〇五年被日本以武力與秘密手段所吞倂。朝鮮人民，那裏甘心這回受了民族自決主義的激刺，忍禁不住。趁着歐和會議，上了一個請願書，又在美國的桑港設立本部，聯絡各處的朝鮮人。在東京也開過幾次秘密會議。他受日本警兵的干涉。無大結果。直到三月一日，朝鮮內地宣布獨立，發宣言，訂公約。今將他們公約三條錄下——

(1)吾人此舉，係爲擁護「正義」「人道」「生存」及「尊榮」，悉依民族的要求以自由精神而發揮之。決無排外感情。

(2)我民族正當意思，雖至最後一人，最後一刻，亦必發表之。

(3)吾人一切行動，尊重秩序。自信主張正大。態度光明，

他們對內對外的宣言，大旨和上列三條的意思相同。把他們的歷史，和歷年所受日本的痛苦，及他們的志願與決心，一概披露出來。還有一信致我國各報館，說這回運動，不過要做一個「民族自決的鐵證交於和平會議而已」。三月一日以後漢城開平，平

壞，中和，黃州，水原，義州及所有朝鮮半島各處一遍都是獨立的呼聲。張着空拳，揚揚着國旗，向那無情的黑天大呼。日本兵警的干涉，逮捕槍刺，劍砍，他們只是不顧。自三月至五月獨立呼聲迄未少息。後來雖因受了日本兵警的重壓，表面的獨立運動暫停止了，但有朝鮮人的精神朝鮮的獨立終有一日會要實現是可以决定的。

●●●●●●●●●第二是日本的普通選舉運動　日本自明治維新發布憲法。其階級制度，依然存在。政權全在元老院樞密院少數元勳貴族手中，平民是照例不准有什麼話說的近來他們却也開始活動起來了。今年二月九日日本各政黨及各有志團體，發起一普通選舉期成會，在東京中央車站前面海上保險會社開會。到會的三百餘人。有松本平民演說略謂「本會目的，對於選舉法，在廢除一切納稅資格，企圖政治生活之改善。此次世界戰爭的教訓。在使人民明白由部分或少數人士壟斷政權的國家，其結果只有土崩瓦解，自取滅亡。斯以改正選舉法，將政權的基礎樹立於國民全體之上，實爲當今急務。」二月十一日，東京帝國大學，以次十七個學校的學生所組織的日本全國學生同盟會和普通選舉促進同盟會，在日比谷開要求普通選舉示威運動大會。到三千餘人。此外還有普通選舉遊說會，大道演說會，普通選舉市民大會，普通選舉期成會等各處活動。這樣運動，係平民要求政治的解放。在歐美不算希奇，在我們東方，在我們東方的日本，可是破天荒的舉動了。（未完）

世界雜評

●●●●●●畏德如虎的法蘭　法國於德國畏懼他如虎狠。德國這麼大敗，法國尙畏懼的很。對薩爾煤鑛。對萊因左岸獨立。毀希里哥倫砲台。助波蘭獨立以蹙其東隆。助捷克獨立以阻其南出。日耳曼奧地利欲并歸德國、則不惜破壞民族自決主義、多方以妨之。殖民地、陸海天空軍備，則多方以削之。商船亦須交出大部、以阻其海外貿易之恢復。這樣也算够了，還不止此。又向英美兩國，請求保證。前日電傳，威爾遜允於離法以前，簽定一約。保證將來法國如受攻擊，美國當起而援助。勞合喬治亦以英國名義，簽定一同一性質的條約。此意何等深刻！何等慘淡！藉非法國有不可告人的大缺點，何至有這樣的畏懼。法蘭西民族素負豪氣，何至竟像婦人孺子，斤斤乞人保護。我覺得這不是法蘭西的好現象！　澤東

●●●和約的內容　斯末資將軍說，「我之簽定和約，非因和約乃滿意的文件。為結束戰爭起見，不得不簽定他」又說，「新生活，人類大主義的勝利，人民趨向於新國際制度　和優善世界　所抱如此期望的

踐行，像這樣的約言，均沒有載上和約。於今只有國民心腔裏所發義俠和人道的新興意，乃能解決和會裏政治家困難而止的問題。」又說，「我很以和約裏取消黷武主義，僅限於敵國為憾」斯末資是英國一個武人，是手簽和約的一個人，他於簽約後所發議論是這樣，我們就可想見那和約的內容。　澤東

●●●日德密約　巴黎的路透電說，「近今外間又有日德密約的謠傳。」密約是什麼東西？還有什麼妄人想發現於今後的國際間麼？日德密約更是什麼東西？日俄密約，為列寧政府宣布了，不但沒成，反丟了臉一大塊。日英法密約成了，我們的山東，就要危險。什麼日德密約，前年也謠傳了多次。據說一千九百一十七年，德國允許日本自由處置荷蘭的殖民地爪哇蘇門答臘在內，為英政府聽見，告訴了荷蘭，陰謀方止。我們應知道日本和德國，是屢次尋姦未遂的狗男女，他們雖未遂，那尋奸的念頭，是永

遠不會打斷的。日本的强權政府軍閥浪人不剷除，德國的愛培爾政府不革命，奸夫和淫婦，還未拆開，危險正多呢。　　澤東

●●●政治家●　斯末資云，「惟人民的新眞意，乃能決解和會裏政治家因難而止的問題。」人民的眞意，和政治家的見解，何以這麽不相同？政治家何以這麽畏難？人民何以這麽不畏難？這裏面果有一層解說麽？我自來疑惑所謂「政治家」，怕莫不是一種好東西？我如今眞得了證據。巴黎和約簽定後，路易喬治回到英國，在下院演說道，「我們英國，得到許多成功，是我們偉大國民團結與奮的効力。我們於今歡欣鼓舞，但不要存着禍患業已過去的妄念。已使我們獲勝的精神，仍要保持，以應付將來事件。我們不要浪費精力於彼此相爭。這就是政治家的大本領。這就是政治家的大魔力。不要浪費精力於彼此相爭，就是說道，你們人民不要拿著生活痛苦，國民眞意，種種無聊問題，和我們政府爲難。那些問題都小，都不關痛癢。將來尋着事端，我們還要和別國打仗。愛國　與奮，團結，對外，是最重要沒有的。我正式告訴路易喬治這一類的政治家，你們所說的一大篇，我們都清白是「鬼話」，是「胡說」。我們已經醒了。我們不是從前了。你們且收着，不要再來罷。　　澤東

●●●●●中國的特色　靜坐本來是體育裏面的一種方法，—一種靜的運動—沒有什麽稀奇。乃現在講靜坐的人，偏要「神乎其神」。分他爲若干層；若是到了十六層，那功夫可就了不得；耳可聞隔幾十里路的聲音，目可辨若干遠的顏色，足可行若干里的路程，並且餓不死，凍不死，簡直是成了「神仙」。哈哈！在二十世紀科學昌明的今日，我們中國還有這種做

「[illegible]」的[illegible]，難道不是中國的特色嗎？（慎厂）

盲目的中國人　近來的人，對於違背舊思想舊習慣的言論或行事，輒字之曰「過激黨」。其實「過激黨」一名詞，本爲西洋文字所無。至於俄國的「布耳色維克」，(Bolsheviki) 照他的字義講，就是多數黨；照他的主義講，就是要組織純粹工民的共和國，以工民辦理國家的事務，他也有政府，也有憲法，並不是「無政府」。乃日本的軍閥貴族，恐怕這種思潮傳到他們國裏，動搖他們的階級制度，就譯之爲「過激黨」。我們中國素來是襲用日本名詞，所以也叫他爲「過激黨」。而一般人遂以「過激黨」三字爲口頭禪，爲一種罪名，究竟這般人所目爲「過激黨」的東西，是不是布耳色維克，他們就不管了。回憶某巨公說，社會主義是「奪富人之田而有之」的話，我就恍然大悟，知道我們中國人，本來是盲目的。（慎厂）

豈有此理　日前各報都載有在濟南的日本人，無故打我商民，捕我學生，搗毀我商店，搜索我行人，種種暴虐行爲，喧賓奪主，眞是豈有此理。我們的政府，不能合他交涉，祇懇求各國公使，出作調停，譬如一家的妻子，被別人強姦，自己不敢聲討，請人家代爲哀求，你說可恥不可恥呢？（殷如）

湘江雜評

孔子與觀音菩薩　三星期以前，我在某會演說，曾說道：「奉孔子爲萬世師表，硬不許別人駁他的學說的人，是奴隸根性。」還沒有傷及孔子的毫末，竟惹起生在孔子死後兩千多年的某君，作一篇八股式的論文，替孔子作「辨護士」。哈哈！孔子的魔力眞大！昨十六日走玉泉山過見着許多人—男女老少的—手裏拿着香燭紙錢，汗淋淋的向玉泉山廟裏走。我當時不知他們幹的什麽？後來遇着一個朋友，他就對我說：「玉泉山好熱鬧，觀音菩薩今天生日，好多人到那裏祝壽去了」，哈哈！『一聲不做二目無光的觀音菩薩，他的魔力也有這般大！

（愼厂）

●●●●●●不信科學便死　兩星期前，長沙城裏的大雷，電觸死了數人。岳麓山的老樹下一個屋子裏面，也被電觸死了數人。城裏街渠汚穢，電氣獨多，應建高塔。設避雷針數處。老樹電多，不宜在他的下面築屋。這點科學常識，誰也應該曉得。長沙城裏的警察，長沙城裏三十餘萬的住民，沒一人有閒工夫注意他。有些還說是「五百蠻雷，上天降罰。」死了還不知死因。可憐！

澤東

●●死鼠　鼠是瘟疫發生的一個原因，長沙城裏到處看見死鼠。張眼望警察，警察却站在死鼠的旁邊。早幾年的長沙城，却沒看見這個樣子。警察先生們！還是請你們注點意。

澤東

●●●●●●那一個是過激？我看近日的形勢，大半是驚風震雨，說湖南了不得了，過激黨來了，這不是捕風捉影的話嗎？請問你們，什麽叫做過激黨？過激黨的主義若何？過激黨的人物怎樣？倡言過激黨來了的人，能够答覆我麽？今日到底誰是過激？湖南倘然真來了過激黨，恐怕就是倡言過激黨來了的人的招惹。若說這些捨命救國的志士，拿出良心來和國家爭回權利　從強權者　索還自由的志士，强指他們是過激黨，恐怕諸位要洗洗眼睛！縮縮腦袋！（子博）

●●●●民意與金錢　議會是民意的代表機關，地位尊嚴，責任重大，所以選舉的時候，必須慎重將事，才能表示真正民意，近來却大變了。有了運動，就不要選舉。有了金錢，就不要民意。因此許多的議員少有不是把金錢運動來的，唉！金錢金錢，你之造作罪孽，未免也太多了。（晚如）

有害的服物　中國有一種最古有害的服物，就是婦女的裝飾，不惜把身子弄得極弱，極苦，一切不能自由，說什麼蛾首蛾眉，櫻口楊腰，小小金蓮，纖纖玉手，一些的鬼話。不惜窮極的矯揉造作，供男子把玩自己一生自由快樂的生活。却置於不聞不問之列。此事關于個人的痛苦，關于人種和國家的强弱，都是極大，非切實革除不可。女界諸君，以爲何如？　（皎如）

暗無天日的寶慶　有從寶慶來的朋友對我說，陰曆六月初七，寶慶學生演講團，在寶慶城內設臺演劇，許多兵士，說是奉了什麼鎮守使的命令，上前追着不准。學生不肯停止，就被他們痛打了一頓。還說着敢不停演就殺死臺下。用殺人來禁止愛國，這眞是聞所未聞的希奇事呢。　（仁民）

法國通信

留法勤工儉學的情形（二）　（子昇）

此通信係友人子昇君兩個月前從巴黎寄來，報告留法勤工儉學情形甚詳。子昇君爲湘人在北京高等法文專修館預備留法之一人，本年二月起程赴法，對於湘人赴法，甚樂爲贊助介紹。此函不無發表後時之憾，然吾人求知法國情形正切，亦不覺其後時也。以後凡關於法國留學情形之通信，擬多發表於本報，爲吾湘有志赴法者參考，並爲已赴法之家人安慰焉。記者

（上略）此函謹報告數事如下——

（一）先到法者不盡可恃，大都持個人主義，不贊成李石曾等之勤工儉學主義，大抵惡其異己。留學者不贊成儉學，儉學者復不贊成勤工，皆因相形之下，覺自己用費過多，不能自安也。後來者之組織，

非從自己方面下手不可。來法勤工儉學者，决不可自信力，無堅忍力。並要聯絡一氣，才好進行。因此有幾件要做的事，(一)預備班應有聯絡，通聲氣。(二)從前有意見者宜疏通。(三)新到者，俟其到法，此間即擬以識力堅定，與工人和善等事，與諸君互相勸勉。在內地有便時，亦可互相談及。(四)我與諸兄初到，皆應同入工廠作工。與大家共同動作，除去畛域。

(二)此間已知有一大隊由滬啓行來法，數日前，李接英國黃國樑君來信云，頃接上海寰球學生會朱少屏君來電，現有學生九十一名由滬啓程赴法，道經英國，請爲接待云云。觀此，並揣彭志雲君尚未同來。沈宜甲君必同來。又知諸君來法，至早亦在五月初十以後。此九十一人勤工儉學者或可佔三分之二。湖南至少有四十人。布里村班及保定北京班同學之有款者、必可同來。此間對於工廠，正在進行，但初到時，不能即刻入工廠，必暫住旅館，現擬租一價廉房屋，以便到時招待。

(三)北京保定諸君早來辦法　僑工局借旅費一事，李只能幫忙，不便作原動，作原動者，應爲湖南華法教育分會，不知近日有何舉動？

(四)就便營商，來法時稍有餘錢的，可買小貨。以前華工由法回華，多半帶針。此後由華回法，最好是販綢手帕和白緞繡花，在上海買得每條四角之綢手帕，不過值法幣二弗郎，到法後至少可買六弗郎，有四十元本錢販貨，即可賺三四百弗郎。如繡花，此間價值每塊縱橫尺半至兩尺者，貴至四五百弗郎，以繡人物者爲貴。蓋中國人物好奇故也，白緞[illegible]爲絲是出自中國，故亦值價。此間有劉君者，在[illegible]店內調查，可以包販。此等廉頭府，亦可爲窮人[illegible]經濟上之一助也。

(五)我的行止　數日前，我和此間之熟悉勤工事情者，曾擬發起組織一華工函授學校。因華工中大半不識字，無從施教。函授學校以看圖識字爲施敎的法門。因所需開辦費太多難措暫且，故暫且不辦。隨又擬一勤工儉學會通信部通信章程，即函授學校之變形，而較易行者。亦不知可得旁人之贊助否也？日昨同學劉君，介紹一年十四歲之法國小友來會。彼已工作三年，日常應用之物，皆能自製，並能製幾種複雜之機器。彼自述其志，願爲一良工程師，發明種種物品。並甚願及長往中國作事。彼率劉等遊巴黎城內各名勝地，亦能道其歷史上之關係。我以是深知人種改良之重要。而環象之善惡，與兒童之發育，有莫大之關係也。

(六)諸兄如有意研究華工敎育，宜先明其性質，與普通敎育有殊異之點。⑴年齡大，多謬誤之主觀而甚強烈。⑵多半以讀書爲多事。⑶好嫖好賭，幾無心世事。⑷有全不識字者。⑸大不易開夜班。如欲實行敎育，宜採用通俗敎育式和牧師傳道式。(如余日章之演說，靑年會之電影……)利用文字圖畫。此次預備來法者，更宜分配各廠，使之同化。諸君有心，可硏究方法，以換取彼等之賭嫖如。⑴作小說，無意中寓以智識，陶其情性。⑵搜集有益之歌謠，及笑話⑶研究類似賭博有益智識而無損於道德之遊戲方法。⑷採集關於普通智識之書籍，或直接發去，或間接改譯。諸兄來，科學書宜帶全。中國書宜多備。

今再述一雜事如下——

十日前，巴黎城內舉行一種示威運動，人民有不平事，無從宣洩，乃集羣衆，遊行市間，表示態度。（前英國女子要求參政亦如此行之）有Zaures者，法社會黨魁，當對德宣戰時，彼爲議員，反對極力。宣戰前二日，被人刺死。政府從律師曲辯，輕刺者罪，定爲監禁數年。月前有名考丁者，行刺內閣總理克雷蒙沙，法政乃宣告考丁死形。社會黨大遺，謂兩相比較，顯然不平。遂結大隊，遊行街市。半日，約萬餘人。華工及他留法學生之新黨，均表同情。亦結成隊伍，高舉五色國旗，參與其中。經過街衢，法人皆脫帽握手，大呼中國隊萬歲！中法萬歲。其程度稍低者，則連呼 Chinois....., Ca C estbien, tres bien, tres tres bien....., 不置，此次余等皆去，甚有趣味。現法政府竟擬將考丁赦出矣。

子昇寄自巴黎

放言

不新不舊是什麽 一些官僚式的學者，常常自誇他們是處於「不新不舊」的地位，我看世界上實在尋不出什麽「不新不舊」的地位。昨天的事，到了今天，就算舊了。上句鐘的事，到了下句鐘，就算舊了。一件事，已做的是舊，未做的是新。一條路，已走的是舊，未走的是新。界限這麽分明。「不新不舊」是什麽？ （竹如）

不懂得 有位老先生說，「士農工商」四民，界限定要分清。士是勞心治農工商的，農工商是勞力事奉給役的。這話倒聽慣了。但不知世界上究竟那個應該勞心？那個應該勞力？那個應該治人？那個應該

治於人？我實在有點不懂得。（竹知）

什麼叫做「收買」 世界上的東西，凡可以收買來供强力的驅使，都是無意識的，無目的的，無精神生活的。近來常聽見說，某人被政府收買去了，某種言論改變性質了。姑無論這話是眞是假，總而言之，我們有意識，有目的，有精神生活，自然是决不會受金錢的同化。假如沒有不能收買的眞價值，即令人家不收買，又有甚麼好處？不信？請看俄國！自從一八二五年，「十二日黨」起事以後，直到現在，經過了九十多年，不知受了許多比用金錢收買還强的，禁壓和殺戮，偏偏能實現他們的理想。區區銅臭的力量，算什麼呢？（劍）

索性改做平民 日本的皇室中心黨，怕得罪了「時候先生，」他那張獨夾椅子坐不成，就拚命的想出一個法子，把那西洋式的「德謨克拉西」改成一個非驢非馬日本式的「德謨克拉西。」日本人！我正式的奉勸你們，東歐巍巍的三帝國，也終了局。美國也會起社會革命。强權總會打倒。假面具總會揭開。你們索性改做平民罷。（楚）

差不多 國人總說現在的政府沒用，只會賣國，要錢，欺凌小百姓。我要替政府辨白一句，世上甚麼優越的地位，總是會消滅別人的人格的。你看那世祿之家，除却少數例外，還有甚麼好人。劉邦本來是平民，做了幾年的皇帝，就要定出什麼朝儀。他入關的約法，也要增三爲九了。孟子也曾說過，「爲富不仁，爲仁不富，」那一時的政府不是如此。那一國的政府不是如此。我們若站了政府的地位，恐怕也差不多。（楚）

趨時是好的 有人說，「好了！現在湖南那些「辦學的人，都在那裏研究什麼新思潮。」有人說，「這未必，恐怕脫不了趨時。」我却以為那「時候先生」的教訓很好，只要不擋他的駕，就算好的。（澤）

不怕沒解決 有個朋友和我說，「我們總疑惑什麼都不是，連共和都覺得不是一個好東西。但是我們又沒得法子去解決他，空談何益。」我說，只去研究，就不怕沒解決了。（澤）

刊誤

創刊號 創刊宣言 「這」是我們全體湘人 脫「這」

西方大事 已演了一「次」大罷工 脫「次」

東方大事 距可忽興文「網」 網誤「綠」

致「被」逮捕 被誤「彼」

世界雜評 「民」族自決 民誤「名」

第二號本報申明（一） 實「際政治」 脫實下三字

本報申明（二） 「諸」君原諒 諸誤「請」諒下多三字

民衆的大聯合 較大的聯合 較下多「最」

及其他強權「者」 脫「者」

世界雜評 世界誤界世

法國通信（增刊）自上海到巴黎共「五十」日 五十誤「十五」

對于救國運動的公言 最後留「言」云 脫「言」

通問

弘君先生 大作甚佩，祈續惠稿，並示住址。

發行所長沙落星田湖南學生聯合會

湘江評論

The Shian Kian Weekly Review

第四號

本報每週一回價目如下
每號銅子二枚外埠大洋二分郵費在內

民衆的大聯合

（澤東）

中華「民衆的大聯合」的形勢

上兩回的本報。已說完了(一)民衆大聯合的可能及必要，(二)民衆的大聯合，以民衆的小聯合爲始基。於今進說吾國民衆的大聯合我們到底有此覺悟麼？有此動機麼？有此能力麼？可得成功麼？

(一)我們對於吾國「民衆的大聯合」到底有此覺悟麼？辛亥革命，似乎是一種民衆的聯合，其實不然。辛亥革命，乃留學生的發蹤指示，哥老會的搖旗吶喊，新軍和巡防營一些丘八的張弩拔劍所造成的，與我們民衆的大多數，毫沒關係。我們雖贊成他們的主義，卻不曾活動。他們也用不着我們活動。然而我們卻有一層覺悟。知道聖文神武的皇帝，也是可以倒去的。大逆不道的民主，也是可以建設的。我們有話要說，有事要做，是無論何時可以說可以做的。辛亥而後，到了丙辰，我們又打倒了一次洪憲皇帝。雖然仍是少數所幹，我們卻又覺悟那麼威風凜凜的洪憲皇帝，原也是可以打得倒的。及到近年，發生南北戰爭，和世界戰爭，可就更不同了，南北戰爭結果，官僚，武人，政客，是害我們，毒我們，朘削我們，越發得了鐵證。世界戰爭的結果，各國的民衆，爲着生活痛苦問題，突然起了許多活動。俄羅斯打倒貴族，驅逐富人，勞農兩界合立了委辦政府，紅旗軍東馳西突，掃蕩了多少敵人，協約國爲之改容，全世界爲之震動。匈牙利崛起，布達佩斯又出現了嶄新的勞農政府。德人奧人捷克人和之，出死力以與其國內的敵黨搏戰。怒濤西迸，轉而東行，英法意美既演了多少的大罷工，印度朝鮮，又起了若干的大革命。異軍特起，更有中華長城渤海之間，發生了「五四」運動。旌旗南向，過黃河而到長江，黃浦漢皋，屢演活劇，洞庭閩水，更起高潮。天地爲之昭蘇，奸邪爲之辟易。咳！我們知道了！我們醒覺了！天下者我們的天下。國家者我們的國家。社會者我們的社會。我們不說，誰說？我們不幹誰幹？刻不容緩的民衆大聯合，我們應該積極進行！

（二）吾國民衆的大聯合業已有此動機麼？此問題，直答之曰「有。」諸君不信，聽我道來——

溯源吾國民衆的聯合，應推清末諮議局的設立，和革命黨—同盟會—的組成。有諮議局乃有各省諮議局聯盟請願早開國會的一舉。有革命黨乃有號召海內外起兵排滿的一舉。辛亥革命，乃革命黨和諮議局合演的一齣「痛飲黃龍」。其後革命黨化成了國民黨，諮議局化成了進步黨，是爲吾中華民族有政黨之始。自此以後，民國建立，中央召集了國會，各省亦召集省議會。此時各省更成立三種團體，一爲省教育會，一爲省商會，一爲省農會。（有數省有省工會。數省則合於農會，像湖南。）同時各縣也設立縣教育會，縣商會，縣農會。（有些縣無）此爲很固定很有力的一種團結。其餘各方面依其情勢地位而組設的，各種團體，像

各學校裏的校友會，

旅居外埠的同鄉會，

在外國的留學生總會，分會，
上海日報公會，
寰球中國學生會，
北京及上海歐美同學會，
北京華法教育會，
各種學會，（像强學會，廣學會，南學會，尚志學會，中華職業教育社，中華科學社，亞洲文明協會……）
各種同業會，（工商界各行各業，像錢行公會，米業公會……）
各學校裏的研究會，像北京大學的畫法研究會，哲學研究會……有幾十種）
各種俱樂部……

都是近來因政治開放，思想開放的產物，獨夫政治時代所決不准有不能有的。上列各種，都很單純，相當於上回本報所說的「小聯合」。最近因政治的紛亂，外患的壓迫，更加增了覺悟，於是覺有了大聯合的動機。像什麼

全國教育會聯合會，
全國，商會聯合會，
廣州的七十二行公會「上海的五十三公團聯合會」，
商學工報聯合會，
全國報界聯合會，
全國和平期成會，
全國和平聯合會，
北京中法協會，
國民外交協會，
湖南善後協會，（在上海）
山東協會，（在上海）
北京上海及各省各埠的學生聯合會，
各界聯合會，全國學生聯合會……

都是。各種的會，社，部，協會，聯合會，固然不免有許多非民衆的「紳士」「政客」在裏面。（像國會，省議會，省教育會，省農會，全國和平期成會，全國和平聯合會等，乃完全的紳士會，或政客會）然而各行各業的公會，各種學會，研究會等，則純

精學界及學者的會集，要是近來產出的學生聯合會，各界聯合會等，則更純然爲對付國內外強橫者而起的一種民衆的聯合。我以爲中華民衆的大聯合的動機，實伏於此。

（三）我們對於進行吾國民衆的大聯合，果有此能力麼？果可得成功麼？談到能力，可就要發生疑問了。原來我國人只知道各營最不合算最沒出息的私利，做商的不知設立公司，做工的不知設立工黨，做學問的只知閉門造車的老辦法，不知圖共同的研究。大規模有組織的事業，我國人簡直不能過問。政治的辦不好，不消說。郵政和鹽務有點成績，就是靠了洋人。海禁開了這久，還沒一個走歐州的小船。全國唯一的「招商局」和「漢冶萍」，還是每年虧本，虧本不了，就招入外股。凡是被外人管理的鐵路，清潔，設備，用人，都要好些。鐵路一被交通部管理，便要糟糕，坐京漢，津浦，武長，過身的人，沒有不嗤着鼻子咬着牙齒的！其餘像學校辦不好，自治辦不好，乃至一個家庭也辦不好，一個身子也辦不好，「一邱之貉」「千篇一律」的是如此。好容易談到民衆的大聯合？好容易和根深蒂固的強權者相抗？

雖然如此，却不是我們根本的沒能力。我們沒能力，有其原因，就是「我們沒練習」。

原來中華民族，雖萬萬人，從幾千年來，都是幹着奴隸的生活，只有一個非奴隸的是「皇帝」。（或曰皇帝也是「天」的奴隸）皇帝當家的時候，是不准我們練習能力的。政治，學術，社會，等等，都是不准我們有思想，有組織，有練習的。

於今却不同了，種種方面都要解放了。思想的解放，政治的解放，經濟的解放，男女的解放，教育的解放，都要從九重冤獄，求見青天。我們中華民族原有偉大的能力！壓迫愈深，反動愈大，蓄之既久，其發必速。我敢說一怪話，他日中華民族的改革，將較任何民族爲徹底。中華民族的社會，將較任何民族爲光明。中華民族的大聯合，將較任何

地域任何民族而先告成功。諸君！諸君！我們總要努力！我們總要拚命的向前！我們黃金的世界，光華燦爛的世界，就在前面！（完）

改造家庭與改造思想（傎厂）

我們中國的人，大多數都是爲家庭犧牲的：他們的生活，是一種無意識的，奴隸的，不道德的生活。爲什麽呢？因爲他們畢生的目的，不外謀家庭的衣食；一家裏面有一個能謀衣食的人，這一個人就有替他的父母，伯叔，兄弟，姊妹，謀衣食的義務。假若這人謀生的本領愈高，他所負代謀衣食的義務就愈多；什麽同宗的人，什麽瓜葛的親戚，都穩穩的倚着這一人好像把他做泰山一樣靠着，若這人專謀他個人的生活，專幹他個人的事業，那「刻薄寡恩」「無情無義」的種種形容詞，就要加在他的身上了。所以這個人爲這種「淸議」所挾制，不得不犧牲他的精神，專來做「好漢。」（俗語云：好漢養千口，窮漢一時難。）——就是專謀他家庭的衣食——試問做這「好漢」的人，還能說他的生活是有意識的嗎？他一生爲家庭而犧牲，做了家庭的奴隸，還能說他是有獨立的人格嗎？代謀別人的衣食，已經不承認別人有人格，還能不說他是不道德嗎？

我幷不是反對「治生，」勸人人做「和尙，」我以爲我國人「治生」的困難，實在是家庭制度不良的結果。楊懷中說得最好：「子弟不可倚賴父兄，」「父兄不可倚賴子弟」，「兄弟不可互相倚賴。」（見新靑年二卷四號）我更喜歡陳獨秀兩句簡賅的話：「倫理上個人人格獨立，經濟上個人財產獨立；」（同上）這兩句，眞是天經地義了。且以一個人的精神才力，養贍十口以上的人；（中國的家庭組織，大都如此。）不論世界上無此天理，無此人情；就在事實上，也是萬萬做不到的。有人問我：「你旣說做不到，何以又說中國人的家庭組織，大都如此，而且社會上竟有那麽多做得到的「好漢」呢？這個疑問，很有硏究的價値，也就是我主張改造家庭的根本理由。試看各種職業裏面的人，多數是想從他的生活能力以外用別的「賊計，」弄幾個「造孽錢。」除了官僚的貪贓，枉法，刮地皮，得回扣以外，其餘如政客的弄文，律師的舞法，「儒醫」的騙錢，奸商的欺巧變詐，以及別的明偷暗偷，明搶暗搶，更是數不盡了。這種强盗似的社會。究竟是什麽東西造成的？平心而論，那般强盗天性本壞甘心爲惡的人、還是少數；多數都是因大家庭制人口過多，生活困難兼之又爲「清議」所不容，遂不得不勉强做「好漢。」要勉强做「好漢，」就非從他的生活能力，用正當的方法，去經營職業，本來是事實上不可能的。我們社會上竟有那麽多做得到的「好漢，」就是多數人迫於「清議，」不得不用强盗手段的緣故。

照上面所說看來，這家庭制度，是不可不改他的了。但是那裏這種家庭制度的「常識，」已深入人心；比方張居正的「奪情，」本是應該的，并無傷於他的人格。乃當時什麽「清議，」就把他大加責備起來。所以我們要改造家庭，非從改造「清議」入手不可。講到此處，又有一個問題發生；因爲我國人的腦筋，多數是儲裝着汚舊的奴隸的思想和學說，又用什麽方法去變更他們的主張呢？故從根本上而論，要改造「清議，」也就非從改造思想入手不可。若把我的主張概括起來就是——

要改造家庭，爲先改造「清議，」要改造「清議，」先改造思想。

再進一步說，我國人的思想不刷新，不但是家庭制度，永無改革的希望，就是一切社會制度的改造，也無從進行。那麽，我國人真是甘居於奴隸羣人的地位了。同胞呀！同胞呀！趕快洗刷腦筋！趕快把腦筋洗刷得乾乾淨淨！

（完）

富—貴—婦女

（子暲）

「富貴，」「富貴，」富了就貴，貴了越富，所以資本家此每每就是貴族，貴族資本家，是一樣的可惡的兩個東西，

我們認定「官氣，」「隔閡，」「階級，」「黑暗，」「束縛，」「險詐」……是一類的東西，
我們認定「平等，」「自由，」「博愛，」「光明，」「坦率」……是一類的東西，
我們提倡男女平等，「男女交際，」「婦女解放……
……都是要將「官氣，」「隔閡，」「階級」「黑暗」「束縛」「險詐」，……一掃而空；而「平等，」「自由，」「博愛」「光明，」「坦率」……起來
各位！現在社會上的人，他富了，他就貴了，就有「官氣」了……了，他不富」，他不貴，他就「平等」……了。他家裏有錢，他家有裏有走得起的人！大部分是做官！他就男女不平等，不交際，不解放了，爲甚麼？爲「詩書禮敎」「體面」「規矩」……所「束縛」「隔閡」了！一見了客就要躲避！「行莫亂步，坐莫搖身」平時不能出門一步；有了錢，女工服侍自己大便「洗手拈香」不能動了！
各位何不看鄉下農家的那些婦女？燒飯，洗衣，算帳，待客，同男子人一塊兒作事，一塊兒說話，幾多的自由！幾多的「光明」「坦率」！」爲甚麼農家婦女與男子「交際」「平等」？便不曉得甚麼「男女授受不親」的「禮敎」不知道甚麼「男正位乎外女正位乎內」……
……的「規矩」「體面」
咦！有錢的！富的！就那麼苦；無錢的！平等的！這麼有樂趣，有生氣。
各位！這不是很明白的證據麼？（完）

東方大事述評

日本的平民運動（續）（書農）

第三是日本勞動界的運動　日本勞動界，爲要求政府制定勞動組合法，於是組織一個「勞動者同盟會」。五月十五日在神田青年會開第一次全國勞動者大會。到會的有一萬餘人。這天主席是一個純粹的工人。書記是一個年輕的女工。他們那天議決許多問題，大抵對於勞動的工値及勞動的時間更爲注意。
五月五日東亞蠟地印刷所，及秀英舍，博文館東洋

印刷所，聯絡市內西文印刷職工，假神田松本亭，開「信友會總會」。議決對於資本家要求增加賃金三成。二十五日復假芝區彌生俱樂部開臨時總會，推職工水沼辰雄為主席。日警干涉。遂改向神田松本亭開會。日警又復羣集。他們遂向警官陳述，開會旨趣，全係為着自巳生活問題云云。日本人從來伏處階級制度的底下。著名的富有服從性。一兩年來，因為生活的痛苦。勞動者對於資本家便漸漸起了一點反抗。這也是自然的趨勢誰也不能阻住。假使他們再行擴張，恐怕那時，就不單是日本的社會問題了。

以上拉拉雜雜的寫來，還沒有歸到根本問題。根本問題是甚麼？就是他們國內思想界的變遷。

第四是日本思想界的變遷 自俄國式的思想傳到東方，雖然也有人去研究他，但還談不到實行的人。偏偏日本這兩種人都全備了。一九一〇年，武者小路篤實，糾合了一班同志，在東京發刊白樺雜誌。到了近三四年，影響漸漸盛大，造成一種新思潮新村的計畫，我以為便是這理想的實現。去年十一月，他們先發隊十幾個人才在日向的兒湯郡石河內買了一塊地，建立「第一新村」。着手耕種。又在東京發行一種月刊「新村」。發表意見，記載情形。近來吉野作造，福田德三等復組織黎明會，專為研究和傳播社會思想的機關。他們辦了一個雜誌，就叫做「解放」於五月二十五日發行創刊號。他的宣言書說得很透徹。北京的每週評論已將他譯出，今抄一段在下面：

世界將要改造了。新文明的曙光將要輝耀了。解放的曉鐘驚破吾人的沉悶了。雜誌「解放」於是乎誕生。吾人宣言使現代的人類都從軍國主義與獨裁政治之下壓迫解放出來。使世界的民族都從侵略主義與專制主義中解放出來。使文明國的生活都從黃金與鐵火羅網中解放出來。使勞動者都從貧乏與過勞的境遇解放出來。使婦人都從男子的蹂躪之下解放出來。這就是解放的主義。解放的主張，解放的目的，解放的運動。六月二十日，早稻田大學教授[illegible]，北澤新次郎，杉森孝次郎所發起的智識階級的社會運動在神田青年會館開「文化學會成立大會。」據安部磯雄說「日本欲求順應世界大勢，以求文化健全的發展，非從政治經濟社會各方面為根本的大改善不為功。至於如何改善？則非有種種研究不可。欲研究如何改善？始能改造現在生活之社會的樣式。確定其哲學的科學的根據。此文化學會之所以不可不設也。本會目的，首在研究現代文化源泉的諸種學說思想。以資世界人類文化之發展。且欲指導解決批評時局問題。結局當不過言論文章之宣傳機關而已云云。

由上面所述看來，新村是實行新社會組織的初步。黎明會和文化學會是研究和傳播社會主義的機關。所以半年之內就發出先前所說的種種事件。最近又發出下面所說教育界的示威運動。（未完）

湘江大事述評

本會總記

本會經過情形，亟待紀載。而記者耳目有限，所知不多，這篇所載，容有不實不盡的地方。倘望熟悉情形者，多惠材料，於所載出者，則賜以糾彈。本會幸甚。記者識

●●●●●●●

本會成立以前的湖南學生界

湖南之有學校，應推原戊戌春季的時務學堂。時務以短促的壽命，卻養成了若干勇敢有為的青年，唐才常漢口一役，時務學生之死難者頗不乏人。此時的學校，大都以鼓吹革命為校風，學生競研究所謂經世的學問，抵掌討論的，不外國事如何腐敗，滿政府如何[illegible]，怎樣進兵，怎樣建設，種種問題。明德繼起，校旨相同，光緒末年的明德學生，在省城學生界，頗負時譽。大抵當時的學生，肯幹事，不怕死，是他們的特色。反抗官廳，不服壓制，是他們外發的表徵。陳實

寶箴撫湘時，以開發湖南自任，時務學校之得以建立，陳氏實甚光聞。戊戌政變，陳寶箴走，譚嗣同死，梁啓超逃，熊希齡革掉翰林，康黨人的帽子，一大堆在小吳門外校場坪裏燒了。於是而時務學堂倒了。

時務雖倒，而明德方興。在此時間，各種官立學堂像求忠中學，優級師範，高等學堂等，已開設了許多。私立的像周南楚怡，及各縣駐省學堂，更設立不少。官立學校，不消說是官氣十足。什麼「監督」，「監學」，頭上紅頂花翎，身上馬啣補服，脚下寸底官靴，遇着「初一」「十五」，便率領學生（長衣馬掛）用三砲九叩首禮先拜「當今皇帝萬歲萬萬歲位」，次拜「至聖先師」。學校的中堂，照例高懸一塊大牌，上面寫着「一曰尚忠二曰尚實三曰尊孔……」的「聖諭」，金碧輝煌，眞好看的了不得！每天吃飯，學生須穿長衣，若在六月裏火熱的天氣，參觀他們吃飯，又眞是好看的了不得！學生畢了業，「報子」便向這學堂的「庶務先生」，或是「門公老爺」關說，用簿抄出一大批畢業生的姓名，住址，急忙製就許多的「報條」，上面寫着「欽差大臣，陸軍部侍郎，右副都御史，湖南巡撫部院某，會同湖南提學使司某，湖南官立某學堂監督某，考得某府少老爺某，超等第一名，捷報高陞」字樣。興頭十足，跑下鄉間，打恭作揖的掛在一位畢業生家裏的正堂壁上。這位畢業生一家子喜氣揚揚從屋子裏面跑了出來，看着紅底，白邊，花紋，金字，眞是歡喜的了不得！這位畢業生，得了喜報，他便坐着轎子，（若家裏沒轎，便要新製。）紅頂帽，馬啣衣，（多年新製）轎子背後懸着「中書科中書」字樣的燈籠，向親戚故舊的家裏「拜客。」親戚故舊得此一拜之後，「榮莫大焉」的跑到這位畢業生家裏去賀喜。至則這位畢業生家裏的頭門上，又懸着一塊寫着「舉人」或是「拔貢」字樣的小匾，紅底金字，更是好看的了不得！一場酒食，各自散歸，這便叫「做館」

，又叫「打把式」，又叫「打秋風」。

於腐氣霧森的學生界中仍要尋出他們的朝氣勇氣和殺氣，則除卻一班官僚教習和官僚辦事人之外，有多少學生埋頭的鑽營堆中，或抽屜裏面，常秘密讀着兩樣東西，一樣是梁啓超等所做的「新民叢報」一樣是汪精衛宋教仁等所做的「民報」。這兩樣東西，本是禁物，卻不脛而走的從日本到了湖南，同時殺不死嚇不死的黃興，禹之謨，還在長沙，暗地裏從事種種運動，直到甲辰獄興，萍醴失敗，馬福益在瀏陽門外梟了首，打扮洋人乘着小轎的黃興才從小西門出城逃去。然而湖南士氣，卻愈壓愈振。在這時候，禹之謨乃獨爲湖南學生界的首領，於是乎發生了下面驚天動地可紀的一樁事——

陳天華，姚宏業者，一個是安化學生，一個是益陽學生，同在日本，於歸途的中間，感憤國家的危亡，蹈海而死。湖南學生得報，靈柩湖湘水迴來，便要求政府，葬於岳麓山。麻木不仁的湖南巡撫俞廉三，及提學使某，正想借着革命黨和學生的血將他們的頂子染得更紅，固執不准。這邊要求無効，便採用「自動主義」，於光緒三十二年四月一日，長沙省城大小學生，全體發動，分從朱張渡，小西門兩處渡河。鮮明的旗子，和潔白的衣服，映着火紅的日光，高唱哀歌，接二連三的延長十里以外。軍警呆立路旁觀看，那敢張聲。這次畢竟將陳姚葬好。官府也忍氣吞聲，莫敢誰何。湖南的士氣，在這時候，幾如中狂發癲，激昂到了極點。但官府既懷恨在心，過了些時，便借着問題將禹之謨殺了！——接着便又將陳姚掘了！——

湖南學生界，於「葬禹陳姚」而後，可紀的事，就算宣統二年五月，省城各學校全體學生的運動大會，——

原來學生之開運動會，我們也見慣了，有什麼可紀的處所？可是在宣統二年的運動會，卻有不同。單說這一次的運動會，實含有「示威」的意思，「和革金」的色采。當時官廳也很害怕，提學使吳某尤怕的很。倡議的人，借着國勢危亡外侮緊急的話頭，多方鼓吹，才得實行。運動的場所，在長沙小吳門外新軍操演的一塊大坪。全體學生，嚴隊發動。乘着曉風吹疎，朝陽吐豔，做出了多少運動。最足令人留着印象的，就是學生運動曲高唱入雲的悲壯聲音。這曲忘爲誰某所作，至今近十年了，湖南的同學們猶唸着不輟。我今將他記在下面——

大哉湖南，衡嶽齊天，洞庭雲夢廣。沅有芷兮澧有蘭，無限發群芬。風氣俗勁，人才斗量，百戰聲威壯。湘軍英武安天下，我誠是豪强。聽軍歌淋漓悲壯，旌旗盡飛揚。宛然是，槍林彈雨，血戰沙場樣。軍國精神，湖湘子弟，文明新氣象。

所謂「軍國精神，」是這時候教育的主旨，亦即學生所抱以求學的主旨。這種主旨，一面爲着對外，一面則爲着推倒滿清。果爾，武漢一呼，湖湘首應，南被海橋，北暨幽燕，不出四月時間，響應遍於十七行者，獨夫推翻，民國建立，教育之功，學生之力，不能不謂爲諸種原因中的一個原因也。

於此且一述宣統三年五月至八月末革命前湖南學生界的運動，即鐵路國有問題的反抗運動——

宣統三年三月十九日，黃興在廣州起事，全國震動，消息到湘，學生界中之抱革命主義者，已躍躍欲試。昏憒的清廷，信着盛宣懷的計畫不識時宜，將全國主要鐵路，收歸國有，（記者案，鐵路應歸國有，清廷此舉，乃發非其時；）川粵漢鐵路在內。四川首起爭之，形勢殊急。繼起則爲湖南，學生界尤其憤激，倡言罷課，到處開會演說。庸儒無知的湖南巡撫楊文鼎，橫加干涉，學生公然開會不識，則秘密開會，城裏開會不成，則聚議於嶽麓山頭。記者當時也是這許多人裏面的一個小卒，我們學校裏每天關着大門演說，好些同學慷慨激昂的主張革命，猶記得演說時候，一位同學將他身上的長衣卸着一丢，說，「快習兵操，預備打仗。」一天晚上，忽然聽得一片喚聲，多人從教室出來，才知道這夜我們學校和旁的學校的代表，在某處祕密會議，被軍警捉將官裏去了。多人說，一定會要槍斃。我們的校長，慌慌張張伸出一丈二尺長的舌子連連說「了不得」即時邀同別校的校長向官裏討保。等到天亮，方保了出來，我們才歡天喜地的又進被窩睡覺。這一次的亂子，鬧的異大。一直到，八月十九，湖北獨立，九月初一，湖南響應，才擲開槪筆，歸到正題，於是乎我們湖南發現了學生軍。

我今進紀湖南的學生軍（未完）

法國通訊

留法勤工儉學的情形（三）（子昇）

此函係子昇君繼前函最近由巴黎發來，報告留法勤工儉學情形及各種計劃，至詳且盡。亟為披露，以餉有志海外經營的男女青年。記者附識。

諸友均鑒，五月十日午前八時由華來法者九十一人，接到諸友各信。今將此間各種情形，擇要分述如左——

（一）此次來法者之處置　此次共來九十一人，儉學者僅三四人。五月十日到法，即齊入華法教育會。隨由招代員分隊引入各寓所，有錢者住棧房，無錢者住一瓦斯工廠，曾與法人借定，以寓新來者也。十一日，四川九名，湖南全部四十二人，（趙卓雍病在倫敦）入聚達中學校。先到法之蜀人李璜，周無二君，亦入此校。李能操法語，即由他招斂一切。十三日，山東江蘇廣東共十二人入木南中學校，石曾先生劉君龐勳與余送去，（穆南去巴黎火車一小時即到，劉君能法語，即留校招斂）其餘直隸全部，與沈君宜甲，皆有工作之經驗，而體又甚强，即留此候工，不日可以入廠。十一日上午，在華法教育會集合演說，汪君精衛亦大發議論，石曾先生亦作了一篇儉學勤工諸君須知之情形，今付回一張，可以省許多話不要說了。（原文見後）他們入學校，都以三月為限，至八三月必有相當之工作。現在非無工作，祇以不甚相當，而又欲好爲安置，以維持勤工儉學之信用，故簡直將他們送入學校，得一工未勤而學已先就之結果。現與各廠交涉　電報僑務，日常數十起，好消息甚多，三數月後，自可安插多人無難。至諸君入校費用，三月共計百元上下，餘欵概交存華法教育會，多少得以通融。其又不足，並無他法可設，則請華法教育會勉爲代籌，代籌之法，則由此間寫信與北京蔡孑民先生，請他轉向張弧僑工局長、熊希齡水災督辦、直隸及山東省議會議長，設法借給，但不知果否有効也。此間辦此等事者無專人，石曾先生曾電促彭志雲君數次。將來巴黎方面之儉學事，勤工事，必仍歸彭君辦理。

(二)女子勤工儉學問題●●●●●●●　我對於開放女子一層，認爲社會上一件頂重的事，自上船後，常想要在此處盡些心力。到法後，見法女人程度之高，生活正當，之自由，我這心思更加發熱。然總想是幾年後的事。不料現在已經得了一小部的消息，穩健，可行今將他還要比寫在下面——

豆腐公司，"是李石曾等於數年前所創設的。我到法時，該公司已停工，近日又開了。男女工人，共得一百，將來還打算擴充。我曾往內參觀，與廠主齊竺山先生說及何不盡行雇用中國男工？他答，在廠中的法國男女工人，與廠中向有往來，價錢也比旁處要賤，並且有若干老工法人，佳此等工，棄之專用華工，頗覺有不便處。我問女工呢？他便答道，有或可行。我說今與先生約定請用幾位女工，工價與法女一樣，何如？他便說來了可以如命。我說來時在四五月以後。他答可以。後此又和他見過數次，復說這事。齊最後乃云，今日到明日便可入廠工作。我旋與李石曾先生商及，李亦異常贊成。並云，可謹慎的著手組織。李並發了一函與北京彭志雲，說某處有女生要求來法作工，亦希接洽照料。於是女子來法勤工儉學一舉既經免得居停，漸由理想可見之實行矣。

今說明工作情形與工價。工價以出貨多少計算，普通每日可得七佛郎，工作極輕，用指爲多，用全身氣力者少，約言可分四種(一)烘餅。以豆食品入爐烘之。(二)栽餅。製豆食品時，先製成一大薄片，然後栽之。兩種都是用機器，工人但站立機旁掇取收拾，

(三)包餅。用紙包成一束。(四)裝箱每箱裝入若干

□，再用花紙綠飾之。上四者有伶俐之女童，亦可為之。不過太小廠主不收，因此間法律，未滿十二歲不能工作也。工作時間，每日大抵八時。但既屬包做，便只論出貨，做少做多皆可自由伸縮。

今再述用怎樣方法組織。人數至多名，不要用去年那種出廣告的辦法。因為那是男子，這兒若沒弄好，將來便容易發生阻力。鄙意卽從我們極極熟的幾個人的家中做起，，因既互相認識，互有關連就可以共利害安危，各個人都對著全體負責。所來的人，以有志讀書，曾經讀書，年在三十以下十五以上為最好。(小者年十二四應少來)如欲求之親熱的家庭以外，亦宜選擇最可相信的人。此事最好由諸兄大家扶助，由蔡君咸熙邀同他的女友出來組織，到法後法文好了，情形熟了，再行發起擴充。既是這樣親密的組織，便可成立一個某某會，自長沙動身後，實行共產。到法，自應住在一處，讀書有多數的人，才便於聘請教員。其他不願來者，不必過於勸他，因這事不像男子遠甚，一有失錯，貽患將來。女子來時也應改裝，可用最廉之物，可買一兩套打樣，買布自縫。來時，宜多帶布料繩線，此地甚貴。某君家有縫機，宜帶來。最好到法後每人尚有一二十元之餘款。一切交涉，可用團體湖南女子某某會名義進行。此段可轉告蔡君咸熙。陳君船到時云，柳直荀君之姊及另一女士與陳同船，到檳榔嶼，托陳君調查女子勤工儉學情形，俟與陳君商量後，再以大概相告。

今附說一事關於男子粗工者，某君一定可來，彼善機器至木工可容千萬人，某君也可做。現在巴黎手工很貴，好在他是百曉先生，說到勤工，當然是多才多藝。他若無錢，可邀二三個有錢者，同來。祗要他肯工作，到時總可為他設法。

特載

本會呈省長文 七月三十日

呈為懇請懲辦地痞，恢復報館事。此次青島問題發生，全國學生，以及各公共團體，不惜犧牲一切，大聲疾呼，喚醒國民，共救危亡。我湖南學生一致奮起，本愛國之熱忱，圖救亡之微旨，數月於茲，成效漸著。方冀積極進行，並望南北速和，一致對外，不料帝制餘孽，安福舊黨，只圖私人權利，不謀惑巧言鼓簧，蒙蔽鈞座。致去冬部人停辦之非法選舉，死灰復然，竟有初選復選之舉。敝會以和議尚未續開，湘省更未統一，即以新舊國會去留而論，尚須付之議案，當局頗費磋商，和議因之久頓。乃於此風雨飄搖之時，忽產生非法選舉，豈獨於和議前途有碍，良亦盛德之累也。學生等久爲鈞座愛之，方擬發表意見，陳明左右，適地痞辜天保，黄中，李蕃西等，有僞造民意假藉教育會開僞公民大會之事。敝會以彼輩居心叵測，事關重大，略派代表赴會。維時軍警林立，內外包圍，首由辜黄登台，痛詆湘人之反對非法選舉，敝會會長彭璜及代表邱維勤，代表全體學生，發揮眞正民意。即被辜黄等族使兵丁逮捕，聲言槍斃。經莅會彈壓之張團長解說，始免於難。鈞座對於此次學生等之舉動，本極贊成，多方維持，敝會實深感激。而地痞辜天保黄中李蕃西等，甘爲袖首，目無湘人，蒙蔽鈞座，侮辱學生，此敝會所以略陳情由，懇請從嚴懲辦地痞，以警效尤者也。又敝會猶有不解鈞座之意者，大公報爲我湖南眞正民意之言論機關，久爲省內外人士之所稱許。乃竟以登載各公團聯合會反對非法選舉之宣言書，立與封禁，拘逮編輯，迄今日久，尚未開釋。學生等以爲非出自鈞座之意，不日即告結局，故久未呈遞意見。無論該報宣言書有各公團負責，而全省人民反對選舉，異口同聲。惟鈞座因勢利導，宣之使達，則湘人戴德于無旣。不然，共和國體，言論自由，況封禁夙負聲望之報，外間不察，適以廣播政府禁錮言論自由之名，防口甚于防川，揚湯何能止沸。鈞座明見萬里，乃竟不以爲然耶。今幸鈞座採輿情，緩辦選舉，而大公報編輯，獨未蒙開釋，致該報久事停頓，羣情惶恐，莫知所措，此敝會所以呈請鈞座俯順輿情，開釋編輯，恢復報館者也。久仰鈞座惡惡如寇，從美若流，所請恢復報館懲辦地痞之處，一片血忱，爲望察照，不勝迫切待命之至，謹呈湖南督軍兼省長張。

本報啓事

本號因長篇文稿占去篇幅，印局忙甚，又不能發行增刊。致積存之「世界雜評」「湘江雜評」「放言」二「新文藝」等各種重要文稿，未能登出，實爲歉仄

新湖南

新湖南

大中華民國八年六月

第一卷第一期

要目

發行所

湖南湘雅醫學專門學校內

新湖南社

新湖南社社員表（以筆劃多少分次序）

蘇閏坡　譚世鑫　龍毓瑩　劉士豪

賴　璉　張孝騫　張四維　張　維

高鏡秋　陳耀墀　陳科美　何積熠

李振翩　李啓盤

本社職員表

社長　蘇閏坡

經理　譚世鑫

編輯　龍毓瑩　李啟盤

本社啟事一

本社同人皆在求學時代學識未週今創辦斯報原欲以一得之愚貢諸社會謬誤在所不免如承海內名達賜函指正同人無任歡迎

本社啟事二

眞理與學問愈討論愈明顯各界諸君儘可以本報爲發表言論機關但來稿請注意下列各項

(一)言論不涉政事

(二)宗旨不必盡與本報相同除無病呻吟及古典貴族文字外概行登載

(三)意義務求明顯文字務求簡單以能一期登完爲最妙總之同人注重眞理之研究不注重文字之推敲

(四)同人皆在求學時代愧無金錢報酬但酌贈本報藉答雅意

(五)來稿請照本誌格式每頁十五行每行三十二字填寫

(六)來稿請寄長沙潮宗街湘雅醫學專門學校內新湖南社編輯部收

本社啟事三

一

本社同人極力提倡男女平權但學識淺陋有時不能言所欲言想吾湘女界諸君不乏明達如能時錫鴻篇俾同人之言論益增實益則爲益於女界者誠非淺鮮又稿件多時本誌可特闢一欄專露布此種關於男女問題之文字

本社啓事四

本誌宗旨在改造社會思想故灌輸國外各種新潮流新知識俱爲刻不容緩之舉現本社已承旅法蕭君東昇及旅美賴君景瑚允按期在本誌餉讀者以極有價值之新聞故本誌特闢世界知識一欄想亦讀者諸君所樂聞也

新湖南第一卷第一期目錄

巴黎人民最近之大激動

某國人在巴黎報紙上之造謠

朝鮮獨立與和平會議

新韓青年黨致和平會議書

在法韓代表最近之活動

留法華人對於和平會議之運動

關於我國議和專使之瑣聞

自由談

新湖南祝辭

徐善祥

湖南素稱守舊之邦帝子舊都太傅舊宅均位於斯故凡所謂古者舊者莫不尊敬之崇拜之新者異者莫不擯棄之痛絕之此湖南二十年前之情形也戊戌而還勢殊事異如譚嗣同唐才常諸家之新學說風行一時最舊省會遂一躍而居最新之地位矣雖然國家之刷新端賴社會社會舊而欲新國家無望也我校學子以服務社會爲職志發起新湖南雜誌冀以普通之新知識灌輸於社會其志可嘉其心良苦爰爲之祝曰

新湖南以新中國　新中國以新世界　涓滴之積　可成江河　塵埃之積　可成泰山　人各此心　心各此志　何患百利之不興　何患百廢之不舉

新湖南　（第一卷第一期）　二

發刊旨趣書

蘇閶坡

中國改造共和於玆八載。此八載之中、內憂外患、疊相乘除、人民所受之慘痛、政府所蒙之恥辱、幾於書不勝書。時至今日、迨已不可問矣。同人不敏、竊常攷求其所以致此之原、則得以下之數端。教育之不能普及、國人思想之陳舊腐朽、社會制度之不適合於今日、國民人格之墮落、俱爲致此之大原因。同人雖分屬學生、知識淺薄、然痛社會之沉淪莫拔、恨國人之惡根劣性太深、實不忍旁觀坐視、噤不一言。故敢秉我學生勇猛精進之朝氣、不屈不撓之精神、創辦新湖南雜誌。同人只知有眞理、不知有習俗、只知有良心、不知有顧忌。區區之意、蓋欲以一得之愚、與社會相見。文字之拙鈍、言詞之過激、非所計也。發刊伊始、用敢披肝瀝膽、將同人所抱之宗旨而眷眷向之進行不已者、縷陳於後。

一、三綱之義、與夫歷代所傳忠孝節烈諸端、乃專制時代之舊道德、非共和時代之新道德。此種心理一日不去、則復辟之惡根永不能剷除。提倡新道德、使國人知所取從、本誌之宗旨一。

二、家族制度、爲萬惡淵藪。造成一種麻木不仁扶牆摸壁無用于國家社會之人者、惡家庭實尸其咎。此種惡物、斷不能令其存在於今日。改造家族制度、本誌之宗旨二。

三、中國習俗重男輕女、爲女人者、亦自安於卑下、不謀所以保全人格之方、四萬萬人、女居其半、而此一半、又多爲坐食之人、欲使中國能人人獨立、國力之日益充實、難矣。提倡男女平權、生活獨立、本誌之宗旨三。

四、重士輕工、爲國人根本上之謬誤。提倡勞工、使人知坐食分利之人爲可恥、而亟謀所以自尊自立、本誌之宗旨四。

五、欲一國之文化倡明、人民之知識一致、非勵行平民教育、劇除階級制度不爲功。提倡平民教育、本誌所抱之宗旨五。

六、國人對於醫學觀念異常淺薄。衛生知識、茫然不知。日履危地而不覺、死機已兆而不知。言念及玆、不寒而慄。灌輸衛生常識、以謀增進人類之幸福、減少人類之痛苦、本誌之宗旨六。

以上六綱既定、同人惟有抱此六大主義以行。惟是同人學生也。學生者、天眞爛漫、不諳社會情形、未染社會惡習之人也。雖其心跡可原、而其言論其思想不無謬誤之處、高賢大雅、尙祈有以教之。

今日以後我們應該怎麼樣？

蘇閏坡

今日是甚麼時候、甚麼國家、甚麼世界？今日以後的一切事體變到那步田地、？我想任是一個甚麼預言家也難說呵！但是我們既不先不後、不歪不斜、恰恰的生在這個時候、這個國家、這種世界、我們就應當有我們的把握。今日以前我們不說、今日以後我們應該怎麼樣？

我們既然不是畜類、是人、我們先就要曉得我們好容易是一個人、也要曉得這個一世的光陰很容易就過去。由上二說、這個「怎麼過這世的過法」到是一個極重要的問題。我們不要像「初掛帳子便氣悶」的光景才好。也不要糊裏糊塗在這世界上跑了一輪、一點事情不曉得才好、如若不然、就活像一個鄉裏才進城的二老官遊勸工場。走來走去、他只看見這裏是紅的、那裏是綠的、跑起回去、他的婆婆問他、「特意進城見了甚麼識面沒有」他不獨說他沒有看見甚麼東西、他還要說他的腦殼怪痛得很呢！。

據我個人的意思、以為一個人既然是到世界上來了、就要打起精神做一番精神事業。但是想要做一番精神事業、還是從那裏做起呢？還是今日說幾句「方今天下、舍我其誰」明日說幾句「斯人不出、於蒼生何」便可以了事呀？或者做篇把、沒有病哼哼唧唧的文章、寫兩首背了六十年時的牢騷詩才好哩?、不是!大錯!那不是做精神事業的法子、那是一班臭名士不要臉的文人吃飽了飯、沒有事情做、幹的不是我們最可有爲蓬蓬勃勃的新青年做的。我們要做精神事業。第一、先要把我們自己的脚跕穩、那就是說。要自己對於衣食住三個字完全無缺——那不憑自已的本事賺來的不在此內。第二、要曉得我們之所以謀衣食住是爲做精神事業起見、不是徒然愛惜這個軀殼。這個軀殼是沒有一点用的、並猪狗都不當、因爲猪狗的肉可以吃。我們人的肉沒有那個吃。第三、我們不要痲木不仁、不要良心、不要面子、人家罵我打我也好、激刺我也好、總不發氣。就令動氣過了几秒鐘、又依然嬉嬉哈哈、絕無廉恥。第四、要曉得世界是前進的、不是後退的。學問是日新的、是天天在發明之中的、不是讀古書研究國粹便可以發明甚麼新知識的。第五、我們是人、有人然後才有世界。所以人是創造世界的、是增進世界幸福的。我們要記老了以上五大要項、然後才可以講做精神事業。但是我們的精神事業、並不是要做聖賢、要做豪傑。不過只要我們精神上確實做了一點事情、有益於人羣社會。並且那種事情、總不至於隨我們的軀殼一塊死的。如今我可以做個終結罷。就是從即日即時起、從我起、從我的衣食住起、從我能夠做得到的起、脚踏實地、一步一步的做去、社會魔力任他如何大、任他如何挾制我、我總是盤根錯節、百折不回。跌了一交、抓起來又跑。我越跑他越跌、他越要跌我越要跑、他跌得凶、我前進得更凶、總有一天會要到我們所想的地方的。我今日以後所抱的宗旨是這個樣、我想凡屬是青年無論男女、也應該抱這樣的宗旨。

八年六月三號

新湖南　（第一卷第一號）

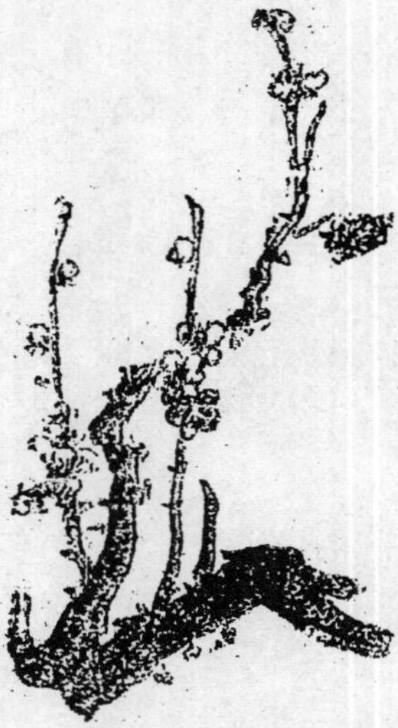

八

遺產制度

龍毓瑩

強盜殺了人　他就要被捉抵命　有人侵犯我的自由　我就要用正當的防衛　這是人人都曉得的　但是我們中國有一種東西　殺了人不抵命　侵犯了個人自由　當局者卻是狠願意　並且以此自豪　那種東西　就是四千餘年以爲天經地義的遺產制度

對於這種制度　我敢說我們腦經薄弱思想簡單的中國人　個個是希望有的　因爲他有了遺產　就可以不事生業坐食坐衣　遺產多的又可以「食前方丈侍妾數百人」的揮霍起來　至於傳授遺產的尊長的用意　那我可不十分清楚　大約怕他的子孫不能够自食自衣　自願要爲他們的馬牛罷了　卻不料他的子孫　得了遺產　不事生業　一代一代的分家　分也要分窮了　何況揮霍起來　「君子之澤五世而斬」　這種辦法　恐怕不必到五世　澤就要斬　現在不講那些　暫且先把遺產制度的大害處說出來

這種制度的害處　就是摧殘個性　這個個性　是人類各有的特性　這是不能強同的　各人的思想不同　各人的希望不同　就應該使各人的個性有自

由發展的機會(一)　自從這種制度實行了　於是做父母的總是告誡子孫要安分守己　他的意思　就是要子孫吃了又睡睡了又吃　不可問一點別的外事——至於嫖賭逍遙那却是可以的　他的子孫也信了他的話　自己以爲這是快樂　別人也以爲他是快樂　若問到他的個性　恐怕不獨沒有發展　早已趕出太平洋去了　他們肉體是活的　但是精神是死的　有生命同沒有生命一樣　諸位看看這種辦法　怎能够使中國富强　怎能够使中國進化　並且有遺產才有早婚制度　有遺產才有無業游民　所以我說「遺產制度爲萬惡之源」　這句話並不爲過

我們中國的先哲　也有主張破壞這制度的　我彷彿記得有一位說「子孫賢者無須遺產　子孫而不肖者則遺產適以增其罪惡而已」　但是我們中國人的腦經太簡單了　所以他這篇話並沒有甚麼影響　我們現在曉得遺產壞處的人也很多　就要趁這機會把這殺人不貶眼的制度廢除　至於廢除以後處置遺產的方法　我却有一個主張　我的主張就是有產業的人死了以後

(一)自由發展各人的個性　第一要緊的　就是不要侵犯別人的個性等別人的個性　也有自由發展的機會

所有遺產　一概付之於公益事業—或另設公共財產保管處　所有公益事業的經費　概由這保管處擔任　這種財產都是公共的　至於遺產不獨不可傳之於子　並且不可傳之於親戚朋友　也就是補救物質文明的偏弊是第一法子　到了那時　我們都可以安心樂業　不至於有那種東西殺了人不抵命了　也不至於有那種東西來侵犯個人自由了

民國八年六月二日稿

男女問題發端

蘇閏坡

我是一個年輕沒有見識的人、對於這種「男女問題」實在是沒有本事說、也沒有資格配說。好在我們這雜誌是個研究性質、我現在不過把我平日所耳聞目見的一些怪事情、收集攏來、標名叫做「男女問題發端」供列 位的討論。如有贊成我的、就請他來同我研究一下子。不贊成我的、也請他把他的道理說出來。如今閑話少講、我們書歸正傳罷。

據我個人的觀察、覺得「男女問題」在中國早幾年簡直不成問題。因爲普通一班女人的心理呢、無非是三從四德、在家裡做一個不出閨門的好小姐、出了嫁做一個溫柔和順的好少奶奶、做一個慈祥仁厚的好媽媽、就算盡了他們做女人的天職。至於一切別的事情、他們也不去研究、也就沒有資格去研究。普通一班男人的心理。就以爲這些女人純是要靠男人養的、他們己身是沒有生活的能力、沒有獨立的人格、只配給男人們做管家婆、做養崽的器具、做好頑的玩物。他們兩種人的心理既然是這樣、還有甚麼「男女問題」可言呢？

各位女先生不要見氣。我現在有好幾種問題要問問各位。請各位平心靜氣的研究一研究。因爲我不是一個女人、如今是代女人設想、中間總有些想不周到的地方。而且我說話是有一句、說一句、老實不客氣的呢。

我劈頭第一句、就是要問各位是人不是人？曉我得各位看了這句話、一定會說「這姓蘇的豈有此理、我們學通中外、同一樣吃得飯穿得衣、同一樣有鼻子眉毛耳朵口、怎麼不是人呢？」慢些、少安毋燥。只要各位承認是人就够了。且看我的下文。我第二句、要問各位的就是既是人有不有人格？列位看了這句話、一定會說「你看這個人、更覺不通了。犬有犬格、牛有牛格。一個銅錢、四個寶字錢有錢的格。我們既是人怎麼沒有人格呢？」不要發氣。只要列位曉得既是人、就要有人格、就够了。又請聽我的第三句。我的第三句是、人格是甚麼東西？如何才可以叫得有完全無缺的人格？我曉得列位看了這句話一定是「人格嗎？人格是……」如此這般可以算得人格嗎？列位都是狠明白的人、對於這種問題斷沒有答不出的、不過是有點礙口礙齒似乎不好說呵！我現在直切了當自己說出來算了罷。**人格是一個人應有的價值是人與人相遇一種平等的位置是與禽獸不同的地方。**由這幾句簡單的話、就可以答如何方可以算得人格的一個問題。**要自己獨立一點都不靠別人凡屬人的一切平等自由幸福都享受了才可以叫得有完全無缺的人**

格。由這一說列位問一問自己是不是能夠獨立？要不要靠別個？人的一切平等自由幸福都享受了沒有？一句話總起來就是有完全無缺的人格沒有？以上的這些細目、請各位仔細想想、都能夠有最圓滿的答覆沒有？現在這些話我不說了。我且把我個人的主張說出來罷。我以為男女都是人都應該有完全無缺的人格的一句話是毫無疑義的 是不需研究然後才可以曉得的 男的權利義務就是女的權利義務也就是人的權利義務 望各位女同胞挽回自己的人格一洗前人失格的恥辱替後世萬代的子子孫孫增進無量數的幸福再不許這無公理無人道可羞可恥的不平界限在我們中國男女的中間。

民國八年六月二日

歐戰後中國之勞工問題

賴璉

世界和平、而俄國波希維黨乃活動於東歐。大倡世界之革命。新潮捲動、萬國駭汗、無不視之爲蛇蝎。勞工問題、於是遂爲全球所重視。雖然、我思之。世界之組織、而無勞工其人、雖有科學家之發明、資本家之金錢、物質文明何由進步。現象慘淡、當有不可思議者、然而數千年來、人類蔽於專制之學說、具貴族之眼光、無正確之觀念、對茲關係世界文明之勞工、直牛馬奴隸之不若、是安可者。

幸也歐戰興而民主主義顯。强權終不能不屈於公理。於是俄德勞工、醒自長期之頑夢、與軍閥與貴族作奮鬥之開始。其主義雖過偏一端、然苟非受專制政治之流毒、不平等之待遇、亦何至如今日之一發不可收拾者。不平則鳴、人有同感。今日之事、特人類眞性之發現、而亦專制者之罪惡耳。

反觀中國。四千年來、政體專制、學術專制、思想專制。勞動家尤不足當自命爲士大夫者（即游民）之一顧。漢唐以降、推崇儒術、壓抑工商。浸至今日、國稱共和、似應稍異於昔矣。然而老勢力莫能根本推翻、思想學術之自由、亦受無妄之摧殘。尙有何人來顧此千年賤視之勞工者。嗚乎、今日之中國、非仍處於閉關之時代。欲立國於念世紀、而欲不受世界之影響。亦奚能得。波希維主義行且流入中國矣。國人其將何以處此。

我嘗視乎我國之工人矣、人視之如牛馬。而其自視也則並牛馬之不若、知識鄙陋、思想齷齪。日出而作日入而息。懵懵然不知人類生趣之何在。暇則嫖而博、多金則狂飲食。語之以勞工之神聖、西洋工界之思潮。則幾如對牛而奏琴矣。如此之工人倘異日步歐美之後塵。與工界之革命。如俄國之波希維主義者、則中國之擾亂、將益不可思議。興念及斯。我爲之懼懼。復何益。於是進而求其解決之道。

一、　全國人對於勞工當有根本的覺悟。　勞工重要、既如前述。我不勝大願、願我全國人士注目於世界之新趨勢。去其荒謬腐敗之數百年前的思想。以前所鑄之大錯、已誤中國而莫能救。今後苟猶如盲人御馬以遨游、其不顛蹶者幾希。今日世界、民主主義之勝利、已畧見其端矣。背此以行、靡不失敗。勞工者、平民之大部分也。平民受虐待、惟專制時代有之。中國而有此、背國體、逆新潮、亡國之象也。欲圖不亡、請自今始尊重勞工之人格。發揮平民之精神。

二、　勞工當有受教育之機會。　今日中國勞工之愚昧、又既如前述。勞工在平民中、佔重要之位置。而不能應重大之須求。勞力以造福於社會、而所得之代價、僅爲黑暗之罪惡。推究其因、鮮不爲缺乏之教育。我輩爲人道計、爲國家計、爲世界計、當不應使此光明燦爛之新世界、而猶有此慘痛可憐之社會。欲救斯弊、非與勞工以通俗教育不可。教育施而後工人之道德修、然後能發中國之利源、應工業世界之需要。

上舉二端、記者不能不認爲今日之要件、然而處茲昏昧之世、當局者糊塗、老朽者頑固、勞動者復愚陋、奚敢望其以爲此。能於此中盡力者、其爲我學生乎。責任重大全球無我學生若今千百萬之勞工引領以望我等之援手矣。我學生其將如何。

論自殺

劉士豪

前幾天報上載著北京大學的學生周瑞琦因爲外交失敗國家將要亡了、拿定一個主意想要用自殺的手段喚醒國人。于是這事前幾天就發現了過了幾天又有清華學校的學生徐曰哲抱一樣的宗旨投江死了。這種行爲在普通社會的心理雖是極可贊成的、極可褒獎的、然而可以指責的地方也狠多。我們不必罵那死者、不過有幾句話勸免以後的學生不必效法他們罷了。

大概自殺可分三種、第一就是神經失了作用、不知不覺將自己的身體自裁了。這種是最可憐的、不必評論他。那第二種是因爲社會的趨勢、習俗的左右而自殺的。譬如我們中國社會的心理以爲忠臣之殉國！不過殉皇室爲殉國貞女之殉夫爲殉名節、于是道德家以殉皇室殉丈夫爲一種道德、歷史家著作家多多記載他們的事。後人吃了這迷魂湯、爭往這條路上去幹、把這行爲弄成一種模型的道德、奴隸的道德。我們曉得這個錯處、不必論了。還有那第三種比較前兩種有價值得多、就是一個人經最困難的景遇、歷最痛苦的事情、貫撤人生觀、非死不足以解決一切、或非死不足以激勵他人、這是周徐二君的思想。對于這種思想、我是狠傷心的、憐惘的、但有幾句話商量商量。

第一、用自殺的手段去喚醒國人的愛國心、是做不到的。我們要曉得國家是什麽、國家不過是一個抽象的名詞、有什麽可愛呢？所可愛的不過是那裏面的千萬生靈。這千萬的生靈有什麽可愛呢？因爲共同利害的關係、不得不愛、愛己就是愛人、愛人就是愛己。自殺的人、是不愛自己的、不愛自己的、都能够愛人嗎？都還能够愛國嗎？以不愛國的行爲、去教他人愛國、是萬不能生效力的。

第二、以死動人、即令人都被他動了、還是感情上的作用。以感情用事、是盲從的、是暫時的、不久卽煙消雲散、有什麽益處呢？講到這裡、看中國的情形就明白了。近十幾年來有許多的愛國志士、汗流浹背了、奔走氣竭聲斯的呼號、無非以提發國人愛國爲主旨。但是人民的痛苦一天加一天、國家的命運一天短一天、是什麽緣故呢？就是用刺激的行爲、感情的言語、去動人。那衆人就如同吃了奮興劑、打了嗎啡針、一時就精神百倍、不久藥性失了、那衆人比平時還沒有精神些、用這法子教人愛國、是最危險的。所以完全以智的作用、使各人有自覺的愛國就好了。

第三、自殺是膽小無力、不去奮鬬的人、所做的事、因爲世界上的事、不如意的十凡九八、一時受了挫折困苦、便就不去爭勝、于是心灰意冷的去覓死。這豈不是無勇嗎？若是個個人都去學他的榜樣、都不去與困難挫折去作戰、恐怕他們的魔力越讓越大不可收拾了。這樣看來、西人不自由、勿甯死的說話、豈不錯了嗎？但是他們的死、是完全自覺的舉動、必定先去拚死力的去奮鬬、總要得到自由才鬆手。不過是偶然附屬的現象耳。東方式的自殺、想將自己殺了、然後纔得那所爭的目的。這是萬萬辦不到的。

第四、這種行爲在道德上講起來、是犯了罪、殺人的人都以爲他是個殘忍的凶手、應當處死刑的。自殺是一時思想的謬誤、以爲這身體無存在的價値。這是思想犯了殺人的罪、靈魂犯了滅肉身的罪、雖不能處以死刑、也算犯了殺人的罪、

自殺在社會上所生的害處狠大。不但社會喪了一個人、幷且累及死者的父母妻子不少。

照這樣推說、自殺是厭世的、消極的、是思想的錯誤、是懦弱的人所做的事、是有損人格的、是社會所不容的、是完全無存在價値的、恐怕我這論一出、必有人詈之爲狠毒的人、罵之爲涼血動物。這樣的人、同是受了社會的毒、幷一般的迷惑。我們不必與他爭論、總要想出一個完全的法了救國才好。

新湖南（第一卷第一期）

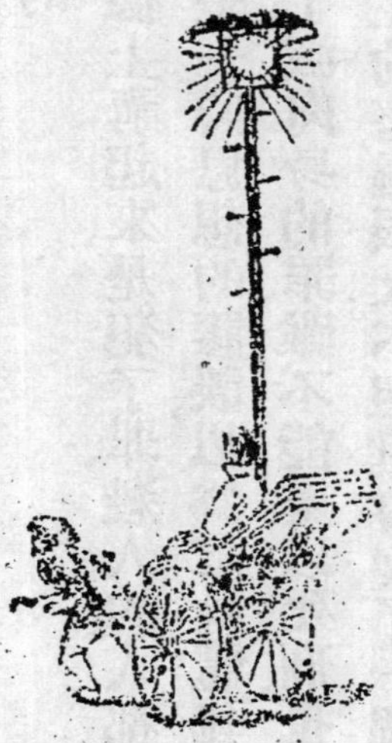

公共衛生設施之程序

張孝騫

公共衛生關係於人民之幸福、社會之安全者綦大、想爲閱者諸君所熟聞、無待贅述、惟是推行公共衛生事業、實非易圖、現今東西洋各國行之較我國爲先、而設置之方、施行之法、猶日事研究、況吾華民智未普、醫學未精、遽爾言此、更非於其設施之程序、詳加審愼、無以收事半功倍之效、今敢略舉管見所及、聊供有志衛生事業者之研究云爾、

（甲）公共衛生機關之成立

公共衛生機關未成立時、首先所需要者有二、

（一）權力、欲衛 行政之通行無阻、亟宜有一定之特權、上而對於政府、須具獨立之資格、下而對於人民、須有强固之職權、於是而後不受無謂之制裁、起人民之反抗、蓋經理公共衛生、因爲多數謀幸福免危險起見、難免於少數有不便之處、苟無威力以堅持到底、則一部分人民、無醫學之遠觀念、切膚之隱痛、其阻撓之影響所及、必至使全局俱壞、一事無成、此爲免除掣肘起見、不得不有權限之規定也、且當大疫流行之際、衛生機關職務之所及、容須破除行政區域之範圍、與國際之界限、（如羈留舟車檢查行旅等事、）苟無獨立之資格、政府之後援、其何以資接應

而協同辦理乎、此爲便於聯絡起見、又不得不具政治之形勢也、

權力尙矣、然權力受之何人耶、曰是宜直接隸之中央、（名曰衛生廳、歸內務部直轄、）次之亦宜直隸於省政府、斷不宜入警廳縣署之範圍、蓋後二者雖必宜用之以輔佐衛生之推行、而其職權大狹、不能全賴之以經營此繁重之事也、

（三）經費。衛生事業需費浩繁、非有一定巨款、不能經營無缺、茲將經費所出、條列於後、

（子）常年經費　年由政府劃一相當巨額、以爲常年用費、

（丑）地方捐　在地方捐賦上、附加若干、以輔常年經費之不足、

（寅）私人捐助、平時經費困乏、或値大疫流行、衛生處得在外募款、並須由政府用種種方法、獎勵富室之樂捐、

（乙）公共衛生機關之組織

（一）分局　每省區設衛生總局一所於省會、總攬全省衛　事宜、每州縣市鎭各設衛生分局一所、直轄於總局、不受該所在官廳之支配、

（二）職員　每局設局長一人、總理全局事務、局長下得分科若干、每科設辦事員若干人、其細目須由內務部詳加審定、總期事舉而員不冗、

(三)顧問　每局須聘請該處有名紳商醫士及公署官長爲名譽顧問、以便得其贊助、

(四)醫院　每局如能自立一病院、則尤爲便利、如限於經費、可與地方病院、立特別條約、有急需時得利用之、

(五)檢驗室　每局至少須有一檢驗室、室內宜具查驗細菌、化學分析、及研究病理各種機械。

(六)隔離室　如無特別建築、得利用各廟宇及荒廢公所、總期離市較遠、四圍空氣流通而地勢稍高者爲佳、

(七)應急防疫部　每局須立一應急部、預置各種臨時防疫設備、平日由一人主持其事、並兼任調查之責、萬一所轄區域內、流行病發現、得臨時擴充其範圍、惟遇大疫蔓延、特別防疫局成立時、本部得併入之、

(八)護士班　每局須有男女看護數輩、遊行境內、親入私人住宅、調查其飲食起居、幷得隨時指導攝生養病之法、以圖改良風俗之漸、如造傳染病發生、得報告局中、勸其隔離、

(九)演講部　雇用一班專員、在境內四處演講、或用幻燈影片、解說衛生大意、若

能與各學校或社會服務團體合辦尤善、

（十）編輯出版部　專發行關於衛生知識之印刷品以冀開通民智、

（丙）公共衛生事業之細目

衛生事業書不勝書今敢略舉如左、

（一）清潔街道、（通溝渠勤拉扱）

（二）工業衛生、（設定條例檢查工場規定懲戒教育工人、）

（三）死亡注册、

（四）隔離病人、

（五）衛生教育、

（六）考查住宅、

（七）檢驗市場食物、（如牛乳肉類）

（八）考察飲料水、

（九）監視藥店。

（十）清理公共塲所、

（十一）指導住屋商店工廠之起造、

(十二)建設公共俱樂地、如公園遊戲場所、
(十三)布告各種不良習慣、使人知所趨避、
(十四)取締附近墳墓、
(十五)檢查住民體格
(六十)限制患病體弱者之結婚、
(十七)防止瘟疫及各種流行病、(遇必要時得臨時劃歸專局辦理辦法詳後)、
(十八)干涉庸妄悞人之醫士穩婆、

上列各項遺漏滋多、惟所舉各事、欲期完全施行、非有(乙)項所述之完全機關不可、至其詳細辦法、屬於專門學識、閱者可參考他種衛生專書、

(丁)公共衛生之輔助機關

衛生事業既極煩難、施行尤爲不易、衛生局耳目有限、人員不多、亟宜得下列各機關之輔助、

(一)警察　警察爲行政之要圖、衛生局各種規定、凡欲施之民間、使人人遵守者、若不利用警察、窒礙難行之處必多、他若調查死亡、檢驗食物、指導建築、清理街衢、尤與警署有密切之關係、

（二）慈善公所及各社會服務團體、　此項團體、均係熱心仁人所組成、足恃之以周濟貧病無靠減輕社會之負擔、演講衞生大意開通小民之常識、及遇厲疫發生、衞生局需其助理之處尤夥、

（三）學校　各學校教師、如能平時將衞生常識灌輸生徒、其影響於將來之公共衞生者極大、

（四）報館　報館爲輿論之府、民智之源、衞生知識、端賴其鼓吹提倡以期普及、

（戊）特別防疫局

此種機關性質雖殊、爲時雖暫、要亦衞生事業之一種、故特并論於此、

（一）緣起、　傳染病種類滋多、發生亦易、偶一不慎、爆發隨之、其幸也或僅限於一隅、其不幸也能遍傳於全國、衞生局勢難全顧、不有專局、何以迅速殲除、又有因氣候水土之關係、一二危症、常存在於一城一市一鄉之間（如鈎虫瘧疾腸熱症等）其隱患大而防止難、尤非另立專司、俟以時日、無以收肅清之效、故于此時會、允宜劃衞生局一部之職權、爲特別防疫之組織、詳究其傳染之方法、剷除其致病之主因、灌之以勇敢之精神、持之以堅忍之毅力、則不獨疫以之而除、即他種衞生事業、亦能由一次之恐慌、而大加振刷矣、

(二)組織 立總局於傳染地之中心、再分全地爲若干區、區設長一人、辦事員若干人、逐日詳具報告、送交總局、防疫事宜、總局專纂其成、各區分任其職、於是綱舉目張、而事易集矣、

(三)設備 設備如醫院試驗室等、得利用衛生局所有、惟隔離室須特加擴充、不宜與普通隔離室相混、

(四)手續 防疫手續視病而異、茲不詳述、惟大旨不出下二項、

(子)診治病者、

(丑)剷除病源(如鼠疫之鼠瘧疾之蚊傷寒病之水)

(五)聯絡 瘟疫傳佈之區域若廣、防疫事宜、須與他處聯絡、以便協同辦理、

(己)結論

蓋以上各種設置、犄備公共衛生之雛形、若有志擴充、其規模尤能宏大、惟在中國、西醫之推廣未遍、衛生之常識未普、國民忸於故習、每憚更改之繁、丁此際而言衛生治本之謀、急宜於舉辦衛生局外、廣設醫校、以作育專門之人才、推行醫院、以徐圖人民之信仰、則由良久之漸漬薰陶、清潔之風、攝生之道、自然家喻而戶曉、而衛生行政之設施、亦能事半而功倍矣、

快來救國

街市之衛生

李啟盤

街市爲萬物總匯之所、亦爲病種叢集之區。故暗溝之設備、穢物之掃除、房屋之位置、以及道路之廣狹、食物之檢查、不得不三致意焉、茲略舉規約數端、關于街市衛生而易於施行者、以供有心攝養而謀公共福利者之考察。是否有當、幸賜教焉。

一、溝渠內不准投棄芥土灰石糞溺及動物皮毛腸骨魚蝦皮殼等並其他鼠貓犬等死體。

二、暗溝須容不得淤塞、尤不得積有臭水、以杜蚊蠅之發生。

三、暗溝眼發生臭氣時、須以石灰消除之。

四、厠所溺池須每日清理數次、不得任其狼籍漫溢。

五、城廂內外、除厠所溺池外、不得隨地便溺。

六、街上道旁、不准堆積糞草及塵芥煤灰。

七、凡泔水滌濯器物水及其他不潔之水、均須排洩于溝渠、不得任意傾瀉於街上道旁。

八、賣瓜小攤不得將瓜皮殘菜、任意投棄於街上道旁。

九、運糞車擔、惟准其於早晨載運、不得延至日中及下午。

十、禁止行人隨地吐痰、但每街宜備有痰盂數只、內盛少許消毒藥水、每天換一次。

十一、街市須多設公共浴所、以注意個人清潔。

十二、鼠及蠅蚊臭蟲跳虱等物、宜設法撲滅之、以減疾病傳染之媒介。

十三、街市中不准有停柩之所、各鋪戶亦不得停柩於其家中過一定之時間、以免疾病之傳染。

十四、房屋建築之時、須由工程師繪圖呈官廳審察、是否合乎衛生、日光空氣是否易于調濟、窗戶門扇是否適於攝養。

十五、房屋間之隙地、宜多植樹木、以新鮮空氣。

十六、城市附近五里之內、禁止設立工廠、以重居民衛生。其已設立者、須令其將烟筒升高、俾煤灰得以散布。

十七、街中宜設公共游戲場數所、使商民有暇得運動於其中、以鍛鍊其身體、而消滅其無益之行動。

十八、街上應禁止赤身露體之童子、及臥坐地上之乞丐或病人。

十九、道路宜寬、兩旁宜栽樹木。

二十、夏秋時道路上宜洒以潔水、以免灰塵隨風飛散。

二十一、禁止有妨礙衛生物品、或已死及有毒病之牛羊猪驢等肉發售。

二十二、禁止殘羹餘菜及腐敗之食物發給貧人及乞丐。

二十三、宰殺宜有一定地点、以便檢查。

二十四、毒食及瘋犬、宜隨時禁絕以免傷人。

二十五、飲水宜純潔、井深至少須三四丈、旁砌以石、上合以蓋。

二十六、井之近旁不得有厠所溺池。

以上所言、均爲衛生要圖、司市政者所必行、而居街市者所不可不知也。邇來馬糞狼籍、便溺漫溢、水溝任其汙穢、道路積以灰塵、倘遇燥濕之不時、即爲疾病之媒介。是以瘟疫流行、輒一發而不可制止、我人民既沿四千年祖宗傳來之習慣、因循苟且、無意革新。對於衛生方法、素乏講求。而吾湘警察多係兵卒、汚穢不堪。其稍知衛生者、有如鳳毛麟角之不可多得、今欲其保護社會之康寧、防止疾病之傳染、而指導人民力行市政、俾同登壽域、豈可得乎。所望邦人君子、對於公共衛生、極力提倡。並設立衛生局、總理衛生事務、勵行衛生行政。俾驅除一切之疾病、保持公共之健康、則其輔助於內政、豈淺鮮哉。

車夫與老爺

蘇閏坡

「右呀…右呀…掛爛衣呀。」老遠的來了一張人力車子。這車夫嘴裏喊着、兩隻脚如飛也似的跑、滿露着很有精神、有力氣的樣子。

車上坐的這個人穿的紡綢長褂、實地紗馬褂、手上帶的是金戒指、眼精 上架的是托力克的眼鏡、嘴唇上翹起的是仁丹毛、口裏鑲的是金牙齒、坐在車上、左顧右盼、搖頭擺腦。那一種趾高氣揚、朽氣十足的樣子、眞是請幾個人還看不完呢。

這車夫跑的眞快、沒有一刻鐘頭、早停在一家門首了。車上的人跳下車來、在身邊掏出幾個銅子、把得車夫。

「老爺、這太少了。你老人家從南門坐到這裏、只把這幾個錢。老爺不曉得我們一天的租錢、飯食貴得嚇人呢。」

「你等等罷」說了這句話、坐車的人就轉身進去了。車夫在外面等了幾分鐘、還沒見這位老爺出來、不得已走進去看看、方才跨進門、只聽得 裏邊房 裏一片聲的鬧、有一個說話的聲音、好像女人口氣。

「你成日家在外花天酒地、不管屋裏婆娘兒女、有飯吃也好、沒有飯吃也好……」

「我在外 面應酬、也是想謀點兒事、難道說眞正有那種閑心閑錢、去圖快活嗎？

「也是因爲你謀事所以才把你幾件皮襖了呀。你看我如今押當得成個人嗎?」、我只怕等得你謀得事來、我們娘兒們早巳餓死了呢!」說到這裏便咽咽的哭起來。

車夫聽了這幾句話、把舌頭伸了一伸。連忙三脚兩步走出頭門。牽起車子走了。

落水的太陽光照着一家小小的屋。那屋子門口站着一個四五歲的小孩子遠遠的望見一個赤脚的人來了、連忙幾跳幾跳跑到面前。

「爹爹你回來了嗎?。我同媽正在等你一同吃飯呢。」那個人連忙摟着他、親一個嘴說道。

「好孩子!你在等我嗎?吃飯去。吃完飯、帶你頑去。」

一個二三十歲的婦人、同一個三四歲的小孩、一個精神很充滿的男人——就是那個車夫——喜喜歡歡的團坐在一張小圓棹的旁邊、吃他們的夜膳。棹上雖然只有兩三碗菜。然而他們却吃得很舒服。房子雖然不大、他們却住得很安樂。收拾得很潔淨。他們日裏腦經裏既然沒有甚么複雜思想、所以晚上睡了也很安寧。惡夢都沒有。

（完了）

八年五月二十七

世界知識

巴黎人民最近之大激動

東昇由巴黎寄四月十六日

西人常有因公憤不平則結合大隊遊行街市以表示反對忿恨之態度如去年英女子之要求參政權數年前法人之反對宗教皆用此種方法此在法語名曰（馬里非司達細昂）Manifestation 日人嘗譯爲示威運動我國無此適當之名詞惟諺所謂人多成王者差有其意四月六日巴黎城中復舉行馬里非司達細昂一次遊者男女老幼共萬人分隊揚鑣狂呼高唱兩旁觀者如堵街爲之塞自下午二時起乃散其激動之原因與憤恨之目的實爲對於法國之政府法國本共和先進國其人自由平等之思想素稱強烈歐戰初起時法政府提議對德宣戰議員中有社會黨首領謝黑司 Jaures 者極力反對謂戰爭爲最野蠻之事無論如何法國不應爲此悖於人道之行爲遺害法人與世界一時和者甚衆主戰派乃遣人刺之時在法國對德宣戰前二日謝氏方飲酒於一珈琲店中也其黨人大憤乃得刺者非南 Aini EV 送之官官固主戰者囑律師曲詞以爲病瘋而釋之此時社會黨人已切齒而

欲報之矣。洎今年二月內閣總理克魯蒙梭被刺。刺者名哥敦。C ttin、法政府執之。宣布死刑。社會黨人騷然大譁。謂謝黑司被刺而死。刺者無罪。克魯蒙梭刺而無恙。刺者則罪至死。此種審判顯係不平。政府與人民顯存階級。故遊行時於游止處豎謝黑司石像。有呼謝黑司萬歲者。甚有呼哥敦萬歲者。法政府聞之乃議改定哥敦爲有期徒刑。此可見法國民氣之伸張。而法政府亦不強逆社會之潮流也。是日在法華人亦多表同情者。亦豎五色旗結隊與法人同游。法人見之脫帽高揚。爭相握手。大呼中華萬歲。法蘭西萬歲。國際和平萬歲。

某國人在巴黎報紙上之造謠

東昇由巴黎通信四月十七日

某國人自見擯於四大強國以後。復受朝鮮獨立之大搯擊。其旅居巴黎者。狀殊狼狽。最近我國議和代表要求青島無條件退還。前年所與強訂之二十一條件完全取消。各代表態度均極強硬。各國之表同情亦多。大約可於大會得滿足之希望。某國人既屈於公理。不能遂其欺凌之慾。乃不惜施行素所稱長之種種小巧手段。曾於數日前巴黎數報紙著論。謂我國北方人近皆變爲過激派。與俄國過激派深表同意。有所聯絡。蓋荷法諸國政府當此大戰甫定。瘡痍未復。深恐俄過激派勢力之四向蔓延。擾害秩序。某國人則利用此心理以惑之也。我國在法留學界數人曾登報辯論。乃四月十七日巴黎時報復載某國人一文。題爲和平會議與中國之過激派。著者名中島一議員也。大意謂此次會議最重要之事。在討論協約各國損失之賠償。以終結此次之戰爭。至於國際大同盟永久和平。乃美國人一種好名欺人之詞。決不能現諸事實。卽云可以現諸事實。亦必須日本與四强有同等之活動。因日本實可領袖亞東諸國也。中國現在全國人心理。皆欲實行過激派之所爲。並引述中國以前無識者殺數十焚教堂諸歷史。以挑撥外人對我之惡感。噫。某國人當此光天化日之中。猶利用其爲鬼爲蜮之手段。而不自覺。亦可謂大愚不靈者矣。

朝鮮獨立與和平會議

東昇巴黎通信　三月二十八日

朝鮮宣布獨立。此間中國公使館已於三月十八日接到上海來電。記者與朝鮮來法代表金君仲文。於二月一日由上海啓行。三月十三日到巴黎。同居一地。故於其運動之顛末。頗知其詳。金君仲文。號晚湖。在韓原名奎植。I.k.s.Kim 光緒間留學美國。研究文學有年。甲辰歸國。在漢城辦理學務。民國二年改入直隸張垣縣籍。復遊庫倫等處凡二年。善英文並能操中法俄語。據云朝鮮亡後。而旅居外域者。爲數尙多。據最近統計。在東三省海參威西北利亞共二百萬人。在檀香山者五千人。在美國者二千餘人。其中自費留學者。亦復不少。大都痛祖國之淪亡。力謀恢復。組織各種團體甚多。歐戰既息。而和平會議復以主持正義抵抗强權爲宗旨。彼等乃於去冬合併各小團體。組織一新韓青年黨。以便對外有統一之機關。上海檀香各地仍暗相聯絡。在滬主持者、有申晲觀呂運亨等。在韓主持者、有孫炳義李尙宰等。在美主持而約定同時來法之代表、爲李承晚閔瓚鎬鄭漢景等三人。金君仲文即爲新韓青年黨總代表。謀向和平會議席上陳情者也。其進行之程序已定於一二日內將陳情書印好提送和平會議秘書轉達議和代表。書爲英文。復譯爲法文。約四五千字。大意說朝鮮本獨立國家。某國應歸還一切主權。朝鮮人民以後決不願受某國人之干涉侮辱云云。現在法地報紙正盛傳朝鮮獨立事。該代表復與聯絡發表言論於人權保障會等處。同時陳書請願。并逐日謁見各國代表要人數百名。嘗見威爾遜氏好友郭爾浩斯氏 Col. House 情意極好。並允向威爾遜氏干說一切。但原定由美來法之三代表迄尙未到。現與該代表外爲輔助者。惟有閔君弘植。閔君爲宣統間駐京韓使閔泳喆之次子。現肄業法國都露士理科大學。十二歲來法。現年僅十九歲。除通英法文外。即韓文韓語亦全不復記憶。於此事尙多力與願違也。至揣測和平會議對於此事之態度。則英法美等國既碍於某國爲五大强同盟之一。不便提出。致於本題多生枝節。而此際本題所視爲要着。又在與戰爭有直接關係之事。故韓人所圖恐難得多大之效果。惟趁此時機。出而表示一種態度。亦足使西人知某國之於朝鮮。食之尚難下咽。他日國際同盟會成立。更有申說之餘地。可望得較勝之結果。聞威爾遜氏及他表同情者亦如是云。

新韓青年黨致和平會議書

東昇由巴黎寄四月十六

新韓新青年黨議遣代表爲我國住本國及外國各地一千八百七十餘萬人上書於貴會執事。敢以恢復獨立爲請。特具理由並陳所願如次。幸貴執事垂察。

一　一八七六年及一九零四年之韓日條約。一八九五年之中日條約。日本本聲明保証韓國永久獨立及領土之保全。

二　一八九四年日本與中國宣戰。一九零四年又與俄國宣戰。均以保全韓國獨立遵重遠東和平爲言。

三　一八八二年之美韓條約。合衆國政府亦曾聲明保証韓國領土之保全。

四　日本占據韓國。其舉動實背公法。有害人權。所有一千零五年保護條約之簽字蓋印。亦純係以武力强迫。不得少待。吾國政府雖遣有人呼救于合衆國政府。亦已不及。

五　韓國人民絕對不願聽命于日本政府權力之下。

六　韓國除近三世紀受中國政府名義上之親睦保護外。已完全獨立四千二百餘年。自有其語言文字及其政教事業。

七　韓國爲遠東鎖鑰假一千八百七十餘萬韓人一日受日人之苛遇。一日不得恢復其自由則遠東必一日不得和平。故欲不蹈巴爾幹半島之覆轍。欲免世界之大戰爭非使韓國恢復獨立不可。

八　假使韓國終不得自由。日本必日向滿洲及西比利亞進取擴其野心。必致將亞洲之民。屈伏於伊君權與武力之下。

九　日本如得亞洲霸權則必有害於列强之經濟及其商業。

十　韓人自受日人武斷政治以來。所受之壓迫。爲歷史所未有。消滅我語言。限制我知識。勢非使韓人絕滅于世界不可。

十一　此次要求恢復獨立。係出我一千八百七十餘萬人全體同意。最近三月一日三百萬韓人之獨立運動。各地同時舉事。即足以表示吾韓人之萬衆一心。

十二　以吾韓國民族之天性。堅强受怨必報。積日既深。已與日本有不兩立之勢。故非完全恢復獨立不可。否則必不願一日苟活也。

十三　列强諸邦如有意與吾韓國以永遠中立。訂危害保護之條件。吾韓人亦所欣願但不欲日人于其間行使優越之權。凡十三端願貴會執事加以審查如能特設會議詳爲考究則幸甚再能許代表至貴會陳述一切則更幸甚。

新韓青年黨代表金奎植 一九一九年四月三日

在法韓國代表最近之活動

東昇由巴黎寄四月十六日

韓代表金君仲文自到法後竭力進行至廢寢食因曾與約定由美來之數代表以美國不給護照之故不得來法金君遂不得不單獨活動各國人士助者雖多然調客作書皆需親行五月前忽由上海到一韓人名金志城現與金君同寓實爲喜出望外金志城曾遊日本能操中英日德語因避地求學之故與吾湘醴陵某氏頗相善曾伴稱自少即客外洋之湘人居湖南講武堂年餘去年南兵入長沙時彼以口操北音備受危險今在異域爲記者詳述之甚有趣味金君又連日宴會法俄中政學報各界要人表同情者日多某國人聞之震驚異常嘗有一伴允朝日新聞特派員之某國人來會金君數次金君皆託詞不見某國人除本國語外祇通英文金君託記者出爲招待某國人詳問金君行止外並語記者云吾國人亦多反對政府者特來願與金君表同情也詞雖巧然不足以欺金君也。

留法華人對於和平會議之運動

東昇巴黎通信三月二十八

留法華人對於和平會議之運動。以個人資格謀進行者。極多。復極得力。因久居法地。與法人多通聲氣者不少故也。而最近又組織一和平促進會。其宗旨專在提倡人道。謀國家世界之永久和平。近日因取消中日條約事。對於和平會議方面進行極力。一面敦促議和專使。一面與法國朝野多方聯絡。務期完全達到目的。並議定和平會議結束後。此會亦不解散。其現任職員之姓氏如下。中文書記李玉麟直隸。王鳳儀陝西。法文書記謝東藩廣東。英文書記王世傑湖北。會計徐廷瑚直隸。

關於我國議和專使之瑣聞

東昇　二月二十八

我國議和專使以王正廷顧維鈞兩氏態度最爲強硬。顧氏曾於某次出席歷數我國近數十年來各不平條約。侃侃背述其條文與年月日。無一誤者。各國公使亦皆瞠目動容。爲之歎服。又兩氏爲提議山東問題。幷未先向委員會與日人協議。日本使者以此見責。致相強辯。甚爲激烈。陸氏則無他聲響。惟日昨曾走瑞士數日始返。藉名就醫。實則各使意見不無小小暗潮云。伍朝樞氏則來也晚。於二月四日始在香港啟程。記者適與同船。三月十三日始入巴黎。所言所行。亦無他異云。

暮氣

六月初一那一天是禮拜日，下午兩點鐘　我同蘇君恆庵到南門會一個朋友　在路上碰的人很多　勞力界現在不講　且講一兩個勞心界的與諸位聽

頭一个是个十七八歲的少年　穿得非常漂亮　口裏含著紙煙　駝著背彎著腰　一步一步的搖搖擺擺　假令從背面望去　沒有不以為他是四五十歲的老妖怪。因為他穿得漂亮　那種古色古香的樣子　就可以推想到他的古蒼蒼的腦經了　第二个是一個學生　年紀也不過二十一二歲　同了幾個朋友　一路走一路談天　他們談的甚麽雖然沒有聽得完全　現在寫在下面諸位必定也可猜得他的大意

甲　他是非常的好

乙　你講那個女子的相貌麽那我實在不恭維

甲　我不單講他的相貌他的家裏也是很闊的

到了四點鐘　我同恆厂就囘到學堂裏　有些同學從外面遊行演說青島的事囘來了　這種演說有價値或者沒有價値　又是一個問題　現在不講　可是他們在外面聽了許多的話　很有幾個人不以這種舉動爲然　並且說道「這是小孩子的舉動」

上面說了一大篇　都是我六月初一一天裏所遇的事情　大約這類的事情諸位天天都遇得著的　那第一位的少年　彎腰駝背起初在小孩子時代未必如此　總都是學起來的　第二位學生的談話　那是受過教育的人說的就是我們中國國民道德墮落的徵候　也就是道德的暮氣　一天一天往死的一方面跑　至於不以演說爲然的那一類人　他自以爲老成　就看別個小孩子不起—凡是沒有染社會惡習的都是小孩子　可是他們入社會比小孩子久些　年紀比小孩子大些　墮落也就比小孩子深些　死的日子也就比小孩子快些　我勸我們青年人　決不可學這些老成人　染了社會的暮氣　還是做小孩子的好

八年六月二日毓瑩

去兵談

何積炤

現在有許多人在那裏講去兵去兵　然據在下想來　以爲這兵是萬不可去的　並且這句去兵的話　在我們中華民國現在的時候　是決不可講的　這却是甚麼原故呢？　且待在下慢慢的說來　（一）不能去兵的理由　就是世界有這麼大　人事有這麼繁　這中間就難保不有爭執　因此就難保不有戰爭　諸君不記得我們中國的歷史上面　也曾有一次提倡去兵的事嗎？　這是在那周朝列國的時候　宋國有個司馬　名字叫做華元　因爲看見那時候戰爭個不了　所以他提起這個去兵的議　在他提議的時候　贊成的也是很多　但是後來　沒有得結果　戰爭的還是戰爭　然在那個時候是沒有涉及我國以外的　尚且不能得結果　何況今日就全世界言　所以這去兵的問題是難于實效的了　（二）我們中國今日是已經弱到極點　並且我們中國向來習慣　是重文輕武的　所以我們有「好子不當兵」一句俗話　假若再有一人提議去兵　那就我們中國　簡直沒有一個有學問的兵士軍官了　并且我們中國現在的豪傑　有野心的很多　我國境內的盜賊　也是狠烈　假若沒

有兵的時候　還有甚麼可以反對他們　干涉他們呢？　他們可益發肆無忌憚了　所以單就我們中國現在情形　越加是不可一日無兵的　即或能去的時候　也只能望之將來了

却說在下發表這個意思的時候　就有一位先生狠不以在下爲然的　他說今日的世界　是講和平的世界　就是知識不多的人　也知道這是個好消息　怎麼你有這樣一篇頑固的話　你不見我們中國古書上說得有嗎？　他說的是「兵猶火也弗及將自焚也」這幾句話　豈不也是個去兵的問題嗎？　况在今日久亂思治　人人腦筋中　均藏有和平的希望　還有甚麼人肯來倡亂　即或有人倡亂　還有甚麼人肯來隨和呢？

在下當時聽了這位先生的話覺得也狠有思想　但是在下過細想來　却仍就是不以爲然的　因爲世界這樣大　人類決然不齊　雖然人人疲於兵事　然有那野心勃勃的政治家　他却是仍然不肯休息的　並有那甚麼　帝制呀　權利呀　種種思想　常常存在他們心裡　只想提出試試　還有那一班趨利亡命之徒　他卻是永遠不疲於兵事的　只要有個機會他們就自由行動起來

到那時候還是去兵好呢？不去兵好呢？所以想要去兵、必先要使人人有高尚知識　有愛國的思想　不肯做那卑污的事　後來或者可以試行

然而能得結果與否尚不可以預料呢

記者按何君之意以爲國中多懷抱野心的人便須得有兵去牽制他不過記者之意覺得這些人之所以能够圖謀不軌都爲有兵自衛的原故何君此說似乎不確或者何君有深意存焉亦未可知　編者識

無病呻吟的詩

蘇閏坡

記者本來不會做詩、但是前幾年却是狠喜歡讀詩、尤其喜歡讀這些牢騷詩。每每裏讀到甚麼「佳人淪落」「才子悲傷」、甚麼「薄命憐卿」「海枯石爛」的種種話頭、便搖頭擺腦、哼哼唧唧不止。並且總嘆惜這些做詩的人的境遇太可憐。如此這般的讀來讀去、讀了幾年口裏讀滑了、心裏也讀癢了、如是就想學做詩。因爲我覺得一个人不曉得做詩、總似乎太俗似的。既然定了主意想做詩、於是就打盡了主意去收集這些牢騷韻調、背時腔口。我以爲這把自己說得可憐、說得背時得要死、總是做詩的不二法門呢。說也好笑、照上面這个樣子、我也狠朽了年把兩年。直到去年才醒轉來、曉得做詩是一種天籟的表示、是不必拘定甚麼韻調甚麼腔口的、尤其不必做那些無病而呻、背萬年時的詩。但是我雖然醒了、還有許多沒有醒的人拚命在那裏哼、我看了他們眞正又是好笑、又是可憐。前日我走到一個朋友屋裏、他有兩個小孩子、年紀總不上十六歲、都狠聰明、聽見說也會做詩、我就借了他們的詩看看。方才打開頭一頁、就把我的腦殼悶痛了。要不是我先曉得他們都是狠可有爲的小孩子、單是看了他們的詩、必定以爲他們是一對情場顛倒的背時人呢。我就問他、「你們何必打這些朽腔呢？」他們說「先生說的要打背時腔、才有豐韻呢。」

這是甚麼話？

陳科美

我記得六七年前讀書經、有什麼「萬方有罪、在予一人」的話、當時也沒去研究他。洪憲皇帝坐位的時候、他的詔書上有一句話說「萬方有罪、罪在予身」當時也沒理會他。後來讀西史、到十八世紀的光景。法國有個皇帝、叫路易十四、他的意思說、「朕即國家」（I am the State）。近來某省的督軍、說「某省者、我之某省也」。這句話狠引起我的感觸來。免不得要寫給大家看看。書經上所說的、那是幾千年以前的思想、我們可以不必深究。法國路易皇帝的思想、造成法國的大革命、和他本身的惡果、那是百年前的事、也不必管他。惟有袁世凱生在二十世紀、他也敢說那種話。如今想起來、真是氣死人。然而他竟沒得好下場、自己先氣死了。他死了以後、我以為中國從此沒人說那種話、出那種醜了、誰知這位督軍先生公然說某省是他的、這是什麼話呢？

年幼無知

這次湖南中學以上的學生罷課、本是學生自動、本應學生自決。許多不明白的教員、偏偏要來干涉。又寫信給學生家裏去恐嚇。說是某學生在學堂裏生事、哪當領袖哪、外在面亂講哪、亂鬧哪、恐怕有什麼危險發生、學堂不能負責哪。于是父兄回信來說「小子年幼無知、乞先生給假回家爲禱」。我過細一想。中學以上的學生至。小都有十六歲。而他們所說「當領袖亂講的」、「恐怕還要二十歲上下纔做得到。講智識咧、中學以上。論年紀咧、二十歲上下。教員還說他們亂鬧家庭還說他們年幼無知。我實在替湖南教育界着急。替中國家庭嘆氣。

新湖南第一卷第一期

民國八年六月十五號

本誌價目表

郵票	
一期	一角五分
全卷五期	四角
全年兩卷	一元二角

定價		
本國		每冊三分
外國	日本	每冊三分
	其他各國	每冊六分

廣告價目表

地位	一期	半年五期	全年十期
半面	一元	四元	六元
全面	二元	八元	十二元

各費一律光洋費請先惠

編輯者　新湖南社

發行者　新湖南社

印刷者　長沙織機巷　同益印刷公司

新湖南第二期要目預告

新时代

新時代

▲第一卷第一號

▲湖南自修大學出版

▲一九二三年四月十日

新時代創刊號目錄

持載

發刊詞

本刊是湖南自修大學同人創辦的，也可說是同人發表研究所得的機關報。

本刊和普通校刊不同，普通校刊兼收並列，是文字的雜貨店，本刊却是有一定主張有一定宗旨的。同人自信都有獨立自强的精神，都有堅苦不屈的志氣，只因痛感着社會制度的不良和教育機關的不備，纔集合起來，組織這個學問上的亡命之邦，努力研究致用的學術，實行社會改造的準備。雖然自修大學創辦伊始，同人的理想還在試驗時期，將來成績如何，不能預告，但是這出發的目標，自信非常正確，若憑着那種精神和志氣做去，必有成功的希望的，本刊便是一個實驗的標準了。

因此本刊出世的使命實在是非常重要。將來，國家如何改造，政治如何澄清，帝國主義如何打倒，武人政治如何推翻，教育制度如何改革，文學藝術及其他學問如何革命如何建設等等問題，本刊必有一種根本的研究和具體的主張貢獻出來，倘能藉此引起許多志同道合的人們從事這種社會改造的事業和研究，那是同人所十二分盼望的。

外力·軍閥與革命

毛澤東

中國的統一到底能實現麽？除開張紹曾等一班妄人，誰都曉得在最近期間內是不能的。因爲國內各派勢力在現在是無法使他們統一。統一當然不是混和，所以現在什麽「各省會議」，「國事協議會」，下至什麽派遣代表和各派首領磋商，無非是些空話空事。把國內各派勢力分析起來，不外三派：革命的民主派，非革命的民主派，反動派。革命的民主派主體當然是國民黨，新興的共產派是和國民黨合作的。非革命的民主派，以前是進步黨，進步黨散了，目前的嫡派只有研究系。胡適黃炎培等新興的知識階級派和聶雲台穆耦初等新興的商人派也屬於這派。反動派的範圍最廣，包括直奉皖三派。（目前奉皖雖和國民黨合作，但這是不能久的，他們終久是最反動的東西。）三派之中，前二派在稍後的一個期內是會要合作的，因爲反動勢力來得太大了，研究系知識派和商人派都會暫放棄他們非革命的主張去和革命的國民黨合作，如同共產黨暫放棄他們最急進的主張，和較急進的國民黨合作一樣。所以以後中國政治的形勢將成爲下式：一方最急進的共產派和緩進的研究系知識派商人派都爲了推倒共同敵人和國民黨合作，成功一個大的民主派；一方就是反動的軍閥派。中國政治的結局是民主派戰勝軍閥派，但目前及最近之將來一個期內，中國必仍然是軍閥的天下：政治更發黑暗，財政更發紊亂，軍隊更發增多，實業教育更發停滯，壓迫人民的辦法更發厲害，質言之：民主的臉面更發抓破，完全實施封建的反動政治，這樣的期會要有十年八年都說不定。

何以知道必然是這樣呢？你看國際資本帝國主義的政治形勢是何等的反動！他們現在是協調着步驟來侵畧中國。他們的步驟以先是不協調的，經華盛頓會議一番商量便協調了。雖然他們的協調終久是要破壞的，但目前及最近之將來，他們爲補償前次大戰的而虧失及蓄養下次大戰的精力，是斷然要取協調主義的。美國的門戶開放主義居然能通過在中國擁有勢力範圍的英法日，就是明顯的證據。中國的分裂於國際資本帝國主義的侵畧本是不利的；但由民主派統一中國，較之民主軍閥兩派混亂中國，於國際資本帝國主義更不利；只有由反動政治完全霸占中國於他們就最利。這是目前及最近將來中國必仍然是反動軍閥的天下的第一理由。從中國的社會經濟現象看，中國現在是最便利於軍閥統治的：白狼，老洋人可以在河南一帶嘯聚數萬人擾亂數省；人民百分之九十幾未受教育；除開沿江沿海沿鐵路稍有點可憐的工商業外，全部都屬於農業經濟生活；人民的組織，除開沿江沿海沿鐵路應乎他們經濟的情形有一點微弱的組織像工商教職員學生等團體外，幾乎全是家族的農村的手工業的自足組織；蒙古，新疆，青海，西藏，陝西，甘肅，四川，貴州，廣西，各地至今無一寸鐵路；全國無一個有三十萬確實黨員的政黨；全國無一家銷到二三十萬份的報紙；全國無一種銷到兩三萬份的雜誌；而中國全體有人口四萬萬；有土地三千餘萬方里：試問在這種社會經濟情形下軍閥不來統治，還有誰可以來統治？這是目前及最近之將來中國必仍然是軍閥的天下的第二理由。

我們從內外政治經濟的情勢上，可以斷定中國目前及最近之將來，必然是反動軍閥支配的天下。這個期內是外力和軍閥鈎結爲惡，是必然成功一種極反動極混亂的政治的。但政治愈反動愈混亂的結果，是必然要激起全國國民的革命觀念，國民的組織能力也會要一天進步一天。一面西南各省終不能爲北方統一，雖然也不免是些小軍閥，但終究還是革命份子存匿之地。這個期內，民主派份子是一天一天增加，組織一天一天强固，結果是民主派戰勝軍閥派，中國的民主獨立政治在這個時期才算完成。

我們只知道現在是混亂時代，斷不是和平統一時代，政治是只有更反動更混亂的；但這是和平統一的來源，是革命的生母，是民主獨立的聖藥，大家不可不知道。

新時代 四

何謂帝國主義

李達

我們從政治上經濟上分析中國的亂源，知道擾亂中國的兩大障碍物，一個是國際帝國主義，一個是國內武人政治。我們民衆要期待統一與和平，要獲得自由與幸福，非首先組織起來打破這兩大障碍物，絕對沒有成功的希望。但是如今還有許多學者先生們只認定武人政治是萬惡，却不承認帝國主義有侵畧中國的事實，甚至要爲帝國主義辨護，說現在的中國已經脫離了侵畧的危險了。這種言論很足以阻礙被壓廹着的中國人民覺悟的動機，我特意從歷史上把帝國主義侵畧中國的經過說明出來，藉以喚起同胞反抗外族的勇氣。

我們要知道帝國主義侵畧中國的前因後果，首先要知道帝國主義是什麽？

帝國主義是由資本主義變化而成的，可說是資本主義的最終形式。所以要知道帝國主義的內容，就要先把資本主義發達的經過說明才好。

大家都知道在採用資本主義組織的經濟社會裏，資本階級是絕對以製造商品爲目的的，勞動階級製造出來的商品，不但他們全階級消費不盡，就是那社會全體也消費不盡的。因爲這樣、所以資本家纔能够把那巨大的財富——商品——集積起來，纔能夠把商品化成貨幣來繼續發展資本主義。但是資本階級要想安全的繼續集積那巨大的財富，必須把那造出的商品全部賣掉纔好。要賣掉那商品的全部，必須有消納這全部商品的購買人。我們都知道，機械製造商品的速率最快，分量又最多，比方工廠最初設在都會地方，工廠中造出的商品，自然先儘都市的人民消費，都市人民消費不盡的商品自然要運到農村地方販賣了。農村地方在這時還不是自然經濟的狀態，經濟上自給自足，大部分用品以前都是自家造成的，如今這種機器製造的商品，價廉物美，當然可以販運到這個地方發賣，所以農村地方的自然經濟狀態就被打破了。這時候消納都市販來的剩餘商品的農村地方人民，受了這個刺戟，便也能集資創辦和都市相同的工廠，也能製出許多剩餘商品，於是農村地方便脫離了自然經濟領域而進到貨幣經濟的領域。都市如此，農村地方也如此，全國都是競爭者，全體國民都有剩餘商品了。這時候全體國民若想取得銷售他們的剩餘商品的販路，就不能不謀得那有政治意義的外國市場了。

然而外國市場也不是長久可靠的。比方十九世紀前半期的歐洲，英國是資本主義產業的先進國，德法等國是後進國，在這個時期，英國的剩餘商品固然可以在德法等國銷售，但不久德法等國的資本主義產業也發達起來，也有剩餘商品了。於是資本主義遇着難關了。這時候各資本主義國家若想覓得販賣剩餘商品的市場，只有兩條路可走，一個是奪取海外的殖民地，一個是侵入非工業的國家。在野蠻未開化的地方，當不起文明國家——資本主義國家壓迫，自然變成了剩餘商品的銷場，至於非工業的農業國家，在經濟上可以自給，自然拒絕文明國家剩餘商品的流入，而文明國家爲了延長孳乳他的資本主義，就用種種的侵畧的方法，假用國民全體的名義，或者平和的，或者武力的來達到他的目的。這便是資本主義帝國主義化的初期現象。

但到這種又有一個問題發生，工業未開發的國家的人民，對於資本主義的商品是沒有什麽欲求的，就是有了什麽欲求，也沒有購買的資力。比方這等非工業國家沒有輪船，沒有火車，交通不便，因此商品的運費增加，成本加重，價高了無人購買，價廉了虧損資本。所以資本主義國家雖然能够强制的把剩餘商品運到非工業國家銷售，也得不到多大的利益。於是資本主義國家惟一的辦法，便是創造新市場。新市場怎樣創造呢？就是用種種方法使這等國家文明化，用種種手段把這等國家牽入資本主義的發達的漩渦。譬如開闢商埠，修築河道，行駛輪船，敷設鐵路，開採鑛山，供給借欵之類，這些權利，有些是政治的，有些是經濟的，有些是詐欺取來的，有些是威嚇取來的。這幾件之中，尤以敷設鐵路爲主要，因爲這樣，這被征服了的非工業國家受了這種種刺戟就發生兩種現象：一個是需用機械製出的鐵貨，一個是紡織工業的開始經營。而這類鐵貨，這類紡織工業機械都是仰給於資本主義國家的。資本主義國家，因爲供給工業未開發國家這類鐵製品，鐵製機械的關係，國內的工業重心也就跟着發生變動，就由纖維工業移到鐵工業了。資本主義的產業的重心，到了由纖維工業移到鉄工業的時期，那種帝國主義化的傾向和速度越發顯明起來。爲什麼呢，因爲綿製商品和鉄製商品兩者銷售的方式完全不同。比方販賣機器布，英國的人到德國的殖民地去販賣也可以，到法國的殖民地去販賣也可以，彼此之間因爲利益衝突，競賣的心思固然是有，而覇占的決戰的心思還不會發生的。至於販賣鉄路的鉄軌便不同了。因爲資本主義國家的鉄軌之輸入於未開發國家，大概是用一種借欵的形式輸入的。而供給借欵可以獲得特別的權利，所以一條鉄路線上，只許有一國的國旗在那裏飄揚，別國的國旗是不許樹立的。英國的勢力範圍（殖民地或半殖民地）內由英國自己去築鉄路，德國的勢力範圍內由德國自己去築鉄路，這是天然的權限，絕對不許他國插足。若有一個資本主義國家要想插入別個資本主義國家運銷此類性質的鉄製商品和鉄製機械，除非這國的勢力比別國大才行，不然，決然難辦到。所以兩個或數個勢均力敵的資本主義國家，要想在同一地方販賣此類性質的鉄貨，只有兩個方法：一個是武力的，便是戰爭，誰國戰勝，就讓誰國享此項權利；一個是和平的，就是協商，劃定勢力範圍，各自獨立經營，不相侵犯。

但在這裏又發生問題。各資本主義國家雖然很熱烈的要在經濟上未開化的國家經營築路通航等項事業，以便製造商品的需要者，而這類未開化國家卻不覺得有什麼必要，並且因爲自然經濟受了破壞，很感受經濟上的痛苦，敷設鐵路又非巨額資本不辦、所以對於資本主義國家這種要求是很難承認的。　於是資本主義國家就想出種種調劑的方法，就是：未開發國家的鐵路由資本主義國家敷設，築路借款由他供給，築路材料及工程由他包辦。　照這樣辦，未開發國家不用錢可以築鐵路，資本主義國家就獲得了剩餘商品的銷塲。　譬如供給一萬萬元的鉄路借欵，他就可以運銷八千萬元的鉄軌枕木及車頭車輛之類，下餘的二千萬元卽作爲辦事人及苦力的工錢，他就可以運銷許多衛生衣服草帽毛巾爲苦力所必需的貨物，這樣計算起來，他在名義上雖投資一萬萬，實除上却賣出了八九千萬元的貨物並收回許多回扣及勘路建築的費用。　照這樣辦，借貸兩方面還可以保持相當的平衡，但實際上不是這樣，資本主義國家因爲投下了這許多資本，祇得到百分之幾的低息，收入支出合盤計算，仍是得不償失，他又何樂而爲此，所以他又想出一個補償方法來。　所謂補償方法，就是向借欵築路的國家要求許多權利，譬如鉄路沿線附近若干里之採鑛權，廣大地域之租借權及割讓權，國內通商之獨占權等類。　這三項利權，必須要求明白規定於借欵契約之內，有些要求一項的，有些要求兩項的，甚至三項一起要求的。　但是這種條件是未開發國家所難承認的，不用錢可以築路，當然很好，但因爲借欵之故而喪失許多利權，未覩其利而先受其害，當然不願意，不願意當然要拒絕了。　但外國資本家方面，因爲這種國家的人民可欺，利益不能拋棄，無論如何必須取得築路權，必須强制的供給借款。一個堅持拒絕，一個强制借款，到了相持不下的時候，外國資本家就恃本國政府的後援，利用弱國方面的敗類，百方謀此種計劃的實現。弱國方面因爲此種刺戟，就發生排外風潮，因排外而釀成交涉，資本主義國家就利用國民全體對外的口號：興兵動衆演出經濟侵畧的戰爭，結果文明國家定得勝利，戰敗的弱國自然俯首聽命，不但送給種種政治的經濟的權利，並且賠償大宗的欵項（若是欵項難籌，便逼寫借字，作爲借款）。資本主義國家就拿這賠欵作開發這個國家的經費。這便是資本主義帝國主義化的第二期現象。

現代在經濟上未開化的國家有多種，有小的，有大的，有在歐洲的，有在非洲的，有在亞洲的，有在澳洲的，有爲一資本主義國家的所久佔的，有爲各資本主義國家所爭奪的；有些已經費資本主義化了，有些正在資本主義化的。在那已經資本主義化，已爲一國所久占的地方，列强已是認爲沒有餘利而不大注意，其最注意的就是那沒有完全資本主義化而且正在互相爭奪的地方。資本主義若要逃過他的難關，若要掘成他最後的墳坑，便是出死力來爭得這類市場。然而這是非常危險，非常重大的事業，要達到這個目的只有兩個方法，一個是和平的瓜分，一個是武力的奪取。而和平的瓜分或者易辦，武力奪取那就困難了。國家的實力的强弱，便是決定勝負的標準，各國的資本階級專利用本國人民愛國的心理，往往假用國民對外的名詞準備爭奪市場的戰爭，或者一國對數國，或者幾個協商國對幾個聯合國，結果，全世界一切國家都被引入這個大戰的漩渦，演出了世界戰爭，這便是資本主義帝國主義化的成熟期的現象。所以帝國主義是資本主義最終的形式，帝國主義的資本主義，資本主義的帝國主義完全是一個東西。(參看 Boudin 著歐戰眞因)

新時代　八

心理學上兩個基本知識

李維漢

▲反應定律

▲意識底進化

心理學爲後起科學，借生物學和生理學發明上的幫助，已成爲一種有系統，有組織的科學。一切心理機能都是決定於生理條件的，一切心理現象都是應付環境的。把各種機能，各種現象都從這兩句話解釋出來，不屬本篇範圍以內，本篇目的只把這兩件事實論個大概。

一，反應定律

生理學家分生物機能爲營養機能，生殖機能與對外的關係機能三種。心理學所研究的只這關係機能。

關係機能包含兩件事實：一爲加於動物身上的外界動作，就動物本身上說，則爲感力；一爲應付外界的動物底行動，即運動。

感力與運動在事實上很緊切地聯着：因爲凡動物底運動是對某種啓發他底感力的外界動作所給的直接的或間接的，快的或慢的回答。這種借運動以答外力的特性是一切生物底特性：名爲反應能力。

一切情形之下，動物底關係生活，不外反應能力底表現；換言之，卽對外來刺戟的答覆。他同時包括感力與運動，因爲能感覺的生物，必因爲他是能反應的，因爲凡動物底運動需要一種或數種激發他的外力。

這種事實，不僅生物界才有。自然界中，力是永遠不毀滅的。凡力，當他作用於一無機物上，或者會發生變化，但可完全從受動的物體上找出來，而且永遠保有他底力底狀態。一塊鐵在電气，溫度，機械平衡和化學平衡底A狀態中，若一任何力F作用於他底上面，則在這力作用之後，這鐵便會在一種新的電氣，溫度，機械平衡和化學平衡之A'狀態中。設F力完全消費於A物體中，則當F力作用之後，物體A'卽等於A+F。

由此，借狀態變換以回答外力的事實，不專限於動物界。這定律是普遍的，絕對的，管理有機世界如管理無機世界。並且，無機物件反應外力時所生狀態底變換，也同動物底反動一樣，屬於一種運動。熱力，電力，化學底化合力，重力，都只是些運動底形式，一些分子的，原子的，波動的，非我們感覺所能知覺的運動。

不過，生理學家與心理學家所考究的生物給外來刺戟的回答，別具一種紀律，不單只是分子底振動，而是五官能知覺的筋肉底轉移和收縮。

解剖學家告訴我們：生物只是一個細胞，或一個細胞集合體。 細胞是代表一生物全體的一個小宇宙：凡細胞底特質是生物底特質；生物底特質是某細胞底特質。由是，反應定律同時可適用於單細胞的與複雜的動物。

經維成於細胞，故反應定律之支配經維如同他支配細胞一樣。我們怎樣認識反應事實呢？我們只能從反應底結果，換言之，卽由運動以認識他。暗示我們以反應事實的只有運動：無論這運動是一種可供我們研究的化學的變異，或是電態的變換，或是經維底收縮，或溫度的變換，或構造上解剖的差異，在一切情狀中，這總是一種運動，因為凡能啓發科學知識的現象，都是可約之於可知覺，可見，可觸的運動的。所以運動是我們底唯一的認識標準，唯一的知識方法。

運動既是反應力底權度，當要發現一纖維底刺戟可能性時，量度他所支配的筋肉底收縮便得；筋肉收縮底高低，慢快，久暫貢獻生理學家以鑑別神經刺戟可能性底方法由此，關係機能底兩個條件：感力與運動，惟後者能把他指示我們，感力必借感覺機體底運動才能被我們認識。同樣，運動於各種精神現象是很重要的，除開我們自己可意識的特別狀態外，必與運動相伴，才被別人知覺。

反應力底普通定律，簡約之有八個：

一，凡能變動一細胞現在狀態的動作，是這細胞底一種刺戟劑。

二，凡外力（物理學上尋常的意義），只要他有一定的强度，卽能發生細胞反應力底作用。外力是化學的，電气的，熱力的，機械的，光學的。

三，刺戟愈强，回答的運動亦愈强，尤以一切條件平等爲然。故運動在一定限度中與刺戟成正比例。機體底平衡很堅固時，如要變動他底現狀，須有很强的刺戟。反之如機體底平衡極不堅固，則他底現象很容易變換，因此，所需要的刺戟亦極弱。機體平衡底堅固與不堅固，叫做刺戟可能性。

四，對於相等的刺戟，細胞底平衡愈不堅固，則回答刺戟的運動愈强：運動與細胞刺戟可能性成正比例。

五，回答刺戟的運動是波狀的，需要一極短的潛在的時間，上升的短，下降的長。

六，相等的刺戟，如發生愈是突然的，則細胞底回答運動亦愈是有力的。

七，回答一刺戟的運動所經過的時間，比刺戟所經過的時間長。有時刺戟縱然極短，反射運動卻極長。

八，諸刺戟力各個孤立的時候，雖顯然很弱，但他們重演起來，則變成有勢力的；因爲他們雖不能發生機體表面的運動，卻能增加機體底刺戟可能性。

這定律可用圖解釋出來。

圖一，對外力F的反動，內部抵抗＝AM。有運動。

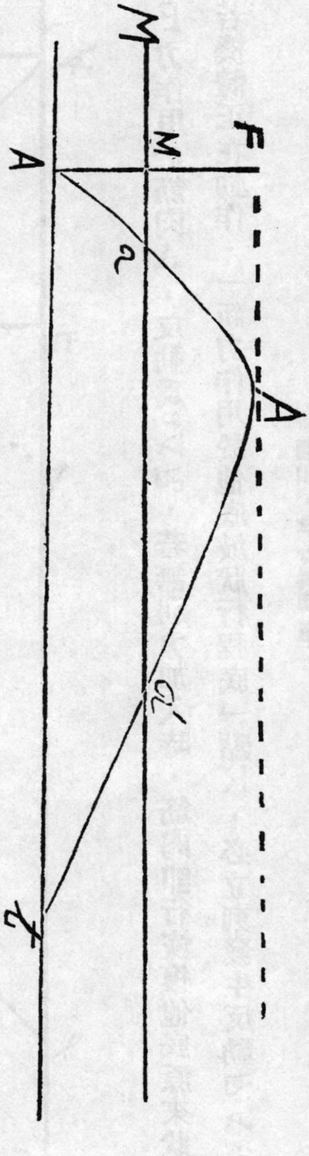

設一細胞或一筋肉在一定平衡狀態A時。 他的內部抵抗力==A M。M·M·代表筋肉發生運動時所應達的界線。 那麽，要激動A使他發生可覺的反射運動，刺戟力至少宜强於A M底强度。

在這些條件之下，以F力作用於A，激起反射運動AA′，相當於刺戟力。 這反動爲波狀，其引長等於假定的時間單位t。於是，同時有不可覺的內部反動Aa，與可覺的外面反動aA′a′。

由這圖，我們一側知道反動經過底時間長於刺戟經過底時間，一側知道反動之發生有一定的遲延 ma。

圖二，對於兩連續力的反動，

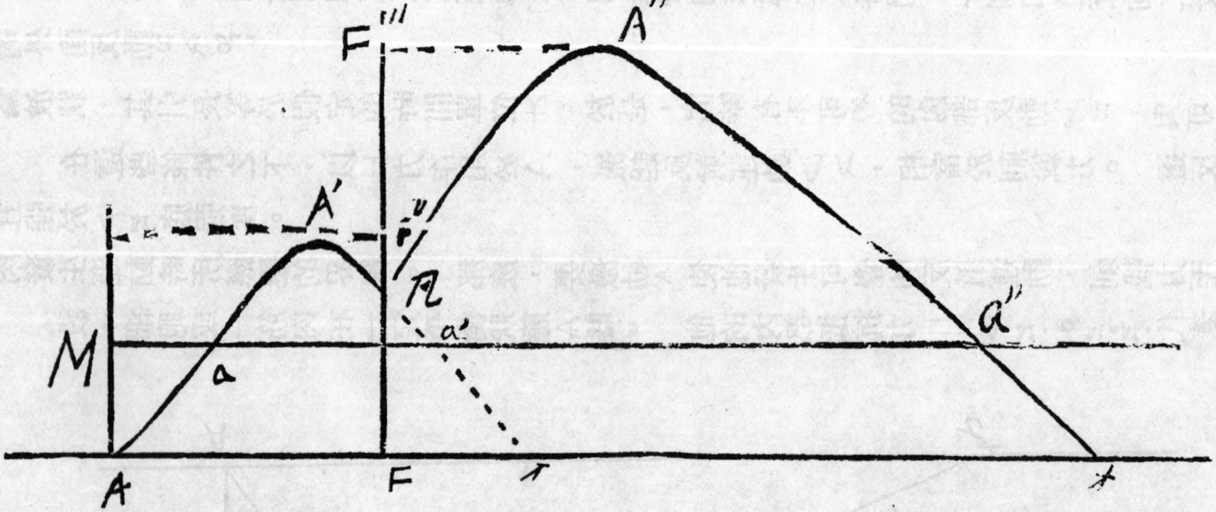

F力作用於筋肉A，反動爲aA′R，若無別力加入時，筋肉卽行恢復他底原來狀態。若機體正在動作，一新力作用於他底波狀行程底一點R，必立刻發生反動RA″a″t。

圖三，外力漸增圖，

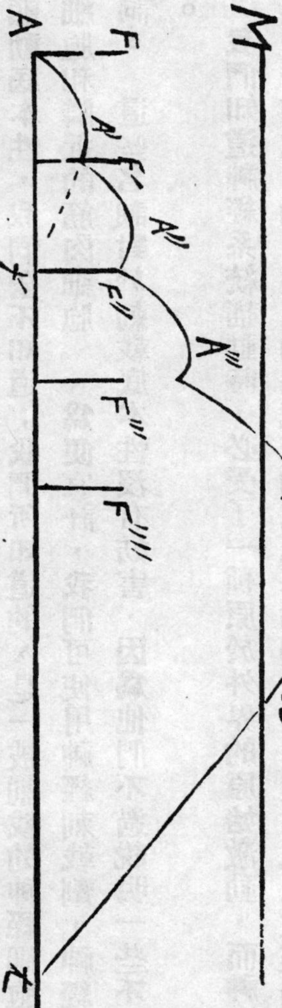

細胞底最初刺戟是理化的或機械的外力。 但於刺戟進行後聯絡各細胞間底關係，必需一種內部刺戟：卽隣細胞刺戟，或細胞間互相的行動。一細胞分泌一定量的毒質，這質對隣近細胞卽成爲化學的刺戟劑。一理化行動經過於細胞原形質中，其結果卽是化學質的分泌，而變爲這細胞或別的細胞底刺戟劑。

神經系統與筋肉系統好像由許多兩兩相接的細胞構成的，一細胞底刺戟常緊接地以次傳播到最遠的細胞，甚至任何一點受刺戟，影響及全體。由一神經節以次及於隣近神經節間的刺戟傳導，有時加强，有時轉弱，依所經過的神經節底刺戟可能性之强弱而異。

神經系統中，這種傳導尤具特色，一神經纖維之一端被觸，全神經軀被刺戟動，使這刺戟直傳至神經中區才止，神經中區傳之運動神經纖維，運動神經纖維又傳之於筋肉，反動乃生、

這種刺戟性，究竟是化學的，還是電气的，或機械的呢？現在還沒有鑑訂。神經顫動底本性，我們全不知道；我們所知道的，是一被刺戟的神經細胞能刺戟隣近的神經細胞利隣近的筋肉細胞 爲便宜計，我們可使用神經刺戟劑，神經顫動，神經流諸名詞。 這些名詞對於刺戟底本性沒有妨害，因爲他們不過說明一些不可否認的事實而已。

我們知道神經系統搖動時，必受了一種原於外界的原始激動，而神經刺戟底開始，必屬於一種電力的，熱力的，機械的或化學的刺戟。 但當他以次經過神經行程時所生的繼起的刺戟，則失掉這開始所有的特性，而變成由這細胞到那細胞的神經刺戟。 因此，一切末端刺戟，無論他底最初性質如何，當他達到神經中區時，已經不是原來的性

質了。

由是，於電力刺戟，熱力刺戟，化學刺戟，機械刺戟而外，有另具特別形式的刺戟劑，即神經刺戟劑。

從前面的研究，知道感應律是絕對普遍的。他從他底兩方面代表精神生活底兩大根本元素：一爲接受力，即感覺與外界對於動物的影響；一爲反動，即運動，於他所被的無數形式之下，表現精神生活底各相。

二，意識底進化

有時，由於內部原因的神經中樞底理化的變異亦是刺戟事實底出發點。這就是自發行爲。即諸中樞神經底內部自戟，對於從他們分出的諸運動神經成爲刺戟事實底原因。

簡單生物體，好像只是一種可刺激的同質細胞底集合體。應付外界刺戟的反動構成他們的關係生活。反應力是他們底生活底全體，但這已經是精神生活；細胞的反應力，實可視爲原始的精神生活。

研究生物底生存定律，知道他們底關係生活表現於兩種相異的形式之下：一則運動是對某一外界刺戟的回答；一則像是自發的，應屬內部的刺戟劑。但這種活動力，不過是細胞原始反應力底發展和進步。一切後起的複雜的和高等的心理現象只是原始關係生活長期發展底結果。

意識生活是心理生活底表層，也就是生物進化底最後產物。利用進化論的學理來解釋意識生活是合理的。

從前心理學家把意識看做孤立的、固定的和被制限的諸心態底一種連續。蘇格蘭派與(Éclectique)派則將意識態分離爲二，而視意識爲一種內的感官，一種使我們認識諸心理事實(意識態)的特別才能，差不多像使我們認識外界事實的眼睛一樣。

今則不然。對意識和意識態或心理事實均一致視之，而以這些事實或意識態爲整個意識底不斷發展中的割片，常常帶有人爲色彩的。意識是一個生的和一，他不絕地變化：由是他底狀態逐多而雜。

這種見解，於十九世紀之末，發現於自然科學之全領域。這領域之一切部分，都被進化學理所滲透。依這學理，自然是在不斷的變換之中的；而這變換又被諸必然的法則所支配：自然界如人類社會一般，有一種歷史；他如同一個動物，不斷地向前發展。

尤以在生物學底領域中，這學理已經最安全地最確定地應用了。凡機體都要與環境維持平衡才能存在。比如一個鐘，繼續圍着平衡的位置擺動，直至他固定了才止。不過有一個差異：生物似永遠沒有達到這固定的位置的時候；並且恒常地自行變化。每一變化使之接近一平衡態，這叫做一適應。

這適用怎樣運行的呢？由於自然淘汰。從事物之偶然所給予生物的一切可能的變化中，只有某些變化存在，這因爲只有他們能存在，能自維持——能與環境呈平衡狀態。這平衡狀態愈能久，則他們亦愈被保存，愈被維持。這就是一種後天的變異，一種有益的習慣。當環境自身常常變換，平衡只能是不固定的：於是有兩件新事實發生：或者，已取得的習慣自變，或者，於他底上面加上新的習慣。由是，新的變異又產生於生物中；新的顫動又引導一個新的平衡，如此而往，差不多沒有止境。但是，如果平衡不可能而生物不能適應，又怎樣呢？那麽，生物便死了，消滅了。這種情形是常有的，有些魚類，千萬卵子中，只有一個能變成强壯的個體。然則，自然似乎於各生物間依機械的和不可免的法則運用一種選擇，一種淘汰，只讓能適應環境者能永存，只讓能習得有益的習慣者能永存，因爲他們底命運絕對地繫於這上面。

這自然淘汰和這有益變異底保存又能解釋漸次複雜和漸次强壯的機體底發生：實際上，某些生物常被偶然引到比他們曾經適應過的更爲複雜的環境中去。由是，他們中間，能適應這些新條件的，便取得比他們所已得的更多的特性；取得適於一個更不定和更殊異的環境之種種特性。由是，他們有更多的反動以回答更多的外界動作，所以更能幹而有更廣大的生活，同時，有一種更大的生存機會。這就是物種所由構成和某些生物所以更高於某些生物之原因。

這些學理簡單地譯出來爲：生存競爭，適者生存。生物學者用此以解釋運行於生物間的變化，並且試行解釋生物底起原。

心理的構造與生理的構造緊密地聯着，所以應接受同樣的法則，依同樣的原理進化，依同樣的條件發展：適應，自然淘汰，有益的習慣。凡表現於意識場中的，與生物中意識之表現，都能適合地應用進化學理來解釋。

在科學的和實驗的路上，沒有允許視生物底一切表現都是有意識的，也沒有禁止。不過，如不願超出由觀察和實驗所允許的結論以外，則只能對某些動物，關於他們底生存，能有一種渾沌的意念於數種運動和環境中表現一種選擇作用的時候，才能說到意識二字。這個標點以下的動物，只能用盲目的法子，當做發條底弛緩一般去解釋。例如大部分植物底向日性，可用植物纖維上面日光底化學行動去解釋，這行動機械地牽致植物底運動，有如軸底運動必牽及輪底運動一般。

很簡單的動物底筋肉底運動（如反應力底運動）似乎亦能用同樣的法子解釋。最簡單的生物機械地以反動作用活動，這反動是直接的，而且是立刻地被環境刺戟所激動的。

到了複雜的機體，則環境底刺戟可使產生各種的並且有時彼此相戾的運動。而且，環境刺戟在動物中所生的能力，不都卽刻地被消耗，却構成一種儲蓄，一種剩餘，許動物卽沒有外界刺戟亦能動作。因此之故，動物所生的複雜的運動，或者是有益的，換言之，卽能夠使他適應環境，與環境平衡；或者是有害的，換言之，足以引致他底衰敗和死亡。故必須有一種選擇能自完成於有益行爲與有害行爲之間；不然，則動物將無差別視之而向死滅前進了。依進化學理與自然淘汰底原則，凡動物，必這選擇作用能自執行以分別有益運動與有害運動，才能生存。如此，便是朦朧地顯出有意識。

意識由什麽生的呢？以我們現在的知識，使我們不得不丢開這個沒有答案的問題。介於意識底很制限的生理條件與意識自身之間，現在還不能建設一個可解的過程。我們從動物中，只能考察意識底表現，而不能用滿足的方法指出他底起原。

我們所能肯定的，意識之表現，就在有益反動與有害反動開始分別的時候。後者引致機體與其環境間的不平衡，結果爲機體衰敗；前者則適相反而能鞏固機體，因爲他們置動物於更好的生存條件之中。我們已經知道快樂與痛苦是與他們平行的，痛苦表現機體底衰敗，快樂表現機體底安定。在這種形式之下，生物已感覺着某些事物，取得一種心理的生活：卽感到某些反動，某些運動是愉快的，某些是不愉快的。而且，必然地被引着去重複第一者而避去其後者。

假定意識最初的表現，快樂與痛苦還在無差別地件着有益的和有害的運動，或快樂不常繫於前者，痛苦不常繫於後者。但是，自然淘汰必用力消滅那些有害行爲與快樂相伴的生物，因爲他們不絕地被引着去重複那些有害的行爲。因此，存留的動物大概都是遇着有益行爲感快樂，無益行爲感痛苦，而且知道尋找前者避去後者的動物。

這樣，意識最初如同情的機能和動的機能一般表現出來，情的機能加於動的生活之上以指導之，照耀之。他（意識）底最初的概念是一運動底朦朧的情感，和快樂與痛苦式之下他底朦朧的表現。漸漸，這些朦朧的概念精鍊了；不同的反動也彼此區別了，快樂和痛苦中不同的音響也確定他們底結果了。於是，智的生活，物我底分別乃開始萌芽：他（意識）如同一種情的生活（愉快的或不愉快的感動）之精鍊，在知覺前面被抹殺了這感動底原因。

這樣，意識是一種有益的變異，他只能以合於進化學理所提出的原則被保存和發展。他於生物，給之以他們自己能力和環境底概念，遂使他們更能指揮他們底運動，更容易適應環境。然則，意識在生物中的作用，有如自然淘汰與適應底一種自然因子。他常以生存底機會，以爲一種更廣，更强，更幸福的生活所需要的機會給予生物。

意識生活中諸積極底特性，很足以正確這個觀察。意識儘先是保存和同化底努力（因爲有記意力，記意不過是習慣底意識相）。他因此保存一切有益行爲底紀念。他又是分化底勢力，換言之，乃選擇底勢力，以區別應完成或應迴避的行爲。最後，他是綜合底勢力，因此，每當環境表現相似境遇的時候，乃許重演有益的行爲，或聯合相似的或相隣近的情況底記念，使一切過去的經驗擺在新的困難之前。一言以表之，意識如同進化底最强有力的因子，他能擔保極複雜的生物底生存，而且使他們常生活於最駁雜的境遇中。沒有意識，則動物將限於原始的狀態，只能以極狹隘的方法生活於極有制限的境遇中。

若進化底趨勢定恒地增加意識底領域，這增加必仍然服從進化底法則。動的生活，情的生活，知的生活依一種在各種形式間的前格的淘汰而構造，而發展。惟最能適應的，最能使生物底生活更有勢力，更加豐富的才被保存，被發展。

心理的生活，因長期的適應和發展，遂結成日益聯絡，日益强健的和一，這裡面，我們人格底觀念，對於個體於每一刹那以他所有的經驗應付所有的境遇之事實，指示我們以最高的形式；動力，感力，智力日趨於複雜以適應不斷複雜和無限的事物，思考乃代自發性而興。而且情的和動的生活服從智的生活，智的生活給我們以更確定，更有用和更實際的概念。因此有許多不直接關係個體的心理狀態，有漸漸變成或止於機械的和無意識的趨勢，使意識之內不致被無用的成分所混雜。換言之，他們不大適於生活底需要，遂被擠出於這光明的中樞即所謂人格的意識。

從意識底進化，告訴我們心理學上知，情，意底分類是合理的：就其發展底程序而言，儘先爲動的生活，其次爲情，最後爲知。以一種日進於光明的活動力替代不足以維持複雜機體底生活之機械的動作（反射的自發的）。這活動力，起初是很原始的和很簡單的，漸向複雜的方面前進，乃致失去他底自發性，而變成思考的，如人類意識底最高形式。

一九二三，三，五，於長沙。

現代西洋哲學之概觀

鄒蘊眞

人類生活，約分二種：一物質生活；二精神生活。物質生活的必需品爲食物，精神生活的必需品爲思想。吾人生必具神經器，神經器之不能離思想，猶之消化器之不能離食物。故吾人除熟睡無夢時，無一刹那不在思想中，但不過有時甚散漫無條理而已。然思想之實質，往往因各人的生活，經驗，個性等等之不同，千差萬別。正如滿山的樹，找不着兩根以上的形狀大小枝葉，完全相同的一般。試讀哲學史，常覺無論在甚麽時代，甚麽民族，總是有許多思想對峙，絕沒有僅一種思想獨自存在的；縱或有之，推究其源，亦非出自自然，必是爲一種不合理的勢力擁護提倡的結果。此種統於一尊的辦法，甚有害於人羣之進化。然此種不合理的勢力，無論如何强大，亦僅能及其形式，而其實仍有許多種思想在底面存在活動，但不過不如其被擁護者之顯明而有勢力而已。蓋人類思想，好像火山噴火一般，人類沒有力量使他不噴，也沒有力量使他噴出的方向一致。

哲學乃思想的結晶，思想既如前述，不能有一致，則哲學亦必隨之千差萬別。就一個人的哲學而敍述之，尙覺難於精嚴切當，恰如其分；況將多種哲學，拉作一團來說，又怎麽說得十分淸切，不過畧畧描其輪廓罷了。

歐洲自一千四百五十九年，東羅馬亡後，好學知勇之士，蔚然興起，不勝指數。熱心研究希獵文化，對於中世宗教之黑暗，深致痛恨。結果人類久困於宗教之性靈，忽蒙解放，洋溢澎湃，有如陽春一轉，萬花爭放，沛然不之能禦。曆史家名此時爲文藝復興期。先是中世紀的人，有一種不可不如是的共同信念，就是我爲「上帝」——教會——而存在，上帝而外，沒有我的自由，文藝復興後，人皆感覺得我爲「自然」——宇宙——而存在，自然而外，如上帝教會等等，沒有能干涉我的。質言之，卽其全副精神，專注於希臘文化，盡量去模仿。——希臘很重自然——然其流弊所至，是脫了宗教的桎梏，又戴上希臘的桎梏。此後二百餘年，所以又有所謂啓蒙運動興起，把希臘桎梏解去，主張我爲「自我」而存在，自我以外，沒有能指導我的。就是說吾人一切思想行爲，只宜聽命宿於吾身之意志和欲望。人類至此，解放極了，自由極了，浪漫極了。迨至十九世紀之初，各種科學，更加昌明。哲學借爲運思勁旅，疆域更形發展。千流百派，五光十色，分道揚鑣，各至其極。故此時歐洲思想，幾如滙無數河流而成一湖，彼此交流，互相混合，直至於今不衰。

今我所欲敘述的現世哲學，是截自十九世紀中葉以至現在的各派哲學之大畧。至於我把現世從十九世紀中葉截斷的理由，是因西洋思想，自一千八百五十九年，達爾文刊布他的物種源始一書後，大形變動，人生觀，和世界觀，都與前外殊。哲學方面，亦甚形變化進步，多能超出舊來一切窠臼，而另闢新境，故我竟大胆的從這兒截斷了。

思想在曆史上，一時代有一時代的特徵。文藝復興，注重「新宇宙」。啓蒙運動，注重「新人」。十八世紀，科學發明，思想多趨於「實證」十九世紀，研究生物，思想多帶「進化」色形。至於現世——一千八百五十九年至現在——亦有他的特徵，可分兩期說之。前期是科學思想和進化論盛行於哲學之中；後期是哲學對於科學思想和進化論取批評選擇的態度。至於對物質的環境之各問題，特別注意。——即其精神之焦點，多射於科學和實際生活之要求上，而形而上學，和他時代比起來，反覺不甚發達，此又現世之總特徵也。

現世思想，就地域上，亦可概括言之。英國多偏重實在論，而浪漫主義和康德的學說，不甚發達。間或有之，其勢亦很微弱，不過爲實在論一旁枝而已。德國則適和英國相反，浪漫思想很發達，而唯物論，除二三人如黑克爾步息納外，實無多人。至於法國，則呈兼容並收之象，各派俱存，比英德複雜綜合得多，而全思想界成一折衷的。美國初皆學步歐洲，無獨創的思想，最近二三十年來，始爲單獨的發展，然亦和法國一樣，而爲一種綜合折衷的。

哲學上的派別，本來沒有嚴格的區分。今爲敘述便宜起見，也照舊例，把現世哲學最重要而可作爲代表的，分爲數派，列舉如左：

(一)直覺主義
(二)實驗主義
(三)新唯實論
(四)唯心主義
(五)自然主義

第一 直覺主義

直覺主義，爲晚近新興學派，中有許多精論，發前此哲學所未發，今正方興未艾，大有傾倒一世之勢。因其置重直覺，不承認科學有獲得「眞知」之能力，畧帶神秘色彩，故多目爲東方思想之復活。爲此派有力之代表者，即現今還講學於法蘭西大學之柏格生。

柏格生，法人，一千八百五十九年生於巴黎。其祖先本猶太人，故世說柏氏思想，帶有先天的東方色彩。少時喜數學，十六歲時，曾應人懸賞，解答數學上之難題，羣歎爲希有。又喜研究進化學說。二十二歲，畢業於高等師範之哲學科。三十歲，得博士學位。年四十一，被聘爲法蘭西大學教授，今尙在彼。其一生重要著述，亦不過三四種，——創造進化論，物質與記憶，時間與自由意志……——然其數量雖少，而風動一世之勢力，在哲學史上，却不可多覯。今就其學說中重要理論，畧述如左：

（一）實在論　柏氏以爲宇宙不是固定的，靜止的，堆積的；是渾圇一體，滂薄無外，連續前進的生命，不斷的活動，變化，創造。除這些以外，再沒有甚麼具體的存在。心與物，不是兩種獨立相對的東西，是因「生命流」——生命像流水一般——湧進時，有時緊張，有時弛緩。緊張時則爲精神，弛緩時則爲物質。精神物質實同出於生命之一源，其不同處，是程度之分，非種類之別——此與心物爲一體二面的一元論大不同——然吾人常覺二者，恒反對不相容，實由吾人一切知識皆訴於靜的理性之故。理性慣愛分析，往往强不可分而分之，意在求知而實亡知也。簡單說起來，就是柏氏主張一切實在，只有「連續的動」。此外再沒有甚麼實體。靜的實體，乃理性之幻想也。柏氏又引此說於科學上證之。說：科學分物質爲分子，分分子爲原子，分原子爲電子，電子是甚麼？不過一種運動而已。可見宇宙一切，大而無外，細而無入，都是一個「動」——「連續的動」。故柏氏大倡：甚麼宇宙！甚麼萬有！甚麼人生！不過是無限——此處的無限，含有時間的連續，和空間的擴展二性——活動而已！變化而已！自由造創而已！

柏氏哲學，有一重要意義，不可不先知者，卽連續之概念也。所謂「生命流」，「意識流」——意識亦變進如流水——皆含連續之意。惟其是「流」，故爲「連續」。惟「流」必「動」，故有「變化」。惟其「流」，「動」，「連續」，「變化」

，故有「創造」。拴「生命」的「無限過去」於「剎那的現在」，且投於「不可測之未來」，非「創造進化」而何乎。

（二）進化論　生物進化的學說，發明甚早。自亞里斯多德提出後，以至達爾文前的一般人的見解，率多主張「目的進化論」。說凡生物皆有一定目的，循之前進。如小孩之目的，在於成人。至達爾文學說出，此種理論，卽被推翻。達爾文說生物進化，全爲環境的機械作用所支配，適者生存，否則滅亡。生物之所以有千形萬狀者，無非求適於環境也。此種理論，世稱爲「機械進化論」。柏氏亦主張生物進化，但別具新義。既不同於目的進化論，復不同於機械進化論，而闡揚他的「創造進化論」。說生物進化，除受環境影響外，其主要原因，還在生物內在的「生命衝動」，不斷的自由的創造，不受外來的干涉。達氏進化論，是被動的，外鑠的，漸變的，不自由的。而其主要原因，是外部的『環境刺激』。柏氏的進化論，是原動的，創造的，突變的，自由的。而其主要原因，是內在的『生命衝動』。達氏學說，近經生物學家精密實驗的結果，發現不適之處頗多，有非采『生命衝動』之說不可之勢。總之，生物進化，有外部環境之鎔鑄，有內在生命之創造，二者三五錯綜，以形成今日最複雜之生物界，是很正確的。柏氏雖主張生命自由創造，然並不蔑視環境的影響，不過不認其爲重要的原因罷了。

前曾說過，柏氏以爲宇宙的本體，就是連續的活動，變化，創造的生命。因這種生命的流轉變化，形成各種物類。好像一個爆彈猝裂，分成無數小片，此無數小片，又復炸裂而爲無數小片。層層炸裂，永無止極。無機物質——鑛物——就是『生命流』湧進時，偶然停止的硬化現象。其一直前進者，則成爲生物。生物又因進行上有順逆之故，分爲二大流。一爲動物，一爲植物。前者導意識於活動，後者導意識於昏睡。而動物又因進化之故，復分爲二類：一爲節足動物，一爲脊椎動物。前者以昆蟲爲最發達，後者以人類爲最發達云。此爲柏氏解釋進化歷程之大畧。

(三)知識論　柏氏謂吾人恃理知之力，不能認識眞理。理知只能認識眞理的表象，——物質世界——而欲認識眞理之實質，非直覺不爲功。直覺者，何物耶？即基於本能與理性上之悟性之內省也。柏氏把知覺和記憶，各分成純粹和普通二種。說吾人因實際生活之必要，不能不與物質界周旋。知覺受其感染，遂帶有物質化。柏氏謂此種知覺爲「普通知覺」，把普通知覺篩濾提煉，去其種種功利的滲雜物，存其純潔原質，即爲『純粹知覺』。把過去經驗，反映於現在，不帶有絲毫功利色彩。這種記憶爲『純粹記憶』。因現在實際生活之需要，喚起過去有益於此的經驗，以爲獲得滿足之工具，這種記憶爲『普通記憶』。純粹知覺，僅有現在，沒有過去。純粹記憶，僅有過去，沒有現在。這種知覺和記憶，爲認識一切眞際之工具。至於普通知覺和記憶，則爲應付實際生活之工具，在純粹知識上沒有甚麽價值。柏氏又謂由普通知覺所得的知識爲『常識』，洗煉常識的是科學。更將其精選修養而至其極，則爲『理知』。由純猝知覺所得的知識爲「眞識」，洗煉眞識的是哲學。更將其精選修養而至其極，則爲『直覺』。故直覺者，爲認識一切眞際唯一之工具也。

吾人意識，常由此移彼，變化不息。方注目於花草，忽傾耳於鳥聲，忽而懷友，忽而念鄉，忽而思食，刻刻變化不已。此種意識狀態，普通以爲是由此移彼，彼此之間，無甚關係。柏氏則以爲此種見解，實大誤謬。他說意識是變化不窮，川流不息的。無論兩種如何相反的意識狀態，都是由意識流轉變化而來，吾人覺有彼此間隔者，實由注意力有强弱，非意識有間歇也。故他謂意識爲一種意識流。

柏氏對於時間和記憶，亦另闢新解。說：吾人日常習慣，往往分時爲分，分分爲秒，以爲各分各秒，相同如一。此實大錯。眞正之時間，決不如是，決不可以應用空間的觀念來區分排列的。他是一種連續，是刻刻變化，刻刻前進，刻刻增加。去年此日，今歲今朝，是絕對不同的。今以此譬之雪塲滾雪球。一路滾出，速度無間歇，喻時間之不可分割。時有新雪附着，喻時間之逐漸增加。一路前進，一路變化，時間也是如此。至於記憶是立時於間上的，亦帶有時間的特性。凡記憶不僅把過去的經驗，反映於現在，還要把現在的經驗吸收，和過去的經驗互相滲透，一並交付於來。有如商人的流水簿一樣，既登錄過去賬目，以備現在查考，同時又把現在的賬目登入，一同以備未來的查考。此喻猶嫌機械，只可喻連續增加，未能喻變化滲透。而記憶實連續，增加，變化，滲透數作用俱備者。惟其如是，故吾人的意識，亦日覺增大。柏氏又說：吾人並無所謂「眞忘却」，普通所謂忘却，不過是腦髓對於某項經驗復現作用微弱，不能感觸意識流而已。其實人類所有過去之全體，祖先所有過去之全體，吾生所有過去之全體，無時不追隨於吾之後，於冥漠中感觸吾。此即所謂衝動是也。

柏氏既輕視理性，當然看重本能。他說本能能摑捉事實之眞象和生命之眞髓，理性僅能體會事物之關係和生命之皮相。故他對於寄生蜂產子於他動物身上，先將那動物咬七口，恰恰咬着七個神經，使其麻木而不會死，以便後來幼虫漫漫食之，不至腐敗的那種事實，深致歎羨，以爲這種本能作用，人類的理知，決不能做到這般神妙田地。

此外有幾句話要申明，卽我們不要誤解了柏氏學說。他雖說理知不能認識眞理，然決非屏棄理知，不過說吾人獲得知識還有比理知更高的工具。這種工具，就是他反復樂道的直覺。他批評科學，也是希望還有一種較高的科學出現。故他嘗說：「直覺之前，必有理知；哲學之前，必有科學。」觀此則可知柏氏之意之所在矣。

(四)人生論　柏氏既以「實在」和「意識」，不是固定的，堆積的，是一種連續之流，在那裏川流不息的刻刻變化，刻刻前進，刻刻增新。引用此義於人生方面，當然主張一種自由，奮進，創造的生活。他說：「一切生物，都具有一種醇一不可分的「生命力」，這種「生命力」，從內部鼓動一切生物，而一切生物的作用行爲，皆聽命於此。幾如一個威信夙孚的將官，統率一支大軍，人人用命，個個效力，橫向無前，排難越險，百折不回的一樣。由此看來，柏氏的人生觀，何等的充實，何等的積極，何等的有力。質言之，就是主張一種毅勇前進的新人格。

第二 實驗主義

實驗主義，亦爲現世新興的學派。其一切的理論，多與從前的思潮相反。反對向來的唯理主義，絕對主義，力倡主情意主義，相對主義。形而上諸問題之研究，爲向來哲學的中心。實驗主義，則以爲此種研究，無足輕重，不過是一種論理的遊戲，於人生沒有多大益處。故實驗主義者說：「我們是人，一切研究，當然要以人爲對象。而人所最重要的就是「實際生活」，故我們要急於解決的問題，就是如何去滿足人類的實際生活。其與此無關的，雖高雖妙，我們可以不管他，以不了了之。」故世又稱實驗主義爲人本主義。最特別的，就是實驗主義對於「眞理」的見解。從前都以爲眞理是永久不變的，是有客觀的普遍性的。實驗主義者於今翻轉來說：「眞理是時時刻刻變的，是存在於主觀界的。昨日以爲眞理的，今日可以不認爲眞理，甲地以爲眞理的，乙地可以不認爲眞理。」總括一句，就是不承認眞理有悠永普遍性。窺實驗主義這種說法的意思，蓋因爲他既以實際生活爲最重要，當然必以能滿足這實際生活的方法爲眞理，否則非眞理。生活是與環境推移的，環境是時時刻刻變的，所以滿足生活的方法——眞理——也是變換不居的。譬如今天用這個方法，可以滿足生活，這方法就可以稱爲眞理。明天用這方法不能滿足生活，也就可以叫他非眞理了。在這個地方用這種方法，可以滿足生活，這個地方可以稱這種方法爲眞理。在那個地方用這種方法，不能滿足生活，那個地方可以稱這種方法爲非眞理。總之，實驗主義眞僞的標準，是以能否滿足吾人實際生活爲斷。

實驗主義和直覺主義的同處很多。如直覺主義說意識流動，實驗主義也說意識是變換不居的。實驗派不承認有固定的客觀的實在，直覺派也主張生命流轉。至於置重情意，輕視理知，以研究生活爲根本，認生命有偉大能力，主張自由創造的人生，這些都是彼此完全相同的。其不同之處，不過直覺主義以爲最高眞理之認識在直覺，實驗主義則置此不論，而以知識爲解決生活之工具，而知識之來源在外部的經驗，不像直覺主義重內在的直覺也。

前說實驗主義爲新興學派，此不過就其已獨立組織哲學系統後而言。其實他的各種理論，從前也有人講過。如休謨說：「宜於行爲的信仰才是眞的。」試驗主義者說：「眞理之成功在嘗試。」一自然主義者也是很注重經驗。此外還有許多理論與實驗主義相同的，不勝枚舉。但都沒有以此爲中心思想，而組織哲學系統的。至一千八百七十系統的七年，皮耳士才提出這個實驗主義的名詞，然不過是一種議論，仍是沒有組織。直至二三十年來，美國詹姆士極力鼓吹，謝勒杜威等和之，始成爲獨立的學說。實驗主義，以新興未久，其組織尙不十分完善，現猶在極力進行中。加以這學說的根本，是多元的，經驗的。故現在雖同是講實驗主義的人，却各有各的講法不同。例如謝勒主張「實在」存在於「意識」中。詹姆士則說「意識」存在，「所意識者」也存在。又詹姆士和謝勒雖皆置重人生，然間亦有形而上之討論。杜威則毫不顧及形而上的問題，專注意於人生方面。並且說他們討論形而上的問題，是誤解實驗的本意。由這樣看來，我們與其說杜威是個哲學家，不如說他是個倫理學家或教育學家——因爲杜威很歡喜研究敎育。也是因爲他注重人生之原故。今以詹姆士爲此派的代表，敘其學說的大畧。

詹姆士以一千八百四十二年生於紐約。其父享利詹姆士，習神學有名，其思想多帶神秘色彩，詹姆士頗受其影響。又詹氏當少年時，常隨其父居歐洲，受英法精神的感化亦頗不少。少時所受敎育，極不規則。時而習畫，時而研究化學解剖，時而習醫。二十五歲時，又入柏林大學，研究生理，繼又棄之去，專攻比較動物學於罕巴達。

年二十七，得博士學位。自此又靜養自修三年，始去而為講師。一千八百七十五年，在羅倫科學校，指導實驗心理，此為美國有實驗心理之初步。至一千八百七十九年，始專攻哲學。年四十三，由助教升為教授，其名著「心理學原理」即於此時付印。書出，傾動一時，遂一躍而成世界有數之大哲學家。年五十五，始為純粹的哲學教授。不久以體氣漸衰，棄去大學教授，遂遊行各地，隨時講演。一千九百零六年至一千九百零七年，在波士頓的洛易爾大學及紐約的哥侖比亞大學，講演實驗主義，聲譽日隆，風靡一世，而實驗主義之旗幟，亦因此高揭入雲矣。越三年，即長逝於紐罕什爾之曲古爾，時年六十八。詹氏表面生活，亦很平凡；但其思想之睿敏，人格之高潔，則實超羣邁衆，不可多得。其為人亦盡掃文人學者之積習。本直接之感想，縱獨到之思維；然又不少染空想獨斷之弊。蓋因氏少年博習各種科學，中年又專攻實驗心理，故其立論主張，皆以現實為歸。此亦實驗主義之精華也。

(一)知識論　實驗主義看得最重要的，就是「實際生活」，知識就是解決這實際生活的工具。知識不是要了解客觀世界的眞僞，乃是要了解實際生活的利害，並且還要儲得有就利避害的知力。故實驗主義知識的內容，不僅包有知的結果，且包有知的作用。然既以知識是生活的工具，而生活是立在環境上的，環境是無時無地不變的，知識要從環境裏取得生活的滿足，當然也是不得不變的。呆板的，絕對的知識，一定不能駕馭變的環境而獲着勝利以滿足生活。久吾人精神內容，向來皆以理性先於情意。實驗主義反之，說情意先於理性。並說吾人精神生活，其根源不是立在理性之上，乃是立在情意之上。有用的知識，不是自冷靜理性出發，乃是自生動的情意出發。簡言之，實驗主義的知識論，是情意的，主觀的，嘗試的，相對的混合物。

心之認識外界事物，非如鏡之照映一切，無所差別，盡量收容之。乃是有一種選擇取舍的作用行乎其中。當選者，取而認識之，否則忽棄之。然選擇之標準如何？則以實際生活之利害爲斷。於實際生活無益者，雖視而不之見，聽而不之聞，認識作用不生。於實際生活有益者，如是情感爲所動，意志加以注意，認識作用始顯其功能。此亦實驗主義以認識作用，不發自理性而發自情意之一端。

實驗主義解釋思考，亦別具見地。他說：「向來一般唯心論者，以爲思考可以自由喚起，此實謬見。不知思考與行爲有密切關係。思考之前，必有行爲的要求，吾人必想實行某事或某事遇滯難時，然後思考的作用乃起。」從前亞里斯多德常說：「吾人可以離一切行爲的影響，而行純粹思考，且由此純粹思考，可認識絕對眞理。」實驗主義則嗤爲妄談。不獨說人生不能離一切行爲而行純粹思考，且說純粹思考，必不能認識眞理。質言之，卽是思考無單獨認識眞理的能力，只能探得眞理的假設，而行爲始能證明眞理，獲得眞理也。此卽是實驗主義的嘗試的態度也。

(二)實在論　客觀界存在與否，實爲哲學上論辨之焦點，而實驗主義，對此問題，甚是漠然。既不像唯實論者主張客觀界有獨立存在性，又不像唯識論者說一切客觀皆爲意象所構成。彼蓋以此種討論，實無益之舉，於實際生活，沒有絲毫關係。竊窺其意，以爲吾人宜就事論事，吾人既爲人，則所急待解決者，就是人的生活。生活是吾人唯一的實在，此外沒有實在，即使有之，於吾人亦無關，討論之也沒有益處。然其所謂生活，不是根於思想理性，乃是根於衝動本能欲望感情意志。而爲此衝動本能欲望感情意志的根源者，就是「生命」。並以這生命，爲宇宙間普遍實在者。但因實驗主義，是偏重人生，注意致用，故不願明標這個高不可接的生命爲他們研究的對象，直接了當的提出個「實際生活」，詳細討論。對於爲實際生活的根本的生命，則不願多講，不過只畧畧說其變化時新：渾圇不可分的大概輪廓罷了。

(三)人生論　實驗主義，既以世界是變動沒定的。因而說這個世界由吾人的選擇創造，可以改良，但因襲故常，却不能有所革新。好像放舟平湖，努力撐持，則舟可前進，否則是不動的。所以實驗主義的世界觀，是變化的，未完滿的。人生觀，是創造的，勉竭己力的。不像樂天者或厭世者，把這世界確定了爲善或爲惡，而去樂他或厭他。

直覺主義和實驗主義，已述了個大概。兩派的異同比較，也於前面畧畧說過。

現在要鄭重提出來的，就是爲這兩派相同的根本的，而又爲向來哲學所沒提及或不注重的「生命」二字。從前哲學上的知識論，都是成立於理性上。這兩派則以其成立於由生命而來的本能情意上。從前的本體論，是心物之爭，以爲心與物各有其特質，彷彿以其是個很單純很固定的東西。直覺主義和實驗主義，則以爲本體，既不是心，也不是物，乃是變化時新，創造不已，瀰淪無外的生命。這是直覺主義和實驗主義最可注意之點，也就是這兩派精髓之所在。由此看來，這兩派不同的地方，不過知識論的一部分，其重要的，如注重情意，卑視理性，乃是絕對一致的。故有稱這兩派同爲生命派哲學的。歐洲現在的思想界，因受生物學的影響，研究生命哲學的很多。就中造詣最深，聲譽最隆的，當要推歐根爲首。現在來華的杜里舒，亦爲此派的鉅子。他二人的學說，今亦就此畧爲敘述。

（A）歐根　德人，一千八白四十六年生於新幾蘭。八歲時，即喪父，爲母所撫育。其母富於同情，且敏慧有德，又篤信宗教，故歐氏幼時受其感化不少。少長，入哥丁彝大學。其時德國康德派的哲學盛行，有風動一時之勢，顧歐氏却不甚受其影響。其所受影響，多在書籍。如柏拉圖，亞里斯多德，康德，黑智爾等的著作，皆爲其常探索不厭者，因此引起他對於歷史的興趣。後在校得博士學位，亦非由哲學，而由古代史及古代言語學。故氏之哲學，即以歷史爲出發點。由「歷史」而悟得「生命生命必表爲生活，從而追問生活的意義及價値，其答案就是由歷史上比較得來的「精神生活」。他以爲歷史中有一永久普遍之物，足以供吾人不盡的探索，且以無窮的光明向導吾人，此卽所謂生命之遺蛻也。從生命之遺蛻，悟生命之眞源，非歷史不爲功也。他又以爲生活之意義及價値之問題，自有人類生活以來，便已提出。歷史上，對此問題的解答，已屬不少，畧而言之，約有數種：(一)宗敎；(二)內在唯心論；(三)自然主義；(四)主知主義；(五)利他主義(六)個人主義。此六種解答，皆不足以解釋生活之意義及價値。蓋因前二者，卽宗敎和內在唯心論，皆以不堪現世之痛苦，望空描寫一不可幾之世界，以自安慰，此種虛妄解答，在人文未開發之古代，或以爲滿足，而今已是不行了。至於後四者：自然主義和主知主義，偏於以人類服從自然。利他主義和個人主義，偏於以自然服從人類。惟其以自然和人類，爲彼此互相服從之物，故亦不能發見人生之眞源，而求得生活之意義及價値之完滿解答也。爲今之計，欲求此問題之完滿解答，必宜視自然和人類，爲一調和融合之物而後可也。夫自然和人類，主觀和客觀，本是渾一莫分。譬之印象，主觀乎？抑客觀乎？殊難剖斷。故自然和人類之結合，主觀和客觀之結合，實爲根本的實在之內部關係，並非外鑠的，虛擬的。

置生活基礎於此兩者結合之上，是很正當的生活。此卽歐根所謂之精神生活也。簡括言之，歐氏之哲學，是以歷史爲方法，生命爲根源，生活爲目的。對於人生方面，則提倡日新又新之活動和努力，且謂藉此可以使自然和人類達於融合調和之境云。

（B）杜里舒　亦德人，現年不過五十餘歲，其學說今還在組織發展中。生命哲學，自杜氏出，根蒂更形堅固。歐根等講解生命，不離體會和想象，沒有實證。杜氏研究生物二十餘年，其關於生命之解釋，皆自實驗生物得來，絕無蹈空之論。故生命哲學上之有杜里舒，不啻幾何學上之有證明也。先是生物學上有所謂機械主義者，其解釋生物發育，以爲卵如一複雜機器，各部有各部功用，若去其一部，其發育必不能成爲完胎，以缺少一部之機件故也。取蛙卵試之，確足以證明其說。杜氏初亦附和之。後因屢次實驗海蛸等之卵，取其全卵二分之一或四分之一，皆能發育成一完胎。如是大覺機械說之不通，乃創生機主義，謂生物之發育，非機械作用，乃內在的生命之自行創造，自行作主也。此即彼所謂之「生命自主」，與柏格生之「生命創造」實同，不過柏氏是從直覺悟得，杜氏則從實驗證出也。杜氏即本此中心思想，引申之，擴充之，而成其獨立的哲學系統。再由其哲學以應用於人生方面。眞秩序極了，精嚴極了！學始乎至微至細之細胞，而推於至廣至大之宇宙，可謂以科學之鎖鑰開哲學之門矣！

哲學上有生命之發現，實爲現世哲學之特徵，且爲人類思想之高度，其感化於現世思想界，實深且鉅。歐美自十八世紀，科學發明以來，人皆拜倒於理性思考之下，視科學爲萬能，可以征服自然。而物質的欲望，亦因之日益奢侈。少數人則利用蒸汽和機械，創設極大的生產機關，壟斷民間一切的人工業。結果由政治上的貴族平民兩階級，一變而爲經濟上的資本無產兩階級。由前兩階級的衝突，釀爲政治革命，其擾亂僅及社會之一部，其害小。由後兩階級的衝突，釀爲社會革命，其擾亂遍及社會之全體，其害大。那時一般人的思想，簡括言之，就是（一）以理性爲人生最深根源；（二）以科學爲人類最高知識；（三）以征服自然，滿足欲望，爲人生最大目的。總之就是人人以卑下的，自利的動機不住的向前要求，向外發展。惟其這樣，所以社會上釀成今日這樣不安的現象。生命派哲學者，洞悉乎此，一反向來思想而另創之，其意如下：（一）人生最深根源，是物我備具，渾圇和活的生命，不是枯寂冷靜，分析計較的理性；（二）人類最高知識，不是科學，是內部的直覺，或外部的根本經驗；（三）人生最大目的，不是征服自然，是與自然融合調和；不全在滿足欲望，是在充分發展創造衝動。這派的學說，既包有東方民胞物與，克制涵容的美德，又含有西方努力向前的精神。眞是兩美並具，眾長兼收矣。將來或可由此派的提倡指導，把東西文化融和，另生一種適於人生的新文化亦未可知。

第三　新唯實論

直覺主義實驗主義和歐根等生命派的哲學，同爲前此哲學之反動，而代表現世哲學之新傾向。而新唯實論，則恰恰和此相反。反對現世哲學之新傾向，極力擁護舊來思想之一種——唯實論——括垢磨光，論證比前更精確，大有出藍之譽，雖反對其學說者，亦不能不服其思想之透闢也。向來的實在論，多主張萬物的背後有實在，現在所說的實在論，是說明實在就在經驗之內。又因其立論推理，比向來唯實論亦精透進步，故字之爲新唯實論。非專指近來美國柏黎等六人合著之「新唯實論」一書而言也。

唯實論的根本目的，就是要以科學方法，去證明客觀界之獨立實在。反對觀念論者以外物由心，或觀念所構成之說，而主張外物當被人知和未被人知時，是一樣的存在。他們相信常識是很正確的，只宜去證明他，表演他。世人多被學問所囚，以複雜的學理，破壞常識，這是很不對的。他們現正打算把各學派的優點，采集起來，以他們的特見組織之，而成一最新最眞的學說。

現在主張此派者，不勝指數，就中最有勢力者，在英則有羅素和莫爾，在美則有柏黎和塞拉司。他們雖同隸一派，而其主張，却各家不免有所出入，然大體還是相同的。茲擇其共同而且重要之點，畧爲分述於左：

(一)知識論　唯實論最重要的就是知識，因爲他所主張的「客觀獨立實在」，是不可用想像去直接肯定的，是要以根於知識的種種原則和方法去證明他，因此不得不置重知識。然而知識乃是心的一種作用，「心」是甚麽東西，不可不首先弄明白。故唯實論對於心的研究，特別比較別派注重。

向來研究心的方法，不外內省法和觀察法兩種。主張唯心論者，多用內省法，以爲凡人所想的，只有他自己知道得很淸楚，他人實觀察不出，縱或由態度上知道一點，也是很模糊惝怳的。唯實論者適和此相反，他以爲人心有普通的元質和規律，內省法只能了解心的特殊的暫時的現象，不能了解心的普遍的根源。要了解這個，非觀察法不爲功。故唯實論者研究心的方法，是以觀察法爲主，內省法不過有時借爲輔助而已。

唯實論者研究心所得的結論，可簡括言之如下：(一)心是無限活動的複雜組織；(二)活動的原因是興趣；(三)活動的工具是神經系；(四)因各人的興趣和神經系的生理不同，故和外界的交涉亦異；(五)選擇某某外界，卽爲心的內容。唯實論者卽本此見解，進而說明他所主張的知識論。

精神有思想，物質有廣袤，各有其特質，本爲不可掩的事實。故古來對於「心」與「物」，「思想」與「物件」，常以爲是彼此反對的兩件東西。而唯實論對此的解釋，却與衆不同。他說一切實在，原無所謂心，亦無所謂物，吾人覺有心物之別者。乃就其關係而視之也。正如說他是我的叔父，又可以說他是我父親的兄弟一樣，「他」只有一個，而我的說法有二種，乃自其所取的關係而分之也。世人以物外還有甚麼實體存在，也是因為把這關係認為本質的錯誤。唯實論者更進而說這關係是立於實物之外的。吾人經驗某物時，某物以有經驗關係，固然存在。不經驗時，經驗關係雖沒有，而某物之存在還是如故，決不因其關係失去而亦失其存在之獨立。此理可以由科學證明之，科學分析物質為數部分，被分析之各部分，彼此雖失其關係，而彼此仍是獨立存在。

(二)實在論　唯實論就是要證明他所假定的「客觀界獨立存在」為眞理。故他論辨的焦點，不在所假定的實在本身，而在所欲證明這假定的知識論。關於實在論，不過畧說實在非心亦非物，乃是一些「相互關係」的大概罷了。

(三)人生論　唯實論者以冷靜的頭腦，立於第三者之地位，觀察世界，宜乎對於人生漠然無關。然實而按之，却大不然。彼蓋以研究眞理時，宜冷靜，不可參以絲毫己見。一轉入人生方面，則態度陡變，向之冷靜，變為熱烈，向之旁觀，變為同情。如羅素乃此派的鉅子，而又為共產黨黨員。以冷靜的學者，而熱中於社會事業，不識者，以此為其人格的矛盾，不知此正其「學有體用」的高人處。唯實論者以人生之價值在欲望。道德不道德之分，就是以能否滿足這欲望為斷。能滿足多數人的欲望者，其道德大，能滿足最大多數人的欲望者，其道德更大。又以為凡人皆儲有一種「生之能力」。此力是無限的，除某種限制外，是很自由的。吾人藉欲望意向的指導，知識技能的援助，可以儘量的發展他至於無窮大。

第四　唯心主義

唯心主義，淵源最古，派別亦多。自柏拉圖說：「哲學的功用，在找出宇宙間永久的，普遍的，絕對的本質。」即爲唯心論之嚆矢。中世紀的宗教哲學，以神秘，玄奧爲旨，頗合唯心色彩。文藝復興，思想形成兩派，在英倫者重感覺，名經驗派。在大陸者，重觀念，名理性派。前派自培根以至休謨，所有破綻，盡行暴露。後派自笛卡爾以至斯賓拉薩。種種偏見，益以張明。如是有康德者，應運興起，補偏救弊，折衷二派，各取其長而棄其短。於經驗派所重之感覺，取之。於理性派所重之觀念亦取之。以謂由感覺的印象，經觀念的整理，而後乃成爲系統的知識。否則有觀念而無感覺，何異無生徒的學校。有感覺而無觀念，何異無將領的軍隊。二者皆不能存在也。然觀念何以能整理印象，康德於此乃假定先天的「範疇」，謂此「範疇」是與生俱生，無待後天經驗而後成者。由此看來，康德雖說折衷二派，實則偏重理性而不自知也。換言之，就是免不掉唯心主義之色彩也。續後康德的學生如費希特，謝林，黑格兒等，以康德學說，偏於批評的，僅屬知識問題之一面，覺不完滿，如是引申之向形而上方面發展。又因他們個性不同，觀察各異，於是費希特偏於意志方面，謝林偏於感情方面，黑格爾偏於理知方面。故現世的唯心論，因受以上各種影響，遂形成下列各派：

(一)批評的唯心論——受康德的影響。中又分主知主意兩派。

(A)批評的唯心論主知派——拉託僕，凱西樂等主張之。

(B)批評的唯心論主意派——文德板，李克特等主張之。

(二)形而上的唯心論。

(C)形而上的唯心論主知派——受黑格兒的影響。現今有力的代表爲格林，克德，布拉得勒等。

(D)形而上的唯心論主意派——受費希特的影響。現今有力的代表爲孟師特伯等。

(E)新浪漫派——受謝林的影響。易瓦德，狄爾則，哈特漫等爲其代表。

此外還有所謂絕對唯心論者，主張宇宙之中，有一極高理想，及以一切實在，皆存於絕對意識之中。凡研究宗教哲學者，皆隷此派。今就各派相同而且重要的理論，畧述於左：

唯心主義皆以爲人類靈魂幽奧處，有一統一宇宙之精神生活。此種精神生活，只可體會，不能證明。歐根曾有幾句話，對於唯心主義，解釋得很好。他說：「唯心主義，就是一種精神主義，其根本主張，就是以有限的人類，可以爲無限的上帝縮小的代表。人類精神之本質，就是眞實的原理之表現；人類之理想，就是完全而永久的實在之「隱示」。人類與上帝，從本質方面觀察，沒有甚麽不同。人類的精神全體集合起來，除去一切限制，就是上帝。」由這幾句話，我們可以推想唯心主義玄邃奧妙，不可執着的程度了。

唯心主義解釋意識，以爲是由玄想而來，是很超越的，能不受科學規律的限制。他們並且目科學爲一種膚識俗見，宜一概屛棄之。

唯心主義又主張「萬物之存在，必依賴於意識」。他說：凡以爲物質可離心意而能獨立存在和感覺對象可以存在於非思想的物質中的主張，都是一種自身矛盾的議論。蓋我知之物，才可稱爲觀念，是觀念之所以爲觀念者，必存在於心中，今以我知之物，說和心分離，豈非自相矛盾而何？」又說：「無論何人，絕對不能設想有離意識而存在的外物，因其設想，就是一種意識，居於設想中的事物，當然就是居於意識之中。所以吾人斷不能設想有離意識而存在的外物」。由此看來，唯心主義的知識論，是超絕的。實在論也是跟着知識論一樣超絕的。但他們却不願意和別的哲學者一樣，提出這些問題，一個個來研究，一層層來解釋。他們只知一氣的整個的去描寫人類的精神生活，如何高妙，如何神靈。縱有時所論證，亦是免不了神秘色彩的。

第五　自然主義

自然主義之主要意義，就是以科學方法，去解決哲學問題。與前說之唯心主義，恰恰相反。唯心主義的思想爲性靈的，精神的。其根本在冥想，知慧，偏於主觀的方面。自然主義的思想，則爲實察的，物質的。其根本在經驗，觀察，偏於客觀的方面。現世主張此派者，實繁有徒，就其大別而言，約有兩派：(一)置重本體方面之討論者。即應用科學上物質，勢力等概念，去解決哲學上「本體」，「主因」等問題者。(二)置重知識方面之討論者。此派以前者之討論爲不甚重要，而以知識爲先決問題，並主張科學上之觀察，試驗，爲取得正確知識之根源。今分述之如左：

(一)置重本體方面之討論者　此派又稱樸素的自然主義。因其只以科學上單純的概念，解釋形而上的問題，故名。主張此派者，約有三家：(A)布奇爾的物質一元論。他以化學上「物質不滅」的原則，爲宇宙一切存在的原因。此物質中含有一種「力」，一切現象，即爲此「力」的活動。從前把物質和勢力分開，實爲一種過於抽象的偏見。其實物質中自有勢力，而勢力不能離物質而獨存也。(B)斯賓塞爾的勢力一元論。他以物理學上「勢力恒存」的原則，爲宇宙一切存在的原因。由此勢力活動，形成一切物質。物質實爲勢力的果，而非勢力的因。此種見解，恰恰與布奇爾相反。(C)黑克爾的本質一元論。他以本質律爲宇宙一切存在的原因。本質律中自包有「物質不滅」和「勢力恒存」的兩原則。「物質」和「勢力」，非彼此獨立的元素，乃本質的兩種屬性。　故宇宙萬物的根本，非爲此二種元素，乃立於此二種元素上的「本質」也。

(二)置重知識方面之討論者　因此派注重知識的研究，具有選擇批評的態度，故又稱爲批評的自然主義。　現世主張此派者，爲(A)皮耳生的唯覺主義。　皮耳生以爲人類的知識，是由感覺印象逐漸堆積而來。　眞理的概念，就是由多數感覺印象比較推斷的結果。　科學的功用，就是整理分析這感覺印象，令其記憶便利，思想經濟。　他又說：「所謂感覺者，必由自然的刺激而來，無自然即無所謂感覺。　故感覺必含有客觀的物質。　至於超感覺以外的東西，如形而上學所謂之「眞除」，是永遠不能爲人類所知道的。　吾人對此去討論，眞是徒勞無功」。　簡括言之，皮耳生之根本主張，就是人類能知的，只限於感覺印象，而感覺印象，則從客觀的物質得來。　(B)頗銀卡的試驗主義。　他的意思，是以吾人的知識，由反復試驗外物得來。　眞僞之區分，也是靠試驗而定。　吾人欲發現新事物，確定某原理，均非試驗不爲功。　凡沒經驗的，吾人不可遽予以眞確之名。　故試驗法，在頗銀卡意想中，實爲獲得一切知識證明一切眞僞的唯一工具也。

新時代

德國勞動黨綱領欄外批評

馬克思著
李達譯

一

一『勞動是一切財富及一切文化底泉源。而有益的勞動，唯有在社會之內，唯有依傍社會纔可能；所以社會底全員對於勞動底全部出產物，都有平等的權利』。

這一條最初的部分是：『勞動是一切財富及一切文化的源泉』。

勞動並不是一切財富的源泉。『自然』，也和勞動一樣，是使用價值的源泉。（而物質的財富在本質上是由那使用價值成立的）。勞動的自身，不過是一個自然力，卽是人類的勞動力底表現。上面所引用的那句話，在一切兒童所用的初學書中都寫着的，若把勞動祗當作是借助於適當的目的物和手段而顯著效果的意思來解釋，本來是正確的。但社會黨的綱領，却不應使用那種資本階級的語法；却不應漠視那語句專賴以生意義的條件之存在。若是人對於自然（一切勞動工具及目的物底唯一源泉）的關係，變成了一個所有者，卽是，唯有人能把自然當作自己的所有物來處理的時候，他底勞動才產出使用價值，纔產出財富。於是資本階級就有付給超自然的創造力於勞動的巧妙理由。因爲勞動而倚賴於自然，其結果，是除了自己的勞力以外別無所有的人，在一切社會狀態及文化狀態中，就不得不充那般握有外物的勞動條件的人底奴隸。那麽，這被掠奪的人，就只能受他人的許可而作工，只能受他人的許可而生存了。

然則我們把這命題任意引下去，請問將要引出什麽結論來呢。那就明明白白要這樣說了：

『因爲勞動是一切財富底源泉，所以社會底各員除了勞動底產物以外，就不能取得財富。因此，不論何人，凡自己不勞動的人，都倚賴他人底勞動而謀生，犧牲他人的勞動，而享樂於文化了』。

但是他們不引出這種結論，却用（inasmuch as）的接續詞，婉曲的提起第二個命題，並且不從第一個命題，而從這第二個命題引出結論。

這一條的第二部分是：

『有益的勞動只有在社會之內，而且只有依傍社會纔可能』。

依第一命題，勞動是一切財富及一切文化底源泉，因而沒有勞動，社會就不可能了。但現在却聽見相反的話說：沒有社會而『有益的』勞動是不可能。

照這樣說來，人當然可以說：唯有在社會之內，無益的勞動而且就是有害的勞動也可以成爲產業底一部，唯有在社會之內，人可以懶惰過活了。簡單說一句：照這種筆法寫下去，正可以把盧梭的學說底全部都剽竊到這裏來。

此外，『有益的』勞動又是什麽？這名辭只能表示那達到人所願望的，有效用的目的的勞動底意思。照這樣說，野蠻人（人在脫離猿猴狀態時卽是野蠻人）用石子撲擊動物，或者摘取果類，就是幹了『有益的』勞動了。

第三，再考慮那結論，那結論說：

『而有益的勞動，只有在社會之內，而且只有依傍社會纔可能，所以社會底全員，對於勞動的全部生產物，都有平等的權利』。

這個結論眞妙！若是有益的勞動只有在社會之內而且只有依傍社會纔可能，則勞動底產物屬於社會，而除却維持勞動條件，卽維持的所必要分量以外，卽交付於勞動者了。

實際上，這個命題，常常爲一班擁護社會現狀的人所主張的。第一，政府及其一切附屬物底要求就首先發生了，因爲政府是維持社會秩序的社會機關。其次各種私有財產底要求也要發生了，因爲各種私有財產是社會底基礎。諸如此類不必列舉。像這種空虛的語句，明明是可以附會，可以曲解的。只有照下面的意義解釋的時候，這條中第一第二兩節之間，纔多生有意義的關係。就是：

『勞動只有當作社會的勞動』，或者（和那句話的意義相同）『勞動只有在社會之內，只有依傍社會，纔能成爲文化及財富的源泉』。

這個命題的確是眞實的。因爲孤立的勞動（適當的物質的條件若是存在）固然能夠造出使用價值，却不能產出財富和文化。

但是下面一個命題也是眞實的。

『勞動成就社會的發達，因而變成了財富和文化的源泉，依這個比例，而貧困和悲慘就在勞動者方面發達，財富和文化就在非勞動者方面發達了』。

這是過去全部歷史不變的法則。所以與其說些關於『勞動』和『社會』的曖昧概括的話，何不如把資本家社會中能使勞動者並且强制勞動者增加社會的咀咒的物質的及其他各條件所以發生的原因表明了出來。

但是實際上，文章和內容都有缺點的這一條，全體都是要把拉薩爾派（Lassallist）『勞動產物全收權』的標語揭在黨旗上的原故纔寫出來的。關於『勞動的產物』，『平等的權利』等事，往後再行說明，因爲這同樣的思想，後面還曾用過稍或不同的形式再引證出來的。

二『在今日的社會，勞動機關歸資本階級獨占。其結果生出勞動階級底隸屬，便是一切形式中的貧困和屈服底原因』。

这一條是從國際工人協會底規約借用的，而在那『改正的』形式中却弄錯了。

在今日的社會，勞機動關歸資本階級獨占。（土地底獨占，實是資本獨占的基礎）。國際工人協會底規約中和這一節相當的處所，並未曾明示獨占者階級。我們只曾讀過『勞動機關即生活源泉底獨占』。而『生活源泉』這句附加語，明明是表明土地包含在勞動機關之內的。

這個改正之所以採用的原因，因爲拉薩爾爲了一般所通曉的理由，不攻擊地主只攻擊資本家的原故。在英國，資本家而握有築造自己工場的土地的實在很少。

原文第三條是：

『解放勞動者的要着就是：勞動機關要作爲社會底共有財產；聯合的勞動要協同處理；勞動底產物要正當分配』。

『勞動產物』是什麼？是現實的產物呢，或是那產物的價值？若說是產物底價值，那麼，那是產物的總價值呢？或者是勞動在所使用的勞動機關上附加的價值呢？

『勞動產物』一語是拉薩爾所使用的曖昧的名辭，沒有正確的經濟的意義。

所謂『正當分配』是什麼？

資本階級不是說現今的分配是『正當』的嗎？　又實際上，在現今生產方法的基礎上還不是唯一『正當』的分配方法嗎？　經濟條件不是被法律條件所支配嗎？　又法律條件由經濟條件而生不是較爲確實嗎？　又社會主義各派之間，關於『正當』的分配一層，不是也有種種複雜的思想嗎？

我們要了解這『正當的分配』一語在這裏含有什麽意義，應該把第一條和第三條對照一下。第三條揭示着『勞動機關要作爲社會底共有財產』，『聯合的勞動要協同處理』的社會；而第一條却說『社會的全員對於全部生產物都有平等的權利』。『社會的全員』嗎？　非勞動者（non-workers）不是也包含在內嗎？　但是『對於全部生產物的權利』怎樣構成呢？　或者只指社會上做工的人員說的嗎？　照這樣，『社會全員底平等權利』又怎樣變成呢？

這仍然是很明白的，所謂『社會全員』，所謂『平等權利』，只不過是飾辭罷了。其本意就是說：在這共產社會中，各勞動者必須領受拉薩爾所說的『勞動底全產物』。現在我們若是把那『勞動產物』的名辭當作實際的產物的意思解釋，那麽，這聯合勞動底產物就是社會的總產物了。

那麽，從這總產物中應該除去三部分：

第一，補充生產機關所必須的部分

第二，擴張生產所必要的補充部分。

第三，爲預防災害及天然災異等事的積蓄金及保險金。

從勞動總產物中除去這些部分，在經濟上是必要的；至於分量要依日常的考慮決定，其中又有依大約計算而決定的；却不能說是『正義』的觀念所能測算出來。

除了這些部分以外，全產物底其餘的部分是充作消費之用的。

但是在行個人的分配以前，還有應當除去的部分。

第一：與生產的勞動必需費無關係的一般行政費。

這一部分比之現社會中耗費於這個目的的費用究竟要減少些，而其減少却要隨着新社會發達程度而行。

第二：對於某種需要須行共同的補足的部分，例如：教育，衛生等。

這一部分比之現社會中耗費於這目的的究竟要增加些，而其增加却要隨新社會發達程度而行。

第三：補助不能勞動者的費用等。簡單說，就和現在所說的『濟貧費』(Poor relieb)相同。

只有到這時候，那綱領（受了拉薩爾派的影響弄狹隘了的）上所熟籌的分配，卽分給消費於協同社會中各生產者之間的分配，纔能夠開始實行。

那麽『全部的勞動生產物』已經明白的減為『部分的勞動生產物』了，雖然從私人資格的生產者取去的東西，對於社會一員的資格的本人，還直接間接的給他以利益。

『勞動全產物』一語，一經分析，已經打破了，同樣，這『勞動產物』一語，再經分析也要打破了。

在立在生產機關公有基礎上的協同社會裏，生產者不交換自己的生產物。生產物中所含有的勞動，不表現為生產物的價值，卽不表現那生產物所有的物質的性質。為什麽呢？因為現在（和資本家社會不同）個人的勞動，已不間接存在，而直接的成為社會底總勞動而存在。於是，『勞動產物』的名辭，因為他的語義曖昧，已遭反對，現在更完全失其意義了。

我們在這裏要考慮的，不是發展在固有基礎上的共產主義社會，乃是實際上剛從資本家社會產出來的共產主義社會。所以那個社會，無論是經濟的，道德的，智識的，在一切關係上，都還未脫離那產生他的舊社會的母胎的薰習。在這個社會裏各個生產者，在扣除前面所述的那些應當除去的部分以後，都要正確的把他所給與於社會的東西從社會取回來。他所給與於社會的東西，就是他個人的勞動量。

舉個實例，譬如社會的勞動日是由個人的勞動時間底總和成立的，各生產者個人勞動時間，就是他對於社會的總勞動時間所提供的部分，卽是總勞動時間中他所占的份子。他於是向社會領取已做若干勞動（由那勞動中除去他對於共同積蓄所做的部分之後）的證書。他於是拿這證書由消費品的共同貯藏所取回和那勞動量相當的物品。這卽是他在另一形式上由社會取回同一的勞動量。

這裏，在等價交換的範圍內，那和規定商品交換相同的原則，明明是實行着的了。內容和形式其所以都變化的，是因爲在變化的狀態之下，無論是誰，除了自己的勞動之外，沒有可以給與的東西；而在他一方面，除了個人的消費物以外，沒有可以作爲私有的東西。但是在這些個人的消費物分配於各生產者的一點，是實行着和等價商品交換相同的原則的，卽是一個形式中同量的勞動是和另一形式中同量的勞動相交換的。

於是平等的權利——資本階級權利——還成爲勞動的原則，但是原則和實際，在這裏早已不生衝突，而其商品交換中的等價交換，也只當作一般平均的法則存在，並不是在個個方面都存在的。

然而雖然有這進步，而這樣平等權利，却還受着資本階級的限制的。生產者的權利與各人所提供的勞動爲比例。所謂平等，卽是用「勞動」這種同樣的測定標準來測定的。

但是某甲在肉體上或精神上都比某乙爲優，所以某甲在同一時間內能夠多做工，或者做工較能持久；於是勞動若作爲測定的標準，就必要計算那勞動底延長或强度；因爲除此以外再沒有標準了。所謂平等的權利，就是對於不平等勞動的不平等權利。這時候，一切人都是勞動者，階級的差別也沒有了；但是那成了特別天賦的，不平等的個人才能和不平等的實行能力，却依然默認的。所以平等的權利從他的內容說來也和別的一切權利相同，實是不平等的權利。

大凡權利這種東西，從他的本質來說，只有在使用同一標準來測定的時候才成立。但是不平等的個人（因爲他們是各不相同的個人所以不平等）也有可以用平等標準來測定的，却只限於從同一視角來觀察的時候，卽是從某一定方面來觀察的時候。

譬如我們把一切人都當作勞動者來看的時候，別的東西就不看了，他們的別的性質就忽視了。又如，一個勞動者結了婚，別個沒有結婚；這個勞動者底小孩比那個勞動者底小孩多等等。假設他們都做了平等的勞動量，都從社會的倉庫裏領受平等的消費物，那麽，實際上必定一個比別個要多得些；這個比那個要富些。若是我們要免除這些不合理的事，那麽，權利必須是不平等的，而不是平等的。然而這種不合理，在共產社會底第一期中是不能免的，因爲那共產社會經過久產之苦以後剛從資本家社會中產生出來的。權利這種東西，决不能比那社會上經濟的設備以及因此而生的社會上文化的發達還要達到更高的水平線。

在共產主義社會底更高階級中，當着各個人因分業而受的奴隸的服從歸於消滅，因而精神勞動和肉體勞動的區別也歸於消滅的時候；當着勞動不僅爲生活手段而其自身反成爲第一的生活要求的時候；當着社會底生產力增加，各個人亦能在多方面發展，而一切共同財富的源泉都充分流出的時候——這時候，纔能够超出狹隘的資本階級的境界，社會纔能够在旗幟上寫着『各盡所能，各取所需』！

我之所以一方面就『勞動全產物』他方面就『平等權利』和『正當分配』等語詳細論述的，就是要表出他們所幹的兩件事是非常奇怪的：第一，就是把那在先前曾有過多少意義而到現在却成了廢話的思想當作信條，勉强加在本黨之上；第二，就是拔除那從前努力在我們黨員中樹立的現實思想，而代以民主主義者，法蘭西社會主義者所歡喜饒舌的權利及其他空理想。

除了上面所論的以外，我還要指出他們過於注意分配而特別看重這問題的一件事，實是一個大大的錯誤。無論在什麼時代，消費物底分配，不過是現存生產機關底分配底結果。但這生產機關底分配，却是生產方法底特質。譬如，資本家底生產方法，事實上，生產底物質的條件屬於非勞動者之手，卽屬於資本家的財產及土地的財產底所有者之手，而民衆却只是肉體的生產條件（卽勞動力）底所有者而已。生產底要素既然這樣分配，這現今的消費物底分配方法當然要隨着發生的。但是，這生產底物質的條件，若歸勞動者公有，那與現今不同的消費物底分配方法，當然也要發生了。假社會主義把那從資本主義經濟學者那裏學來的東西當作眞理（民主主義底一部也是一樣，把那從淺薄的社會主義者那裏學來的東西當作教義），以爲分配問題可以離開生產方法獨立的來考慮，來處理，因而推論社會主義是專講分配問題的。但是這些關係底現實的性質，早已完全弄明白了。我們爲什麽要追溯到往昔去呢？

原文第四條是：

『勞動底解放必須由勞動階級自己去實行，而和這勞動階級相對立的一切別的階級，只有一個反動羣』。

這一條的最初一節，是從國際工人協會底規約中起首的文句採取而來的，但是加以『改正』了。原文是這樣說的：『勞動階級底解放，必須勞動者自己去實行』。但是這裏却說『勞動階級』要行解放的。解放什麽呢？勞動！這種話誰能懂呢？

更不好的，就是下節的文句，是拉薩爾主義的原形：『而和這（勞動階級）相對立的一切別的階級，只成爲一個反動羣』。

我們在共產黨宣言中寫着：『現在和資本階級相對立的一切階級中，只有無產階級是眞的革命階級。其餘別的階級因大產業底發達而衰亡消滅，而無產階級却是大產業底特殊產物』。

資本階級是大產業的維持者，也看做是和封建貴族與中等階級（都希望維持那舊生產方法底產物的社會的地位的）相對立的革命階級。所以貴族和中等階級不和資本階級混和於一個反動羣的。

在另一方面說，無產階級也和資本階級對立，也是革命的。因爲無產階級在大產業底地盤上發生，要剝去生產中資本家的性質（是資本階級所歡喜保存的那性質）。但是那『共產黨宣言』上却加上了一段說：『中等階級……在剛要降到與無產階級爲伍的境地時，他是革命的』。

從這種見地說起來，那種說中等階級和資本階級，封建貴族打成一片和勞動階級對立，而『只成爲一個反動羣』的話，是很不合理了。

當前次選舉時，我們果曾對那班獨立的工匠小製造業者和農民宣言過：『你們和資本階級封建貴族與我們對立，只成爲一個反動羣』的話嗎？

拉薩爾暗記『共產黨宣言』，正和他的信徒暗記他的神聖的文章是一樣。但他所以那樣胡亂的改竄本文，就是要和敵人的專制主義者及封建貴族同盟來反對資本階級。

對於上條，還附加着拉薩爾派底格言。（因爲那是與削改國際工人協會底規約而引用的部分沒有關係，與其說是附加，寧可說是用毛髮牽引而來的）。所以在這個情形只是僭越，而於俾士麥君似乎不是不快的。

五『勞動階級爲謀自己的解放，首先要在現今的國家底埒內作工，但是知道一切文化國家底的勞動者共通努力的必然的結果，會成爲各國人民底國際友誼』。

拉薩爾反對『共產黨宣言』，反對以前的社會主義，從最狹隘的國家主義的立場，考慮勞動問題。

勞動階級若一定要鬬爭，就必須在內把自身組成爲一個階級，因而這內國就變爲鬬爭底直接的舞台，這事無須證明都可以知道的。所以在這裏，階級鬬爭是國民的，這不是關於實質上的事，照共產黨宣言所說，實是『關於形式上的事』。但是現今國民的國家（譬如德帝國）底『組織』（Framewark），他的自身，在經濟上是世界市場的『組織』，在政治上是國際制度底『組織』。若是商人，誰也能知道德國商業卽是世界底商業；俾士麥君的偉大，實質上卽是存在他那種準國際政策的性質之上的。

德國勞動黨究竟把那國際主義歸着於什麽呢？是歸着於『那努力的結果會成爲各國人民國際友誼的自覺麽』？那句話實是從資本階級底『自由平和同盟』（Peagueo f Peace and Freedom）借用而來；以爲這是和勞動階級在反對支配階級及政府的共同鬬爭中所有的國際友誼相等來騙人。而關於德國勞動階級底事却沒有說一句——他們在這樣的情形、說要和那本國資本階級（已經和其他各國資本階級結合來對抗他們的本國資本階級）和俾士麥君陰險的國際政策行什麽戰鬬！這綱領底國際的自覺，實際上甚至比自由貿易的團體底水平線還要低。自由貿易的團體，也主張『各國人民的國際友誼』是他們的目標。但是自由貿易者，實際上對於國際化的商業總要做一點事，決不至以那種自覺——一切國民都在本國內經商的自覺爲滿足的。勞動階級國際的行動，決不是依賴『國際工人協會』的。國際工人協會是爲這種活動而創設中央機關的第一的企圖，可惜在巴黎共產團（Commune）失敗以後，那國際工人協會所確定的歷史的形式就不能維持了。

俾士麥底北德意志（Norddeutsche）新聞底報告是對的，他說：德國勞動者已經否認國際工人協會了。

二

『德國勞動黨從這些原理出發，用一切合法的手段，盡力創造自由國家及社會主義的社會；盡力推倒工錢鐵則並工錢制度，及一切形式的利用；盡力廢除一切社會底政治不平等』。

關於『自由』國家的問題，後段再說罷。

於是德國勞動黨在將來就不得不信奉拉薩爾的『工錢鐵則』(ironLaM of wages)了！綱領上甚至連『推倒工錢鐵則並工錢制度』的話都要用的。(所謂工錢制度應當說是工錢勞動制了)。若是我廢止工錢勞動，我必然廢止工錢法則，無論他是鐵或是海綿。拉薩爾對於工錢勞動底攻擊，差不多完全懸在這種主張的法則之上。所以要證明拉薩爾派底勝利，無論如何必須把工錢制度並工錢鐵則一齊推倒。

關於『工錢鐵則』的話，人人都很知道，屬於拉薩爾的人，總是用這個『鐵』字，這是從哥德(Goethe)的『無窮的大鐵則』(Thegreat eternaL iron laws)的句子借用而來的。鐵之一字是一個口號；用這個字的人，就被認爲正教信徒。但是我若用

但是我若用拉薩爾底印版，並且依拉薩爾所用的意義來容納這個法則，我必定也容納那法則的基礎。　這基礎是什麽呢？　就是照倫兀(F A·Lang)在拉薩爾列死後不久所說明的，而且倫兀也會自己宣傳過的馬爾薩斯人口論（The Malthuiantheory of Population)。　馬爾薩斯人口論若是正確，那麽，我就是一百回要廢止工錢勞動，也不能廢止那法則；因爲那法則不但支配着工錢勞動制度，並且支配着一切社會制度的。　在這個根據上，五十餘年間，許多經濟學者都是這樣的說：貧困是一個自然的現象，所以社會主義不能廢除他，只不過把他弄成普遍化罷了；同時社會主義要把貧困廣布於社會之上的！

但是那主要點還是要考慮的。　錯誤的拉薩列派的法則底公式圖解，完全撇開不說，綱領中眞正可駭的退步，還在下面一段：

拉薩列死後，本黨中建立了科學的信仰，就是：勞動底工錢不是像那勞動底價値或價格一般的東西，實不過是勞動力底價値和價格底假面的形式。　於是對於勞動底工錢的一切資本階級的概念，以及從前那個概念的批評，都完全顚覆了。　爲什麽呢？因爲工錢勞動者唯有爲資本家爲那隨資本家而消費剩餘價値的人一部分無報酬的工作時，方能夠爲維持自己的生活（卽是爲生存）而勞動。　所以資本家生產底全組織，全靠擴張這種無報酬的勞動，即是要延長勞動時間，趕快增加生產力，或用其他同樣的手段。所以工錢勞動制度是一個奴隸制度，在這個制度裡，勞動底社會生產力發達了，那奴隸愈益困苦，勞動者所得的報酬底好壞的問題，和這個沒有關係。但是這種見解若在本黨中成立了，那麽，大家就是明白知道拉薩列不懂得勞動工錢是什麽，不過跟隨資本階級經濟學者之後，把外觀當作現實，而我們就要回復到拉薩列底教義去了。

這事好像那理解了奴隸底意義並且起來反抗的許多奴隸中——有一個奴隸底心理依然被陳腐的見解所拘束，在那反對運動的綱領上寫着『奴隸非廢止不可，爲什麽呢？因爲在奴隸制度中，奴隸底價值不能超過某種卑賤的最高限制』！

本黨底代表大大的違背了本黨一般的所採取的意見，我們從這種單簡的事實推論起來，不是知道他們是怎樣……輕率……來起草這種妥協的綱領嗎？

所以，那一條項用來作結論的『廢除一切社會的政治的不平等』的話可以不用，他們應該說：階級的差別若是廢除了，由那些差別中發生出來的一切社會的政治的不平等就會自然消滅了。

三

『德國勞動黨爲謀展開解決社會問題的途徑，要求設立由國家扶助的，並屬於勞動民衆民治的支配之下的生產合作社。在製造工業方面，在農業方面，生產合作社都要大大的「設立」，集合勞動底社會主義組織會要從這些合作社裏發生出來』。這眞是與拉薩爾底『工錢鐵則』相適應的，預言者底萬應靈膏！他們那樣巧妙的倡言『要展開途徑』(toPave the May)。他們撇開現存的階級鬥爭不說，偏要提出『社會問題』的新聞辭句，『要展開途徑』來『解決』這問題。而『集合勞動底社會主義組織』不是從社會的變化底革命的過程中『發生』，却是從那國家所給與於生產合作社的『國家的扶助』中『發生』的，而那生產合作社却又不由勞動者『設立』，乃是由國家『設立』的。建設新社會好像和建設新鐵道一樣可以用國債建設的，這種思想，眞是拉薩列底幻想了！很……………可耻的，『國家底扶助，要放在『勞動人民』民治的支配之下的。

第一，德國的『勞動人民』中，農民比無產階級占多數。

第二，"democratie"(民治的)一語，用德文翻譯起來，就是"folk-rtle"(人民支配)的意思。但是『勞動人民底人民支配的管理』是什麽東西？況且用這種仰賴國家扶助的要求證明起來，他們還是沒有支配力的，也沒有成熟到可以取得支配力的程度的勞動人民呵！

俾什(Bueheg)在路易菲里布(Louiv Philiphe)時代反對法國社會主義底希望製成而爲工

場（L, Atelier）雜誌派的反動勞動者所採用了的藥方，我們在這裡批評他，未免多事罷！主要的目的，並不在乎採用這特殊的萬應菜加入綱領之中；困難的事情實在非常普通的，就是從階級運動底立場回復到敎派運動的立場去。

我們說勞動者希望建設合作的生產條件於社會的基礎之上（最初的時候建設於國家基礎之上），這個意思，就是要努力變更現存的生產條件，和那靠國家的扶助來建設合作社的事情沒有共通之點。若是現存合作社不受政府或資本階級底保護而純粹是獨立的勞動階級的建設，這時候合作社才有價値。

四

現在論民治的一章了。

（A）『國家底自由的基礎』。

我們在第二章見過了，德國勞動黨要謀創造『自由底國家』。

自由國家——是什麽？

脫出了俗鄙底見地的勞動者，其目的決不是把國家弄爲自由的。在德意志帝國，『國家』差不多和俄羅斯底『國家』是一樣的『自由』。自由在於使國家從支配社會機關變爲被社會支配的機關；而現今國家底形體自由與否，全靠他們能夠束縛國家底自由與否以爲斷。

德國勞動黨若要採用這個綱領，就會要表明他們底社會主義的思想，連淺薄的程度還沒有達到，爲什麼呢？他們不把現存的社會（而且這個又應用於將來的社會）看做是現存國家的基礎（又不把未來的社會看做是未來國家底基礎），以爲國家是有他自己的精神，道德，和自由的基礎的獨立的實體了。

現在再考察那綱領中對於『現今的國家』『現今的社會』等名辭錯雜的濫用，並考慮他們對於他們所要求的國家的大混雜的觀察。

『現今的社會』是資本家的社會，他現今存在於一切文明國家之內，多少也脫離了中世的混合物狀態，多少也因各國特殊的歷史的發達變其形態，而且多少也發達了。在另一方面說，『現今的國家，』經過各個國境而有種種之不同。德國和瑞士不同；英吉利和美利堅不同。所以『現今的國家』，實是幻想。

然而形體雖有種種不同，而各種文明國底各種文明國家，都有一個共通要素；就是：這些國家都以近代資本階級的社會做基礎，那種社會底資本主義的發達，其程度雖有種種不同，（而這些國家却是立在這種社會之上）結果，這些國家有某種根本的共通性質。在這種意思記起來，我們可以說『現今的國家組織』和將來的國家組織是相反的；將來的國家組織，要在那成爲現今國家底根本的資本階級社會絕滅時纔存在。

於是問題就發生了，就是：共產社會中的國家組織，要經曆什麽變化呢？換句話說，就是：在將來，和現今國家的職能相似的什麽樣的國家，能够存在於共產社會之中呢？這個問題只能應用科學的方法來解答，若用『國家』的話和『國民』的話，一千遍的結合起來，恐怕離開這問題的解決太遠了。

在資本主義社會和共產主義社會之間，從前者移到後者有一個革命的變革時期。和這時期相適應的是一個政治上的過渡期；在這過渡時期的國家，除了無產階級革命的獨裁政治之外沒有什麽。

然而這個綱領，對於革命的無產階級專政，對於將來共產社會底國家組織，都沒有什麽關係。

綱領上底政治的要求中，除了常見的民治的祈禱以外，什麽也沒有；譬如普通的選舉，直接立法，公民權，市民軍之類。這些不過是資本階級民黨，自由平和同盟的應聲罷了。這些要求，在妄想的誇張底範圍內，是已經實現了。但是他們已經實現了的國家，却超乎德意志帝國之外，乃在瑞士，在合衆國等處。這類『將來的國家』，就是『現今的國家』了，雖然他在德意志帝國底『埒外』。

但是有一點看遺漏了。德國勞動黨公然宣言在『現今國家 底埒內』，即是在他底祖國德意志帝國底埒內運動的。（若眞是這樣，他們底要求大部分沒有意義，因爲人所要求的只是要求沒有得到的東西），這黨有一件主要事不應該忘記的，就是：前面所述的這一切美麗的玩物中，含有承認所謂人民主權一事；所以他們只能在民主共和國中行事的。

因爲我們現在（所處的地位不是）要求那種和法國勞動綱領在路易菲里布（RoLoui's Philiphe）與路易拿破侖（Louisn Napolern）之下所要求的那樣民主共和國；所以若是一個國家，在他的本質上只不過是一個用警察保護的，被官僚盤踞的，已被資本階級勢力限制的，並且用議會主義裝飾的，又仍然含有許多封建主義混合物底國家，我們向這種國家去要求那只能在民主共和國中纔要求得到的東西，這便是明知故昧的辦法，還是設法避去爲好。

就是陳腐的民主主義，那般人所承認爲是民主共和國中的黃金時代的，而且在他的決定的結論上，階級鬥爭只有在這種資本階級社會底最後的政治形式中才能決戰的一事也決不能實現的，像這種民主主義已經是陳腐的了，可是和那種受了一個制限，既被警察所支配又爲論理所不許而不努力超拔的民主主義比較起來，至少也可說是大大的進步了。

綱領所用的『德國勞動黨要求單一的累進所得稅作爲國家底經濟底基礎』這句話，

很可以證明起草這綱領的人，實際上是把『國家』二字解作政府的機關，或者把他解作是由分業而與社會隔離的特殊機關的。 租稅都是政府機關底經濟的基礎，此外並沒有別的。 在瑞士現今存在的『將來的國家』中，這個要求早已實現了許多了。 所得稅預想着種種社會階級所有的種種收入底源泉，即是預想資本家的國家。 所以克拉斯頓(M·E·Gladstone)兄弟所領袖的資本階級團體利物浦財政改革黨) The Financial Befomeroflirerpool ）要和德國勞動黨作一樣的要求，毫不足怪了。

(B)『德國勞動黨要求左列各事作爲國家底精神的道德的基礎，就是：

一，由國家施行的普通平等的國民教育。 義務教育。 自由教育』。

平等的國民教育嗎？ 這幾句話是什麽意思呢？ 我們能夠相信在現代社會（在這裡只能想作是現代社會）中，一切階級的教育都能平等嗎？ 國民學校所設備的些少的教育是適用農民和工錢勞動者底經濟能力纔設備的，那一條的要求莫非要使那高等階級也强制的受這種教育所限制嗎？

『義務教育』。『免費教育』。 義務教育在德國實行着；免費教育，只有初等教育在瑞士和美國實行了。

合衆國中有幾州的高等教育是不納費的(gratuitous)，而實際上的意義，實與上流階級有利，這高等教育底經費，是從國庫支出的。 (A)的第五項所要求的『免費裁判』，也是一樣的想法。刑事裁判，處處都免費。民事裁判差不多都是關係爭財產，除了有財產的階級之外，差不多沒有關係。處理訟事也要使用公共的用費嗎？

關於學校的這一條，至少應該要求和小學校聯絡的專門專學校（理論的及實際的）制度。

『由國家施行的國民教育』，必須排斥，毋用躊躇。準備國民學校基金；用法律規定教員資格，學科課程等等；任命視學官（照美國所做的一樣）視察法定規律之實行——實行這些事業和任命國家爲國民教育者完全是另外的一件事。政府和教會都必須加以排斥不許他們影響於學校。在德國，實際（我們無須畏難不去談『未來的國家』——我們已經很熟悉了德國所宣言的未來國家了，）國家反大有受國民底粗鄙教育的必要。

綱領的全體上，民治的宣言，和樂器的音響一樣，却是深染了拉薩列派關於國家的服從的信仰；更壞的事，還要把那靈怪中民治的信仰來侵透他，或者又可說是這兩種靈怪的信仰的妥協，兩種都是離眞的社會主義很遠的。

『科學之自由』！這乃是普魯士憲法的一條。爲什麼在這裏遇着了呢？

『良心之自由』！若在現在而有對天主敎行鬥爭的事實，我們很希望那自由主義者想起他們的老標語出來，就是要想到：『各人在不觸犯警察的範圍，應該成就他的宗教的……（事業）呵！ 但是勞動黨却應該趁着這機會發表自己的意見：資本階級『良心的自由』，不過就是默認良心底宗教的自由之種種可能形式底信仰自由罷了，而勞動黨却要求從宗教的妖怪中把良心解放出來。 但是這起草綱領的人，連這『資本階級』的水平線還沒有超過。

我底批評完了，綱領上其餘的部分，不能構成這文書上特別的成分。 此外可以極簡單的處理了。

（二）標準勞動時間

無論那一國的勞動黨，沒有受這種曖昧的要求所拘束的，因爲處處都已正確的在現時狀態之下載明了勞動時間的期限了。

（三）『婦女勞動之限制與兒童勞動之禁止』。

標準勞動時間之設定，除關於工作底鐘點和休憩等事外，已包含禁止婦女勞動了。若是這句話比這一層有更深的意思，那就是說從各種特別損害婦女健康或特別危及婦女德性的產業中，把婦女除外了。起草的人若有這種觀念在腦筋中，應該在這裏說了出來。『兒童勞動之禁止』！ 但在這裏有絕對記明年齡限度的必要。

一般的兒童的勞動之禁止，於大產業底存在是不相合的，所以這不過是無益的忠厚的希望罷了。兒童勞動縱能夠禁止，若是實行起來，却是反動的。因爲，勞動時間若是按照年齡嚴密的規定了，適當的兒童保護法若是採用了，在少年時代若把生產的勞動和教育結合了，就可以構成一個變革現社會的最有效的手段。

(四)『工廠，工作場，及家庭工業之國家的監督。』

對於德國，應該有以下的明確要求，即是：監督官只有依法律規定解職；各勞動者都應有告發怠職的監督官的權利；一切切監督官都應有醫師的資格。

(五)『監獄勞動之廢止』。

這簡直是應當編入一般普通勞動綱領的要求。無論怎樣，勞動黨總應該明白的這樣的說明：勞動不希望（因爲怕了競爭）普通囚人像禽獸一般被人虐待；勞動黨不希望剝奪改良囚人的手段——生產底勞動家。這還是我們所囑望於社會主義者的最少限度呵！

(六)『有效的雇主責任法。』

有效的雇主責任法是什麽意義，應該還要明瞭的說明。我現在用抪話來說：起草這綱領的人，關於標準時間問題，看遺漏了工場衞生，傷害等工場法了。這種義務法，唯有在違犯了這些規定的時候才能運用的……我說過了，我心安了。

爲收回旅大運動敬告國人

李達

中國外交的歷史完全是帝國主義列强侵畧中國的歷史，從國民的地位看起來，幾無一頁不是滿載着傷心慘目奇恥大辱的事實，我中華民族若果有抵抗外族侵畧的决心和能力以復仇雪恥，不但民國四年五月二十七日的中日條約要根本撤消，就是海通以後一切含有威脅屈辱的意義的中外條約都應完全廢棄；不但旅順大連要收回，就是香港澳門廣州灣台灣九龍威海衛及京津滬漢等處租界都應完全恢復；不但一切政治的經濟的特權不許列强享受，就是一草一木之微也不許他們任意採擇。

基於這個意義之上，現在澎湃全國的收回旅大運動是確有牢不可破的根據的。我認定這個運動若果有條理有組織的做去，實有排除外力挽回國運的希望，所以要提出一點意見來敬告國人。

我以爲這種運動，第一必須認定一個實際的眞正的目的，第二必須採用一個達到這個目的的最有效力的手段，然後才有眞意義眞價值，不然，這種運動便如曇花一現，既耗費了無代價的犧牲，且損失了國民的人格。

第一，我們的實際的眞正的目的必須打倒日本帝國主義。帝國主義的日本侵畧中國的事實，我國人想沒有一個不咬牙切齒的痛恨罷。打破中國門戶實行侵畧主義的固然是英帝國，在鴉片戰爭到甲午戰爭的時期，掠奪中國的盜魁，固然也是英帝國；但是甲午戰爭以後，我民族實際上却被日本征服了，台灣，澎湖列島，遼東半島均被奪去，又搶去銀兩二萬萬，接着俄法德英又强佔威海衛膠州灣旅順大連及廣州灣，並奪去種種政治的經濟的權利，自經這個時期以後，中國國際地位已降在殖民地之列了。歐戰期內，日本乘火行劫，强結二十一條，復勾結我國軍閥爲亂，供給大宗欵項，取得許多築路開鑛及採伐森林的權利，滿州，東蒙古及山東一帶，完全變成日本的殖民地，日本在中國奪去的經濟上的權利與地位，幾完全駕乎英法等國之上，日本竟是掠奪壓迫中國民族的第一個盜魁禍首了。華盛頓强盜晚餐會，雖然强迫着日本承認門戶開放機會均等的原則(就是要日本開放中國門戶像美國也得在中國掠奪的意思)而實際上日本仍有霸占中國的氣勢。我中華民族處於亡國的威脅與恐怖之下，名義上雖然是中華民國國民，實際上已變成帝國主義的殖民地人民了。五四運動以來，我國民似乎已經從這被壓迫被掠奪的殖民地人民的境遇中覺悟起來，不幸當時沒有精密的組織，只因爲一時的愛國心驅使，所以不久就無形瓦解了。現在既然藉着旅大問題起了這個全國一致的對日運動，就應該根據帝國主義侵略中國的歷史，決定先打倒這盜魁禍首的日本帝國，而誓必達到這個目的。

第二，要想打倒日本帝國主義，必須澄清政治，由國民自決來建設獨立自主的完全共和國。『弱國無外交』，『强權卽公理，這是資本主義世界國際外交的慣例，想沒有一個人不知道的。然則處在帝國主義政治的經濟的壓迫之下的中國人此時要起來向日本爭回旅大，何異於與虎謀皮？或者有人狃於交還青島的故事，說旅大也可以照例爭回，也未可知。但這是謬論，我們不可不知道。青島雖然在名義上是交還我國，而在實際上日本不但沒有交還青島，反得着比未交還以前更大的利益。這一點凡是看過中日關於青島問題的條約的人都是承認的。青島重要的土地和財產完全歸日人永遠占有，並榨去鹽業交還費一千六百萬元，山東鐵路仍歸日人管理，更取得我國庫券四千萬元，鑛山雖歸中日合辦，而實則歸日本獨占。故實際上青島既未收回，復白送數千萬元，人民白白的承認許多贖路的籌欵，軍閥官僚走狗，却直接間接得到許多發橫財的機會，無數老百姓都被他們當作『猪仔』賣了。

現在我們莫再當『猪仔』了。而且這種變相拍賣的『收回』的公式，决不能適用於旅大問題。大家知道麽？就是像青島那種變相拍賣的『收回』，並不是我們國民運動的效力，也不是北京政府折衝的效力，也不是友邦仗義執言的效力，乃是歐戰以後由資本主義工業的輸入國變爲輸出國而在中國未曾獲得獨占市場的美國，妬嫉日本獨霸中國的不利而强制日本實行的效力。我們看了華盛頓强盜晚餐會『門戶開放』『機會均等』的協定，便可知道日本這種換湯不換藥的退還青島辦法，實在有一種特別的作用的。

現在可不同了，我國民可不要再作那種夢了，新近入夥的美國也決不說公道話了，英法等國都是日本的好夥件，我們函電籲懇友邦仗義執言的故技無須再演了！示威運動只能表示自家對外的敵愾心，決不能引起對手國多大的注意，抵制日貨也不過是一時感情發動，工業後進國的中國人民是決不能抵制到底轉眼就會無形消滅的。這樣看來，像以前種種已經試行過的方法，現在決乎不能再用，就是再用也決不會有絲毫效力。

然則我們怎樣才能打倒日本帝國主義呢？『弱國無外交』『强權卽公理』，我們熟讀這兩句話，必會得到一個很好的答案，就是澄清內政以力爭外交。日本人說：『現在的中國，豺狼當道，巫鼠縱橫，早已失掉國家的人格，不配和日本交涉什麽問題』。駐湘美國領事也說：『中國人欲收回旅大須建立强有力之政府，若現在的北京政府恐難爲力』。這樣說來，中國現在並不能算是一個國家，還說得上什麽力爭外交麽？所以我們國民處在這國際帝國主義和國內武人政治的兩重壓迫之下，如水益深，如火益熱，就不能不奮發的組織起來，幹一個國民運動來剷除破壞國內和平的障礙物軍閥，建設統一國民政府，然後才能有實力對外，然後才能有實力打倒日本帝國主義，打倒國際帝國主義，然後才能建成獨立自主的中華民國。打倒日本帝國主義是我們的目的，推翻國內武人政治是我們的手段，而我們的先務之急，便是澄清政治了。

所以我十二分希望全國人民一致對日的運動能夠變爲一個有組織有系統有目的有手段的國民運動。擴張運動的範圍，延長運動的時期，充實運動的內容，抱定澄清政治以力爭外交的宗旨以打倒日本帝國主義推翻國內武人政治。

新時代

六

特載

湖南自修大學創立宣言

人是不能不求學的。求學是要有一塊地方並且要有一種組織的。從前求學的地方在書院，書院廢而爲學校，世人便爭毀書院，爭譽學校 其實書院和學校各有其可毀，也各有其可譽。所謂書院可毀，在他研究的內容不對。書院研究的內容，就是「八股」等等干祿之具，這些只是一種玩物，那能算得上正當的學問；就這一點論，我們可以說書院不對的很！但是書院也儘有好處。要曉得書院的好處；先要曉得學校的壞處。原來學校的好處很多，但壞處也就不少。學校的第一壞處，是師生間沒有感情。先生抱一個金錢主義，學生抱一個文憑主義，「交易而退，各得其所」，什麽施教受教，一種商行爲罷了！學校的第二壞處，是用一種劃一的機械的教授法和管理法去戕賊人性。人的資性各不相同，高才低能，悟解迥別，學校則全不管究這些，只曉得用一種同樣的東西去灌給你吃。人類爲尊重人格，不應該說誰「管理」誰，學校乃襲專制皇帝的餘威，蔑視學生的人格，公然將學生「管理」起來。自有劃一的教授，而學生無完全的人性。自有機械的管理，而學生無完全的人格。這是學校最大的缺點，有心教育的人所萬不能忽視的。學校第三壞處，是鐘點過多，課程過繁。終日埋頭於上課，幾不知上課以外還有天地，學生往往神昏意怠，全不能用他們的心思爲自動自發的研究。總括這些壞處，固然不能概括一切的學校說他們盡是這樣，並且缺點所在，將來總還有改良的希望。但大體確是這樣，欲想要替他隱諱也無從隱諱。他壞的總根，在使學生立於被動，銷磨個性，滅燬性靈，庸懦的隨俗浮沉，高才的相與裹足。回看書院，形式上的壞處雖然也有，但上面所舉學校學壞處，則都沒有。一來足師生的感情甚篤。二來，沒有教授管理，但爲精神往來，自由研究。三來，課程簡而研討周，可以優遊暇豫，玩索有得。故從「研究的形式」一點說，書院比學校實在優勝得多。但是現代學校有一項特長，就是他「研究的內容」專用科學，或把科學的方法去研究哲學和文學，這一點則是書院所不及學校的。自修大學之所以爲一種新制，就是取古代書院的形式，納入現代學校的內容，而爲適合人性便利研究的一種特別組織。

以上是說書院和學校各有利弊，自修大學乃取其利去其弊。現在再說自修大學獨有的利，而書院和學校則爲共有的弊：就是平民主義與非平民主義。書院和官式大學均有極嚴峻的程限，不及程限的不能入學，固不待言；實及了而偶不及，卽有本爲優才經入學考試而見遺的，便從此絕其向學的路。現在確實有好些有志靑年，沒有得到求學的機會，實在可歎可惜！是一。書院和官式大學，將學術看得太神秘了，認爲只有少數特殊人可以來學，多數平民則爲天然的不能參與。從此學術爲少數「學閥」所專，與平民社會隔離愈遠，釀成一種知識階級奴使平民階級的怪劇。是二。書院非赤貧的人所能入，官式大學更非闊家不行，欲在官式大學裏畢一個業，非千餘元乃至兩千元不可，無錢的人之於大學，乃眞「野貓子想吃天鵝肉」了。是三。自修大學力矯這些弊病。一則除住校學生，因房屋關係須稍示限制外，校外學生則諸凡有志向學以上均可入學。二則看學問如粗茶淡飯，肚子餓了，拿來就吃，打破學術秘密，務使公開，每人都可取得一份。三則自修大學在現在這「金錢就是生命」的時代，固不能使所謂「無產階級」的人，人人都有機會得到一份高深學問，但心裏則務必使他趨向「不須多錢可以求學的」路上去。自修大學的學生可以到校裏來研究，也可以就在自己的家裏研究，也可以就在各種店鋪裏，團體裏，和公事的機關裏研究。比較官式大學便利得多，花費也就自然少了。

自修大學爲一種平民主義的大學，旣如上說。那麽自修大學的內容怎麽樣呢？現在說一點大畧於下：第一，自修大學學生研究學問的主腦，是「自己看書，自己思索」。自修大學裏面的「圖書館」就是專爲這一項用的。第二，自修大學學生，於自己看書自己思索之外，又有「共同討論共同研究」。各種研究會的組識，就是專爲這一項用的。第三，自修大學雖然不要灌注食物式的教員，但也要有隨時指導的人做學生自修的補助。第四，自修大學以學科爲單位，學生研究一科也可，研究數科也可；每科研究的時間和範圍，都聽學生依自己的志願和程度去定。第五，自修大學學生不但修學，還要有向上的意思，養成健全的人格，煎滌不良的習慣，爲革新社會的準備。

最後要說自修大學在湖南的必要了。　諸君！湖南不是至今沒有一個最高的學術機關麼？省立大學在最近期內之必無成理，和即使成了也不過是一個官式大學，這是大家都明白的。而住在這湘江流域沅江流域資江流域澧江流域的三千萬湖南民族，他們精神的欲求和文化的衝動，將如何去表現出來，發揮出來呢？　湖南人儘管是崢嶸活潑如日升的，儘管是極有希望的，但使沒有可以滿足其精神的欲求而發揮其文化的衝動，湖南人到底有甚麽意義？　說到這裏，便覺得湖南人有一種很大的任務落在他們的肩膊上來了。　甚麽任務呢？就是自完成自發展自創造他們各個及全體特殊的個性和特殊的人格。　湖南自修大學之設，竊取此意。　事勢上雖不能和湖南人個個發生關係，精神上要必要使他成爲一個湖南全社會公共的學術機關。　雖不能說一定有很好的成績，但努力向前，積以年月，相信總有一天會達到我們的目標的。

湖南自修大學組織大綱

第一章　宗旨及定名

第一條　本大學鑑於現在教育制度之缺失，採取古代書院與現代學校二者之長，取自動的方法，研究各種學術，以期發明眞理，造就人才，使文化普及於平民，術學周流於社會，由湖南船山學社創設，定名「湖南自修大學」。

第二章　校董會

第二條　本大學設「校董會」，以校董十五名組織之，負本大學經費上之責任，並總持本大學大綱；由學社社員推舉。校董因必要，得擴充人數。

第三條　校董會得以校董在本大學所在地者經半數以上之列席開校董會。校董之不在本大學所在地者得隨時陳述意見於校董會，並得託其他校董代表意見。

第四條　由校董會推舉校董一人爲「駐校校董」，掌理本大學事務之大綱。

第五條　本大學校董會設名譽校董，額無定數；由校董會推舉有下列資格之人充任。

一，助欵於本大學在五千元以上之人；

二，贊助本大學有甚大勞績之人；

三，國內外大學及專門學校校長。

第三章　學長及辦事員

第六條　本大學設學長一人，由校董會聘請；擔任指導學友之自修，考察學友之成績。但因必要得添聘專科指導員，輔助學長擔任指導考查之責。

第七條　本大學暫設辦事員如左：

一，書記一人，受駐校校董之付託，辦理本大學文書交際及設備各事物。

二，會計一人，受駐校校董之付託，掌管本大學經費之出納及其使用各事務。

三，圖書館主任一人，受駐校校董之付託，管理本大學圖書館。

四，試驗室主任一人，受駐校校董之付託，管理本大學試驗室。

第八條　本大學於前條所舉之辦事員外，因必要，得加設相當之辦事員。其職務及人數，臨時酌定。

第四章　通信員

第九條　本大學於國內國外重要之各大學，各專門學校，及各學術團體，設通信員；擔任本大學與各校各團體間之連絡；並注意各校各團體學術研究之情形及其重要之結果，報告於本大學。

第十條　本大學於國內國外學術昌明之區域，（如北京，上海，廣州，南京，武昌，巴黎，倫敦，柏林，紐約，莫斯哥，東京等）設通信員；擔任本大學與各文化區域間之連絡，並注意各區域內一切重要文化學術之情形，報告於本大學。

第十一條　本大學於湖南省內（省城及各縣）各重要之中等以上學校並各種學術團體，設通信員；擔任本大學與各校各團體間之連絡；並互相介紹其學術。

第十二條　通信員於上列職務之外，得臨時託以其他特別職務。

第五章　學友

第十三條　凡中等以上學校畢業學生，不分男女長少，具有自修能力，志願用自修方法以研究高深學術者：經本大學證明認可，得報名入學。非中等以上學校畢業，而具有與之相等之學科根柢者：經本大學證明認可，亦得入學。

但本大學各種特別班學友，不必具備上列資格。

第十四條　本大學學友，分為下列二種：

甲，住校者，為住校學友，

乙，不住校者，為校外學友。

凡住校學友入學，必須經過試驗。並自任膳費及雜費。住校學友與校外學友，均享有本大學圖書，函授，聽講，集會等研究上之便利。兒學友須於每學期始，交納相當之保證金，於每學期末退還。學友應否繳納學費，及學費繳納多寡，臨時依所研究之情形規定。

第十五條　本大學學友名額，由本大學斟酌房屋及圖書館設備情形臨時分別規定。

第十六條　本大學學友，有發現下列各項情事之一者，得隨時令其退學。

一，無自修能力，對於所認定之學科不能盡心研究，無成績之表示。

二，假名自修，粉心校外不正當之事務。

三，不能自治，無向上之要求。

四，妨害公衆秩序，破壞其他學友及本大學名譽。

第六章　研究

第十七條　本大學暫設文法兩科，其科目如左：

文科

中國文學；

西洋文學；

英文；

論理學；

心理學；

倫理學；

教育學；

社會學；
歷史學；
地理學；
新聞學；
哲學。

法科

法律學；
政治學；
經濟學。

以上各學科之詳細類別，另以表規定之。

學友於以上各種學科中至少須選修一種。

第十八條　本大學研究之方法，分爲下列二種：

甲，單獨研究，學友各自制定課程表，對於所選定之學科單獨修習。

乙，團體研究，組織各種研究會：關於科學者，如「數學研究會」，「心理學研究會」，「經濟學研究會」等，關於哲學者，如「周秦諸子學研究會」，「印度哲學研究會」，「羅素哲學研究會」；關於文學者，如「中國文學研究會」，「英國文學研究會」，「詩歌，小說，或戲劇研究會」等：由本大學學友因志願相同，分別組織，定期研究完畢。在研究期間，隨時開會辨論商榷。各研究會之組織另定。

第十九條 本大學爲圖研究之便利起見，特設補助方法三項如左：

甲，通函指導：由木大學聘請國立大學教授，及其他國內外學者，擔任定期通函指導。其指導之項目如左：

一，開示書目；

二，指示研究法；

三，解釋疑問。

乙，特別授課：如外國文一科，本大學得酌量情形，開設「英文」「法文」「俄文」等各專班。此外如「工人夜學」等各種平民教育，亦得附設，其組織另定。

丙，特別講座：本大學設特別講座，隨時延請名人擔任講師，到校講學。

第二十條 本大學爲溝通文化，介紹新知，設各種譯書會：如「法文譯書會」「英文譯書會」「日文譯書會」等。

第七章 勞動

第二十一條　本大學學友爲破除文弱之習慣；圖腦力與體力之平均發展，並求知識與勞力兩階級之接近：應注意勞動。本大學爲達勞動之目的，應有相當之設備，如藝園，印刷，鐵工等。

第八章　圖書館及試驗室

第二十二條　本大學於校內建設圖書館，設置中外各種重要之圖，書，雜誌，及新聞紙，以爲學友研究參考之用。

第二十三條　本大學於校內建設博物理化試驗室，以爲學友實地試驗之用。

第九章　成績表示

第二十四條　本大學學友成績之表示，分爲下列三種：

甲，平時所作之紀錄，及論文；

乙，每一學期屆滿時所作之論文；

丙，每一科目修習完畢時所作之論文。

第二十五條　本大學學友，每人修學年限無定，以修習一科目完畢爲單位；成績及格者，給與某科目之修學證書（如數學修習完畢成績及格，卽給與數學之修學證書。）　但不要證書者聽。　學友經認可得長期在本大學內研究。

第十章　經費

第二十六條　本大學經費之大部，係用爲建設並充實圖書館及試驗室之用；其來源如左；
　甲，學社津貼；
　乙，公私捐助。
　第十一章　校舍
第二十七條　本大學以湖南船山學社房屋爲校舍(長沙小吳門正街。)　將來因必要，得擴充房屋，或另行建築。
　第十二章　分院及海外部
第二十八條　本大學因學友研究之方便，於湖南各重要地點設本大學分院。　即以長沙本校爲第一院。　第二院以下，俟經費充足時開辦。
第二十九條　本大學之學友，因必要，得設海外部。
　第十三章　自治規約及本大綱修改
第三十條　本大學內部生活，以「自治規約」規定之。　此項自治規約，由駐校校董，學長，辦事員與學友共同訂定。
第三十一條　本大綱之修改，須得校董會之同意。

湖南自修大學入學須知

（一）我們這個大學，不是由另外一些「辦學」的人設的，是由一些有學問興趣的學生感於現時教育制度不好要合古時書院現時學校兩樣之長變被動的求學爲自動求學——基於這個意義之上設的。我們這個學校方才創始，確實簡陋得很，來學的人全要看他自己能不能眞實努力才能決定他有沒有好的成績。但我們極願意得到許多有志的青年和我們做同學。我們求學不是沒有目的的，我們的目的在改造現社會。我們的求學是求實現這個目的的學問。我們不願意我們同學中有一個「少爺」或「小姐」，也不願意有一個痲木或糊塗的人。因此對於一個新同學入校，取比較愼重的態度。每一個同學入校，我們要明白他下列幾項：

（1）以前進過甚麽學校？做過甚麽事？家庭和個人的經濟情形怎樣？

（2）要研究那幾科？爲什麽要研究這幾科？

（3）以前學過什麽學科？

（4）願來研究幾個學期？以後再作什麽辦法？

（5）對於人生觀的主張。

（6）對於社會的批評。

凡要入學的，須將上列六項用通信方法詳細寫出寄交本校學生會總書記轉交學長評閱，再行當面接洽決定。

(一)入校者每月須照繳火食費雜費及學生會費。

(二)入校後有投稿本校月刊的義務。

(三)入校後有服從本校公約的義務。

(四)本校爲經費所限，目前採完全自修主義。凡自揣無自修能力者不必入校。

湖南自修大學的介紹與說明

蔡元培

我對於發展我國教育的方法，主張仿法國制分全國爲若干大學區；一區有一所大學，全區的教育事業，都由大學辦理。曾在本雜誌第四卷第三期所載的「教育獨立議」說了一點。

法國本部，面積五十四萬方公里，人口不滿四千萬，分作十五個學區（若合愛倫二州的一區與屬地的一區便是十七區。）平均數是每三萬六千方公里，三百六十萬人，就成一個大學區了。照這個比例，我們若是用一道作一區，就與法國差不多，但照現在的經濟狀況，怎麽辦得到呢？就是退一步，按照江蘇的江北，江南，浙江的浙東，浙西，分一省作兩區，湖南的湘東湘南湘西分三區，四川的川東川西川南川北分四區，也還是辦不到。所以不能不暫認一省爲一區。還有特別區域與蒙藏等屬地更可由此類推。

但是設大學籌備處的已經不少了，實在開辦的還不多。在特別區域與屬地，並中學都沒有辦起來，不但辦大學的人沒有，就是大學的學生，也還招不到，怎麽辦大學呢？

我的觀察，一地方若是沒有一個大學，把有學問的人團聚在一處，一面研究高等學術，一面推行教育事業，永沒有發展教育的希望。

大學所以難辦的緣故，固爲籌備大學的人，把他的性質看錯了。大學本來以專門研究爲本位，所有分班講授，不過指導研究的作用。我們只看見日本的大學，重在各科講義，限年畢業。又看見美國的大學，把個研究科別設一級，得了學士的學位後，纔可進去。就當大學是以分班講授爲主體；專門研究的有無，可以隨便了。那知道歐洲的大學，還是偏重研究。英國牛津劍橋大學，聽講的事，很隨便。學生全是自己用工。若干學生必有一個專科的導師。應讀什麽書，應怎麽樣的研究，有什麽疑義，研究的什麽結果，都是在師生談話間隨時指導，並不在講堂上。德法等國的大學，雖然於分班講授的形式也頗注重；但每科學問，必有一種研究所。有許多教員，是終身在所研究的。學生程度稍高了，也沒有不進所研究的。所以一個大學，若是分班講授與專門研究，能同時並進；固然最好。若不能兼行，與其專做分班講授的機關，還不如單做專門研究的設備，所費較少，成效更大。

我照我們的經濟狀況，通盤打算一番。以爲分班講授與專門研究時並行的設備，暫時由北京八校與東南大學，西南大學，三方面完全擔任起來，於國家稅中畫出寬裕的經費，給他有完全的設備。不但校中應有的科目；就是校外參考的機關，如博物院觀象臺等，也要盡力的建設。至於各省大學，可先設研究科，招國內外大學的本省畢業生來研究，導師可兼請外國學者。最要的是一個完備的圖書館同物理學，化學，地質學，生物學四種實驗室。有地質，生物的研究，來發見本地的原料，又有理化的研究，來定應用原料的方法，不但可供教材，並可助實業的發達。有完備的圖書館供哲學，文學，教育學，社會學的研究，一方面實驗教育，一方面時時有新的理論去助他，教育的進行，還怕他不順利麽！

特別區域與屬地，沒有適當的研究生，可由政府主持，招致隣省的大學畢業生來研究，圖書館與實驗室，是不可不從速設備的。我近來讀到「湖南自修大學組織大綱」，他的注重研究，注重圖書館實驗室，全與我的理想相合，我歡喜得了不得。他們要我題詞，我曾經題了幾句文言，如今抄在下面：

「吾國教育家，託始孔墨。孔子以德行，言語，政治，文學，爲專門學。墨子雖無所標榜，而自其所著書求之，包有科書，哲學及兵家技巧之學，蓋亦由各弟子分門修習者。其後漢師授經，宋儒講學，科目較隘，形式粗同。有淸之季，書院最盛。考據詞章之學，率以書院爲中心：如直隸之蓮池，四川之尊經，浙江之詁經，江蘇之南菁，廣東之廣雅，其最著者矣。近二十年，取法歐美，建設學校，偏重分班授課，限年畢業之制。書院舊制，蕩然無存。大學規程，雖有研究所之目，而各地方講授學術之所，多及專門學校而止。即有大學，亦僅爲畢業之準備，至於極深研幾之業，未遑及也。不知西方學制，實用精研，並無偏廢。希臘哲人，自設學院（academie）提撕答辯，類似孔墨。今之大學，悉有各種研究所（Snstitut）以資教員，畢業生與高材生之研究。大學以外，又有公立私立之特別研究所，以資專門學者之研究。初不拘拘於分班年之制也。方今各省皆有建設大學之議，若廣列科目，同時並舉；師資既非易得；經費亦難猝籌，成立之緩，半由於此。湖南學者乃有自修大學之創設。購置書器，延聘導師，因緣機會，積漸擴張。要以學者自力研究爲本旨，學術以外無他鵠的。合吾國書院與西洋研究所之長而活用之：其諸可以爲各省新設大學之模範者與？

吾實在覺得他們自修大學的組織，可以爲各省的模範；內部的組織法，當然可以隨地變通：他們的主義，實在是顛撲不破的。所以特地鄭重的在「新教育」上介紹一回，並且預先敘述我個人的意見作爲說明。（轉錄新教育）

祝湖南自修大學之成功

李石曾

自修大學乃一新教育制度，其名始現於湖南。以性質言之，則吾國之書院與西方之研究所皆近之。其異於尋常學制者，乃重在自動而求眞實之學，此自修大學之基本性也。其性質既多屬於自動，而組織之繁重亦較其他大學爲減。今之所謂大學，有賴於强大物質之力，幾非國家教會或資本家莫辦。學術之究竟，固無所畏於此諸特力之縛束，然時之障碍，與習染之不良，亦所難免。至自修大學，需用較輕，則縛束之力亦較薄，而較易幾於平民，此又自修大學與尋常大學組織性之不同者也。

既述自修大學之基本性與組織性，而後可以論其短長與補救之方術如左。

一，自修大學重在自動，組織亦較爲簡易，可減輕精神上與物質上之種種縛束，此其優點。

二，世界凡百事物，優點恒爲劣點之對照，自修大學亦難逃此公例。吾人恒見學校之較爲自由者卽較爲散漫，學校組織較爲簡易者學術之工具卽較爲幼稚，無可諱言，自修大學宜於此二者加以補救而求積極之發展。

三，所謂補救似有兩點：曰精神的，在乎求學之個人使能充分以行其性質而無需乎外力；一曰物質的，在乎組織，若本校試驗室不足用，可以適當之方法供用於他校，此法已行之於近於自修大學之性質之『巴黎高等學校』；若習農工醫藥等科，校力當然不足以供實驗，可以適當之方法藉農田工廠醫院等以實習之，此法已實行於歐西各校；如是，則物質力之缺乏似不難補救也。

自修大學果能得適宜之發展，誠足爲一新教育制度之紀元，而成學術之普及。賴此可使大學由持殊階級之制度而成爲羣衆之組織；由名城要邑之集中而成爲地方平等之事業，此非其他大學所能而爲自修大學所獨有之希望。執此以熱祝湖南自修大學之成功，爲高等教育普及之先導，爲社會自由制度實現之先導。

湖南自修大學之使命

圖南

湖南人自動的創辦自脩大學，我們對於此事，却有莫大的喜慰與希望。

在古代社會制度尙未完成，或完成了尙未有甚强的威權的時候，敎者各以自己的主張，各以自己研究之所得，聚徒講學；學者亦各以其性之所近，或主張或見解之相同，自去投師。這樣純粹以人格而結合的敎育，如古代的希臘，與中國春秋戰國時代的講學，與唐宋以後的書院制度，卽是其例。不幸到了社會制度組織完固，並且權力一統，有强力來包辦敎育，於是乎敎者學者爲制度的規定而結合，敎育成爲爲第三者——社會制度——負責任的東西。在專制時代，敎育替君主敎忠，敎孝，造就些奴隸人才。在軍國主義時代，敎育替國家造就些殺人不貶眼的他們所謂愛國志士。在現在工業時代，教育又是在替資本家造就辦事員，替工廠主造就良好的工人。除此以外，教者不敢教，學者不敢學，亦不能學。我們尙記得兩年前日本帝國大學大大的淘汰教授和學科，可知在社會制度的强力之下的教育，是何等樣的可憐！

惟其如此，學者與教者之間，成爲販賣的性質。很少情感之可言。教者以知識的多寡，與所授年級之高低，而受社會的傭金。學者以相當的代價，而求買社會所要求他必要備具的知識。教育已經是機械化，實利化，所謂「學而不厭，誨人不倦」的精神，更何從而有？

好了，現在湖南的自脩大學創辦起來了！學者可以任意學他所想學的東西，教者能教他所能教的功課。教育的精神純粹建立在兩者間的人格的要求上。擺脫社會制度的束縛，脫離金錢的臭味。這是這個自脩大學所特有的機會，也是自脩大學所負着的尊嚴的使命！蔡孑民先生謂自脩大學實兼書院與學校制度之長而活用之，我以爲豈僅如此，這檢直是人格教育的恢復！

以中國現狀而言，命令不能出國門的中央政府，維持國立八校，尙不容易，更何能望他來振興教育。此外資本家來辦的學校那不過是延長社會的罪孽，軍閥想利用教育，亦不過藉此出出風頭，或造成他們的夾帶中的人物。故中國的教育，唯一的希望，只有學者教者來自動的創辦學校，組織學社。而這種組織的最經濟最實效的辦法，似湖南的自脩大學爲我們所僅見的。 所以我們很盼望創辦自脩大學的諸先生，能透澈的了解爲學問而求學問，爲學問而教授學問；努力精進，爲人格的要求，爲人格的感化而結合；爲將來中國自動教育之急先鋒，爲人格教育之好模範：一洗數千年來中外教育界之汚點與恥辱！

（轉錄敎育新刊）

新時代

民國十二年四月十日出版

新時代　第一卷第一號

編輯者　湖南自修大學

出版處　湖南自修大學

發行處　長沙文化書社

印刷處　羅棣華印刷局

定價　每號大洋一角五分

新時代

第一卷 第二號

湖南自修大學出版

十二年五月十五日

新時代 第一卷第二號 目錄

詩

馬克思學說與中國

李達

一

中國共產黨在去年曾經發表一個宣言，據那宣言看起來，他們共產黨的目的是在於組織無產階級，用階級戰爭的手段，建立勞農專政，達到共產主義的社會；他們目前的政治主張是在於引導無產階級幫助民主主義革命，和國內民主革命黨派（如國民黨之類）合作，共同推翻軍閥的政治。

這個宣言出世以後，引起了各方面許多反響，這些反響，據我的見聞所及，大概可以分為兩派。一為反動派，他們持反對的態度，說中國產業幼稚，刻下不應提倡社會革命，使中國紊亂不堪。一為社會主義派，他們贊成共產黨的宗旨，却非難共產黨目前的政治主張。關於這一點，孤軍雜誌，今日雜誌，嚮導週報曾經反覆辨論過，想讀者都是知道的。

這樣看來，馬克思學說之在中國，已是由介紹的時期而進到實行的時期了，我們研究經濟學說的人，對於這樣重大的事實，似有慎重研究和考校的必要，所以在這裡提出『馬克思學說與中國』的論題來討論一番。

本文範圍內應該檢討的約分下列三項：

一，目前的中國可以應用馬克思學說改造社會嗎？

二，假使目前中國可以應用馬克思學說改造社會，中國無產階級應該怎樣準備？怎樣實行？

三，假使中國無產階級能够掌握政權，應該採用何種政策？

二

欲研究目前的中國能否應用馬克思學說改造社會，首先要曉得馬克思所說的社會革命究竟是什麽？究竟怎樣實現的？究竟在什麽時機實現？

什麽叫做社會革命？據馬克思唯物史觀說：『社會的物質生產力發達到一定階段的時候，便和當時的生產關係相衝突，用法律上的術語說起來，就是和財產關係相衝突；然而社會的物質生產力，從前却是在這財產關係裏面活動發展過來的。這些財產關係算是從生產力發展的形式變成生產力的桎梏了。從此遂進於社會革命的時代。經濟的基礎一經變動，那巨大的上部建築的全部，或是徐徐的，或是急劇的，也就跟着變革了。』由這段文字看起來，可知馬克思所說的社會革命，就是使社會的組織完全解體的意思了。

社會革命怎樣實現呢？據上述的原理剖釋起來，社會革命乃是由無產階級舉行政治革命奪取政權來實現的。　因爲在資本主義的產業以前，是小規模的生產，勞動手段歸勞動者自己所有，製造出來的物品也是歸他自己所有的。　到了機械工業發達以後，有產階級便集中各個分散的手段，舉行大規模的生產。　這種集中起來的勞動手段本來是社會的，工廠中許多勞動者共同製造出來的產物，本來也是社會的。　社會的東西應歸社會所有，但當時的財產關係不是這樣，這樣集中的勞動手段以及製成的產物，却是歸資本家所有的。　簡單說，社會的東西歸個人所有了。　有產階級利用這種財產關係，大大的增加生產力，專以生產商品集中資本爲目的，生產，交易，分配等方法果能調劑與否，是不過問的，經濟恐慌，一次兇過一次，大多數工錢勞動者遂陷於貧窮失業不能自存的境地，中等階級亦因大資本的壓迫而降爲無產者，於是社會劃成有產無產兩大階級。　到了這時候，資本主義生產方法的機器，爲自己製造出來的生產力所壓迫而不能運動，這便是生產力和財產關係相衝突的表現了。　由是生產力和財產關係的衝突，遂變成有產階級和無產階級的衝突。　無產階級爲自謀生存起見，就發生了階級的覺悟；由階級的覺悟演出階級的鬥爭；鬥爭的結局，總是無產階級得勝，無產階級就利用政治的權力將一切生產機關收歸社會公有，使生產方法，交易方法和分配方法都可得充分的調和；各個人的生存權和勞動權都可得充分的保障。　這便是社會革命實現的過程。所以政治組織雖然隨着經濟基礎的變動而變革，而政治組織的變革却較經濟基礎的變動早日完成。這政治組織變革的原動力實是無產階級。所以社會革命乃是由無產階級實行政治革命，奪取政權來實現的。這是馬克思的堅確的信念，他自始至終都抱定這個信念，並沒有絲毫改變。讀者不信，我可以舉出許多例證來。

共產黨宣言上說：

『共產黨直接的目的也和別的無產階級黨派一樣：(一)組織無產者成爲一階級，(二)推翻有產階級權勢，(三)無產階級掌握政權。

『無產階級第一步事業，就是必須奪取政權，就是必須起來做國民的主要階級，就是必須以自己組成一個國民………

『我們默察無產階級的大勢，其初只是一些私鬥，末後總要爆發起來，成了公然的革命，推倒有產階級，築起無產階級權力的基礎。

『共產黨最鄙薄隱蔽自己的主義和政見，所以我們公然宣言道：要達到我們的目的，只有打破一切現社會的狀況，叫那班權力階級在共產主義革命面前發抖呵！無產階級所失掉的只有他們的鉄鎖，得到的是全世界。萬國勞動者團結起來呵！』

馬克思又在新萊因新聞上說：

『我們不曉得什麽憐憫，若是我們的天下來了，斷然要行革命的恐怖政治沒有什麽姑息。要縮短集中舊社會死去的苦惱和新社會誕生的流血的努力，其方法只有一個，便是革命恐怖。』

他又在哥達綱領批評上說：

『由資本主義社會到社會主義社會之間，有一個革命變革時期。和這時期相適應的又有一個政治的過渡期，這時期的國家只有勞工專政。』

我們看完上面所引用的幾段文字，似乎可以看見殺人和流血的慘象，似乎可以聽見階級戰爭的吶喊聲，槍礮聲和鉄鎖聲。社會革命歷程中所必經的無產階級政治革命，原來是沒有妥協的餘地的。

共產黨宣言是馬克思在一八四八年發表的；新萊因新聞所載的文字，是他在一八四九年作成的；哥達綱領批評，是他在一八七五年（在他死的五年前）寫好，後來經恩格斯披露的。由此可見馬克思對於「無產階級藉政治革命以實現社會革命的根本主張，畢生沒有絲毫改變。

由以上所述，我們可以知道：無產階級欲促社會革命的實現，第一步事業便是組織起來實行政治革命。

三

現在我們再討論時機的問題。

據共產黨宣言考察起來，社會革命大概要經歷三個時期。第一是準備時期；這個時期共產黨的工作，首先要『宣傳本黨的意見目的和趨向』，其次是『組織無產者成爲一階級。』第二是勞工專政時期：這個時期共產黨的工作是（一）『推翻有產階級權勢，』（二）『無產階級掌握政權。』第三是發展產業時期：這個時期共產黨的工作是：『無產階級用他的政治優越權，漸次奪取資本階級一切資本，將一切生產工具集中在國家的手裏，就是集中在組織權力階級的勞動者手裏；這樣做去，那全生產力就可以用最大的速度增加起來了。』這三個時期是社會革命必經的歷程，各個時期的久暫，全靠各個社會的現狀和產業的程度決定的。我們這裏要討論的，乃是第一個時期的久暫的問題。換句話說，就是無產階級爲實現社會革命而行的政治革命，究應準備若干年月的問題。據唯物史觀說：

『一個社會組織當一切生產力在他裏面還有可以發展的餘地以前，決不會顚覆的；又新的比較高級的生產關係，當其本身上的物質的存在條件，在舊社會母胎裏尙未成熟以前決不會顚覆的。』

照這樣說，無產階級要舉行政治革命實現社會革命，務須等待一切生產力完全發展的時候方可實行了。但是一切生產力發展的『餘地』之有無，却不是用數學方法可以測量而出的。就是馬克思自己對於當時社會的一切生產力有無發展餘地的一點，也未能確實的測定出來，據他當時觀察歐洲社會狀態的結果，他斷定社會命革的時機是已經到來了。共產黨宣言上形容當時社會的經濟狀況說：

『有他的生活，交換，財產關係的近代有產階級社會，就是惹起這般大規模生產和交換的社會，好像術士念咒召來魔鬼，現在却沒有鎮伏他的能力了。數十年來的工商史，只是近代生產力對於近代生產方法，對於有產階級的生存和統治權的財產關係謀叛的歷史。證明這個事實，只要舉出商業上的恐慌就夠了；這種恐慌，隔了一定期便反覆發生，一回兇過一回，常常震動有產階級社會的全部。在這種恐慌的時候，不但當時現存的生產品大部分破壞，連從前造成的生產力也要同一破壞。……社會突然現出回到野蠻的景象，仿彿饑饉驟至，又仿彿舉世大戰衣食要斷絕……這全是文明過度，衣食過度，商業過度的緣故。在社會指揮之下的生產力不能再促進有產階級財產制度的發達了……』

這是一千八百四十八年當時的歐洲經濟社會的情況，我們考察當時各國產業發達的歷史大畧可以說，英國已是紡織工業全盛的時代其餘法國德國，還在紡織工業的萌芽時代，恐怕比現在的中國產業狀況高明不多。但馬克思認定當時社會一切物質生產力，已經沒有可以發展的餘地而主張即時革命了。照這樣，中國的現在不是也可以舉行革命嗎？如無產時經濟社會的進展，出乎馬克思意料之外，資本主義竟得到別的避難所而延長生命了。我們追溯當時的景象，馬克思的斷定所以未中的原因，一是因爲當時無產階級還缺乏鞏固的組織，革命戰爭的勇氣，未曾達到白熱的高度；一是因爲當時有產階級熱力謀海外的發展，奪得廣大的殖民地和半殖民地，用文明方法把他們開拓爲剩餘商品的銷場。因爲這兩個原因，所以當時資本主義竟能繼續發展由紡織工業而進於鐵工業時代。假使當時無產階級竟能實現其政治革命，那段由紡織工業到鐵工業的歷程，必在無產階級社會之中進展無疑了。所以馬克思那種『無產階級藉政治革命實現社會革命』的原理絲毫沒有錯誤，錯誤的處所乃在於實際應用這原理的地方，即是舊社會中生產力究竟有無發展餘地的觀察，難得確定。因爲這個完全要看那社會的環境和無產階級的組織與戰爭的勇氣怎樣纔能決定的。托洛次基對於這一點有一個精確的解釋，現在把他引在下邊。

『無產階級隨有產階級的成長而成長，並且增加力量。由這個見地說來，資本主義的發達，便是向勞工專政前進的無產階級之發達。但政權移到無產階級的時日，不是由經濟力的資本主義的發達程度如何所能決定，乃是由階級鬥爭的關係，由國際的地位，以及種種主觀要素（例如傳說，能戰的勇氣和決心等）所決定的。所以無產階級在資本主義較未發達的後進國中，比之在發達到高度的資本主義國家中能夠早日獲得政治上的優勢。若以爲「勞工專政」在「一國的技術的及生產的資源之間，有一種自動的相依的關係，便是用幼稚方法理解唯物史觀了。　這種想法，與馬克思主義並無關係。』

這個解釋很新穎，很透徹，眞得了馬克思學說的精髓。　爲社會革命而行的政治革命必須由這種要素決定的　因爲這個理由，所以俄國共產黨能夠藉無產階級鞏固的組織和決戰的勇氣，趁着歐戰正酣俄國帝國主義將要解體的時候，蹶然而起打倒本國組織薄弱的有產階級，建立勞農專政的國家。　英美等國社會革命之所以難於實現，並不是什麽時機未到的原因，乃是因爲無產階級組織不健全，被黃色的領袖們引錯了路，決戰的勇氣不甚强烈，而本國的有產階級復利用國際的優越地位，盡量掠奪海外殖民地和半殖民地人民的血肉，延長孳乳資本主義的壽命，但是他的最後的故坑却是已經掘好了。

四

由以上所述看來，我們可以引出以下的結論：

(一)無產階級爲謀社會革命的實現，必須準備着政治革命；

(二)凡是資本主義發達的地方，共產黨必須組織無產者成爲一階級，準備政治革命；

(三)無產階級政治革命爆發的時機，完全由國際的地位和階級決戰的勇氣決定。

現在再分析中國經濟的政治的情形。　中國自二千年前以來，純粹是農業經濟時代，建築在這種經濟基礎上面的是封建的政治。二千年間，經濟上沒有發生重大的變化，所以政治上雖有換朝易代的波瀾，而實質上都也是沒有重大的變化。自從鴉片戰爭以後，資本主義便漸漸侵入了中國的內地，中國固有的經濟狀況，全被破壞，遂發生了重大的變化。從此便進於產業革命時代。直到現在，國際資本主義商品暢銷全國，本國產業的狀況也進到紡織工業的萌芽時代，手工業大受摧殘，大多數人民遂陷於工錢奴隸和失業的地位。

政治組織建設在經濟基礎之上，經濟基礎變化，同時政治組織當然不適於經濟變化的進行。換句話說，經濟上既然由農業經濟而進到工業經濟，同時政治上亦必由封建政治而進於民主政治。所以滿清末年，民主革命黨人乘機起來革命，要使封建政治移到民主政治去，以便工商階級能夠殖產興業，而抵敵外國的侵略。但是中國小工商階級因為國際資本階級的壓迫，不能發達而成為革命的資本階級，所以國民黨在當時雖然標榜資本階級的民主革命，而國內起來響應的人却不是革命的資本階級，乃是一班受了盧梭自由思想的印像以及仇視滿清的人們。所以辛亥革命雖然能夠爆發起來，而他的本身却是建在感情的基礎上面，而不是建在經濟基礎上面的。感情是不能持久的東西，所以辛亥革命的目的，終於被袁世凱一派封建軍閥阻碍了。自是以後，民主派愈欲革命，軍閥派愈欲壓廹，遂以釀成今日民主派和封建軍閥對抗的現象。

其次再討論國際帝國主義與中國的關係。最近八十年來，中國外交的歷史，完全是帝國主義侵略的歷史。全國的金融操縱在外國資本階級之手，全國的鐵路鑛山森林水運交通以及許多企業，大半都歸外國資本階級掌握。加以幾次的戰役賠款以及許多投資的借款，重利盤剝，中國全國的經濟生命，全被他們奪去了。此外在中國攫奪的種種政治權利，更是指不勝屈，北京政府間接就被他們支配。一言以蔽之，中國就是國際帝國主義的半殖民地而已。

所以我們由上述國際的國內的政治經濟現狀，可以把階級對抗的形勢，列表說明出來。

國際　壓迫階級（國際帝國主義者與少數中國軍閥）——→被壓迫階級（中國有產階級與無產階級）

國內　封建階級——已成熟——→有產階級——正在形成——→無產階級（正在形成）

代表各階級的黨派是：

北洋正統——→國民黨——→共產黨

由上表看來，可知中國無產階級經濟上受本國有產階級的壓迫，政治上受封建階級的壓迫；有產階級直接受封建階級的壓迫；而兩者又同受國際帝國主義的壓迫，前者是三重的，後者是二重的。

中國無產階級處在這樣的經濟的政治的情形之下，中國共產黨乘機起來組織無產階級，企圖社會革命，在理論上在事實上並不是沒有確實的根據的。

至於中國無產階級對於目前的政治運動，究應怎樣決定，這一點馬克思在共產黨宣言上並未爲中國共產黨籌畫，若按照目前中國國情，參照馬克思在一八四八年替波蘭瑞士德國共產黨設下的計畫，也可以定出一個政策來。據共產黨宣言說：

『在瑞士，共產黨是幫助急進黨的，但也要注意到這黨是由法國式的民主社會主義者和急進的資本家兩種相反的分子結合起來的。

『在波蘭，共產黨是幫助那用土地革命來做國民解放主要條件的黨派。一八四六年，這黨曾在 Cracow 發動叛亂。

『在德國，對於資本階級有革命行動時，共產黨要和他聯合起來同專制的王政，封建的地主及小資本階級戰爭。但一刻也不要忘記使勞動階級明白感覺有產者和無產者敵意的對抗。必使勞動者準備利用資本階級掌權時必然造成的社會及政治狀況，來做對抗資本階級的武器。也就是準備德國保守階級一旦滅亡，就立刻和資本階級本身開戰。』

我們熟讀上面所引用的文字，就可知道中國共產黨聯合國民黨推倒軍閥政治的主張，在馬克思學說上也是有基礎的。只是我在這裡要促中國共產黨注意的地方，約有下列二項：

一，中國國民黨似乎是一個社會民主的黨派，有資本家，智識分子及勞動者的三種黨員，共產黨至好是影響他們向左傾。將來民主革命成熟時，共產黨至好引導到無產階級革命去。不然，共產黨應該單獨的嚴整無產階級的陣。

二，共產黨應注重『組織無產者成爲一階級』的工作，時時要保持獨立的存在，免受他黨所影響。

五

末了再討論第一節所提出的第三個問題。

我的朋友李六如先生前天同我談起一件事，他說：假使中國無產階級能夠掌握政權，該採用什麽政策？這個問題也是我們研究經濟學說的人所應當研究的，所以把他列入本文範圍之內，說明一下，並質之李六如先生以爲怎樣？

我覺得一個國家的政策，總要根據當時產業的狀况和文化的程度來決定的，有產階級的國家是這樣，無產階級的國家也是這樣。馬克思在共產黨宣言上替當時各個進步的國家決定的政策是：

（一）廢止土地私有權，將所有的地租用在公共的事業上。

（二）徵收嚴重累進率的所得稅。

（三）廢止一切繼承權。

(四)沒收移民及叛徒底財產。
(五)用國家資本設立完全獨占的國民銀行，將信用機關集中在國家手裏。
(六)交通及運輸機關集中在國家的手裏。
(七)擴張國有工場及國有生產機關；開闢荒地，改良一般土地，使適於共通計劃。
(八)各人對於勞動有平等的義務；設立產業(尤其是農業)軍。
(九)聯絡農業及製造工業；平均分配全國的人口，漸次廢掉都會和地方的差別。
(十)設立公立學校，對於一切兒童施以免費的教育。廢止現行兒童的工場勞動。連絡教育和產業的生產等等。」

以上十項政策，據馬克思說，只有當時最進步的各國所能採用的，而且只有最進步各國無產階級執政時所能採用的，若據我們用現在的眼光看起來，其中有些是社會政策，早已被現今各個資本主義國家採用了，而且實現了。但在當時，這些政策必須在無產階級執政的國家纔能實現，可知政策的決定，必須根據當時產業的狀況和文化的程度來決定的了。所以馬克思在共產黨宣言發表之後的二十五年(即一八七二年)和恩格斯共著共產黨宣言的序文裏說：

『過去的二十五年間，事情已是大變了，但這宣言上所開示的一般原理，在大體上還是十分正確的。……至於這個原理的應用，無論何時何地，都依照現存的各種歷史的事情而定，那第二節末了所提出的各種革命的方策，完全不足注重了。那裡所說的在現在已有許多不對了。按照過去二十五年大工業偉大的發展，以及進步的無產階級的政黨組織，更按照二月革命和巴黎共產團——無產階級開始執政兩月——實際的經驗，這個宣言，現在已是陳腐了。』

由這幾句話看來，可知馬克思若在一八七二年時替各個進步國家的無產階級決定政策，一定比一八四八年時所決定的要進步多了。所以他在一八七五年所著的哥達綱領批評上指摘德國勞黨動所要求的各項是不徹底的。譬如哥達綱領關於『免費教育』及『單一的累進稅』的要求，本來是和共產黨宣言所要求的差不多相同，但二十八年以後的經濟的發展，和文化的發達，已是大不相同，而且這類政策已被資本主義國家所採用，無產階級的政黨處在進步的境地作退步的要求，當然是不對的，無怪馬克思要加以嚴格的批評了。

列寧分析俄國的經濟進化的要素，別為下列五種：

(一)家長的，即程度最幼稚的農民生產；

(二)小規模的商品生產(出售穀物的多數農民亦包含在內)；

(三)私的資本主義；

(四)國家資本主義；

(五)社會主義。

按照列寧的分析來分析中國的經濟情形，中國的經濟社會正是上述(一)(二)(三)三種經濟的要素混合存在的狀況，三種之中可以作代表的當然是私的資本主義。假使中國無產階級能夠掌握政權，當然可以利用政治的權力把私的資本主義促進到國家資本主義去。那麼，將來採用的政策當然可以根據國家資本主義的原則來決定了。

現在試本據馬克思學說的原則和中國的產業狀況及文化程度，擬定幾條大綱於下：

(1)不作工者不得吃飯，

(2)平均地權，開闢荒地；

(3)銀行國有；

(4)交通及運輸機關國有；

(5)對外貿易國有；

(6)大產業國有；

(7)廢除一切稅釐，徵收嚴重累進率的所得稅；

(8)有條件的輸入外資；

(9)中學以下實行免費及强迫教育；

(10)立定保工法；

(11)工人及農人的無條件的選舉權及被選舉權。
(12)婦女在政治上經濟上社會上一切與男子平等。
以上只是大綱，至於詳細項目就不另舉了。
本文所要說的都說完了。末了我還要附帶聲明的，本文是教室內研究的文字，只是陳述我一個人的意見，至於對與不對，還望海內外同志批評，討論。
一九二三・五・一三・

觀念史觀批評

李維漢

(一)緒論

孔德把人類思想史分作三個時期：一爲神學時期，一爲玄學時期，一爲科學時期。用這三個標準去考訂人類的歷史觀，反轉來益發證明他們是正確的。歷史哲學上面顯然於人類對於歷史的辨釋，劃出唯神史觀，理想史觀——觀念史觀——唯物史觀三大時期。 西文 idéalisme 是從 idée 這字變化出來的。從實際上說，理想主義只是抽象觀念之敷演和引申。 故理想主義史觀直名之爲觀念史觀，要免去許多神秘不可思議的色彩。

神學史觀在歷史哲學上，已漸次成爲過去底陳迹了。 現時代乃是唯物史觀與觀念史觀之決鬥時期。

翻開人類史，可發現當原始時代，支配歷史觀的爲拜物神教——萬物神教；到了酋長時代與封建時代，則爲多神教：萬物神教底神底意義是自然的，物的；多神教則人的意義底成分居多了。 封建制度崩壞，統一的帝政代之而興，唯神史觀也就從多神的變爲一神的：他底最後的形式。 文藝復興，科學進步，中產階級起握人類最高權，唯神史觀隨着封建制度倒去，理想主義史觀應時而起，擁護中產階級至今。

唯神派把人類歷史看做現成不變的，由神預先安排制定的；觀念史觀認為歷史是憑人類底主觀創造出來的，歷史縱然向前走，也不過是體現幾個綉花的抽象觀念。一個認歷史底進程底後面有神牽着線，一個認為他底前面有人點着亮晶晶的燈在那裡指引着；一是神的，一是人的。他們雖有這樣的分別，却是他們有一共同點，就是死死地擁護現制度。

達爾文底進化論把自然哲學底迷關打破了，同時馬克思把他應用到社會界底科學上來，為歷史哲學，社會學開闢一條新航路，將從前底神秘的，空想的歷史觀一掃而空。這就是我現在要應用他來批評觀念史觀的唯物史觀。　從馬克思底學說裏可找出唯物史觀底兩個定理：

人底意識不能決定人底生活；人底生活倒可以決定人底意識。

物質生活底生產形式，能決定社會的，政治的和精神的生活之發展。

中國底生產形式，正在機械生產與手工生產底爭鬥狀態中，由是，反映到政治上面，則為民主政治與封建的軍閥政治相對抗；在各種思想方面，則為理想主義與唯神主義之爭：五四以前，只是唯神主義管理着一切，五四以後才有理想主義起來向他挑戰。在這新舊衝突底過渡期中，一切舊的思想，文物，制度既皆呈不安穩的現象而為一般的生活所厭棄，如果有在別一個空間尙佔住重要位置的思想，文物，制度乘機而入，自然會被不擇而噬；何況理想主義與進步的唯神主義之區別，本來只是名詞之變換，而很少實質之不同咧！所以五四而後，時髦的智識界全被理想主義底空氣所籠罩；國民實際生活所需要的西洋生產方法，和眞實科學，被許多魔力阻滯着不能進來，而空空洞洞的抽象名詞和什麽浪漫派，直觀派，生命派的文學、哲學，則連篇累牘地輸進中國來，使我國民沿襲下來的空洞思想更加一層新的保障，豈不可嘆！

但是，社會界如同自然界一樣，一種主義，一種解釋現象底學說，是要能眞實兌現才能存在的一種自然定律，或一種歷史法則，如果是眞能兌現的，他必能普遍地管理全自然界，或各民族底歷史。觀念史觀在生產力發達的國家，已被現實生活不客氣地將他底錯悞證明出來了；我們固不迷信萬世不變的眞理，但以我們現有的智識，證諸過去，只有唯物史觀能普遍地解釋一切民族，一切時代底社會歷程。因此，我敢於站在唯物史觀底立場來作這篇觀念史觀批評。

但在未入分別批評以前，仍有將觀念史觀與唯物史觀比較說明之必要。

馬克思底唯物史觀，簡言之，就是以某時代底生產方法解釋某時代底社會歷程。他並不是形而上學底唯物論，認宇宙底本體是物的而非心的；又不是生理學底唯物論，用單純的，物的分子團去解釋一切思想底或意識底現象；他又不是倫理學底唯物論，謂人底一切活動都以滿足物理的慾望，尋求個人的幸福爲鵠的。無論唯物史觀與這三種唯物論在某些關係上有何相同之點，但他底立脚點，他底對象和實用與他們顯然不同的。馬克思鑑定人底情操和思想底形式決定於他所生活的社會底經濟關係底根本形式；在這里，馬克思承認比個人的私利己的動機更强的社會勢力，集合勢力，歷史勢力常參入個人底品行而佔其重要的成分；他認定歷史中唯一的根原，就是經濟關係，人與人相互間的經濟關係 此地經濟關係是指生產與交換底形式：不過交換形式是隨生產形式之變更而變更的。

人不能從他底腦子中抽出一個現成的正義，人道……底觀念，他只能反映生產底經濟關係於他底腦質中。 生產關係之總和爲構成社會底經濟的基礎；政治，法律，社會制度都建築在這基礎上面；而一切倫理的，哲學的，宗教……的時代精神，換言之即一切理想又是那時代政治，法律，社會制度反映出來的。

觀念史觀，是抽象科學底演繹法對於歷史學科不幸的應用。在抽象科學中，牽强的命題常滚出些不可證明的公理。 觀念論者不屑窮究他們底觀念底根原，因此不知其何自而來；他們單只肯定觀念因觀念而存在；觀念是有完成性的，當觀念自己完成底時候，便變化了在他底管理之下的人類社會現象。 然則，他們只從認識觀念底變化以求得歷史定律：這簡直是畢達哥拉斯所假設的『數底性質底知識給我們體底性質底知識。』

但是，因為數學底公律，不是由推理可以證明的，推理卽不證明數學底公理不是體之性質；一切形，色，重，熱，都只能從實驗發現：人與自然接觸後，才把這些觀念留在腦中。由推理證明體是方的，有色的，重的或熱的，比證明部分小於全體，二二等於四，……，是同樣的不可能；人只能從可實驗的事實中抽出論理的結果來。

眞，善，正義，平等，博愛，自由，人道，國家……等觀念，如同數學底公理，不能自存於實驗範圍之外；不先於實驗，却隨着實驗之後；不產生歷史的事實，却是社會現象底結果，社會現象於他自己變化時創造之，修改之，刷創之；這些觀念不能變成原動力，因為他們直接生自社會的環境。是歷史事業之一而不曾為哲學家所注意的，就是一些社會原因之發現，這些社會原因在時代思潮上給哲學者以活動底發生和活動底才能。

但是，觀念論者不承認這些社會事實，而把觀念當做社會底原動力。因此，觀念遂如上帝一般的不可思議。說到這裏，不得不先從心理學來解釋抽象觀念底構成。

(二)從心理學解釋觀念之起原

照心理學底解釋，觀念或影像是一個或數個簡單的或聯合的感覺作用底記憶底結果。

簡單的觀念就是感覺底再生作用，一個前感覺底記憶。例如我一鐘前見了麓山，現在我有麓山底觀念，他從一個類似前感覺的影像之下表現出來。

這影像顯明地是一件記憶的事實；既然是記憶，則此現實感覺更要糢糊些了。要使觀念明了，須費一定的奮勉；並且，縱然有非常的記憶或極大的注意力，然除却某些例外的情形而外，不能使觀念具有條件詳備的現實感覺底光輝。

這種在意識中表現出來的影像，絕不能把他當做精神底創造作用。他存於記憶中，他已經固定在記憶中，而且，他現在能表現出來，就是因爲他以前已經存在了。所以這不是創造作用，而是再生作用。

因爲個人和意識狀態有無限的殊異，觀念所具的現實，細別和顯明底程度也就各各不同。

觀念爲舊感覺底記憶，與現在感覺顯有分別，不能混淆。有些人認觀念取得現感覺底外觀，這因爲他們誤把觀念看同一個實體：這是一種幻覺。

在人底意識中，不僅有客觀的觀念，還有情緒的觀念，行爲的觀念；這些觀念若複雜起來，就是哲學，倫理學等底對象。

若將觀念這名詞放在他底根原底意義中，則可說每一記念是一個聽覺的，或視覺的，或情緒的影像。而且一影像常是一感覺底外顯作用，多少類似原始感覺。

除開簡單的觀念，即感覺底再生而外，又有由簡單觀念化合成的觀念。

我們許多的觀念是人爲的，譬如麓山這觀念就是如此，因爲我將他從許多完全不同的觀點上表現出來；我團聚一羣數目很多的，性質形狀很殊異甚至很相反的感覺，做成一個觀念，一個由我所創造而僅僅存在於我底意識中的許多觀念之總和。我們底心在這裡確加了一番總合的工作：他取一切簡單的影像，同時總合地和分析地將他們聯合起來，構成一個和一的觀念；這和一的觀念沒有實在，寧可說他是各種實在底總和。

這樣成自數多簡單觀念的觀念是心底工作底出產品；心底工作有時是有意識的，有時是無意識的，然通常是無意識的。他於無意識底深底，於由記憶而固定的諸影像間運行其作用。我們底意識只及於這種化成作用底結果，參加這作用的機會是很少的：這作用底最後結果就是人爲的，複雜的，多少普遍的觀念。

這心底工作，當他將兩個或兩個以上的觀念彼此聯合攏來底時候，卽夾着一個判斷在裏面。判斷常成就於兩觀念間類似或殊異底肯定作用中。動物也能夠這樣連接兩個觀念而構成一判斷。取獵犬爲例，當他看見主人拿着槍底時候，便愉快地跳叫起來，這就是表現他過去的獵物觀念與他底眼前的感覺，能夠聯合而構成一確實的判斷：我底主人拿着他底鎗；所以我快要出獵了。固然，獵犬沒有將這樣的判斷在這些條件下面擺列出來，但他正式擺列沒有是不關緊要的。又如小孩見着祖母，便伸手呼要餖餖，也是同樣的例。

我們底觀念與兒童及犬底觀念不同之點，就是我們底比較更要抽象，更要普遍些。

例如麓山這觀念若進化成山底觀念，則其包容更廣，其實在性亦更少了。凡在我旅行中看見過的，或地理學上讀過的，或聽過的，或研究過的，皆可合起來構成山底觀念；但是，構成山觀念底條件是各個山間的共通條件，各個山底特別條件是常被打落的：例如麓山上的黃蔡墳，愛晚亭，飛來鐘，禹王碑……等觀念，便不是山底觀念之要素了。同樣由山底觀念而物底觀念，山又不過是物底觀念之斷片。（未完）

東漢三大政治學家底政治思想

劉春仁

——王符——仲長統——崔實——

一　導言

凡屬一種學說底產生，其原因：一方面爲思想底進步，或受了某種學說底影響；一方面爲適應時勢底要求，如因社會政治教育宗教等等底不良，而發生一種解放或解造的運動。這是我們所承認的。

我國底各種學說，在先秦的時候，發達可說是到極點了。可是到了漢代，就一落千丈，衰不復振。其原因：(一)是漢承秦弊，統一天下，與人民休息，戰爭流血之禍，較之周秦時代，總算要好一點；人民也漸漸地安居樂業，所以那班爲學之士，就落得不出來鼓弄脣舌了。(二)因漢武帝尊崇儒術，罷黜百家，思想界漸漸統一，也就不想去研究，或者不能研究別種學說了。所以漢代底學術界，除了幾個經師，專門講授或疏釋外，其餘各門底學說，簡直可說是沈寂極了。卽以政治學說而論，西漢二百十年的裡頭，尋來尋去，尋不出一個政治學家：必欲勉强湊數，我們就不得不首推鼂錯，其次要算賈山，至於賈誼，反在第三了。

可是東漢，却又不然。別門學說，雖然依舊沈寂，但是到了他——東漢——底末季，竟有三個大政治學家出現。那三個大政治學家，就是本篇所敍述底王符仲長統崔實。三人之中，學識最宏博，眼光最遠大，對於政治，最了解澈底的，要算仲長統。其次要算崔實；至於王符，則又次之了。我現在因爲依照後漢書列傳的次序，把王符列爲第一，仲長統第二，崔實第三，原無別底意思，這也是應該向讀者聲明一下的。

二 三氏所著之書及其所處之時代

（A）所著之書：

王符……潛夫論。

仲長統……昌言……三十四篇，後漢書祇存三篇，餘佚。

崔實……政論……數十條 後漢書合爲一篇，不知有佚否？

（B）所處之時代：

三氏都是生在東漢底末年，大抵當桓靈獻三帝的時候。那個時候，政治和社會都糟得不堪了。政治方面，由『外戚之禍』，而『宦官之禍』，而『黨錮之禍』。後來黃巾亂起，羣雄割據，民生所受底痛苦，越發到十二分了。我們現在根據歷史底記載，自安帝到靈帝底七十八年底期間內，國家的天災人禍，影響於人民的生命財產的，作一個總報告，或者也可知道當時社會一部分底情形的大概。

這個總報告是：

屬於天災的：

大水……………………六〇次

雨雹……………………九六次

大風……………………八一次

地震……………………五七一次

大饑……………………七次

蝗………………………七六次

大雩……………………五次

旱………………………十八次

雨水……………………二〇五次

大疫……………………八次

屬於人禍的：

夷狄侵寇和討伐叛亂的戰役……………二一三次

這種天災人禍，雖然不是全國如此，但是今年此地，明年那地；甚至同時異地，災禍並作，人民所遭底損失，所受底痛苦，眞有不可言語形容的！ 而政府對於此種災禍，毫無預防和救濟底辦法；只是今日下一道罪己詔，明日罷免一個三公，就算塞責了事了。關心民生國計底人，覩著那種現象，豈有不怦然心動，亟圖改革政治，以資救濟的嗎？這是三民政治思想產生底第一個原因。

因天災人禍，或其他原因底結果，而致當時社會上，失業底人，日見增多，社會現象，日見紛亂。我們要知當日那班失業底人的情形，那末，王符有段話說：

『今舉俗舍本農，……游手為巧，充盈都邑，務本者少，浮食者衆。……資末業者，什於農夫；游手虛偽，什於末業。……或以謀姦合任為業，或以游博持掩為事；丁夫不扶犂鋤，而懷丸挾彈，携手上山遨遊；或好取土，作丸賣之；或作泥車瓦狗諸戲弄之具，以詐小兒。……婦人不修中饋，休其蠶織，而起學巫祝，鼓舞事神，以欺誣細民。……』潛夫論浮侈篇

這是當時失業底貧民，因為生計問題之故，所以弄到這個田地。至於富人的生活，却又窮極奢侈，與貧民有天壤之隔。所以當時底社會，已判然分成貧富底兩層階級。王符又有一段文字，描寫當時富族奢侈底情形，說：

『或縻折金綵，令廣分寸；或斷絕衆縷，繞帶手腕；或裁切綺縠，縫紩成幡；皆單費百縑，用功千倍，破牢為偽，以易就難。……衣服，飲食，車輿，廬第，奢過王制。又其徒御僕妾，皆服文組，綵牒，錦繡，綺紈。……犀，象，珠，玉，虎魄，瑇瑁。石山隱飾，金銀錯鏤。窮極麗美，轉相夸咤。其嫁娶者：

車騈數里，緹帷竟道，騎奴侍童，夾轂而引，富者競欲相過，貧者恥其不逮。……

……葬……必欲江南檽，梓，豫章之木。邊遠下土，亦競相放效。……生

不極養，死乃崇喪：或至金縷，玉匣，櫺，梓，楩，柟；多埋珍玉，偶人，車馬。

造起大冢，廣植松柏，廬舍祠堂，務崇奢侈。……』浮侈篇

同時仲長統也有一段文字，寫富族奢侈的情形，說：

『豪人之室：連棟數百，膏田滿野，奴婢千羣，徒附萬計；車船賈販，周於四方，廢居積貯，滿於都城；琦賂寶貨，室不能容，馬牛羊豕，山谷不能受，妖姬美妾，塡乎綺室，倡謳妓樂，列乎深堂；賓客待見而不敢去，車騎交錯而不敢進；三牲之肉，臭而不可食，清醇之酎，敗而不可飲；睇盼則人從其目之所視，喜怒則人隨其心之所慮……』昌言理亂篇

我們讀了這幾段文字，很明白當時社會貧富階級懸殊的狀態。三氏生在那種社會狀態之下，目擊心傷，所以不得不鼓吹改良政治。他們是想用政治底手段，達到改造社會底目的。這是三氏政治思想產生底第二個原因。

三 三氏學說之分述

(甲) 王符

王符底政治學說，原無特別高深底見解；並且他底思想，好像淵源於孟子。孟子

說：『民爲貴』，王氏却說：『國之所以爲國者以有民也』（愛日篇）。孟子說：『保民而王』，王氏又說：『焉可不安而利之，養而濟之哉？』（貴忠篇） 王氏所以主張安民，利民，養民，濟民。 正是因爲他認定了『國之所以爲國者以有民也』底一句話。

我們現在且看他底「安」，「利」，「養」，「濟」底政策，是怎樣的？

（A）注重人民底生計．王符政治思想底根本精神，就是能夠用唯物的經濟觀，去批評國家或政治底組織。 他說：

『國之所以爲國者，以有民也，民之所以爲民者，以有穀也。』愛日篇

他不說，民之所以爲民者：以『有道德也，有政治也，有刑罰也，有教育也，有宗教也』 他偏說，『民之所以爲民者，是因爲有穀呢！』 可見他對於人民底生計問題，異常重視。 但他並不是抹殺道德政治等等……他以爲要先解決人民底生計問題，然後才說得到道德政治……這種主張，正是現代社會主義者，所主張底道德政治………都要建設在經濟的上面是一樣的。

他根據上面底理由，極力推論解決人民生計問題底重要，他歸根論到國家底安危，都是由於人民底生計問題，解決與否而決定的。 他說：

『一夫耕，百人食之，一婦桑，百人衣之，以一奉百，孰能供之？ 天下百郡千縣，市邑萬數，類皆如此，本末不足相供，則民安得不飢？ 飢寒並至，則民安能無

姦軌？姦軌繁多，則吏安能無嚴酷？嚴酷數加，則下安能無愁怨？愁怨者多……

……下民無聊……則國危矣！』浮侈篇

（B）愛惜人民底時間和勞力，使得從事生產：王氏以爲人民底生計問題，旣有亟待解決的必要。而解決生計問題最切要底條件，就是在使人民個個爲生產者，以增加社會底生產力。這層意思，我們可從他底『以一奉百，孰能供之；』這句話反證出來的。

依經濟學底原則，生產力之增加，其要素有三，一是資本或土地，二是時間，三是勞力。王氏於資本或土地一層，沒有說到，這是他底大缺點。但他也知時間和勞力的重要，所以極端主張愛惜人民底時間和勞力。他曾說明時間和勞力底重要，說：

『穀之所以豐者，以有民功也，功之所以建者，以日力也。』愛日篇

『聖人深知力者，民之本，國之基也。』愛日篇

『貧窮起於無日』愛日篇

時間和勞力，旣這般重要，所以他又說：

『化國之日舒以長，故其民閑暇而力有餘；亂國之日促以短，故其民困務而力不足。舒長者：非謂羲和安行，乃君明民靜，而力有餘也；促短者：非謂分度損滅，乃上闇下亂，而力不足也。』愛日篇

『故務省傜役，使之愛日。』愛日篇

這是王氏畧說明愛惜民時民力的方法和效果。但在當日之執政者，不惟不愛惜民力民時，而且反多耗廢民力民時之事。其最甚的，莫過於獄訟。官吏因貪受賄賂，上下其手，拖延不決，轉輾反覆，人民因此而曠廢時日，拋棄職業的，不可勝數。故王氏痛言其弊云：

『夫理直則恃正而不橈，事曲則諂意以行賕。不橈故無恩於吏，行賕故見私於法。……而當延以日月，貧弱者無以曠旬，彊富者可盈千日。……自三府州郡：至於鄉縣典司之吏，辭訟之民，官事相連，更相檢對者，日有十萬人；一人有事，二人經營，是爲日三十萬人，廢其業也。以中農率之，則是歲三百萬人，受其飢者也。然則盜賊何從而銷，太平何由而作乎？』愛日篇

又說：

『而令長以神自畜，百姓廢農桑而趨府庭者，相續道路，非朝餔不得通，非意氣不得見，或連日累月，更相瞻視，或轉請隣里，饋糧應對，歲功既虧，天下豈無受其飢者乎？』同上

不惜民力民時底結果，足以使天下受其飢，而致天下於危亂。但民力民時之所以耗廢，又盡是那班不良的官吏弄成的。他以爲要正本清源，那就不得主張用賢人了。

〔B〕用賢人：王氏說：

『國以賢興』賢貴篇

『君子任職，則思利人；達上則思進賢。』貴忠篇

這種理由，本極淺顯，用不着代他解釋。但是賢人，要如何用法呢？他以爲：

第一：就是在上下之間，都要開誠佈公，不可有絲毫私意底存在。所以他說：

『明主不敢以私授，忠臣不敢以私受。』忠貴篇

第二：就是所謂賢者，也要諒德度力，不可盜襲虛聲，掛一塊『賢者』的招牌，去忝竊祿位。所以他又說：

『易曰：「德薄而位卑，智小而謀大，鮮不及矣！」是故德不稱，其禍必大；能不稱，其殃必大。………』貴忠篇

這種議論，看來似是老生常談，但我們從過去和現在底政治現象去觀察，則那種老生常談，實在不可忽畧。即如現在我們中華民國政治底紛擾，何一而非那班不良底官吏所弄成的。那班官吏底來路，無一能逃出一個『私』字之外的。不是因私情，便是爲私利，暗結朋黨，公行賄賂，簡直以治民理政底官吏位置，作私人底應酬品，變賣品了。而那班鑽營權利的人，又許多連常識都沒有的，至於道德人格，更屬掃地以盡。以此之人，而來治民理政，眞是不諒德，不度力之甚了。國事安得不敗壞呢？

我讀王氏這幾句話，禁不住底十分感慨！執政者底大患，就是在於無誠意去求賢人。你說要他用賢，他偏說無賢可用。所以王氏又極力排斥那種『無賢可用』的謬論，說：

『夫十步之間，必有茂草，十室之邑，必有忠信，是故殷亂有三仁，小衛多君子。今以大漢之廣土，士民之繁庶，……而官無善吏，位無良臣，此豈時之無賢？諒由取之乖實……』實貢篇

（D）反對赦贖：在帝王專制時代，成文法律，沒有完備，一切刑法，大抵都由官吏任意輕重，未免不有過當失實之處。故帝王爲表示寬大，予民自新起見：每逢國家大典，如皇帝加元服，改元等——輒下令大赦，其意在使犯罪之民，感懷恩德，改過悔罪。乃後來底君主，不知此意，視赦贖爲故常之事，如東漢自安帝到靈帝底七十八年內，大赦底命令，竟至下了五十二次，其餘準犯罪者，用金錢罪贖之舉，尤屬不可勝數。王符先生，對於那種無意思底赦贖命令，認爲不知刑法原理，所以極端反對。你看他講刑法原理說：

『先王之制刑法也：非好傷人肌膚，斷人壽命也。貴威惡，懲罪，除人害也』。述赦篇

『爲國者，必知民之所苦，禍之所起，然後爲之禁，故姦可塞而國可安也』。述赦篇

他認定刑法，是『除害』『塞姦』底工具。害除了，姦塞了，然後國乃得安。他這種見解，未免受了申韓諸法家學說底影響。但他既根據這種理由，所以他說：

『今日賊良民之甚者：莫大於數赦贖。赦贖數，則惡人昌，而善人傷矣！』——述赦篇

這是什麼緣故呢？因爲：

姦猾之黨，……皆知赦之不久故也。……既陷罪法，怨毒之家，冀其辜戮，以解畜憤；而反一概悉蒙赦釋，令惡人高會而諸咤，老盜服臧而過門，孝子見讐而不敢討，遭盜者覩物而不敢取，痛莫甚焉！夫養稂莠者傷禾稼，惠姦軌者賊良民……

……』同上

不可赦底理由，既是這樣。所以：

『書曰：文王作罰，刑茲無赦。……故經稱：天討有罪，五刑五用哉！ 詩刺：彼宜有罪，汝反脫之！』同上

既不可赦了，然則古昔帝王，又何以有赦的命令呢？則因：

『古者唯始受命之君，承大亂之極，寇賊姦軌，難爲法禁，故不得不一赦，與之更新，頤養萬物，以成大化。非以養姦活罪，放縱天賊也』。同上

却是當時，主張頻頒赦令底人，所持底理由，則爲：

『久不赦，則姦軌熾，而吏不制。宜數肆眚，以解散之。』同上

因姦軌之熾，吏不能制，便主張常常赦贖，以解散這種繁劇的糾紛。 正所謂因噎廢食，未免成了笑話呢！故王符批評他說：

『此未昭政亂之源，不察禍亂之所由起也』。同上

以上四項，是我所認爲王符理想中的「安」，「利」「養」，「濟」的政策。這種理想，雖不見得十分高妙，但是在當時的政論家裡頭，實在是算鐵中錚錚了！ 何以呢？因爲他是切中時弊，對症下藥的。 至於他言論底結果，是否發生什麼影響，這是又一問題，祇得從畧了。

乙 仲長統

A 仲長統所認爲政治紛亂底原因

大凡要改革一種政治，必要將現在政治紛亂底原因尋出來，譬如醫生治病，先要尋出病源，才好對症下藥。 仲長統以爲當時政象紛亂不寧底原因有三：

(1)豪傑底野心： 仲長統以爲天下者，本是天下人底天下，不是一人一姓所私有的。却是那班爭天下，想過『皇帝癮』的人。 都撐出一塊『天命』的招牌來，欺哄人，威嚇人。 他的意思好像說：『我是上帝命我來君臨你們的，你們可不敬畏我，服從我嗎？』其實那班假稱『天命』的人，都沒佔領天下的『分定』。 你也假稱『天命』，他也假稱『天命』，都不過一種是想過『皇帝癮』的野心罷了 那種野心不戢，戰

爭就從此興起了。這豈不是禍亂之源麽？所以他說：

『豪傑之當天命（仁按說文云：當，値也；而値又訓作持。當天命云者，即是持着天命的意思。）者，未始有天下之分者也。無天下之分，故戰爭竟起焉。於斯之時，並僞假天威，矯據方國；擁甲兵與我角才智，程勇力與我競雌雄；不知去就，疑誤天下，蓋不可數也。』昌言理亂篇

既是各逞才智，自然就有『優勝劣敗』底趨勢。假若失敗了的，就此屈就，不再作死灰復燃之計，倒也罷了。無如失敗的，不過因勢力不敵，暫時屈服，並非中心誠服，渴着機會，再要出頭，他的處心積慮，惟恐天下不亂。於是禍機又隱伏了。所以他又說：

『角智者皆窮，角力者皆負；形不堪復抗，勢不足復校；乃始羈首係頸，就我之銜紲耳。夫或曾爲我之尊長矣；或曾與我爲等儕矣；或曾臣虜我矣；或曾執囚我矣。彼之蔚蔚（按蔚與鬱古字通）皆匈（按匈同胸）詈腹詛，幸我之不成，而以奮其前志。詎肯用此爲終死之分耶？』同上

（2）君主底昏庸：專制時代，政治之盛衰，一係於君主。君主倘若是賢，政治或者畧爲好一點，倘若不賢，那就糟了。所以孟子說：『人存政舉，人亡政熄』也是這個意思。但是從古以來，賢明的君主，總居少數，昏庸的總居多數，所以政象不寧的日子也多些。仲長統有一段文字，痛言君主昏庸之禍，說：

『彼後嗣之愚主，見天下莫之敢違，自謂若天地之不可亡也。乃奔其私嗜，騁其邪欲；君臣宣淫，上下同惡；目極角觝之觀，耳窮鄭衛之聲；入則耽於婦人，出則馳於田獵；荒廢庶政，棄亡人物；澶漫彌留，無所抵極。信任親愛者，盡佞諂容悅之人也；寵貴豐盈者，盡后妃姬妾之家也。使餓狼守庖廚，饑虎牧牢豚，遂至熬天下之脂膏，斲生人之骨髓；怨毒無聊，禍亂並起；中國擾攘，四夷侵叛；土崩瓦解，一朝而去之；昔之爲我哺乳之子孫者，今盡是我飲血之寇讎也。至於運徙勢去，猶不覺悟者，豈非富貴生不仁，沈溺致愚疾耶？存亡以之，迭代政亂，從此周復，天道常然之大數也』。同上

這段文字，將君主昏庸，影響於政治的關係，寫得十分淋漓，十分痛快。至謂『存亡以之，迭代政亂，從此周復』可見君主昏庸，實是政治紛亂的一個大原因。

(3)社會上貧富不均，握政權的，盡是資本階級的人，才智之士反遭屏棄：中國在春秋戰國時候，握政權的，多半是貴族。秦漢以降，雖然漸漸轉移到平民手中來，但是貧民一旦做了官吏，沒有一個不發大財，購田宅，置姬妾，備極奢淫，從前所謂平民，現在居然變爲富族了。這豈不是政權操在資本階級手中麼？你看那些資本階級所享底淫樂，仲長統有一段寫眞底文字，說：

豪人之室：連棟數百，膏田滿野；奴婢千羣，徒附萬計；車船賈販，周於四方；廢

居積貯，滿於都域；琦賂寶貨，室不能容；馬牛羊豕，山谷不能受；妖童美妾，塡乎綺室；倡謳妓樂，列乎深堂；賓客待見而不敢去，車騎交錯而不敢進；三牲之肉，臭而不可食，淸醇之酎，敗而不可飲；睇盼則人從其目之所視，喜怒則人隨其心之所慮……』同上

當時底政權，旣操在富族手中，因此政治界的活動，祗有資本家占勢力，賢人君子，反倒埋沒，政治那會有進步呢？所以他說：

『又政之爲理者……非能斟酌賢愚之分，……相與同爲編戶齊民，而以財力相君長者，世無數焉。而淸潔之士，徒自苦於茨棘，無所損益於風俗也。』同上

淸潔之士，旣然埋沒了。而做官發財，又有有這般底逸樂，那麼有才智的人，那個不想做官，發財呢？故他又說：

『求士之舍榮樂，而居窮苦；棄放逸而赴束縛。夫誰肯爲之者耶？』同上

旣是人人，都想做官，發財。就必要想一個方法，去達那做官，發財底目的。這個方法，是：

『苟運智詐者，則得之焉。苟能得之者，人不以爲罪焉。源發而流橫，路闢而四通矣。』同上

這樣看來，仲長統逐層推闡，歸根到要『運用智詐』，才能達到做官，發財底目的

。天下底人，都想做官，發財。就不得不都來『運用智詐。』天下底人，都來『運用智詐，』那天下還有平治的希望嗎？這是政治紛亂底第三個原因。

B 仲長統政治思想底根本精神

仲長統既把政治紛亂底原因，尋了出來，譬如治病，病源既得，就要下起藥來了。他對於政治，是主張從根本上，澈底改革。你看他說：

『作有利於時，制有便於物者，可為也。事有乖於數，法有翫於時者，可改也。故行於古有其跡，用於今無其功者，不可不變。變而不如前，易而多所敗者，亦不可不復也。』損益篇

這一段，就是仲長統政治思想底根本精神。他以為要澈底改革政治，第一就要變法；而變法又要適乎時勢底需要。當變法底時候，不妨把所變底法，做一個試驗品。試驗底結果，覺得好些，就率性變法。假如試驗底結果，多歸失敗，變了法反不如前，也就不妨恢復未變以前底狀態來。因為他相信，無論什麼政治，都祇有比較的良好，沒有絕對的毫無壞處的。他這種了解政治底精神，就是今日歐美的大政治家，恐怕也不過如此了。我國歷史上，實行變法底政治家，第一是商鞅，第二要算王安石。但是他們，都祇有一個『變』字。沒有一個『復』字，換句話說：就是他們祇曉得變法；及所變的法，行了之後，發生不良底結果，他們却抵死不肯恢復未變以前底狀態來

，所以他們終歸失敗。這豈不是商鞅王安石，對於政治原理的見解，沒有仲長統這般澈底麽？

C　如何變復？

仲長統既是主張適應時勢，實行改革政治，請看他所主張要『變』要『復』的如下：

(1)惟崇君主的地位；但君主要由選舉產生：仲長統明知君主這個東西，最足以引起豪傑底競爭。然而在那時候，或有別的原因，不欲主張廢除『君主。』所以他以爲欲免除豪傑『覬覦君位』底野心，仍然要將君主底地位，極力推崇。他說：

『易曰：「陽：一君二臣，君子之道也；陰：二君一臣，小人之道也。」然則寡者，爲人上者也；衆者，爲人下者也。』損益篇

君主底地位，雖然要推崇，却是昏庸之君主，又足以引起政治底紛亂，然則如何而後能得賢君主呢？你看仲長統說：

『一伍之長，才足以長一伍者也；一國之君，才足以君一國者也；天下之王，才足以王天下者也。』同上

仲長統生在專制政體之下，不敢公然主張要選舉君主。但是他極言君主，要得賢人，定了一個『才』字的標準。我們試思，假若不由選舉，怎能够得『才』足以『君

一國，』『王天下』的人呢？這種言外之意，我們不要忽畧了。

(二)仲長統理想中底選舉制度： 仲長統說：

向者天下戶過千萬，除其老弱，但戶一丁壯，則千萬人也。……丁壯十人之中，必有堪爲其什伍之長；推什伍以上，則百萬人也，又十取之，則佐史之才以上，又十萬人也，又十取之，則可使在政理之位者，萬人也。………充此制以用天下之人，猶將有儲，何嫌乎不足也？』同上

仲長統這種主張，眞是中國古代政治學說底一種新精神，也就是在中國古代政治哲學史上，開一個新紀元。 原來選舉制度有兩種：一種是『民選，』如現代立憲各國，由人民直接，或間接投票選舉議員等是。 一種是『官選，』如中國歷代之舉『孝廉方正，』『博學宏詞，』及以『科考取士』等是。 這兩種選舉制度，各有利弊，顧在用之者之如何哩！現在我們，如果有人出來主張『官選，』則人家必罵以不識時務，不合潮流。 其實『官選制度』底本身，也未必如此之壞。 其所以壞者，則因爲現在底『官』太壞了，不能實心實地，來選舉賢人君子；這正如現在『民選制度』的下面，居然有金錢買票，和武力脅迫的事實發現，是一樣不是民選制度本身之壞，乃是那班運動當選底人的人格太壞了。

仲長統理想中底選舉制度，是以人口爲比例，用十數遞進的複選法，一方面既是全

民參政，一方面又以『賢才』爲標準，我們雖不可附會着說：他理想底選舉制度，是折衷或調和『民選』『官選』，採二者之長而融會的。但他生在『官選制度』底時代，他底思想，就能注意在民衆底意思方面；他所謂『十取之』底『取，』雖然是由於『官取，』而所謂『推什伍以上』的『推，』也必然是『民推』無疑，並且他於當選人名額，又以人口爲比例，這眞是獨到之見了。

他自信這種理想底制度，如果實見，則其效果，可以：

『用天性，究人理，興廢頓，屬斷絕，網羅遺漏，拱押天人矣。』同上

這也不是自誇的話哩！

(3)恢復井田制度：自近世社會主義——無論道德的，宗教的，科學的社會主義——底學說，倡明以來，他們底主張，雖有不同，然而有個共同底目標，就是在推翻私產制度。尤其是科學的社會主義，如馬克斯底『經濟唯物論』的共產主義，則竟以爲無論一種什麽制度，如政治，教育，道德等等，都要建設在經濟制度底上面。這種主張，最爲澈底；而眞正的社會主義，也於此才算完成。仲長統生在二千年前，雖然夢想不到今日底『唯物史』觀的共產主義；但是他是一個反對私產制度最激烈的人，却爲我們所不能否認的。並且他反對私產制度底理由，也有些許含着『經濟』爲一切政制底基礎的見解。這不我附會的話，你看他說：

『井田之變：豪人貨殖，館舍佈於州郡，田畝連於方國；身無半通靑綸之命，而竊三辰龍章之服，不爲編戶一伍之長，而有千室名邑之役。榮樂過於封君，勢力侔於諸侯。守令：財賂自營，犯法不坐；刺客死士，爲之投命。至使弱力少智之子，被穿帷敗，奇死不斂；寃枉窮困，不敢自理。雖由綱禁疏闊，盖分田無限，使之然也。』損益篇

他這樣說明，『貧富階級懸殊』底性形。以爲都是由於『井田制度』破壞以後，『分田無限，』所演成的。在農業的國家，尤其是古代的中國。除却『土地』以外，幾無所謂『經濟，』所謂『資本』。所以他重視土地，主張收歸國有，而於富族之購買土地者，則主張加以限制。他說：

『今土廣民稀，中地未墾。雖然，猶當限以大家勿令過制。其地有草者，盡曰官田，力堪農事，乃聽受之，若聽其自取，後必爲姦也。』同上

他又說明『井田』底極效說：

『今欲張太平之紀綱，立至化之基趾，齊民財之豐寡，正風俗之奢儉，皆非井田莫屬也』同上

這幾句話，從正面看去，固然是說明『井田』底極效的。但從背面看去，如果不行『井田』，則『太平之紀綱不能張，至化之基趾不能立，民財之豐寡不能齊，風俗之

奢儉不能正，』了。這種以治亂安危，爲全係於行『井田』與否的見解，確是他看到『經濟』爲一切政制底基礎了。這種思想，是歐洲初期底社會主義家聖西門（Saint-Simon）輩，所不能及得他的了。

原來『井田制度，』三代都有因革，而典籍散失，其詳不可得聞；近人胡適，因此竟疑『井田』，在事實上，並沒有這種制度，不過是一種理想能了。這是又一問題，我們暫不討論。現在我們應該知道的，則無論事實也好，理想也好，而『井田』確爲一種共產主義底制度，却是我們所不能否認的。『善師古人者，師其意，不師其辭，。』仲長統也曾說：『行於古有其跡，用於今無其功者，不可不變。』仲長統所主張底『井田制度，』可貴底地方，就是在他尊重『共產』底精神；至於方法，是要變的。假若不變，只照着書本上的話，『仿古法泡製。』那就如王莽底『王田制度』一樣，可說毫無意思，結果終歸失敗。可笑後世底迂儒，對於『井田』，聚訟不休，有的硬說不能行，有的硬說要恢復三代的『井田制底』，這都是一孔之見，不知在『共產』底精神上着想呢！我敢相信，仲長統對於改革『井田制度，』必有一番詳密底計畫，可惜他底昌言，只賸三篇，沒有地方去攷查了。

（4）對於任用官吏底主張：

（子）專任卿相：仲長統說：

『周禮六典：冢宰貳王，而理天下；春秋之時，諸侯明德者，皆任一卿；爰及戰國，亦皆然也。 秦並天下，則置丞相，而貳之以御史大夫；自高帝逮於孝成，因而不改，多終其身，漢之隆盛，唯在是焉！夫任一人則政專，任數人，則相倚；政專則和諧，相倚則違戾；和諧則太平之所興也，違戾則荒亂之所起也。』法誡篇

他主張專任卿相底理由是：(一)從歷史上看到任用卿相底好處。(二)當時——東漢——底官制，雖置三公，而事權則操之尚書。外戚宦官，因得乘間操縱，鼓動政潮，或竟奪取政權，這是由於三公沒有實權之所致。所以他主張恢復古代『專任卿相』底制度。 按近世立憲各國，大都行『責任內閣』制，所以一事權，而專責成，辦理政治，較有進步。 仲長統所謂『任一人則政專……政專則和諧……和諧則太平之所由興……』恐怕也是這個意思哩？

但當時也有人懷疑『專任卿相』恐怕權大重了，難於制裁。 仲長統則以為這並不足慮，他說：

『或曰政在一人，權甚重也 曰：人實難得，何重之嫌？昔者霍禹，竇憲，鄧騭，梁冀之徒。 藉外戚之權，管國家之柄。 及其伏誅，以一言之詔，詰朝而決，何重之嫌乎？今夫國家，漏神明於媟近，輸權重於婦黨，算十世而為之者，八九焉！不此之罪，而彼之疑，何其詭耶？』同上

(丑)提高官吏底俸祿　仲長統主張提高吏祿，也有兩個理由，是：

(一)提高吏祿，可以免除官吏私營賄賂。他說：

『夫選用必取善士，善士富者少，而貧者多。祿不足以供養，安能不少營私門乎？從而罪之，是設機置穽，以待天下之君子也。』損益篇

(二)當時政府，減輕吏祿，以充軍餉；故主張提高吏祿，以謀軍餉之減輕。他說：

『夫薄吏祿，以豐軍餉，緣於秦征諸侯，續以四夷。漢承其弊，遂不更改，危國亂家，此之由也。』同上

他這兩種理由，却不見得十分充分。(一)官吏底貪賄賂，未必是盡由於家貧。(二)提高吏祿，未必即可以減輕軍餉。這都是顯而易見底事實。若是證以現在中國底情形，則越發明白了。

(5)改良刑法：自漢文帝廢除肉刑，千古傳爲美談，以爲「肉刑」既廢，刑罰便非常寬大了。如以「刑法學」上底名詞來說，好像是由「峻刑時代」，而入於「博愛時代」了。其實不然，「肉刑」之廢，不過廢除「斷支體，刻肌膚，終身不息」底慘無人道的一部分刑罰而已；至於「刑罰不中」，人民死於非罪的，比較未廢「肉刑」以前，還要更加利害。你看仲長統說：

『肉刑之廢，輕重無品，下死則得髡，鉗。下髡，鉗則得鞭，笞。死者不可復

生，而髠者無傷於人。 髠笞不足以懲中罪，安得不至於死哉？夫雞狗之攘竊；男女之淫奔；酒醴之賂遺；謬誤之傷害，皆非值於死者也。 殺之則甚重，髠之則甚輕。………今患輕之不足以懲惡，則假臧貨以成罪，託疾病以諱殺。………』同上

同時崔實，也有一段文字，說明「肉刑」廢後，刑罰轉重底情形，說：

『文帝雖除肉刑，當劓者笞三百；當斬左趾者笞五百；當斬右趾者棄市。 右趾者既殞其命；笞撻者往往至死。雖有輕刑之名，其實殺也。 當此之時，民皆思復「肉刑」。………以此言之，文帝乃重刑，非輕之也。』政論

仲長統看見當時，「刑罰不中」底情形如此。所以他極力主張改良刑法。他說：

『不制中刑（仁按前漢書刑法志云：大刑用甲兵，其次用斧鉞；中刑用刀鋸，其次用鑽鑿。）以稱其罪，則法令安得不參差，殺生安不得過謬乎？』損益篇

又說：

『科條無所準，名實不相稱，恐非帝王之通法，聖人之良制也。』同上

再看他是主張怎樣改良呢？他說：

『今命五刑有品，輕重有數，科條有序，名實有正。非殺人，逆亂，鳥獸之行甚重者，皆勿殺。嗣周氏之秘典，續呂侯之祥刑，此又宜復之善者也。』同上

所謂「稱罪」，所謂「輕重有數，科條有序，名實有正。」在那時候說，則純係

法家底「綜覈名實主義。如以現代底「刑法學」來講，則所採的，爲一種「報復主義」。「報復主義」底意思，是說犯罪者，爲違背正義底行爲；而刑罰却又以正義爲指歸的。對於犯罪者，科以刑罰，爲理所當然之事。但科刑要量犯罪輕重，一依於實害的大小。換句話說：即是犯了什麼罪，便科什麼刑，絲毫不許假借的。這種主張，只知消極的以「刑罰」保全社會底安寧和幸福；而不知積極的從「犯罪學」底研究，用教育或其他方法，減少人類底犯罪行爲，而達到「刑期無刑」底結果。但這是「刑法」進化底次第如此的，不能持此責仲長統哩！

(6)恢復什一底稅制：在君主專制，不知理財底時代，對於賦稅，每每任意增減。究竟增稅以病民，固是不好；而減稅以病國，也如孟子所謂『惠而不知爲政』了。漢自文帝『免天下田租』以後，繼嗣底君主，也有慕文帝之所爲，以圖博個『皇恩浩蕩』底虛名，故常有『免田租，減賦稅』之舉。迨到東漢，則稅率之輕，竟至三十稅一了。仲長統對於這種『惠而不知爲政』底政策，是極力反對的。他說：

『不循古法，規爲輕稅，及至一方有警，一面被灾，未逮三年，校計騫矩；坐視戰士之蔬食，立望餓莩之滿道，如之何爲君，行此政也。』同上

又說：

『二十稅一，名之曰貊，況三十稅一乎？』同上

他既以稅輕，不足以供國用，並且結果，還要餓殍載道。所以他主張：

『可爲法制，畫一定科，租稅十一更賦，如舊。』同上

他以爲如此行去，國家底財用，一定可以富足的。他曾定一個假設，以爲：

『通肥饒之率，計稼穡之入，令畝收三斛，斛取一斗，未爲甚多，一歲之間，則有數年之儲。……』同上

可知他是欲從整理『稅入』着手，以達到『富國』的目的了。

綜觀仲長統政治思想底精神，是以『功利主義』，而含着『社會主義』底性質的。所謂『功利主義』，是以國家底利益爲指歸的。他主張恢復『什一之稅制』以富國；定『名實有正』的刑法，以防護社會底安寧與幸福。這豈不是以國家底利益爲指歸嗎？他主張收土地爲公有，實行『井田』底共產制度，這又不是彰明較著的『社會主義』嗎？至於他主張用選舉——他理想底選舉——以求賢，任卿相以專政，則又竟是所謂『開明專制』了。他這種眼光與見解，眞是當時底學者所不能及的，所以我推他爲東漢底第一個政治學家。

丙 崔實

崔實是一個『法治主義』底政治學家，他底思想，完全是受了申韓學說底影響，所以他主張『立威嚴，峻刑罰。』

他最反對的，就是『守古不變』底政治。他以爲無論什麽政治，都是爲着時勢底要求而產生的。適於彼時的，未必適於此時；宜於那地的，未必宜於這地。了解政治底人，自當觀察時勢底如何，而因革一切，才爲不背政治底原理。

自漢武帝以儒術統一思想界以後，一班誦法孔孟的人，無論在朝也好，在野也好，一談政治，便滿口的堯，舜，文，武，伊尹，周公。以爲非效法『古先聖王，』則不足以『治國，平天下』。究竟他們於什麽叫做政治？政治應該怎樣建設？實已莫明其妙。至於崔實，則大不然。他說：

『救世之術，豈必體堯蹈舜，後乃理哉？期於補綻決壞，枝柱邪傾，隨形裁割，要措斯世於安寧之域而已！』政論

他所謂「隨形裁割」，卽是看時勢底如何，而酌定的意思。他以爲「聖人」之創設政制，也是「隨形裁割」，並不是呆板不變的。他曾舉出幾個例來爲證，說：

『昔盤庚愍殷，遷都易民；周穆有闕，甫侯正刑』同上

『孔子對葉公以來遠；哀公以臨人；景公以節禮。』非其不同，所急異務也。』同上

這都是：

『聖人執權，遭時定制，步驟之差，各有云設，不彊人以不能，背急切而慕所聞也。』同上

但是現在底「拘文牽古，不達權制，奇偉所聞，簡忽所見……若不知變」底「俗士」政論 口口聲聲毀要「率由舊章」，那就無異於

『以爲結繩之約，可以理亂秦之緒；干戚之舞，足以解平城之圍。』同上

這豈不足滑稽的笑話嗎？這是崔寔反對「守古不變」最充分的理由。

理由既然明白了。請再看他對於當時底政治，主張如何「變」法呢？他說

『今既不能純法八世，故宜參以霸政。則宜重賞深罰以御之，明著法術以檢之。』同上

『著法術』，『重賞深罰』，本是『法治主義』底根本精神，凡屬『法家』，莫不是如此主張的。崔寔『舊調重彈』，也算不得什麽奇特。但是他生在東漢儒學極盛底時代，他一個人，獨自出來主張『法治主義』，那就不可不謂爲有膽有識了。

他主張『法治主義』，有兩個重要底理由：

(1)承認性惡說：但他沒有十分說明。他祇說：

『自非上德，嚴之則理，寬之則亂。』同上

這是以爲人類底個性，除了少數『上德』者外，其餘的大多數，持『放任主義去治理他，是不行的。定要用『干涉主義』，才能使他們入於『治平』底軌道。如果他不是承認普通人底個性是「惡」的，則他何必把「上德」底人除外呢？而且他底『干涉

主義』，更無立足的基礎了。 我們知道，凡屬「法家」底學說，多半是承認「性惡」的。 甚至「儒家」的荀子，也是這樣主張。 甚至泰西的霍布士(Hobbes)主張立威嚴，以統攝國人的，也是主張「性惡」說。 我們更從那一方面看，凡屬主張『放任主義』的，如古代老子底「無治」說，和現在的「無政府主義」，又那一個不是主張「性善」呢？因此，我們即謂崔寔爲承認「性惡」說，也不爲過。

(2)處亂世，不得不藉刑罰，以樹威嚴： 他說：

『蓋爲國之法，有似理身，平則養，疾則攻焉！夫刑罰者，治亂之藥石也；德敎者，興平之粱肉也。 夫以德敎除殘，是以粱肉理疾也；以刑罰理平，是以藥石供養也』同上

讀這一段文字，尤其明白他主張『重賞深罰』，原是爲着當日底時勢——亂世——不得已而發的。 他一面雖主張用「刑罰」治「亂世」，但他並不否認「德政」；他以爲「德政」是治「昇平世」的。 「亂世」不能用「德政」，猶之「治世」不可用「刑罰」，是一樣的。 「亂世」用「刑罰」，固是他積極底主張；但「治世」而專用「刑罰」，也是爲他所反對的。 所以他說：『以刑罰理平，是以藥石供養也』。 他這種思想，則又較之商鞅等之純任「法治，不擇時勢的，更加縝密周詳了。

他既主張用「刑罰」治「亂世」。 請看他所處的時勢，是怎樣的？ 他說：

『夫自漢興以來，三百五十餘歲矣。政令垢翫，上下怠懈，風俗彫敝，人庶巧僞，百姓囂然，咸復思中興之救矣！』同上

又說：

『今承百王之敝，值厄運之會，自數世以來，政多恩貸，馭委其轡，四駘其銜，四牡橫奔，皇路險傾……』同上

時勢既是如此了。他又引歷史上用「威嚴治國而收效果的，以爲例證，說：

昔高祖令蕭何，作九章之律，有夷三族之令。黥，劓，斬趾，斷舌，梟首。故謂之具五刑。文帝雖除肉刑，當劓者笞三百；當斬左趾者笞五百；當斬右趾者棄市。右趾者既殞其命，笞撻者往往至死。雖有輕刑之名，其實殺也。以此言之，文帝乃重刑，非輕刑也，以嚴致平，非以寬致平也。』同上

又說：

『近孝宣皇帝，明於君人之道，審於爲政之理，故嚴刑峻法，破除姦軌之膽，海內肅清，天下密如……』同上

看他這兩段話，可知他雖說「治世」不可用『刑罰』，但他『德政治興平』底主張，終不及他底『刑罰治亂世』，言之那樣詳切，這是顯而易見的。所以我始終認他是一個『法治主義』底政治學家。

以上是說明崔氏政治思想底根本精神，至於他施政底方法，則也極端主張任用賢人。他說：

『自堯舜之帝，湯武之王，皆賴明哲之佐，博物之臣。故皐陶陳謨，而唐虞以興；伊箕作訓，而殷周用隆。 及繼體之君，欲立中興之功者，曷嘗不賴賢哲之謀乎？』同上

他又主張：

『立井田之制』同上

但他沒有說明具體底方法，及所以要『立井田之制』底理由，這或者因他與仲長統同其主張，仲長統既詳言之，他就從畧了？

崔寔底政治思想，大概如此。 他的言論，在當時很爲一部分人士所信仰．大尉袁湯，大將軍梁冀，都曾去聘請他過；大司農羊傅，少府何豹，更謂他『才美能高，宜在朝廷，』上書薦他。 而同時底大政治學家仲長統，尤非常推重他，對於他所做底政論，竟謂『凡爲人主，宜寫一通，置之坐側。』這也可見他底思想言論，在當日底價値了。

四 結論

國家政治底改進，有兩種人，是不可少的：一種是政治家，他們有職有權，改進政

治，比較尚屬容易。一種是政治學家，也叫做政論家，他們以在野的地位，持研究批評的態度，對於政治良否，往往能燭隱洞微，別具見解，發表一種主張，而全靠這種主張所發生底影響，來改進政治。 我們知道有盧梭(Rousseau)而後有法國底大革命；有孟德斯鳩(Montesquieu)而後有美國三權鼎立的共和政體；有馬克思(KarlMark)而後有勞農俄國底建設。政治學家之關係於政治的，固如此其重要呢！

我國底政治學家，造就雖不及他們——盧梭等——這般偉大。但我以為既有一種主張，至少總應該有些影響。乃王符，仲長統，崔實三人的政論，在當時竟不發生什麽影響，我以為其原因是：

(1)處專制政體時代，政權操之君主，不易搖動。

(2)儒家仁義道德之說，充滿天下，別的學說，較難博士大夫及民衆的信仰。

(3)言論箸述，大無統系，聽受底人，不生什麽感想。

這三個原因，也不但王氏仲長氏崔氏，所受底致命傷在此，中國幾千年，政治學說不發達原因，也是在此。

然而有人說：東漢亡後，三國並立，曹操治魏，諸葛亮治蜀，都頗尚嚴，一東滌漢『政多恩貸』之弊。這雖鑒於前代底覆轍而云然的，或者也許是受了三氏學說底影響呢！但我以為『井田制度』底共產主義，則二千餘年，竟不復見，可見『私產制度』之毒，如沈痼之疾，入人已深了，我們如欲發揚先哲學說底精神，還不快些起來奮鬥，以圖澈底的改革嗎？

十二•四•二。

淮南子的教育學說

陳炳琨

淮南子是誰著的呢 這部書的大旨如何？

『淮南王安為人好書，鼓琴，不喜弋獵狗馬馳騁，亦欲行陰德，拊循百姓，流名譽，招致賓客方術之士數千人，作為內書二十一篇，外書甚衆，又有中篇八卷，言神仙黃白之術，亦二十餘萬言。 時武帝方好藝文，以安屬為諸父，辯博，善為文辭，甚尊重之，每為報書及賜，常召司馬相如等視草迺遣。 初，安入朝，獻所作內篇，——新出——上愛秘之；使為離騷傳，旦受詔，日食時上；又獻頌德及長安都國頌；每宴見，談說得失，及方技，賦頌，昏暮然後罷。……』（引漢書四十四）

按淮南王劉安為漢高祖少子淮南厲王長的長子。——生時約當西歷紀元前一八〇年——厲王『怙恩德，驕盈 行多不軌。』 孝文六年，厲王謀反被廢，有司奏請處蜀嚴道邛郵，迺不食而死。 孝文八年，上憐厲王，王有子四人，年皆七八歲，並封為列侯、——劉安為阜陵侯。 孝文十六年劉安徙封為淮南王。 武帝元狩二年，淮南王謀反被誅，（以上據漢書四十四）是為西歷紀元前一二一年。

又按現在所傳的淮南子這部書，只有內書二十一篇，漢書藝文志把彼列入雜家。

據高誘序說，淮南王『與蘇飛，李尚，左吳，田由，雷被，毛被，伍被，晉昌等八人，及諸儒大山小山之流，共講論道德，總統仁義，而著此書。其旨近老子淡泊無爲，蹈虛守靜，出入經道，言其大也，則燾天載地，說其細也，則淪於無垠，及古今治亂存亡禍福，世間詭異瓌奇之事。其義也者，其文也富，物事之類，無所不載，然其大較歸之於道，號曰鴻烈，鴻，大也，烈，明也，以爲大明道之言也。』看高誘這種說法，是把淮南子列爲道家。淮南子中關於自然的觀念，無爲的精義，自是闡發道家的學說，然亦能兼採各家的長處，融會貫通而集其大成。試看淮南子的自叙說：

若劉氏之書，觀天地之象，通古今之事，權事而立制，度形而施宜；原道之心，合三王之風，以儲與扈冶；玄眇之中，精搖靡覽；棄其畛挈，斟其淑靜；以統天下，理萬物，應變化，通殊類；非循一迹之路，守一隅之指，拘繫牽連之物，而不與世推移也。故置之尋常而不塞，布之天下而不窕。（要畧）

我們讀此，可以知道淮南子的作者實已自己承認這部書是一部集大成的書了。

任何哲學家或教育家的教育學說都是根據於他的哲學的。所以杜威說，『哲學就是廣義的教育學說，』這是說哲學便是教育學說。我現在叙述淮南子的教育學說，有時不得不要牽及他的哲學，這是要請讀者注意的。今將淮南子的教育學說最重要而最有價値之點，分爲四段，述之如下。

一　中國古來的哲學家大都看重天然過於人事，孔子孟子如此，墨子如此，道家尤甚。老子任天太過，至於要把一切人爲的學術制度廢掉，歸到無名之樸，所以說『絕聖棄智』，『絕學無憂』。莊子任天太過，所以說，『吾生也有涯，而知也無涯，以有涯隨無涯，殆已！已而爲知者，殆而已矣』！又說『庸詎知吾所謂天之非人乎？所謂人之非天乎？』他們檢直以爲人事全然無可盡力之處，儘管聽天，靠天就是了。直到荀子纔看輕天然，推崇人力，所以他的天論說『大天而思之，孰與物畜而制之？從天而頌之，孰與制天命而用之？望時而待之，孰與應時而使之？因物而多之，孰與騁能而化之？思物而物之，孰與理物而勿失之也？願於物之所以生，孰與有物之所以成？故錯人而思天，則失萬物之情。』後來到了淮南子，則一面看重天然，一面仍尊重人事。所以原道訓說：

所謂天者，純粹樸素，質直皓白，未始有與雜糅者也。所謂人者偶睉智故，曲巧僞詐，所以俛仰於世人而與俗交者也。故牛岐蹏而戴角，馬被髦而全足者，天也；絡馬之口，穿牛之鼻者，人也。

又脩務訓說：

夫地勢水東流，人必事焉，然後水潦得谷行；禾稼春生，人必加功焉，故五穀得遂長。聽其自流，待其自生，則鯀禹之功不立，而后稷之智不用。若吾所謂無爲者，私志不得入公道，嗜欲不得枉正術；循理而舉事，因資而立功，推自然之勢，而曲故不得容者；事成而身弗伐，功立而名弗有，非謂其感而不應，攻而不動者。若夫以火熯井，以淮灌山，此用己而背自然，故謂之有爲。若夫水之用舟，沙之用鳩，泥之用輴，山之用蔂，夏瀆而冬陂，因高爲山，因下爲池，此非吾所謂爲之。

這種天人並重的哲學應用到教育上，便是一面注重與生俱生的性——本能，一面注重人爲的學——敎育。人類的生活非常繁複，其所需要學習的事物也自然多多；有了後天的學習然後纔能控馭身體各部的動作，及獲得生活上必要的技能和道德；但靠先天的本能，決不够適合生存之用，雖然本能爲敎育之根據或起點。泰族訓說：

民有好色之性，故有大婚之禮；有飲食之性，故有大饗之誼；有喜樂之性，故有鐘鼓筦絃之音；有悲哀之性，故有衰絰哭踊之節。故先王之制法也，因民之所好，而爲之節文者也。因其好色而制婚姻之禮，故男女有別；因其喜音而正雅頌之聲，故風俗不流，因其寧家室，樂妻子，敎之以順，故父子有親；因其喜朋友而敎之以悌，故長幼有序；然後修朝聘以明貴賤；饗飲習射以明長幼；時搜振旅以習用兵〔也〕；入學庠序以修人倫；此皆人之所有於性，而聖人之所匠成也。故無其性，不可敎訓；有其性，無其養，不能遵道。

根據本能以施教育，教育是可能的，這是無可疑的了。　我們可以說先天的本能是可修養或改換的，雖先天的形體不可損益。請看脩務訓說：

> 世俗廢衰，而非學者多，——人性各有所脩短，若魚之躍，若鵲之駁，此自然者不可損益。
>
> 吾以爲不然，——夫魚者躍，鵲者駁也，猶人馬之爲人馬，筋骨形體，所受於天不可變。以此論之，則不類矣。夫馬之爲草駒之時，跳躍揚蹏，翹尾而走，人不能制，齕咋足以噆肌碎骨，蹶蹏足以破盧陷匈；及至圉人擾之，良御教之，掩以衡扼，連以轡銜，則雖歷險超壍，勿敢辟。故其形之爲馬，馬不可化，其可駕御，教之所爲也。馬，聾蟲也，而可以通氣志，猶待教而成，又況人乎？

我們讀了上面所引的泰族訓修務訓兩段，可以知道人類具有先天能力，——性——纔有學習各種事物之容量或可能。只是學者須努力地去學，忍耐地去學，日積月累地去學，纔能收得學習的效果。所以脩務訓又說：

> 今夫盲者不能別晝夜，分白黑，然而搏琴撫弦，參彈復徽，攫援摽拂，手若蔑蒙，不失一弦。使未嘗鼓瑟者，雖有離朱之明，攫掇之捷，猶不能屈伸其指，何則？服習積貫之所致。故弓待橛而後能調，劍待砥而後能利；玉堅無敵，鏤以爲獸，首尾成形，礛諸之功；木直中繩，揉以爲輪，其曲中規，檃括之力；唐碧堅忍之類猶

可刻鏤，揉以成器用，又況心意乎？

這很和荀子『化性』，『積學』的教育學說相似了。

二　老子說，『道常無爲而無不爲，萬物將自化』。莊子說，『物之生也，若馳若驟，無動而不變，無時而不移。何爲乎？何不爲乎？夫固將自化。』『自化』是老莊進化學說的要義。淮南子的進化學說就更精澈了。原道訓說：

夫萍樹根於水，木樹根於土，鳥排虛而飛，獸蹠實而走，蛟龍水居，虎豹山處，天地之性也。兩木相摩而然，金火相守而流，員者常轉，窾者主浮，自然之勢也。是故春風至則甘雨降，生育萬物，羽者嫗伏，毛者孕育，草木榮華，鳥獸卵胎，莫見其爲者而功成矣。秋風下霜，倒生挫傷，鷹鵰搏鷙，昆蟲蟄藏，草木注根，魚鼈湊淵，莫見其爲者，滅而無形。木處榛巢，水居窟穴，禽獸有艽，人民有室；陸處宜牛馬，舟行宜多水；匈奴出穢裘，于越生葛絺；各生所急以備燥濕，各因所處以禦寒暑，並得其宜，物便其所。——由此觀之，萬物固以自然，聖人又何事焉？

這段末節說的『各生所急以備濕燥，各因所處以禦寒暑，並得其宜，物便其所』很合近代生物學者所說適者生存的道理。又脩務訓說：

夫天之所覆，地之所載，包於六合之內，託於宇宙之間，陰陽之所生，血氣之精，含牙戴角，前爪後距，奮翼攫肆，蚑行蟯動之蟲，喜而合，怒而鬬，見利而就，避害而去，其情一也。雖其所好惡，與人無以異，然其爪牙雖利，筋骨雖强，不免制於人者，知不能相通，才力不能相一也。各有其自然之勢，無稟受於外，故力竭功沮。夫雁順風而飛以受氣力，銜蘆而翔以備矰弋；螘知爲垤，貛貉爲曲穴；虎豹有茂草，野彘有艽莦，槎櫛掘虛連比以像宮室，陰以防雨，景以蔽日；此亦鳥獸之所以知求合於其所利。

上面這段是說生物之『喜而合，怒而鬬』，以與物競；『見利而就，避害而去，』以自衛；隨環境的變化出以適應的行爲，『求合於其所利』，以滿足其需要，以自謀其生存。這段文章說物競天擇適者生存的道理狠算透闢。這種學說應用到教育上便是教育要適應環境，教育就是適應。所以淮南子又緊接上面那段說：

令使人生於辟陋之國，長於窮櫚漏室之下，長無兄弟，少無父母，目未嘗見禮節，耳未嘗聞先古，獨立專室而不出門，使其性雖不愚，然其知者必寡矣。

這是說一個人離開環境，雖有適應的能力，沒有適應的對象，那末，所受的教訓，所得的知識就少的緊了。因爲人類的適應作用有三個要素：(一)環境，(二)個人，(三)主司活動的體系，如筋肉神經等，三者缺一不可。適應的方法有二：(一)供給豐富的環境，作爲刺激和材料的基礎。(二)給個人活動的事業以適當的指導。 教育上之所謂適應環境，是必須具備上面那些條件的。原道訓說：

九疑之南，陸事寡而水事衆，於是人民被髮文身以像鱗蟲，短綣不袴以便涉遊，短袂攘卷以便刺舟，因之也。鴈門之北，狄不穀食，賤長貴壯，俗尙多力，人不弛弓，馬不解勒，便之也。故禹之裸國，解衣而入，衣帶而出，因之也。

又氾論訓說：

民迫其難則求其便，困其患則造其備，人各以其所知，去其所害，就其所利。

這是說人類的環境繁複，不定，其需要亦隨之而有變遷：人有適應的能力和經驗，足以應付周遭的困難，而去害就利，以滿足其需要；所以適應作用不只是被動的，機械的，而是活動的，且有生氣的了。 說林訓說：

人莫欲學御龍而皆欲學御馬；莫欲學治鬼而皆欲學治人，急所用也。

這檢直是說不合人生需要的可不學了。

三，學記說，『不興其藝，不能樂學』。 鄭注『興之言喜也，歆也。 藝謂禮樂射御書數』。 這是說教學應該先使學者覺悟其需要，引起他的動機，學者有了動機，方纔樂意去學。 淮南子的教育學說也注意到了這點，所以原道訓說：

內不得於中，禀授於外，而以自飾也。不浸於肌膚，不浹於骨髓，不留於心志，不滯於五藏。

這是說注入的害處。

故從外入者，無主於中，不止；從中出者，無應於外，不行。故聽善言便計，雖愚者知說之；稱至德高行，雖不肖者知慕之。說之者衆，而用之者鮮；慕之者多，而行之者寡；所以然者，何也？不能反諸性也。

這是說教學徒然從事注入，沒有動機；或是有了動機，沒有供給活動的外境；或是有了興味，沒有探索動機的來源——反諸性——去引起動機；都足以便學習的不能應用。

夫內不開於中，而强學問者，不入於耳，而不著於心，此何異於聾者之歌也？效人爲之，而無以自樂也；聲出於口，則越而散矣。

這是說沒有引起內發的動機，强令學習的流弊，可算透闢極了。

四，淮南子的政治哲學主張『體道』而不『任數』，『漠然無爲而無不爲，澹然無治而無不治』。他的教育學說則主張人格感化。原道訓說：

是故鞭噬狗，策蹏馬，而欲革堅則兵利，城成則衝生，若以湯沃沸，亂乃逾甚。

教之，雖伊尹造父弗能化。……體道者逸而不窮，任數者勞而無功。

原道訓又說：

昔舜耕於歷山，期年而田者爭處墝埆，以封壤肥相讓；陶於河濱，期年而漁者爭處湍瀨，以曲隈深潭相予。當此之時，口不設言，手不指麾，執玄德於心，而化馳若神。使舜無其志，雖口辯而戶說之，不能化一人，故不道之道，莽乎大哉！

俶眞訓說：

與至人居，使家忘貧；使王公簡其富貴而樂卑賤；勇者衰其氣；貪者消其欲。坐而不教，立而不議，虛而往者實而歸，故不言而能飲人以和。

『坐而不教，……不言而能飲人以和』，這正合老子說的『不言之教，無爲之益，天下希及之』了。

生命的藝術

傅昌鈺

節譯 Edward Carpenter 所著天使之翼第九章

『人生不可不爲藝術的，不可不改造人生於藝術的新地盤上。』是本章所應叙述的事。但此問題浩大，想要把他詳盡的叙述起來，似覺不易。若是引伸這個問題，有實業的改革問題，社會主義和無政府主義的問題，以及食物，衣服，家庭生活，醫術，結婚和其他不可勝數的種種問題。這些問題剛纔出現，好比映於初生嬰兒眼睛中的新世界的景物。討論此等事件，不得不先論及他方面的事實。

『人生是表現。』像這樣考察人生，可知生命是從內都向外面運動——卽是向外面發展。想要爲自己的趣味，自己的感情，自己的人格，而攫得地位，攫得自由，攫得調和的擴張，才算是脚踏生路。若是遇事忙從不能振作，便是蠢然一物，只有死路了。

原始的生活是自我的表現，這是我們所能想像的。表現越發多，生命的價值越發高若表現有錯誤，是自我的目的有錯誤。像從敵陣逃脫的逃走者常恐被人發見而隱匿自己的思想感情以送一生的，和奴隸一樣一生被人壓迫而生活的，此類的人，不能說他們是生，只算是一件物品的存生。現在我們的生活多有是這樣的生活：我們都爲時勢，傳說和習慣所推擁。所以做一件事沒有不是習慣的，沒有不是無意義的，除古來傳說以外不能表現何物出來，如此想要表出由衷的實感，自然是不可能的。我們對於眼前的事物非常害怕，追隨人家的足跡，好與人一致，以致養成一種惰氣而不自覺；或者終日所想像追求的不過如何可獲得財貨，致成爲麪包的奴隸。這樣的生活決不是眞的生活，簡直是下而又下絲毫不值的生活。

有人說人生的藝術可以獲得無上的歡樂。但是最多的快樂不是由探求快樂而得的，是從快樂方面驅使我們進行於自己的途徑的時候而得的。現在假設有一位寬裕自如的青年。凡事都能適合他的趣味，凡事都能滿足他，再沒有比較他所享受的更優美。然而這位青年只怕在這快樂期間一旦死去，不免常時愁苦。像這樣的生活，似乎有不可明言的大缺陷，正如演奏優美樂曲的時候，根本上樂器的調子不合，不能把那種優美樂曲奏出來。這是甚麼道理呢？因爲一方面他不生活於眞的自己的生命，他方面維持這華美的衣，食和家屋的財富不是從調和的源泉而來。假若傾耳而聽，從綢緞衣服的吵哪吵哪的響聲裏，盛有甘酒的酒杯的響聲裏，聽得到人間饑餓的叫聲。奢侈的服裝和飲食的快樂，只有不協音和苦痛蘊藏其中。若是這位青年一旦想到眞的自我，將要愈想愈能得其眞意。

這位青年是沒有得着正確的見解。他忘記了人生的快樂不是從聲色貨利中得來的，是從盡量發露眞的自我於生活事業上得來的——他不知道快樂這件東西，是從內部發出去的，不是從外部闖進來的。他求快樂，忘記了快樂應爲第二義。快樂是供給人生的自然物，不是人生原始的目的；探求快樂，將要殺戮快樂，這些事情，他也把他們忘記了。

人生原始的目的是表現。繪畫，作歌的時候有無限的快樂在其中。但是人當勞作的時候並不要求獲得何等快樂，只一心一意考察是否得了正確的表現；一旦表現出來了，「啊呀，眞好啊！」若是以快樂爲第一義，決不能表現什麼好的東西出來。若是以表現爲第一義，那麽，快樂可津津湧出而無窮盡。

生命是表現。我們越發考究人生，越發明白能彀滿足我們的生活的是自我表現，是自我的深刻的情感的表現。就是說對於妻室兒女和調和的家庭生活，發揮我們的愛；對於創作，發揮我們的力和智力。若是創造自我於外界而與我的內部的世界相呼應，還眞是莫大的幸福，眞是生命的充實。

萬事萬物都可做自我表現的材料。我們想做什麽，隨卽選定材料就是，沒有一件不合用的。動作，衣服，家屋，職業，談話，知識，手工，音響，色彩，物品，形，花木，星，石——這些東西都能彀供我們自身表現的使用。準此，我們才得見知於人，才得挿足於組織世界的人類大團體。

現在我們人類已經有了偉大的歷史。眞能了解生命的時代，利用物質以作表現用的時代快要來了。從來揪動社會的東西是生存競爭，因此衆生不得不奔走於功利。一般人都成爲物質的奴隸，好像餓鬼似的，只要能彀滿足些少的慾望，便似牛馬的工作終日做過不休。我們人類像這樣幹下去是不行的，應該超越物質，應該爲自己存在的目的而使用物質。如此，我們鼓動我們的翼而昇進於眞的生活是可能的。

爲表現而使用物質是自然界一般的法則。物質是還沒有被人解說的思想，是不透明狀態的心意。假使我們領悟了一物，就會認他爲有生命與活力的存在；如果不能領悟他，只是一件粗悪的物質了。我們看見一朶花，可看見他的微笑，一見人家的眼睛，就看見他露於水晶球上的智力。就是一塊岩石，若是用顯微鏡觀察他的緻密的構造，同花，水晶一樣的好看，有無限的美和表現之力存於其中。我們能彀了解爲靈魂的象徵(Symbol)的物質，就能悟到那些物質所表現的是什麽。

生存競爭風靡了過去的社會，因此衆生已經十分勞動了。但是那種勞作並不是創造的，並不是創造與內心世界相呼應的世界於身之外圍，不過消極的逃避貧窮和饑餓，只求滿足與叫化子同樣的慾望，盡心盡力逢迎雇主。像這樣的勞作，甚麽都沒有表現出來。現在人們奮起支配物質的時候將要到了；不至爲恐佈而勞動，要爲愛而勞動了——就是說不像奴隸被人强迫而勞動，要對着自己創造的眞生活的興味而勞動了。如此，物質的時代畢竟可成爲過去的而不至於復現；人類的生活，人間的事業都是藝術的。這種藝術的生活卽是人類的自己表現。人所創造的東西，對於自己，對於人家，都是和美之「靈」相接觸的。美是從人的性質，人的活動出來的自由產物——就是發揮眞事業的內部調和的表現。內部調和表現的時候，好似木葉，野花，樹枝中的鳥巢一樣的美麗——其間有沐浴於自然的歡喜的美，自由的美。但是現在我們的日常生活全然失了方向，失了尊嚴，充滿了虛僞。我們在這種社會生活中，走路的時候，說話的時候，做事的時候，都沒有把自己表現出來。徒然埋頭於書室，那能夠知道表現自己的途徑！

正當把持生命的時候，我們能夠使自己的日常工作成爲表現的。這時候我們悟到不可不貫徹表現的大歡喜於全生命。一切的作品一定從今日奴隸的狀態歸於自然的狀態而成爲藝術的——此外使人生爲藝術的人生別無他途徑。於是乎世界上充滿了優美的物品，人們的思想和心情，好像明鏡似的在那些美術的物品上表現出來。

「人生的藝術」是說人生不可不爲藝術的。要知道人生是超越肉體，超越物質；要知道爲表現的目的而使用肉體和物質；要知道自我不是肉體不是物質。畫家不會誤用畫具，我們也應該像他們使用畫具一樣，正當的使用生命，物質和身體。我們要利用物質，不可諂媚物體，服從物體，崇拜物體，或被驅使於物體。「卓拔」(Mastery)

是生之藝術的一大警語，我們要時刻把這兩字放在心裏。現在單純的思想，歸於自然的思想的實際價值要表現出來了。預言者盧梭諸人曾經預言無論何時代有大革命出現。他們曾大聲叫道：「做自我尊崇的準備喲！努力於人心的表現喲！」現在種種的習慣和無用的屑物啦啦雜雜充滿了大地。我們爲個人的表現着想，爲社會着想，不得不掃清那些不必要的障礙物。

做這些事情，要依着藝術的經濟法則。作詩的時候不可用些淺薄的，非表現的，與全體無關係的辭句或一言半語（Syllable）。試變更優美詩中的一句，一定會損傷詩的全體。要表現生命，就不許有雜色東西，無意義的東西，卑惡的意味存於表現之間。我們不要存心穿人家的衣服，聽人家的呼喚，模倣人家的生活。但是這些障礙物，似乎總要加上一個人的身上。若是不服從他，他就暴烈的反動起來，侮辱起來了。

我們當這個時候，不可不取一刀兩斷的態度切斷那繫住我們的桎梏

從攻擊中逃出的人所表現的一種面相，是「卓拔」（Mastery）的自覺，又以一切事物爲表象，記號，談話的材料或以他們爲度量自己與人的統一的手段，也是「卓拔」的自覺表現。若是畫家模倣守舊派而失掉了自己表現，便成爲畫具，色彩法的奴隸了。音樂家不可失掉了一定的樂旨，我們也不可奴隸的勞作於一定的動機。我們不可不爲自己表現的目的利用自己的一切動機。

「世間的人們喲，要充分的表現你們自己！」我知道要實行這句話很是困難。想要全然發揮自我，終久會陷於進退維谷的狀態。但是只要這樣做去，會達到橫於死，愛和永久生命的背後的一切景物。那麽，只管表現你的全自我罷！然而我們不知道自己的性質的全要素，若是隨意表現出來，恐怕人世會要成爲不可狀的野獸園！把這樣的野獸盡從檻裏放出來是不行的。然又不可作如是觀。我們不可不以某種形式表演我們自己；對於朋友．對於敵人，對於世界，不可不將自己表示出來。這樣的生命才是眞實的生命

現今的社會沒有甚麽目的。於一方我們受了小而又小的分割，一切的機能都軟化了。谷藍得夫人謂人無論表出甚麽東西都可以，此外的事物和思想不可不永遠沉默置之。但是這是全然不可能的事。我們怎樣能彀不用四色而以三色畫出虹來呢？假若我們不過是兩脚規所畫的輪廓，怎樣能彀把自己表白出來呢？這樣看起來，可哀的很。使我們的表現爲不完全的，半面的原因，不僅是社會，還是由於我們的性質不完全。我們生命中的某種熱情常是萎微不振，而某種熱情常爲奇特的發達。發展出來的熱情，情緒，思想等又互相戰爭，互相侮辱。這樣我們眞是充滿了罪惡，爭鬬和迷夢。但是生命的正中，有眼光明晰如律呂的一件東西。這件東西就是自我，就是從來所夢想的靈魂。

眞的藝術，最大的藝術解放被囚的衆生——卽是開拓我們生命的荒野使他開花像薔薇一樣。表現自己，調和自己的性質的一切要求使表現於一個生命，眞是壯美的事。非伊底亞士彫刻希臘的主神（Zeus）於大理石，費了五年的勞力。他刻了這樣不朽的東西，其價值比一個人的生涯更高。

大膽是表現眞自我的關鍵　威廉布列格曾說：『眞藝術家一定有「行之過甚」的謬誤，』這話是描寫眞藝家術有非常的大膽和同情。心欲爲善，必現出惡的動機；爲惡的原因是沒有得着正當的，平均的表現。所以不可不正當的表現出來。諸君若是極力盡忠於善的方面，也會常常充分的表現自己於惡的方面。諸君若是以極端的自我主義對人，也就能轂燃燒於極端的同情之上。像這樣做去才是實際表現。

肉體要求靈魂，靈魂要求肉體。天空要畫地平線才得顯出，而地平線不過天空之端。斷絕，放棄，拒絕是無益的。像反抗似的大膽的表白，和希望暴露秘藏於底奧的調和的永久忍耐，是表「眞」的唯一道途。認識萬物的統一和肯定的靈魂的直覺中有美的認識。把日常生活的表現面積擴張起來的人，想作大調和而給調和於不調和事物的人——譬如教以如何得施新色彩於萬物，如何得使萬物有新形式或態度的人——眞是大藝術家。這樣的大藝術家把我們衷心所嘆賞的事物赤裸裸的演奏出來，或者發見我們夙昔所求的生命的言語動作而使我們靈魂的小花瓣開花於太空之中。如此表現起來，我們的大望眞可博得勝利——這個勝利切實接觸於人人的心中。

人生既成爲藝術的，那麽，人所期望的最大勝利可以實現了。諸君可脫離動機和物質的魔王了；正當使用物質和動機的瞬間可以指揮萬物了。到了那個境界，諸君可脫離痛苦了，可參入關於自身建設的世界，從內部建設人生的百般事業了。諸君到了那個境界，有如最大作曲家能𣪊立於自己創造之上了。如此，只有創造是生命，此外都是迷夢和混亂。

愛慕橫於靈魂底奧的統一的本能，常求自由表現於人性(Humanity)。若是諸君自身的自我中有眞理，那麽，好像日沒夜來似的，能𣪊和各個人的自我相接觸。那時候，諸君能𣪊具有翱翔於太空之中的天使之翼了。

湖南自修大學之未來與希望

王言綍

曩者國內銳進之士，所理想所高唱之自修大學，玆已應時代之需求，呱呱墮地矣。 其喜其樂，爲何如乎！惟此呱呱者之能否成長？ 能否成長爲強健而活潑者？ 強健而活潑矣，又能否善用此強健而活潑之精神，爲人類社會謀幸福？ 則必視乎教之養之之道何如，始克決定之耳。 夫自修大學何爲乎而設立也？ 非有鑒於其他學校制度之未臻完善，而倡此新制者取彼而代之耶。 顧彼之未臻完善者何在？ 必研究明瞭，然後此新制者之倡立，知爲刻不容緩；而教之養之之道，亦得資以爲鑑也。 玆舉其犖犖大者，而分論之：一，爲「貴族的」而非「平民的」也。 蓋今日之一大學生，每年所費，最低限度亦須國幣三百元。 彼軍閥政客資本家之子弟，藉其父兄搜括敲詐，侵蝕所獲之金錢，於此區區者，恐尚不足其一日之揮霍。況以之求學乎。 然而平民不能也。 平民之子弟優秀，以經濟艱窘，致掩沒其天才者，比比然也。 何則，彼輩恆產無多，一家數口，經常衣食住醫藥而外，尤有人情所不可少之應酬娛樂等費，負擔亦云重矣；及子弟由小學以至中學卒業，虧累已甚，雖子弟升學心殷，亦徒望洋興嘆耳！ 吁，人類之不平，孰有甚於此哉。 二，爲「被動的」而非「自動的」也。 研究學術，貴有心得，夫人而知之矣。 然若何而始有心得，則鮮能道及之者。 此當代教育家努力宣傳自動的求學者也。 蓋以前此學校之教室生活，教授者純以注入的方式，將己之知識經驗，注入於學生之腦海；而學生者，乃若被動之機械，任憑其轉動，一味盲從，毫無取舍；及至卒業出校，復以同樣之方式，轉授於其生徒，謬種流傳，害貽胡底！ 吾國興學數十年，而無可觀之成績者，良有以也。 三，爲「虛榮的「而非「實際的」也。夫學術之可貴，實以其能促社會之文明進步，而慰安吾人之心靈；非以之升官發財，驕同類，而誇耀閭里者也。乃今之求學者，多昧乎此理，而惟升官發財是務；其每日機械般之教室生活，不過爲取得文憑而達此目的之手段而已；及文憑既得，而受自教員之知識，乃與日而俱去，所賸者，惟驕矜誇誕浮囂等之惡習：是猶貴族中落，依然襲昔之豪侈，不爲人非笑者幾希矣。噫！毋亦制度使之然歟。夫舊制學校之缺陷，既已如上所云云；則新制之自修大學，自當矯而正之，使臻於完善。然自修大學固已將矯而正之者，早標榜於社會矣。曰：變「被動的」求學而爲「自動的」求學：變「貴族式」的學校而爲「平等化」學校：打破「虛榮的」心理，而趨重「實際的」工夫。雖然：言之匪艱，行之維艱。希望愛護斯校及與其有關係之人士，矢志向此標榜之三大點，努力進行，毋稍懈弛。以爲天下倡，以釋羣衆疑。吾知未來之自修大學，必莊嚴燦爛於「湘水」之濱，而與「麓山」競秀矣。

詩

後湖盪船

陳炳琨

我打槳，
你扶舵，
他閒坐，
讓船這樣顛簸！
我歸咎你，
你抱怨我，
他也祇是不認錯，
到底是誰的過？

——十一年三月二十八日

大風之後

陳炳琨

池邊幾株楊柳，
依舊輕柔，
祇是萬縷垂空，
倦的沒氣力了。
庭前幾柯槐樹，
結豆如珠，
看他仆地連根，
要掙也掙不起了！

——十一年九月二十七日

驢子的呼聲

陳炳琨

一個個都磨的皮破血流了，
擔兒却一毫也不曾減輕！

鞭子不斷地飛來，
要停也不敢停；
嘴上更套著竹籠兒，
叫也叫不出一聲；
腹飢了，
力疲了，
上帝呵，
可讓我們歇歇罷！

——十一年十月二十一日

別意

陳炳琨

日西下了，
風漸大了。
我要別南京了，
我要別他們了。
我想著南京，
我想著他們；
我終於別南京了，
我終於別他們了！

——十二年一月十一日

心頭

陳炳琨

心頭悶昏了一陣，
一剎兒，又豁然清明了；
剛布著密密的雲，灑著疏疏的雨，
忽的雨過了，天也晴了。
只是輕勻勻的動著，單純純的奏著，
那便是我的腕上的表的聲音了。

——十二年三月十五日，湘雅醫院

燕子磯

陳炳琨

燕子．汝從何處來？

何年化石臨江滸？
險惡風濤可奈何！
勸君還向堂前舞！

——十一年初夏

我的二十二週紀念

皮季良

血紅的現在，
銀灰的過去，
漆黑的未來：
生命之流，便是這麼着一程一程的不回頭的前進．
要將將我的生命之花，
加意的培養在樂園的溫室裏面；
保存着一定的溫度，
駐我華年！

詩

脆弱的

皮季良

脆弱的草兒，
被春風遍地的吹綠了；
伊擁抱着他，
甜密的
——搖——
無情的雨點，
把草兒粗暴的吻着；
他竭力抵抗，
只得任着他，
苦悶的
搖——搖——
青春之酒陶醉了的心兒啊，
甜蜜的
搖——搖——

三

煩惱之雞狂擊着的心兒喲，

苦悶的

摇——摇——

新時代

第一卷　第二號

民國十二年五月十五日出版

編輯者　湖南自修大學

發行處　長沙文化書社

印刷處　維棣華印刷局

代售處　各省大書坊

定價　每月一册大洋壹角伍分　全年十册大洋壹元肆角

新時代

第一卷 第三號

湖南自修大學出版

十二年六月十五日

新時代第一卷第三號目錄

中國民主革命之將來

劉春仁

吾於未闡文之前，須先聲明一語曰：本篇所謂「民主革命黨」，或「革命黨」，皆係指現在之「國民黨」而言。

中國民主革命之必能成功與否？此在今日，已不成問題，特其成功，當在何時？欲釋此疑，乃待研究，蓋必先將民主革命，所以迭遭失敗之故；與後此革命黨應採之方略何如，約畧言之，而後可得一相當之答案。

或曰：中國民主革命之所以屢遭挫衄，不克成功者，蓋民主革命黨之新勢力，遠不及軍閥派舊勢力之故，斯誠然矣。然而未知其本也。進而論之，則新勢力所以至今不能推翻舊勢力而代之者：則以中國者，農業制度之國也。數千年來，農人恒於安居樂業，飽食煖衣之習慣，對於政治，從不過問。雖其間暴君民賊，失政虐民，民不聊生，乃起革命，如秦元之末季，天下洶洶，揭竿而起，推翻舊朝，建設新邦。然當時之民衆，實爲一二懷抱野心之英雄豪傑所利用，初非具有革命之思想者也。彼輩所希望者，乃在「眞命天子」，乃在「皇恩浩蕩」。彼所謂「眞命天子」，既得之矣，復以三年五年之稅；賜以一級二級之爵；有罪在陷阱者，又從而赦之。「一人有慶，兆民賴之」，彼方且躊躇滿志之不暇，夫誰復敢議天下之政哉？且不惟有所不敢，即其智力，亦不足以語此也。其在今日，雖民智較開矣，然除一二工業發達之大都會，工人因智識階級之指導，畧有干預政治之表示外，其餘內地大多數之手工業者，及全部之農人，渾渾噩噩，不預政治，且不知政治爲何物，及其關於己身之利害何若者，吾恐百人之中，猶九十九也。

由是而中國數千年之封建制度成矣！即由是而農

勢力永遠盤踞，欲推翻之而不易矣！辛亥革命，清廷頗殞，假其乘茲勝勢，直搗幽燕，以武力貫徹革命主義，舉數千年封建制度之餘毒，盤踞中國之北洋派，摧陷而廓清之，雖一時之成功，較屬爲難，而最後之結果，必不至釀成今日軍閥割據之局，而民主政治，亦於是賴以完成，可斷言也。乃當日者，革命黨誤於調和之說，錯認清廷之倒，爲已達革命之目的；而誤信北洋派袁世凱輩，爲足與建設民主政治之人，舉垂成之功，拱手而讓之，而彼乃得假借民主政治之美名，日益擴張其封建制度之勢力，且輒加民黨以摧殘，馮段曹吳，承其緒而不衰，以達今日，則軍閥之專橫，愈演愈烈，如「火之燎于原，不可嚮邇，其猶可撲滅」？

且自鴉片戰後，通商約成，國際帝國主義，漸次侵入，其侵人之手段，初尚限於政治的，繼乃劇變而爲經濟的。蓋自歐洲產業革命以後，資本主義之國家，工業日見發達，國內生產過剩，非於海外，奪得最大之商場；則其國內之經濟，將有停滯之虞，甚且足以引起最大之騷亂。而所謂最大之商場，則又無過於中國矣！中國地廣人稠，實業既未開發，西方物質文明一旦輸入，朝野上下，方且歡迎之不暇，初不知經濟侵略政策之禍，足以滅亡人國也。爾後中國人士，內嫉政治之腐敗，外慕歐美之郅治，羣倡革命，以圖建設眞正之民主政治。彼國際帝國主義者聞之，乃大懲懼，以爲中國若一旦革命成功，建設眞正之民主政治，則中國地大物博，蘊藏之富，可盡開發，而成爲世界上第一等之富國。彼所視爲最大之商場者：且一變而爲最大之製造場矣。是不惟彼之商品，自茲不能銷行於中國，將中國之商品，輸出海外，而與之爲商業上之競爭，此則國際帝國主義之所大懼者也。故國際帝國主義，爲欲保全其在東亞已獲得之最大商場——中國——而防止中國之實業發展計，乃不得不以政治的經濟的政策，極力助長中國之內亂，破壞中國之革命，使其永無成功之日，彼乃得乘間掠奪，期於盡行管領中國之政治與經濟而後已。

然則於事實有證乎？曰：豈惟有証已哉！　自雅片戰後，中國最近八十餘年之歷史，何一而非國際資本帝國主義侵略之事實。　而民國十二年中，則其事尤顯然而易見矣！　日本之援助袁世凱段祺瑞及張作霖，英國美國之援助吳佩孚陳炯明，或供給借欵，或供給軍械，彼其目的，無非在於助長中國之內亂，壓抑中國之民主革命，以圖擴張其帝國主義。　而軍閥者，又蠢然無知，甘受其利用，不惜殘殺同胞，以鞏固其一己之地盤與權利，此又封建制度的殘勢力，不易剷除之大故也。

歐洲各國之革命也：祇須打破封建制度，初無事於外力之抵抗，而成功猶若是其難；雖法蘭西大革命，英與普班荷諸國，曾結大同盟以壓迫之，而此項壓迫之來，正在於大革命爆發之時，法國朝野上下，一致抵抗，故其同盟，不難卽時解散，此稍讀西洋史者，類能知之，而在中國，則反革命者，同時有兩層勢力：軍閥，一也，國際帝國主義，二也。　此二敵者，又互相勾結，狼狽爲奸，蒂固根深，牢不可破。　而民主革命黨，又祇知軍閥之爲革命之敵，而未嘗注意國際帝國主義之尤爲革命之敵，此中國之革命，所以屢遭失敗，而不能預定成功之當在何日也。

且革命黨內部之組織，又不基於「主義」的上面，而徒爲「人」的結合，此又失敗之大故也。　在辛亥革命以前，孫中山以「三民主義」相號召者，已二十年，及至南京臨時政府成立，孫氏極力主張臨時參議院，制定一種「五權憲法」，而當時之參議員，大抵皆同盟會分子，信仰孫氏之革命主義者，而於「五權憲法」，則大不贊成，其後孫氏又以之希望北京正式國會，而制定天壇憲法草案之議員，又多係國民黨分子，乃於「五權憲法」，亦不贊成，可見彼輩之列名革命黨籍者，初非由於「主義」上之結合，可斷言也。尤痛心者：則以陳炯明之加入革命黨，與中山共患難，垂數十年，一旦感情破裂，不惜背叛其黨魁，甚且欲加害焉，以與北方之軍閥勾結．極力摧殘革命事業，此無他，蓋亦其始之結合，非由於「主義」上之信仰故也。

夫以革命黨而無主義上之信仰，而反革命者——外力，閥軍——之勢力，又如彼其重大，則中國之革命事業，苟非革命黨有澈底之覺悟，則最近之將來，吾猶見其功之未易成也。

或問所謂覺悟者，何謂也？答曰：第一，革命黨內部之組織，須力求完善。凡加入吾黨者，其必於吾黨之主義，有澈底的了解，與堅強的信仰。而無因一時之情感作用，而為「人」的結合。凡信仰主義者，宜如信宗教然，信宗教者，絲毫不許懷疑其教旨，不許違叛其誡命。有一於此，則群認其非吾徒而鳴鼓攻之。如是，而後吾黨之組織，乃得純粹而鞏固。孫中山者，固革命之鉅子也，其主義於現在及最近之將來期內，亦深為吾人所信仰。惟其招納黨員，未免過濫，彼朝秦暮楚，熱中權利，賣身失節之政客，其列名國民黨籍者，亦數見不鮮矣！而孫氏革命之方略，又常欲假藉不正當之勢力，如近年來之聯段聯張，所謂三角同盟者，蓋又誤於政客縱橫之說，而自背其主義者也。

夫孫氏之意，豈不曰：吾豈背吾主義哉？吾之聯合不正當之勢力者，乃吾革命之一種手段也。若然？則所謂「手段」者，殆將利用不正當之勢力，以為「用毒攻毒」之計也。而不知吾之欲以利用人者，人亦未嘗不欲利用我。彼此互相利用，其結果必至一無所成，而徒使第三者坐收漁人之利；是「利用」之無濟於事實明矣；又況軍閥，惟利是視，我雖不與之結合，彼亦未必即能協以謀我，此觀於過去之歷史而即知之，——如護法之役，吳佩孚攻破衡州後，因與張敬堯爭督軍之故，即頓兵不進。——又安用聯合不正當之勢力爲哉？

乃若其二：則吾前言中國爲農業之國，農民不與政治，已成數千年之習慣，今欲民主革命之成功，則必將民主革命之思想，輸之民衆，得其同情，使奮然興起，以推倒封建制度之軍閥。關於此點，中國共產黨，會發佈其對於解決時局之主張一文，決定對於民主革命黨，予以援助，而建築所謂聯合戰綫。此誠民主革命黨，結合羣衆，千載一時之機會，蓋共產黨本爲無產階級之政黨，其主義之能得羣衆的信仰，又遠過於「民主主義」，乃於一定之時期內，拋棄其急進之主張，而予民主革命黨以有力之援助，則民主革命黨，素所認爲平民不預政治之問題，將因此而得比較的解決，矧共產黨又力向羣衆宣傳，絲毫不敢怠惰者，則民主革命黨，其亦亟應覺悟，而與共產黨爲相當之提攜者矣。

復次：革命之完成，必先推翻軍閥；而推翻軍閥，又必同時打倒國際帝國主義，二者相因相果，不容軒輊，苟忽其一，則革命必無成功之望。此稍識事勢者，類能知之。然而以中國現在革命黨勢力之薄弱，而欲打破此兩層壓迫，其道果將何由？曰：是亦不得不借助外力矣。特吾黨之借助外力，與軍閥異，軍閥借助外力，以壓迫國內之民主革命，吾黨則借助外力，以完成民主革命，一也；軍閥借助之外力，爲國際帝國主義之國家，而吾黨借助之外力，則必爲反抗國際帝國主義之國家，二也。由乎前者，英美日法意等國是也；由乎後者，勞農俄國是也。

夫國際帝國主義之迫我最甚者，莫如日本。吾黨如欲完成民主革命，非先設法打倒日本國際帝國主義，則其事必無成功之望。議者日美國際帝國主義，因利害上之衝突，常常有開戰之趨勢。吾人以爲日美如果開戰，則於中國之革命，亦頗有相當之助益。蓋今日之日本，其形勢與大戰前之德意志頗相類。彼其國內之工業，雖極發達，而原料燃料，則概行仰給於中國；工業之製造品，又必銷行於中國。假令日美宣戰，日本無軍事上之能力，壓迫中國，中國可用封鎖政策，與彼斷絕經濟上之關係，不出半年，日本國內，因生活上之壓迫，及其他原因，必羣起而革命，而彼國際資本帝國主義，不倒自倒，更有何力，以援助中國之軍閥？而中國之革命，亦將於是乎告成功。反之，如日本一日不發生革命，則中國之革命，亦決無成功之望，可斷言也。

自華府分贓會議之後，日美之邦交，漸趨安治，日美戰爭，在最近之將來，成無實現之希望，而國際帝國主義，協以謀我，又愈益急迫。於是主張革命者，乃不得不另行設法，以期達到革命成功之目的。勞農俄國者，聯合全俄無產階級而建設之國家也。其主義則在聯合全世界被壓迫的民族，以打破全世界之任何資本主義的國家，而建設勞動階級專制之政治者也。是故全世界而有被壓迫的民族，乞助於俄國，俄國必援助之。土耳其受歐洲國際帝國主義之壓迫，國幾於亡。一旦青年國民黨，得俄國之援助，內則推翻專制之政府，外則戰敗强暴之希臘，而土國且有復興之勢矣，前例具在，可資借鏡也。

是故中國處今日兩層勢力壓迫——外力，軍閥，——之下，如欲革命之成功，則非借助外力，其事必不可能；而外力之可借助者，又莫過於俄國。革命黨其速宜與俄國攜手，並聯合朝鮮及日本之無產階級，以促起日本國內之革命，打破其帝國主義，即所以推翻我國之軍閥。蓋日本既倒，英美國際帝國主義，雖欲製造中國之內亂，其禍亦當稍殺也。

於是吾乃得一結論，以正告問中國民主革命，於何時成功者，曰：

民主革命黨內部之組織鞏固，即中國革命成功之第一日。

民主革命黨，正式與俄國攜手，即中國革命成功之

第二日。

日本革命爆發，即中國革命成功之第三日。

國人速起爲全國成人教育運動！

張秉彝

我國社會之不良，人盡知道，對於社會教育，亦漸漸有人知道注意，但僅及於片段的注意與設施，還不能影響於社會全體。社會雖是有機體的，但狃習於萎弱不振的狀態而未經改造之社會，好像久病之人一樣，已漸漸減滅其神經原的機能的感觸性與傳導性，非有重大的刺激，總不能影響於其全部。所以辦理社會教育，須先就社會中整個的加以注意與研究，然後部份的分析出來平均去發展。社會集合的份子，爲兒童與成人（包括男女），再就職業上分別，便有工商農……………吾國以農立國，組成社會的主要份子，當然在農村，吾們因此亦當知社會教育注意的所在。

兒童教育（即義務教育），近來已漸漸的引起社會上一般人的注意，但還未普及，致失學之兒童在百分之八十以上，這是政府和教育家所當重視的。查英德各國，義務教育普及後，增進年期至八九年，猶嫌未足，更加以強迫補習。我國義務教育，去普及尚遠，此到還夠不上談到增進年期，祇能希望省及各地方趕緊實施義務教育，和憲法草案教育專章內載的『義務教育，免納學費，教科書及用品俱由學校設備』等等的實現。今以限於本篇範圍，對於兒童教育不多討論，請專論成人教育。

袁希濤先生說：『我國就四年就學之兒童言，則受教育者約已有百分之十三有奇，若就全國人民言，則未受教育者當在百分之九十以上。』因爲教育未普及，兒童的教育率雖增進，而成人 教育率毫未增進，故得下的公式：

增+不增=不增

於此：可見我國的成人教育祇等於零，而關係於全國教育進化率不小。

袁希濤先生又說：『在已普及之國可專注力於學齡兒童，而不必計及於年長失學之人；若未普及之際，則一方面尚須使年長者亦得略受教育，以彌補其缺憾。』於此：又可見我國的成人教育應當注重。 故袁先生對於憲法草案教育專章請求增加成人教育一條，條文是：

『普及各地方，應注重成人教育。』

英國七十年前，有全國普及小學運動；三十年前，又有全國中等教育運動；七年前，又有成年教育運動。考其結果，無不經長時期的奮鬥，才獲成功；察其運動程序，是由小學而中學而大學。 英為先進國，尚須國人自為運動，才能實現他們的目的，何況我國！何況我國的政府！

吾於此，亦大聲疾呼道：『國人速起！當今非教育不足以言救國！非國人自起為種種的教育運動，教育不能實現，國人速起！』

以下專論年長失學的知識上道德上的差異，及怎樣辦理成人教育。

在都市的職工等團體，近來已有少許受了短期教育的，較前已有些須覺悟了。 在交通稍便，商業稍盛的農村，漸漸輸入都市的文明，知識便也漸漸的啓發了。

至於窮鄉僻壤，風聲的閉塞，知識的固蔽，簡直不異於昔了。

但上面所說的都市與交通的農村知識比較的進化，不過因觀感的關係，或直接間接受了教育式的訓練與刺激，知識上較為明瞭一點。 至於淫巧奸詐等等惡劣的道德，盡表現於繁盛的都市，社會的不良，無過於都市社會，其他社會的不良，也許是受了都市社會的傳染，故北京天津上海等處，為我國最繁盛之地，亦即為萬惡之淵藪。 山野之民，知識雖然固閉，淳朴之性未改，猶易導於為善。 辦理社會教育者及一般教育家，應於此特加注意，分別施教，庶可收教育之實效。

怎樣辦理成人教育？須注意下列兩點：

甲教育方面；

乙經費方面。

教育方面；

(1)成人補習學校，有下列幾種：

a.夜學校；

b.星期學校；

c.半日制；

d.間日制；

e.季節制；

專屬於女子的

f.女子補習學校；

g.女子職業學校；

h.女子工廠。

(2)公開講演；

(3)圖書館；

(4)幻燈場；

(5)閱報處；

(6)美術館音樂會……………。

(附註)

經費方面：

(1)政府；

(2)地方。

辦理成人教育事業，假定全由政府負責辦理，或則政府與地方共同辦理，終須設一有機能的機關，爲全部的或部份的計劃與研究以圖實施上的順利。現在我預擬了幾個問題，以供辦理成人教育者及教育家研究的資料。

(1)怎樣調查成人失學的總數？以百分比計算，究有多少？

(2)怎樣的量各地方情形採取半日季節等制，還是

三　國人速起爲全國成人教育運動

全辦夜學？

(3)女子補習及職業學校，怎樣適應社會生活的需要，及女子的本的身缺乏？

(4)怎樣支配學校？

(5)怎樣確定經費總額，及支配經費？

(6)怎樣規定修業期限？

(7)怎樣制定最低限的終業標準？

(8)教材怎樣編選，才能補救成人的道德上知識上的缺陷？

(9)怎樣制定德育訓練的標準？

(10)講演材料，怎樣才能與學校互相聯絡，且可補其不及？

(11)通俗文學，如歌謠，詞曲，戲劇等，怎樣改造和新作？

(12)關於幻燈影片怎樣採購或製造有裨益於成人的智，德，體，美，群等育，及書報怎樣閱覽等等？

以上種種，若以冷淡的眼光去觀察，似乎庸得很，不算什麼稀奇！在教育家看來，辦理成人教育，非首先研究解決這些問題，實在不算是什麼教育！並且實際上做去，斷非少數人的心思才力和短時期所能辦到。

現在要改造社會，非改造社會的本身不可；社會的本身，便是組成社會的份子；換言之，就是要普及成人教育與兒童教育。要普及成人教育與兒童教育，非國人自起爲教育運動，終是徒托空言，所謂教育者祇是貴族教育，平民終無受教育之機會；而所謂改造社會，也不過徒爲疏遠空談，終不能影響於社會本身的全部。如果辦到全國無一不識字之人，再謀增進一般人的智識，那末，社會上一切不良的習慣和制度，當在天演淘汰之列；什麼軍閥，帝國主義，資本主義…………更那有托足之地！

吾於此，再大聲疾呼道：「國人速起爲全國成人教育運動！國人速起！』

附註：袁希濤先生擬於憲法專章增加成人教育一條下面說：『如圖書館，美術館，及公開講演等，皆包含於成人教育之內。』（見新教育六卷二期二二四頁）

觀念史觀批評（續第二號）

李維漢

（三）從社會上解釋抽象觀念底起源

在與事物相應的觀念之側，有在客觀世界沒有可觸可覺的對象之觀念，如：數，原因，真，善，美，正義，平等，博愛，自由，人道，人格，國家………等。這些觀念是現在那些哲學家，文學家，倫理學家，政治學家，社會學家——尤其是中產階級底哲學家，文學家，倫理學家，政治學家，社會學家——底生命：他們不是站在九霄雲外，高唱非人生的，不可思議的清調以自娛，則是在這些觀念上繡上許多美麗的花，拿去罩在那些捧着肚子挨餓的人們底身上，要他們靜脈脈地忍耐着過日子。

因為觀念底起原底爭辨，曾經或者到現在，將哲學分離為兩大派別。有些哲學者認我們底觀念自感覺引出（經驗主義，感覺主義），有些則適相反，堅持某些觀念由於天賦，謂我們底感覺不能給我們觀念。

現在要大概敍述哲學上各派對抽象觀念的態度，並從社會學上說明其起原。

抽象觀念起原底唯物論者底學理，發端於希臘思想家，再與於十七世紀底英國哲學家與十八世紀底法國哲學家，自中產階級得勢以來，復被哲學家底偏見所屏除。

希臘哲學為一切思想路底入口，他已從事解決抽象觀念底問題。才倫認五官為知識之原；但感覺必經過連續的智力變化之後，才能成概念。

拍拉圖認真，善，美是天賦的，不變的，普遍的觀念。人底靈魂具有思維觀察底作用，於肉體未生以前，嘗目睹觀念世界。蘇格拉底謂人類有天賦律，人類於天賦律雖然沒有一個總表決底機會，但常是遵循惟謹的。

亞里士多德以爲天賦律之不可侵犯，不過對神是遵從說。在他底意思，法律不是普遍的；法律止存在於平等的人中，若是家長鞭撻了，賣掉了或殺掉了他底妻子，奴隸及寄生於他底下面的人，不爲違法，不爲不正義。亞里士多德嘗以他底法律適應於他那時代底風俗；當他不懂得淳樸的家族制之變化，他勉强將他底習慣建築爲法律底原則。但他不承認法律有一不變的和普遍的性質，他只承認他有相當的價值，其効力限於地位平等的人間。

希臘而後，至十七世紀與十八世紀間，英法學者對於觀念底起原這問題，復起激烈的辯論。狄戴羅與百科全書底學者否認天賦概念，以爲人心之初，如同白紙，外物時時從他底上面彫刻些痕跡。感覺論者剛地雅克謂觀念底泉源不外感覺，人心底活動不外感受感覺之能力。布芬謂集合事象成觀念，觀念不過是比較的感覺，換言之就是感覺底聯合。

梭格拉底『你認識你自己』底格言，至狄卡兒而復活。狄卡兒孤立於他底『我』中，以認識宇宙，而以他底『我』爲哲學底起點。本體，原因諸觀念爲先天所固具，非得自經驗：如康德說，本體，原因諸觀念是普遍的，必然的觀念，是純理性的概念；純理性的概念自存於我底精神中，其對象不能爲經驗所賦與；我們所知道的，或不知道的，我們對之每一剎那有普遍的和必然的判斷；在最單純的命詞中，含有本體，原因諸原則。

萊布尼疵謂觀念，概念藏在先天的悟性中，因外物之接觸而表現。悟性在個人經驗沒有開始之前，已經存在。觀念，概念之於經驗，比之花紋石之于彫刻師。

霍布士謂非先存於感覺中的靈魂，其中絕沒有概念；感覺是觀念底根原。霍布士又謂法律使我們知道孰為正直，孰為不正直。例如剛只取去在法律上沒有規定是這人或那人所有的東西，不為犯盜；犯奸……都是對法律而言。

洛克謂觀念從兩個泉源中流出：感覺，反省。干地雅克表彰英國學說，除去洛克之反省說，保存其感覺說；謂感覺次第變化成注意，比較，判斷，推理，最後乃為願望和意志。干地雅克底叛徒皮郎委棄感覺說，崇拜笛卡兒底方法：笛卡兒從他底「我」中抽出一切，如同從井中汲水，皮朗則從純悟性中找出觀念底起點。

皮郎謂本體和原因等觀念對包容他們的兩個原則而存在於我們底純悟性中；我們開首思這些觀念於我們自己，於我們自己底本體和原因底認識中；歸納的現象把這些觀念從我們自己中撥出，使我們於凡有現象，有形質之處，覺得本體和原因底觀念，即後天的觀念。依謨底意見，以為如此，則本體和原因底原則變成了我們純悟性底一個空名。笛卡兒與梭格拉底反而求之於我底方法，後來被中產階級底唯心論者自由使用，成了浪漫無涯涘的東西了。然而，以個人底良心觀察心理的活動，直無異於想用一根火柴照耀宇宙。

自中產階級在英法兩國得着勝利，哲學思想因受全般的革命：霍布士，洛克，干地雅克等底學理都從概要的地位被推倒下來。得勝的中產階級在理性底祭台上修復永久不變的真理和最適行的唯心論。正義在希臘和英法哲學中本來是相當於社會環境的，到了這時候卻成了一個必然的，不變的，普遍的原則。中產階級最著名的詭辯學家都說正義是不變的，永久是現在的，縱令他只漸次在人類思想中和社會事實中表現出來。

百科全書底學者，嘗以革命的熱血研究觀念底起原，他們想從野蠻人與兒童的智慧中將他找出來；這種研究被當時新哲學所排斥。詭辯家古徵謂我們應當首先從根原問題底矛盾上面打消真，善，美底根原問題。他以為十八世紀底哲學家太把這類問題底研究看重了。

他以爲從野蠻人和兒童底智慧去找抽象觀念底起原，是向黑暗地方找光明，同一個假設求實在底解釋；他曾說：『我們爲什麽要回到原始的狀態以解釋我們能够從自身研究出來的現狀；爲甚麽研究這個已經是我們能知道的和關於已經成就而完全的認識？我們不應當從著名的野蠻人中研究人性；真的人性就是已經發展圓滿的人性，比如真的社會就是已經大成的社會；我們應當從野蠻人和兒童方面回轉我們眼的珠投在現在的人類，真正的，完成了的人類。由梭格拉底和笛卡兒底，必然地導出中產階級的真正的，已經成就的人類。人性的模型已達到圓滿的發展而爲中產階級社會底神聖；中產階級社會底秩序建築而且完成於正義與善之永久的和不變的原則上。

上面是說的抽象觀念起原底哲學上的辯論底經過。

下面再從社會學的見地解釋之。

四

從前底學者都把動物底本能看做唯心論者倡導的天賦觀念。以爲動物有與生俱生的有機素性，萊布尼搋所謂『智慧之先天的組織』，不必經過多方的練習，自然而然完成其行動至於最複雜，以應個體保存與空間繁殖之必然的需要。彌西曾用許多理由論證『本能即天賦觀念』。唯心論若不知本能是動物種族對自然環境長期適應之結果，而大胆斷定即是神底表現。

本能並不像唯心論的詭辯家所稱頌的正義一般，說他是一種永久不變的才能。家畜底本能多少都有變化，如飼養園底鷄鴨，因適應人爲環境，偷竊的本能差不多完全失掉；錫蘭島底鴨多失去水生的本能；德意志有些地方底牛一出胎就和母親隔離：這類的例子，試翻一翻生物學的書籍，即可隨意遇着。

要除去或改變一動物底本能，使他們有新底發展，只須把他放在新的條件之中。野生動物底本能是單只適應自然環境之結果，這種本能不是一口氣呵成的，是從動物底種族對內界和外界諸現象之自動的和反動的應付中漸漸發展之結果。

人亦能够研究自己的本能底構成。我們對於一件事，無論有形的或無形的練習，起初必然神經緊張的很；到了研究底對象在人已漸漸地成了習慣，則神經底緊張亦必漸漸弛緩起來。比如練習鋼絲琴，開首必格外喚起手指活動底注意，及成了習慣，則心雖別有所思，手指還能鼓奏自如。人與動物底肢體和腦，有變成無意識行爲之特性；起初屬於有意的，願望的，結果則成爲不需注意的習慣。設若不具這種特性，則人會不能受物理的和精神的教育；設若飲食，談話都要臨時繫心作意，則人將永遠只能居在兒童的地位。教育能使人類漸漸變成複雜的機器。

壯年人腦底變化，與他底教育程度和種族程度之高低成正比例；程度高的壯年人，對於原因，本體，實在，數，正義…………等抽象觀念，同飲食一樣，都成了習慣的和本能的，至習得底情狀則忘記了，因文明人有隨時隨地習得之機會；但是，這習得底趨向是人類在進化底路上長期經驗之結果。說抽象觀念是天生在人腦中，是無異說一切體式最完美的機械都是一舉造成的。抽象觀念如同動物底本能，是從種族中或個體中緩慢搆成的；要找出他底起原，不單只如笛卡兒所見，要分析文明社會中壯年人底思想底情態，不應推究兒童與野蠻人底智慧以求出他底發生底歷程。

感覺論者比大腦如白紙，而忽略了開化的人類底腦是許多世紀以來相傳的工作場，被千百代祖先和植了概念和觀念底傳種底可能性。在無數光景之下，大腦具有取得概念和觀念底元素底才能，而不自覺其取得的事實事；大腦不像接受經過感官的外來刺戟，還能自行喚起工作以完成他底獲得品，並且刷新之而不必經過實驗。大腦常保有許多在他底種族和個體之進化底境遇中沒有遇着運用機會的才能；這些睡眠狀態的才能，不是大腦確受環境刺戟之結果，乃是環境刺戟影響別的器官後，到這時因機反應於大腦。一個旁的器官底變動，或新的適應，都可在大腦上發生作用，以增加他底容積，複雜他底組織。

南美有阿甲米烏，從山林捕歸，畜於雞鶩羣中，可使之服管理底職務：能夠召集羣禽，以備主人分給飼料，能制止羣禽底爭鬥，能於早晚出塒入塒時當指揮者。在禽獸中，這樣的例子是很多的。現在要從野蠻人中找些例子來。南美巴拉甲共和國底加拉尼斯士人，當耶穌教士去教育他們的時候，他們還都裸居樹林間，以弓與木尺為軍械，平常只知種植珍珠米，他們底智力，不能用他們底手指或足指計算二十以外的數目。耶穌教士的教育能夠疑他們為巧妙的工人，作難作的工作，如巧妙複雜的風琴、地理儀器，和繪畫彫刻之類。這些技術美術與因此獲得的觀念，沒有以天賦的形式存在於加拉尼斯人底腦中；這只可說是耶穌教士所輸入，比如加些新的音節於粗野的風琴上。

野蠻人對於文明人底抽象觀念，也同對於技術美術一樣，簡直沒有絲毫關係。但這些抽象觀念怎樣偷運入人底腦子中去底呢？解答這問題，必須研究野蠻人和兒童底精神狀態，考究語文底變遷。

觀念需要一個號記；沒有記號，則觀念不能存在。語文，依近世科學所證明，已獻給思想一個憑倚點；思想如沒有語文，則墮落在簡單的觀念中而已。例如『麓山』這名詞是一個中心，這中心即各種射線底焦點。『麓山』這名詞一經道出，則凡所以構成這觀念的諸簡單觀念都被道出來了。故觀念愈抽象，則愈需要文字為之代表。

語文與智慧遵循同一的進化律；抽象觀念最富的語文，則運用這語文的國民底智慧也最發展。觀念底綜合是高等智慧底出產品；觀念愈綜合化，則愈足證明智慧底進步。

常有同一字同時代表一個抽象觀念與一個具體的對象；例如歐文中釋直線的字就是釋正直的字，中文道路底道字就是道德底道字，這類的例子是無論何種語文中都找得出的。

但是，普通語文與哲學的和法學的語文爲什麽能够給物質與空想，抽象與具體連在給同一字句中呢？ 這裏有兩個疑問：是抽象和空想自己表現成具體的和物質的呢；還是物質和具體自己變化成抽象的和空想的呢？這種變體是怎樣成就的呢？

語文意義變化或引伸底歷史解決了第一個疑問：他告訴我們具體的意義常先於抽象的意義。

人類最先只有圖式文字，用物底畫像表示物體；其次即表號文字，以部分標識全體，如以任何一動物底角標識凡動物底頭之類；其次才有比喩文字，空描寫在實際相似的物體以解釋設想底對象。

文字經過比喩底變化是必然的，因爲原始人類講話和思索必借助於比喩。 美洲底土人稱勇敢的戰亡爲「他如熊」，稱注意甚銳的人爲「他如鷹」，忘記恥辱的人爲「將恥辱埋在地下」。 這類比喩有時是很難了解的。 文明人底語文中，用實物去比擬人或物底行爲和性質也很多的；例如中國語文中「豺狼成性」，「蛇欲吞象」……皆是。

在比喩文字或表號文字中，物體底影像常變成抽象觀念底符號；這就是說一個字開首只用他表示一物或一物底特性之一，落後却用他表示一個抽象觀念。

兒童與野蠻人底腦中，只有有定物體底影像：小孩口中所說的木偶人，是指他手中所有，或人曾指示他看過的木偶人，不是指一切種類之木偶人。 小孩嘗說一句話，對他個言，是一個專有名詞。 小孩野蠻人底語言中，沒有包括同性質的物體底標名，只有專有名詞底集聚。 野蠻人語文中，沒有「人」「體」……等普通觀念底字和「時候」「原因」……等抽象觀念底字：沒有動詞『是』字。達斯馬尼安語言中有各種樹底特別名字，但沒有通用的『樹』字；馬萊語中有各種顏色底名字，但沒有『色』字；何比朋語言中沒有『時』『體』『人』……等字，言談時不說『我是阿比朋人』，而說『我，阿比朋人』。

但兒童與野蠻人在他們底實驗中，漸漸把原人和已知事物底觀念與名稱轉加於一切在實際上或想像上相似的人與事物身上去；他們從包括一羣物的，抽象的，概括的觀念之比較與類似上分別種類，有時一物之專有名稱代表相似物羣底抽象觀念底符號。柏拉圖謂普遍的觀念是『神底本體』，梭格拉底以爲『床底觀念』是創造主底本體，因爲床底觀念是不變的而且永遠相同的，縱然造床匠是常常變換的。

一抽象語句，就是一形容詞變爲實詞，換言之，即以一物底表詞比擬人格，比擬形而上的本體，比擬想像的實在；故比喻是抽象觀念滲透人腦之必要途徑。許多野蠻人底語文中沒有「堅硬」「圓」「熱」等字：他們稱「堅硬」爲『如同石子』稱「圓」爲『如同月亮』，稱熱」爲『如同太陽』。因爲「堅硬」「圓」「熱」等性質在野蠻人底腦中，還不能與石子，月亮，太陽等實物分離。人腦經過長期工作之後，這些性質才擺脫下來，以具體物底抽象比擬想像的實在，於是性質變了實體而在腦子中構成一個抽象觀念。

野蠻民族都有數底觀念，雖然他們且計算是極有限制的，因爲這種觀念是從動物遺傳下來的。數底觀念即不是最先構成在動物和人底腦中，也是最初諸抽象觀念之一；因爲在野蠻人底腦中，凡物都沒有「堅硬」「圓」「熱」」等性質；但是，就物佔據空間底形式與相比底位置看，物與物間却有相互分別底特性：這種特性就是計算底起程。故說腦質應有數底觀念，就是說要分別物底彼此爲思想之助。

從語言文字中，可看出人常用他底手，脚，臂做長短底單位，以手指足指爲計算底工具。 野蠻人不能單用腦計算；數物時，必物在眼前；如有所交換，必兩造都把所有放在地上兩兩相比。野蠻人腦中底數如同小孩腦中的一般，還是具體的觀念：當他們說出二，三，五，等數字，必是他們已經看見二個，三個，五個指頭，或石子或別的東西；有許多野蠻人語文中一個至五個的數名，就是手指底名。 數能够在開化民族底腦中蛻化成種種形式，至以法定的記號適用於任何物件，則是智慧釀造底結果。 最能想像的玄學家，不能作無字的思想，無符號的計算，換言之，就是不能離具體的對象。所以希臘哲學家當開始研究數底性質，以幾何圖形代之，分數爲三圖：綫底數圖：面積底數圖：體積底數圖。

野蠻人以脚，石子，日，月等實物擬「長」「硬」「圓」「熱」等性質；但是，脚不是等長的，石子底硬度不是一樣，月不常圓，太陽夏季比冬季更熱；因着需要底逼迫，於是想像些「長」「熱」「圓」「硬」底標準。 「長」「圓」「硬」「熱」底標準雖是從實物引伸出來的，但因爲經過智慧的釀造，所應合的東西竟不是實物而是腦子裡構成的一些觀念。 實物是互相異的，而所想像的標準則常常一而同：柏拉圖稱現實世界爲幻象，稱理想的標準爲神底創造底本體。

藝術家憑與此同樣的手術，生出些想像的造物。造物不過是一個抽象觀念，無論甚麼抽象觀念，如同美，善，正直，時，原因……等，都是憑這同樣的手術而生，但是，柏拉圖不敢將藝術家擬想出來的造物列在他底神底本位之中。

當人類在野蠻時代初有階級分異的時候，便自與動物界脫離而升入『萬物之靈』底世界；這時司命之主宰就是神，天。 其次使腦與各種器官分離，以腦爲靈魂底裁判機關。 自然科學引人類復歸動物界，社會黨底哲學則使腦再返於器官之列。

腦有思想底特性，如同胃專司消化；腦必借助於自然環境和人爲環境所供給的材料中製造出來的觀念才能思想。理想主義——抽象觀念底別名——是受人底社會生活決定的。

十

（未完）

王充的教育學說

陳炳琨

王充，字仲任，會稽上虞人。他生於東漢光武帝建武三年（西歷二七）。他的天才很高，家貧無書，常遊洛陽市肆，閱所賣書，一見輒能誦憶。他曾在京師大學讀書，師事扶風班彪。他也曾做過幾次郡縣小小的官。但他的家世很微賤，他的祖父是做小本營生的，所以當時的人有些兒瞧他不起。和帝永元中，他因得着病，便死在家裏（約當西歷一〇〇左右）。他著的書很多，據他的論衡自紀篇說：

充既疾俗情，作譏俗之書；又閔人君之政，徒欲治人不得其宜，不曉其務，愁情苦思，不睹所趨，故作政務之書；又傷偽書俗文多不實誠，故為論衡之書。

又說：

作養性之書，凡十六篇。

王充著的書現在存在的只有論衡八十五篇，其中還闕招致一篇。此外各書都不傳了。佚文篇說：

詩三百，一言以蔽之，曰，『思無邪』。論衡篇以十數，亦一言也，曰，『疾虛妄』。

『傷偽書俗文多不實誠，』『疾虛妄，』這是王充著論衡的用意所在。

王充的教育學說在論衡中說得最詳備的，只有本性率性兩篇，其餘散見各篇中的，都破碎散漫不見重要。（我想他的養性書中，當有很重要很完善的教育學說，只可惜這書失傳了。）且看他的教育學說怎樣？

一　性與教育　王充的教育的學說就是他的性的學說。他的性的學說怎樣？詳見他的論衡中的本性篇，我且節引二三節於此，介紹讀者。

……周人世碩以爲人性有善有惡，舉人之善性養而致之則善長，性惡養而致之則惡長，如此則性各有陰陽善惡，在所養焉。故世子作養書一篇。宓子賤，漆雕開，公孫尼子，亦論情性與世子相出入，皆言有善有惡。……

……自孟子以下，至劉子政，鴻儒博生，聞見多矣，然而論情性竟無定是，唯世碩儒公孫尼子之徒頗得其正。……

……余固以孟軻言人性善者，中人以上者也；孫卿言人性惡者，中人以下者也；楊雄言人性善惡混者，中人也。若反經合道，則可以爲教；盡性之理則未也。

讀此，我們可以知道王充是一個贊成世碩公孫尼子之說的，他自己也是一個主張人性有善有惡的了。但是人性爲什麽有善有惡呢？他說：

豆麥之種與稻粱殊，然食能去飢。小人君子稟性異類乎？譬諸五穀皆爲用，實不異而效殊者，稟氣有厚泊，故性有善惡也。……故爲人受五常，含五臟，皆具於身稟之泊少；故其操行不及善人，猶或厚或泊也，非厚與泊殊其釀也，麴孽多少，使之然也。是故酒之泊厚，同一麴孽；人之善惡，共一元氣；氣有少多，故性有賢愚。（率性篇）

這是說性有善惡，由於氣有厚泊；性有賢愚，由於氣有少多。（此蓋爲後來宋儒氣質氣稟之說所自出。）至於氣爲什麽有厚泊多少的不同呢？他却沒有明白說出。

王充又以爲禮樂是爲情性設的。他說：

情性者，人治之本，禮樂所由生也。故原情性之極，禮爲之防，樂爲之節。性有卑謙辭讓，故制禮以適其宜；情有好惡喜怒哀樂，故作樂以通其敬。禮所以制，樂所爲作者情與性也。（本性篇）

王充以爲性有善有惡，性善可變爲惡，性惡可變爲善，所以他一方面看重禮樂，一方面注重教育，換一句話說，就是不管性的善惡，只看他的漸染何如。 他說：

論人之性，定有善有惡，其善者固自善矣，其惡者故可敎告率勉，使之爲善。 凡人君父審觀臣子之性，善則養育勸率，無令近惡；近惡則輔保禁防，令漸於善；善漸於惡，惡化於善，成爲性行。 召公戒成曰，『今王初服厥命，於戲！若生子，罔不在厥初生。』 生子謂十五子，初生意於善，終以善；初生意於惡，終以惡。 詩曰，『彼姝者子，何以與之？』 傳言譬猶練絲，染之藍則靑，染之丹則赤。 十五之子其猶絲也，其有所漸化爲善惡，猶藍丹之染練絲，使之爲靑赤也。 靑赤一成，眞色無異。 是故楊子哭歧道，墨子哭練絲也，蓋傷離本不可復變也。 人之性善可變爲惡，惡可變爲善，猶此類也。 蓬生麻間，不扶自直；白紗入緇，不練自黑。 彼蓬之性不直，紗之質不黑，麻扶緇染，使之直黑；夫人之性猶蓬紗也，在所漸染，而善惡變矣。 孔門弟子七十子之徒，皆任卿相之用，被服聖敎，文才雕琢，知能十倍，敎訓之功，而漸漬之力也。 未入孔子之門時，閭巷常庸無奇，其尤甚不率者子路也。 世稱子路無恆之庸人，未入孔門時，戴雞佩豚，勇猛無禮，聞誦讀之聲，搖雞奮豚，揚唇吻之音，聒聖賢之耳，惡至甚矣。 孔子引而敎之，漸漬磨礪，閭導牖進，猛氣消損，驕節屈折，卒能政事，列在四科，斯蓋變性使惡爲善之明效也。 夫肥沃墝埆，土地之本性也：肥而沃者性美，樹稼豐茂；墝而埆者性惡，深耕細鋤，厚加糞壤，勉致人功，以助地力，其樹稼與彼肥沃者相似類也。 地之高下，亦如此焉：以钁鍤鑿地，以埤增下，則其下與高者齊；如復增钁鍤，則夫下者不徒齊者也，反更爲高，而其高者反爲下。 使人之性有善有

新時代 第一卷 第三號

惡，彼地有高有下，勉致其教，令之善，則與善者同之矣。善以化渥釀其教，令變更為善，善則旦更宜反過於往；善猶下地，增加鑁鍤，更崇於高地也。

…………

世稱利劍之千金之價，棠谿魚腸之屬，龍泉太阿之類，其本鋌山中之恆鐵也，冶工鍛鍊成為銛利，豈利劍之鍛與鍊乃異質哉？工良師巧，鍊一數至也。試取東下直一金之劍更熟鍛鍊，足其火，齊其銛，猶千金之劍也。夫鐵石天然，尚為鍛鍊者變易故質，況人含五常之性，賢聖未之熟鍛鍊耳，奚患性之不善哉？

古貴良醫者，能知篤劇之病，所從生起，而以針藥治而已之；如徒知病之名，而坐觀之，何以為奇？夫人有不善，則乃性命之疾也，無其教治而欲令變更，豈不難哉？

四

…………

今夫性惡之人，使與性善者同類乎？可率勉也，令其為善；使之異類乎？亦可令與道人之所鑄玉，隨侯之所作珠，人之所磨刀劍鉤月焉，教導以學，漸漬以德，亦將日有仁義之操。

…………

夫性惡者心比木石，木石猶為人用，況非木石？

…………

是故王法不廢學校之官，不除獄理之吏，欲令凡衆見禮義之教，學校勉其前，法禁防其后。

…………

南越王趙他，本漢賢人也，化南夷之俗，背畔王制，椎髻箕坐，好之若性。陸賈說以漢德，懼以聖威，蹶然起坐，心覺改悔，奉制稱蕃，其于椎髻箕坐也，惡之若性。前則若彼，后則若此，由此言之，亦在于教，不獨在性也。（率性篇）

二，胎教　王充既以氣之厚泊多少和性之善惡賢愚有關，所以他以為人於初胎受氣的時候，做母親的于飲食起居思想上都該謹慎，以免影響于他的兒子的氣與性。命義篇裡說：

姙婦食兔，子生缺唇。月令曰，『是月也，雷將發聲，有不戒其容者，生子不備，必有大凶。』瘖聾跛盲，氣遭胎傷，故受性狂悖。羊舌似我初生之時，聲似豺狼，長大性惡，被禍而死；在母身時，遭受此性，丹朱商均之類是也。性命在本，故禮有胎教之法。子在身時，席不正不坐，割不正不食，非正色目不視，非正聲耳不聽。及長，置以賢師良傅，教君臣父子之道，賢不肖在此時矣。受氣時，母不謹慎，心妄慮邪，則子長大，狂悖不善，形體醜惡。………

在胎教這一點上，王充說的還不大見得可靠而且重要。其實在現在遺傳學上所謂『母體印象』，也還沒有確切的證明，牢固的根據。他的教育學說最重要之點，在把教育比性要看得緊要。性是自然的先天的，教育是人為的後天的，他以為人力可以勝天，教育可以變性。換言之，性是可塑的，教育是可能的，——雖沒說教育萬能。在這一點，是王充在中國教育學說史上最大的貢獻！

貨幣革命觀

陳佑魁

『經濟的勢力可以決定社會的，政治的，及精神的一切生活過程；不是人的意識決定人的生活，倒是人的社會生活決定人的意識。』這幾句話是馬克思唯物史觀中最精彩之點。贊成唯物史觀的人已不消說得，即不贊成的人也不能不承認經濟在人類生活中佔有極大的勢力。所以談改革社會的人，固然不能不先謀經濟的改革：即退一步說，不談改革社會的人也不能不重視經濟，不能不謀經濟的改革，因爲人是不能超出社會生活而獨立的，就是不能越出經濟範圍的。假使我們對於經濟勢力毫不注意，任其自生自長，不謀改革，結果本身也要受他的禍害。在經濟勢力中，貨幣也是重要的，無論生產消費各方面，沒有不受貨幣之支配的。所以社會上各種勢力當以經濟爲中心，而在經濟中，又要推貨幣爲中心了。還是我們對於貨幣不能不研究的，要想改造社會，不能不先下一番苦工夫來研究貨幣的。現行的貨幣若是不完善，不合理，對於社會生活有妨害，那末，我們就不能不謀改革！

貨幣革命之說，本已有很多的人提倡過。在中國提倡最早的就是孫中山，孫中山在民國元年的時候，發出了一種小册子，題名叫做『救國策』，主張廢去金錢，改用紙幣，以貨物爲本位。可惜這種主張初出世便被一斑迷信金錢，腦子被金錢鎔化了的人否認排斥了！同時在歐美日本，懷疑金銀本位貨幣的人也很不少。等到歐戰過後，全世界無論何地，所感受不良貨幣之痛苦的都是至深且烈，所以談改革貨幣的人也就增加了很多。在中國民國八九年的時候，有朱執信，廖仲愷諸人，主張改革舊貨幣，完全用紙幣，以人生最需要的各種貨物如：油，鹽，柴，米，布，帛，糖，煤………

…………等爲本位，和孫中山的主張大約相同。在日本千賀鶴太郎却主張單獨以米爲本位貨幣，因爲日本在歐戰後感受物價騰貴的痛苦最深，尤其以米爲厲害。千賀博士對於貨幣改革的見解是很高的，在歐美一班被成見所蒙蔽了的經濟學者，沒有可以比得上他的。

貨幣是什麽東西呢？這個問題，我們可以解答如下：貨幣是代表貨物的，是代表爲各種貨物價值之尺度的標準貨物的；簡單說，就是共同認定的信用物。在古代龜，貝，布，帛，珠，玉，金，銀，銅，鐵，錫…………等都充當過標準貨物；同時他們又代表標準貨物充當了貨幣。當他們變成貨幣的時候，他們就是一種代表貨物的資格了，他們的價值比較原來充當貨物時候的價値就生出了差異。譬如：漢代的五銖錢，四銖錢，當他們變成了貨幣的時候，比較本來的五銖銅，四銖銅的價值就不同了。一部分雖然是因爲加了一些時間和勞力，而最大的原因還是爲得了大多數的公認，己經認定他能够代表如許之價值，然後再拿他來衡量各種貨物的價值。就是現在的金銀貨幣也是一樣的。譬如：七錢二分銀塊和一元光洋的價值是不能一致的。金，銀，銅的質比較堅實不易敗壞；他們的量也比較稀少，得人們的重視；所以這三種金屬竟於人智未開，經濟組織未完密，交通不頻繁的過去時代取得貨幣的位置，比較其他的物質都要長久些。其所以能延長到現在也就是這種緣故。不過人類的進化是由簡而繁的，所以貨幣也就不能不日趨輕便以應付人生之要求，以便利人們之交通。這三種金屬，在舊貨幣上，雖比較好一點，然終不能滿人們的慾望。人們要想免去種種繁重不便交易的痛苦，想更得便利，所以又有用鈔票之法。在中國周代，就有用鈔票的萌芽。鄭司農釋詩抱布貿絲云：『周人以布長二尺，憑官司印書其上，以爲民間貿易之幣。』後來漢武帝時的皮幣，唐憲宗時的飛錢，宋時的交子會子，元明時候的鈔票，以及今日的紙幣，無非是爲便利，易於交易運輸等原因。在古時經濟組織尙未完密時，金，銀，銅等尙可勉强保持其貨幣位置，歷代雖有鈔票，但還是沒有普遍行用於民間。時至今日，經濟組織已異常完密，金，銀，銅的貨幣資格，再難於延長下去了，完全改用紙幣，自然而然已成爲不能避免之趨勢。在現時無論東西，市面上流行的貨幣，差不多都變成了紙幣。不過在舊紙幣制上面有一種最大的缺點，就是並沒有認清貨幣的本來面目，沒有知道貨幣是代表貨物的。當金，銀銅取得貨幣位置後，就已成爲貨幣的金，銀，銅而不是貨物的金，銀，銅了。我們既覺得貨幣的金，銀，銅不能再代表貨物，就應該再找能够代表的東西來充當貨幣，不能在他們的頭上又加一重代表也像現在的紙幣一樣。我們既覺得紙幣有代表貨物的資格，在現在已成自然的趨勢，非用紙幣不可，那嗎，我們就可以直捷了當以紙幣代表貨物，以紙幣爲貨幣，取消金，銀，銅的貨幣資格，仍舊還他們貨物的本來面目。現在的紙幣本是一種無根柢代表的代表，金銀既代表貨物，紙幣復代表金銀；金銀既要失去其代表資格，代表金銀的紙幣又安得不動搖？所以這種紙幣制也是不能不改革的！孫中山，朱執信，廖仲愷，千賀鶴太郎等所以主張改用以貨物爲本位的紙幣而廢去金銀幣就是這種理由！

但是孫中山，朱執信，廖仲愷諸人所主張的以各種人生需要貨物爲本位之紙本說，見解雖高而實在還沒有用精細的研究工夫。金銀複本位紙幣早已感覺不可行，而況以各種所有的人生需要物爲本位，其複雜豈堪設想？馬克思資本論解說上面說得好：「如果採用兩種不同的商品，例如金銀兩種，同時作價值的尺度，一切商品結果就現出兩種不同的價格，就會有金價格和銀價格兩種。於是每在銀價值比例變動的時候，必定引起價格的混亂。所以制定兩種價值的事實是背理之極，完全與爲價值尺度的貨幣機能相矛盾。即使用法律定出

三

兩種商品爲價值尺度，事實上隨時都仍舊只有一種商品能盡價值尺度的職務。』所以我對於孫朱彥諸人的主張以爲是絕對的不可行。千賀博士主張單獨以米爲本位，比較似乎要好一點。但米並不是一種絕對普遍的需要物，就依他自己的本來理由，也是說米在日本是最普遍的，然吃麥子的却也有了一小部分。若再放大眼光看一看，就曉得米的不很普遍了。若以相類似的物質說，恐怕還不及麥子的普遍哩！所以米也是不能做本位的。那末，我們就不能不再找一種極普遍，極需要的東西來做本位以發行紙幣！

我們在化學原子裏面知道輕氣是有很普遍的化合性的，且而他的原子價是極小的，所以在化學上定各原子價時，總以輕氣爲標準，輕氣就成爲各種原子價的尺度了。換句話說，就是輕氣已經取得了化學原子中的貨幣位置。在我們人生最普遍，最需要，和輕氣在化學中相似的是什麼呢？我們若能够把這種東西找出來，

四

我們極好的貨幣就有了！在我們人生最需要，最普遍，沒有那一個可以缺少，沒有一塊地方一個時候可以缺少，和輕氣在化學裏面相似的東西，只有鹽可以當之！所以只有鹽總有做貨幣本位的資格，其他無論什麼油，柴，米，煤，麥，布，帛，糖……等沒有那一種可以比得上鹽的。此外那些什麼金銀銅……之類更不足道了，人生有他也可，沒有他也未嘗不可。在古代人智未開，經濟組織未完密的時候，他們能够取得貨幣的位置，眞正已是萬千之幸了！所以我們現在應該要看淸貨幣的本來職分，要稍細的審查，看到底那一種貨物可以充貨幣的本位？我們講到這裏，就不能不注意到鹽，不能不主張以鹽爲本位而發行紙幣！

在中國的現在，鹽豈不是國有的麼？發行貨幣的權應該歸國有，這是不容躊躇，什麼人都不能否認的。我們中國若能實行以鹽爲本位的紙幣，豈不是便利極了，容易極了的嗎？什麼銀行，什麼錢商，都要變成

歷史上的名詞，而這以鹽爲本位貨幣的社會，實在沒有他們存在之餘地了！ 國家的造幣廠，銅元局之類也就沒有存在的理由，人民的負担自然就減少好多。 我們尙何所顧忌而不爲此，尙何所顧忌而不急爲此？

以錢爲業的銀行家之類，所以能夠盤剝掠奪，全賴貨幣的價值是摸糊影響，消長不定的。 在貨幣的本身是沒有價值的 他的價值就是他所代表之貨物的價值，他的價值只是一點信用，大家公認他是代表某貨物若干，某貨物若干能換其他貨物若干，就是他的價值。 以前的貨幣違背了這種原理，所以經濟界只見一些混亂的現象 只見一些掠奪的行爲。 譬如銀本位貨幣，本來是應該代表銀貨的，他却偏要獨立一種圓角分等虛幻的價值，不定的價值。 一圓銀洋和七錢二分銀塊的價值却截然不同，還是因爲把他的信用，代表資格，和他所無代表之貨物的價值弄混了，所以纔成這樣若隱若現，繚紛，莫明其妙的價值。 於是這些以錢爲業的掠奪師者，就可以大施其詭詐伎倆 從中漁利。 政府鑄幣也是取這種手段，質輕質重的亂子我們是常常聽見過的，其實在這些質輕質重上面本來沒有什麽關係；貨幣制既入混淆中只以個數多寡定貨物的價值，那末，或輕或重又有什麼妨礙呢？總而言之，這種幣制是根本的錯誤了！ 並且又因複本位的弱點，掠奪者漁利的機會更多。

譬如一元銀洋今天可以換兩百枚銅元，明天或又可以換二百十枚以上；此地可以換百八十枚，其他的地方或又可以換百九十枚以上。 掠奪者無處不可以漁利！社會生活的中心點——經濟——乃如此混亂，其他各部分所受的影響也就可想而知了！ 假使我們能夠用以鹽爲本位的貨幣，這千頭萬緒的混亂，即刻就可以消滅，即刻就可以清清白白，條條有理。 例如貨幣上面所記的是鹽一千兩，今日可以兌得一千兩鹽，明日也只能兌得一千兩鹽；此地只能兌一千兩，其他的無論什麼地方也只能兌得一千兩，又無複本位的弊病，毫不混亂，絕紙消長。

鹽本位紙幣的辦法，只消以兩數計算，斤引一類的名目概可廢除，因爲這種非十進的計算法實在很麻煩；可以分成一兩，二兩，五兩，十兩，五十兩，百兩，五百兩，千兩，萬兩各種，由國家發行，由各區権運局司收發。鹽是人生不可須臾缺少的，人持一張紙幣便可以兌現得鹽，只要信用昭著，當然是極受歡迎的；等到信用既著，然後持之以衡量百物，自然是無所適而不得當！以較之無根柢之舊紙幣，其優劣實不可不同日而論！且舊紙幣很難收回，有時成爲不兌換券，更彰明較著的是一種欺騙行爲，這是用過紙幣的地方沒有不感受過的。在宋，金，元，明各代，因爲三年一界，七年一界的方法不良；更或不能實行，使人視用紙幣爲畏途而不感其便利，終至於失敗。若新紙幣就大不同了，鹽既歸國有，則人民和政府關於鹽的交易當然時時不能免，紙幣雖容易敗壞，然政府可以隨時收回敗壞之紙

幣毀銷之而補以新紙幣。而且紙幣面上所記的是鹽若干兩，國家不能一日不賣鹽，即不能一日不兌現，所以不兌換的欺騙行爲無論如何總不能發生了。只要人民能監督政府，不致發行太多，那就是完美極了！

自一九一四年歐洲大戰而後，影響所及，處處都感物價騰貴的痛苦。但物價騰貴的原因到底在那裡呢？恐怕身受其害的人雖多，能夠知道害之由來的還是很少呢！物價到底真能騰貴呀，還是別有原故呢？在物價本身實在沒有什麼騰貴不騰貴，普通所謂物價騰貴，並不是物價騰貴，不過是貨幣的價值降落罷了！譬如化學上的原子價一樣，始終都是不變的，在今日輕氣二原子和養氣一原子化合的結果是水，即在千百年後輕氣二原子和養氣一原子化合的結果仍舊還是水，決不至發生不同來的。在平時代表一元銀洋的紙幣忽然發生變故，不能兌現，他的信用當然就要失掉一部分，他的價值就非打折頭不可。假設他的價值只有五折了，那末，平

時只要一元可以買到的東西，現在就非兩元不可。這是物價騰貴嗎，還是貨幣價值低落呢？ 若長此不免現，而又繼續不斷的發行出來，也像歐洲大戰時的情況，貨幣的價值由九折，八折以至三折，二折，那末，物價當然就會由一倍，二倍以漲至八倍，九倍。 這種無根紙的紙幣，固然是一種欺騙行爲，沒有什麽討論的價值，我們且莫去管他。 我們現在再就金銀現幣來說：金銀現幣也是一樣的，因爲他們已經違背了貨幣的原則，並不代表貨物的價值，其所代表的只是一種模糊影響，若隱若現，若有若無，莫明其妙非貨物的價值。 社會上給了他一點公共信用，於是他也就似是而非的在貨幣裏面糊裏糊塗的鬼混，其實他和紙幣還是半斤八兩沒有什麽不同的。 例如今日在社會上流行的是一萬塊錢，他的價值是怎樣的，等到明日若增加了一萬塊錢湊成了二萬塊，那時他的價值就不能不打個對折，在表面上看，似乎是物價騰貴了一倍，其實物價還是『依然故我』。我們在坐船的時候，看着河的兩岸似乎是飛也似的向後面跑，其實河岸又何嘗跑過呢？ 我們平時看着太陽和各個的星子，似乎總是繞着地球跑，其實他們又何嘗繞地球跑過呢？ 這都不過是我們的觀察錯誤罷了！

我們且莫說免現不免現，用不用紙幣，若使對於貨幣的本來職務，本來價值認不清，不能在根本上求解決，即或全用現金，像現在沒有限制的一天一天鼓鑄下去，那嗎，莫說物價騰貴到不可想像，貨幣降落到不可思議，大家只以金錢爲財富，只曉得在金錢上面打算盤，以致生產者漸次減少，恐怕終必至大家同歸餓死哩！所以貨幣的革命實在是不可不討論，不可不切實的討論；不可不實行，不可不努力的實行下去！

貨幣革命可以說就是經濟革命，經濟價命不是單純的革命，却是很複雜的革命。 以鹽爲本位的貨幣制固然合理，然而非有可以實行這種制度的政府還是不行的！譬如每年只能出十萬兩鹽，政府可以發行百萬，千萬，萬萬，……以至億兆京垓萬萬兩的貨幣其危險豈不比現在還厲害得多嗎？現在還種卑汚苟且，只知肥己，不惜斷送全國人民的政府，試問可不可以操這種經濟權？試問配不配操這種經濟權？所以我們要想得到合理的貨幣制，要達到經濟革的命目的，就非先行政治的革命不可！這種以𨱆爲本位貨幣的貨幣制，以在共產主義下面的政府爲最合宜。所以我很希望政治的，經濟的各種社會生活的大規模革命立卽實現！我很希望以𨱆爲本位的貨幣革命立卽達到！

康德與現代哲學

桑木嚴翼著
傅昌鈺譯

康德與其時代

（一）

此篇的論點有二：一，以研究康德的本身爲根據，對於從來的解釋下一種批評；二，闡明康德哲學對於現代哲學的意義，而論辯此哲學的特異考察法。討論康德而說他與現代哲學的關涉，一部分的人或以爲是無益之舉，但關於此持反對見解的很是不少。仔細看起來，除極稀的例外，對於此大哲學者在歷史上所占的重要位置而懷疑的恐怕沒有。然其重要至何程度，及其對於現代哲學的意義，各個人的見解未必相同。所以我們不可不先說明提出此課題的原由，同時又不得不辯明不是徒然節抄哲學史的一節。

我們都知道康德是三批判書的著者。此外或者有能夠列舉二三關係著述的人，但是更於此外能夠找出他的著述的，即在哲學研究者之中也不多見；簡單的哲學史等自然不出其範圍外。此事實爲對於康德發生誤解的第一原因。康德的著述事業中本要算這三批判書爲最重要，然其間既有種種的論著公於世，全然蔑視他們，僅僅攻究這三批判書是不行的。就是說要理會批判書要參照他的其他著述。並且這些論文卽算於學說上沒有非常重要的關係，但求其明白康德的生涯一定爲益不少。讀康德底著述的人大都有乾燥無味之感，但是仔細玩味批判書的全體，實未必然，並且批判書以前的論文富於機智催促感興的地方也很多。輕視這類著作不可不算爲誤解康德之一例。並且主要著作以外的論文多於時代有關係，所以僅說康德是個草「純粹理性批判」的哲學者眞是謬妄。

對於康德稍有學術的研究的人也有不十分重視康德

哲學底價值的。他們多半是這樣觀察：康德雖有哲學史的價值，然如哲學史上所見，其事業已盡於其生存的時代，自今日視之，其學說殊多缺陷不免有陳腐之譏。我以為康德哲學的任務在康德後的德意志哲學產出的時候才完畢，即是康德底哲學被征服（uberwinden）於康德以後哲學的發達。康德底學說傳至今日雖不能說通通是真的，但是古來哲學者中其影響於後世的勢力有多少之別。有些還不止生一種影響，其勢力能彀長久支配後世。我們實在想以此擬康德。蓋在德國自康德哲學漸次傳播各地方產出諸組織以來，至黑克兒發展其學說中之一要素；其後自然科學勃興，雖視為全是謬誤的見解，然到十九世紀的末葉復承認其學說：後因抵抗各方面的反對乃張新康德派的旗幟，遂成現今的大勢力。大概可以說今日有力的哲學思想沒有不與康德哲學相關聯的。其詳細的敘述固在後章，但是不明白此點，漫然說康德僅僅是個十八世紀的哲學者，却是輕視哲學史這件東西。

如此我們視康德為與其時代有親密關係，又視為他底學說得長久存於後世思想界；至最近更視為與現今一般思想界實際界有關係的人。就是說現今德國所取的軍國主義的政策遠遠地胚胎於康德。（關於此余曾論述德國哲學與戰亂的關係，將引用之於第二篇之終，此處不過簡單提示其事實。）

元來德國的哲學雖自現時的戰亂勃發以來（譯者按這部書是正當歐戰方酣的時候出版的）受了大非難，然其後稍為恢復了他的價值，有辯明康德以後十九世紀初，德國的理想主義與今日的軍國主義成反對意味的。但是其後又有以巧妙的論理說明德國軍國主義與德國哲學之關係，而以康德為德國底軍國主義官僚主義之一淵源的。我們沒有深究這個問題。現在不問他們怎樣說，只要辨論康德哲學的精神果與軍國主義有關係與否，也值得為思想上的一問題。

此等問題引起我們先行研究康德果與其時代有怎樣的關係。何以見得呢？因爲康德與其時代有密接關係的事實乃爲決定他對於現代有何等意味的根據：又因康德對於其時代所取的態度爲我們決定對於我們底時代所應取的態度底一指鍼。

（二）

康德（Immanuel Kant），一七二四年生於普魯士的克尼希士柏爾希，一八〇四年歿於此地。除短期間爲近村某豪族的家庭敎師外沒有一刻離其生地。其生時大抵屬於十八世紀，其直接的經驗悉自其住地而得的。所以瞥見此時代的普魯士底狀態，得知康德與時代的關係的大體。但是其生地果足以代表當時的文化與否，是不可不檢察的。

克尼希士柏爾希在今日雖稱爲普魯士的第二都會，但自柏林坐火車到此地要十時間。據一九〇四年的調査人口爲十八萬八千，與當時柏林的二百五十萬相比較，相差甚遠。自古設有大學，今日的學界並不十分重視該地。今日與昔日的割據時代相比，各地方的聯絡亦大增親密，所以來到德國參觀他聯邦底有名都市的外國旅客多有視該地爲都市而加以注意的，然而百餘年前未必如此。在十八世紀的半頃雖說只有住民五萬，戶數六百，但據波爾前氏說該地在當時也可算華麗的都會。就是康德自己也以此地爲地方政治精神的中心點，適宜於求索關於世情的知識。如此看來，地方雖頗僻遠，大概可視爲傳播當時文化的地方。

十八世紀通常稱之爲啓蒙運動的時代。就是自近世之初盛行的自由精神到十七世紀造成哲學上的大組織，催促科學上的大發見，同時漸次普及於一般人士，一變舊來的傳說信仰的時期。此運動最初起於英國，在哲學上發達了經驗主義，在道德上引起了基於人性的自然主義，在宗敎上產生了以合於道理爲主的理神論。那些思想傳到法國，與其國固有的懷疑的思潮和合理的

三

精神結合，貫徹其自由精神，破壞舊來的宗教道德政治等而毫無顧忌。感覺論，唯物論，無神論等可稱爲那些思想的代表思想，其結果發生了大革命——這是歷史上著名的事實。德國於十七世紀中因爲受了三十年戰爭的影響，國力疲弊，參加於這個運動的時機，比之英法諸國，稍爲後一着。但是畢竟受了同樣的影響，特於以知性爲主的萊不尼玆（Gottfried With·Lei—bniz）底哲學，波耳夫等把他通俗化之；同時諸學術興隆，知識從學者移於民衆，遂呈一種有特色的啓蒙運動。

如此不僅成了重學術知識的風氣，即於社會的風俗習慣等亦有重視知識上的約束的傾向，而對於此點法蘭西要算是中心地；巴黎實在可稱爲具體的受了十八世紀啓蒙文化的。自是路易十四世屢次遠征諸方發揚國威，同時又華麗其宮廷，制定禮儀，振起學術，獎勵文藝，極一代之盛。但是所謂文藝全然模擬古典文學，以具有研麗之巧與絢爛之美爲盡美盡善。這種文藝自其主知的點看起來，步步與啓蒙的精神相同是不待言的。他們如何尚規矩繩墨，現在參觀卑耳斯由宮殿（特於其庭園的設計）可以知道。

康德實在是生活於憧憬此文物的普魯士王底治世。蓋康德生於開普魯士國運之基的扶里托力希，必耳黑耳第一世的治下，歷事扶里托力希第二世，第三世。他一七四〇年入大學的時候恰爲扶里托力希第二世即大王位之年，直到一七八六年大王去世之日他底思想才漸次發達，而定其基礎。康德自己也曾將他底著作「天體一般自然史及理論」獻於大王，並且頌揚大王，說他是啓蒙的君主。而這位大王實在是崇拜法國文化而導入之於德國的君主。他招聘了一位法國文學者波耳特耳。他有時與這位文學者不相容，然又不能與他相離。這位文學者可說他是十八世紀啓蒙的權化。大王常學法文，談法語。曾在「　國文學論」（De la

I itterature Allemande）上非難當時的德國文學至於釀成物議。哲學者中特賞贊波耳夫，從流竄的境遇招喚他於哈列，而當時漸漸成名的結特未曾見賞於他。這位大王推賞法國文物，即是推賞啓蒙的文化。生於如此的治世，住於受了這種文化的餘波的克尼希士柏耳希的哲學者，徹頭徹尾與啟蒙有不可離的關係是不足怪的。康德實草了『答「何謂啓蒙」之問』，以啓蒙家自任。

即啟蒙時代的哲學，宗教，道德等存於其思想的根底是不待言的。十八世紀的德國啓蒙哲學即是奈不尼茲及波耳夫的理性論的形而上學。其言宗教乃按照道理以解釋神，靈魂等問題；其言道德乃基於人性的自然而規律行爲。此等解說常存於康德思想的背景。但是康德同時又想從此超脫。而這種超脫思想已經開始現於十八世紀的思想界，康德乃受其影響，畢竟開了征服十八世紀的思想的途徑。

（三）

使康德脫離十八世紀的大勢的一種產物是十八世紀特殊的宗教影響。蓋起於近世之初的宗教改革本來反抗禮儀以信仰爲主，但是經了許多年月漸漸積成一種習俗，差不多與他們所反對的加特力教無異。因此有反對路得教謀復歸於真路得的，斯潘拿（Phil·Jakob Spaner）倡創於一六七〇年的敬虔派（Pietismus）即是其一。這個教雖說間或有趨於奇矯過激的地方，而遭了種種的迫害，但其根本精神在深的宗教感情中有了根蒂，而康德從父母受了此教精神的涵養。本來十八世紀的知識只普及於中流以上的人，至於下層社會沒有十分沐浴其恩惠，其弊害已不淺了。康德的父不過一小革具工，所以虔敬派的信仰影響於他的，較之十八世紀的文化影響於他的更多——這是當然的。父既是正直的教徒，母亦殊爲此教的熱心的信奉者。因此康德入學於母所尊信的虔敬派神學者守耳茲（Eranz Albert Schultz）所辦的中學校（Collegium Friderianum ），益發深究此教，得養成流行於當時的理神教以外的宗教感情。並且在此校受了古典文學（特於臘丁文學）教師的感化甚多，一時至於想以古典文學立身（後年屢引用臘丁詩句的素養實存於此）。以上所述都可目爲對於康德的十八世紀底反動影響。但是一七四〇年入於該地的大學，乃一變此態度。

康德入大學以後因爲紹其亡母的遺志，又受了大學神學科舊教授的指導，聽聞了神學科的講義是可想而知的。此外又習了法學科哲學科的學術。關於哲學研究了當時奈不尼茲，波耳夫的正統哲學；又由少壯學者克魯茲野（Martin Knutzen）的感化，對於牛頓的自然科學特感興味。克魯茲野雖未成業而夭折，在其弟子中出了一個自然科學研究者康德，其一生。亦足以永垂不朽了。康德研究了牛頓派數學的自然科學，又於他方面依克魯茲野的影響修了波耳夫派的哲學。他於一七四五年的卒業論文，擇一「活力測定考」的題目，當時遂知其爲自然科學者。其後陸續將關於此種研究的論文公於世，一七五五年做大學講師的時候也同樣提出了科學上的論文。這時候爲博得教授資格所提出的論文都是亘於論理學形而上學的，其中雖有幾分爲後年思想的階段，但於此時代最顯著的地方實在是自然科學者的康德。其研究事項不僅限於數學物理學，若將他傾心於地理地文等具體的事實與其後年的主要事業相對照是很有興味的。其實康德的地理學講義很與一般人的感情相投，常有多數的聽衆；普魯士的宰相蔡得利茲（Zedlitz ）曾特派人筆記他的講義。足不離生地，差不多沒有見過山岳，恐怕數時間能達到的海濱也沒有去過的這位無精神的哲學者居然談世界的地理，好像身歷其境似的能彀引起聽衆的興趣，不得不說是一件奇事。

這是因平生喜精讀地理書旅行記等，就是關於日本也時常談論———由我們看起來是一個頗有興味的點。（余關於此稍有研究，已收錄於第二篇）。康他特於大學卒業後的時期受了啓蒙時代的知的精神而以十七世紀以來的自然科學爲主。　對於波耳夫的哲學，一面受了他的影響，他一面又表示想從此脫却的氣象。

回轉知識萬能的啓蒙思想的原由，是英法思想的感化。從一七六〇年以來康德由英國經驗論者羅克和舍得茲柏里的著述從自然硏究轉眼於人性問題；更由盧梭而覺得感情可貴。　康德因耽讀盧梭的新著愛米耳（Rousseau・Emile）破亂了他的日課是一件有名的事實。從前徒然埋頭於硏究不顧其他一切，只以收積知識爲能事，獨自尊高而以蔑視無知賤民自快；到讀了盧梭的書才悟到「人」之可貴，才相信白般的知識，若無益於生活的，比卑俗的勞作更沒有價值——他曾將此心跡表白於世。　此事正是康德思想的一轉機。

這樣看起來，康德常受時勢的影響，同時又時常發表對於時局的意見。　當一七五五年利沙布地震，人心恟恟的時候，乘機講地震之理；借這回的災厄直疑天道底是非，時圖排斥淺薄的樂天觀；或因作異形的姿態驚動一時的山羊豫言者而論狂狷，或硏究交通於幽界和自在的神秘家斯愛丁波耳克而發表意見（此等事中的一部分詳述於後章）；晚年發表觸當局者之怒遂至接觸山分的宗教論：這些事實都足以證明他不是迂濶的學者。不迂濶是因常與時代相接觸。

要之，我們明知道康德是十八世紀的哲學者，然在其思想的根底，爲其思想之源泉的十七世紀底科學和十八世紀中稍屬於逆流的思想，較之十八世紀底主要潮流及當代的哲學所占的部分還要多些——這是我們不可不發見的。波耳夫氏謂康德是十八世紀思想的完成者又是十八世紀思想的征服者，此言決不是偶然的。　但是「征服」或黑格兒所謂「舉揚」（aufheben）不僅是從十八世紀的反動思潮而生的，實在是康德自己努力的結果——康德的主要事業不可不說他是存於此處。什麼主要事業？批評哲學的創設。康德不僅由此開創哲學史上一新時期，且於思想史上加入了新要案。但是怎樣能發達到這樣的新見他？我們於次章當敍說達到批評哲學的思想徑路，那時候再來答覆這個問題。

但其敍述頗簡單，並且真正的意味是與批評哲學的領會相待而發揮的，所以詳細的解釋不得不待查閱後章時自己依次去領會。

（未完）

共產主義與經濟的進化

羅學瓚譯

譯者按拉化格 Paul lafaque 是法國一個對於馬克斯學說很有研究的人：他的著作很多，這篇演說辭，有許多精闢之議論，足以釋懷疑共產主義有妨碍於經濟之發展者，特爲迻譯；不過我係初學譯書，錯誤之處，知不能免，不能不請閱者原諒。

一千八百九十二年五月二十一日，聚在巴黎地理學會大講堂中，辯論社會主義；其中有市民拉化格，李爾 lille 的議員，與社會學會總理兼反對社會主義同盟會發起人德母蘭 Demolins 先生，及他的會員細孟Juler Simon 基阿 Yves Guyot，雪 Say 得列 Taine 諸君：又有幾個別的講無治 laissez faire 和放任 laissez Passer 的安那其主義的頂禮者，傳播他們的主義，是在放任與無治那些資本家對於勞工階級所犯的竊盜。

這個大講堂，可以包容一千人之數，已充滿了，在這集會之中，最大多數是資產階級；其中有多數的議員，學生會會員，大學教授，牧師，與官吏。拉化格先函請這些有特權的公衆，僅僅祇得五十張入門券 爲他社會主義的朋友，這次聯合會是政治科學院的敎授蒲洪達洛先生 Brentuno 主席。

我們刊發拉化格的辯論，一如從前速記所採錄的。

○ ○ ○

各位先生們和各位夫人們！今晚討論的事，本來不是一個相矛盾的爭辯；不過各人說明觀察社會進化兩個不同的方法而已。德母蘭先生他相信社會的進化，由一種逼迫的形式，漸漸接近於個人主義，Iindividualism 換言之就是接近於獨樂主義。Particularism，但是我們馬克斯和昂克斯的門徒，則相信經濟現象的發達，必定伸張到共產主義：就是共同享有生產的方法，已經完成了一部分的事實；並共同享有娛樂的方法。而這些方法，是先由一個階級把持，這個階級是由較少的人數組成的，並且隨經濟的發達，時時使他的數目減少。

我非常之欣幸，得到這個機會，提出共產主義的理論，在許多公衆之前；這些公衆是我素願要來請問的。我就在此地行使我傳播的責任；我來傳播這個社會主義，和哲學的思想，並找一些信徒。又將利用這個環境，爲破壞這些專於反對共產主義的人，我們的仇敵誹謗我們，說是宣傳殺和刼掠，你們判斷是不是這種流言有討論之價值。

我們反對黨中的人，他們所希望，却是可愛的。他以爲我們是「烏託邦」是「夢想者」；他對我們說：「是的，你們夢想的社會，是可驚歎的，是可希望使平

等統御在人類之中的，但是你們不認識人類的天性，本來是惡，你們在改良社會以前，應當先改良人類」。

我們反對政治家和慈善家，並不近於空想，我們不相信由宗教的道德或世俗的道德的責罰。可以改變人類。爲着改良人類，應當先改變他所接觸的環境；因爲人若是社會環境的創造者，那也就是社會環境的創造物。你改變了環境，隨着就可以改變人類的風俗，習慣，嗜好，和感覺。我們這些空想家，夢想家，研究那社會的環境，分析那些經濟的現象，直揭他們的根原，追尋他們的發展，考察他對於家族與政體上的動作；才敢於提出這個大胆又無偏見的決論。

這些經濟的現象，不僅僅影響於風俗，還影響於家庭和政治的組織；並且影響於那徘徊於人類腦中的哲學與宗敎的思想，於此有一個明顯的例：在一個初發達時代，當時的生產方法，是不完全的，所有的人民，應當收養奴隸；一切的人，并且那些大膽的思想家，都承認

奴隸在當時是正當而且自然的事實，又那些信教的人，以爲奴隸是天生成的；一個人類中的大哲人亞里士多德，他也至於相信造物會創造一種特別的人，專作奴隸使用的；他找得「創世紀」中的證據，據說 Cham 的子孫，應當供給別種 noe 所產生的子孫的奴隸。 但是這個希臘哲人，至少也豫想到生產工具中的一定的變化，必定會牽連到奴隸的廢止，這是猶太人及其教徒們的上帝所沒有做過的。

在他政治 Politque 一書中有著名的一段說：((若是每種工具，不用督率，可以實施他本來的職務，就是或者他自己能督促自己，好像跌達列 Dedale 的傑搆一樣，自己能夠轉動，或者如喻列甘 Vulcain 的三脚鼎，隨他神奇的工作，可以任意安置。 又例如織工的梭子，自己能織布；那麼一個工場的工頭，既不需要助手，也沒有奴隸的主人了))。 像這個亞里士多德他在已經認定奴隸是自然創造之後，又有這樣神奇的豫言料到由生產方法的變換，可以達到奴隸的廢止。 這是因爲經濟的變換實現了，這是因爲大工業的機械能夠自己自動的完成他那神聖的工作了。 我們共產主義者，認定這個傭工，這種最後最新奴隸的工作形式，一定會要消滅的。

一

其實現在的機器，自從最粗笨的，最簡單的，以至最精巧的，都被一切的製造業領有。 最初的歷史時代，即有牛酪的製造，到今日才得了瑞典所出產的「拉瓦牛酪揭除器」的利用；他能使牛奶從母牛乳房中擠出後，即能夠成牛酪。 太陽得了透明鏡和化學的配製，能夠塗染，或者可說他能夠繪畫，其實他就成一個着色的專家。 一個巴黎人斜洛 Gillot 他發明一個浮雕的方法，不要鑿子的幫助，也不要技師的協力：就是他僅用脂肪質的墨質和硝酸就够了。 又有用太陽和電來雕刻銅版印刷器的，並且現在機器的計算，會要比數學家精確得多。

我將檢閱各種的製造，可以向你們表示那些都是被機械所佔有了。什麼是機械的作用呢？就是機械的實用，已變換了個人主義的工業，成爲共產主義的工業了。

我解釋給各位聽：從前是人在家庭中紡績編織，在鄉村中紡織，現在却把撒布在各處地面上的工業，收集在幾處用機紡械績編織的處所，來供給各處的家庭。這些紡織編織的工具，在那些紡績編織的場中，都是歸公衆使用；所生產的工作物，已失掉個人的性質了。如一個小技藝的靴匠，製成一個完全的靴子：就是審法度，打靴底，截皮塊，整模樣，作縫綴；都是他一手所經營的。那個靴子，可說是一個絕對個人的工作物。只要一個人，就可以生產出來。但是在靴工廠中一個靴子的工作，必要經過許多人的手，就是一個工人截皮塊，一個工人用機械縫綴，一個工人穿孔，還有一些別的工人搓揉打靴底，……可見這個靴子是一大羣生產的或一小羣生產的生產者共同公作物。這是由個人主義的生產物，變成共產主義的生產物了。

在商業之中，也同成共產主義的轉變。在前世紀每家商店都有他的專賣業，對於專賣業組合的條例，應該嚴守專賣的限制。譬如一個羅紗店裏，僅僅只應當賣他的羅紗；刀子店裏，只應當賣他的刀子。現在你們可以到巴黎列 louvre 到那馬舍 Bon-marche（巴黎兩個最大的百貨店）去看，無論到什麼大商店內，你們可以看出各種最複雜和最差異的專賣業聯成一氣，公同營業。在同一個地位，並在同一個資本管理之下。假使我們經過英國，我們可以找得還要完全的商業共產主義；舍不列公司（Shoolb Redet Cie）賣出人生衣食住所必需要的一切東西，在倫敦的這些大消費台作社內，還加賣各種藥料，畢竟能使病人及健康者一切所必需的貨物，都可以在那處零賣。

農業也受了工業集中的反響。那些小田場已被收集，創成了土地的大財產；我知道我所說的，必使你們生疑問，要向我說：在法國的土地是破碎的，並且他自己常常分裂。我也以爲然。但那事僅妨礙大財產之復成，並且我所要證明的，只在鄉村人口逐漸加少之原因。各處的鄉人爲投進工業的城中，都離開他的故鄉，賣掉他的田畝，送給大地主。就是近來還是如此，那古 Iacour 先生他準據確實的統計，曾在上議院宣稱法國可耕種的土地，百分之四十五，是被十四萬大地主佔領，那麼現已有一大部成爲大公衆使用的土地了。

但是在法國所經過的，在英國早已經過了；英國的土地所有權，散在無數人民的手中，所有的開化國民，都着手做這種同樣的集中運動。英國也是如此，也曾有他的小農場，到本世紀初葉，例如在高雷 Galles 伯爵時，還是零零碎碎的，在多數小農人的手中。到自由時代，已經把他完全消滅歸作少數的大地主中之小部分了。

封建時代的土地權是很廣濶的。但耕種却是個人的：就是把土地分做無數的小租田，將耕種之事，委托於奴隸，或自由之家族。現在那大土地財產存在的處所，共產主義的大耕耘法即依次發現，要考察他到發達的最高點。應當橫過大西洋，到合衆國之佛爾威斯 Far-West 地。無論幾個啓羅米突長的麥子田場，耕種與收獲，都是得了機器的幫助。

各位先生！還有第四種可注意的集中事實。就是經濟的集中，這是沒有人不可以相信的。當工業停留於個人主義的時候，工作的工具是很小的。僅僅只需要一些小資本，就可以開辦；如爲紡紗的人，只要辦一個紡紗細捧和紡綞，每個生產者略集一點資本之後，就可以成一個廠主，備一個小店。並且自己和小孩子學徒夥友同一塊作工，還兼理籌算之事。這個時候已經過去了，過去很遠了；在這個大機械生產以前，這種希望自然可以實現，並且是常常實行的。到今日他是轉變成空想了。

現在工業的器械，到這樣的繁雜，決不是幾百佛郎可以從事的；必需備有幾十萬幾百萬佛郎才可以經營他。他產生在我們的世紀，尤其重要在後半紀；在法國有一種新階級的人，特別担任聯合各個人所有的小資本，合夥經營，為供給機械工業的股本，為建築鐵路，開發礦產，建設製絲廠，織布廠，修建許多高爐等事。我知道這些官家的經濟學者，要求劃分大工業組織為行動與責任兩部，這是一個散布財產所有權使成民主化的方法。但他們絕沒有留意財產所有權的民主化政治，曾允許理財家揭出所有的舊基礎，所有裝飾金銀的秘密處，所有貨幣的資本，都集中在他們的手中。由他們把持管理之事，直等到他們買收他的所有權。好由他欺詐騙取。所以到今日造成了無數百萬千萬計算的大

財產。這種劃分散布商工大企業所有權的方法，不過依據剝削國家羣衆的資本，湊成資本大王。

你們看見這些事，這些生產和交易的組織，戴着共產主義的形式。由經濟現象之發達，那個人主義的生產，和個人主義的交易的轉變；是一定不能免的結果。這種結果，是獨立不羈的產生，並且與違反人類的意志，外力一點也不能妨礙他的進化：就是將來一點也不能妨碍他所要得的結果：公衆享有生產方法；因此一定的當引到公共享有娛樂的方法。

但是生產和交易的組織，雖變成了共產主義的；他們領有的形式，還是留在個人主義的。我說給各位聽：那些生產的大工具，如紡紗廠，大工廠，鐵路等…………又如這些交易的商店，如徐福列與邦馬舍等既縱令是共產主義的，但已是致一個人，或幾個人，或由一個股東或債權的團體所佔有。那所有權停住為個人的形式，如那不很重要的工商業，都戴着個人主義形式的

時候一樣。所以就生反抗的現象：就是在這種生產和交易的共產主義形式與個人主義的佔有權之間，發生了相反對與對抗的意思了；就是因為這種對抗中存在着痛苦與貧困，又使社會向紛亂危迫中進行。

由經濟現象必然的發達，造成了生產和交易的共產組織；更因同樣的發達，又產生了解決生產與交易的共產主義的形式，與個人主義的占有權中間衝突的方法；換句話說，就是在同時共有生產和交易的方法；那經濟的進化，又准備着享樂方法的共有了。

明示我們環境之中，有使所有生產和交易的方法，化成社會公有的元素的存在；這是我第二步要說的。

二

第一的效果與最可研究的公同享有生產的方法，增加人類十倍百倍的生產能力。現在人類感社會的需要，都算是很滿足的，並除需要以外，尚有作奢侈之用。例如：這半世紀之中，有一宗需要為從前所不曾需要的鐵與鋼，為修築鐵路，造汽船，並啓發工業和農業的機械工具之用。生產努力於他的職務，滿足所有的需要，并超出需要以外。從此在鐵之中，就按時有生產過剩的危迫；故有時這種生產物不能暢銷，也沒有需要。然在這五十年之間，人所蓋在地上的機械與金屬的建築物，又所築成的縱橫交錯的鐵道；確實的把地球置在鐵條之上了。假使有人收集這些機械鐵軌，及所有的金屬製作物，可以豎起一個比喜馬拉雅山還高的鐵山。你看這樣不可思議的共產主義的生產！

還有一個別的例：收獲豐盛的麥子，為公眾生存第一個條件，這個問題，是已被解決了。並且還超出解決之外。在土地所有權已集中，并且科學和機械的耕種方法已實施的各州縣。當一個立克達 Hectare 之地，至多每年平均僅僅十五爾克多立突，Hectolitre 有時還止十三十二十一爾克多立突，若是擴張共產主義的農業於東北地方的幾個州縣，法國就要每年收獲二百萬至三百萬爾克多立突的麥子量，比從前加至一萬萬至幾萬萬爾克多立突。近來美國一個農學者刊行一部關於產麥子的領域的生產力的書，發見呂老孫 Hudson 口灣之北部，開闢那些土地，可成一個不可比擬的肥沃田地。——用一百萬備有機械工具和有組織的人耕種；如同他們已經在那爾爾威斯大農作塲中一樣，當那豐稔之年，不用肥料，利用他自然的肥沃，可以收穫麥子供養全世界的人。 這種麥子田地，現在是被人放置不理的。

我把鐵和麥子爲例，因爲這兩種生產物是必要品，我還可以取各種生產物表示給你們看，都是這樣的繁多。 供給超過於所消耗的，就是工業的職務，再不是怎樣的生產法，不過是怎樣的找消耗者：他找到亞細亞洲去了，找到亞非利加洲去了，並且還想找到天上去。在十六世紀歐洲各國。 爭奪殖民地，爲偷竊殖民地的皮革，香料，有價值的樹木，和貴重的金屬。 到十九世紀以來，他們除爭奪這些東西以外，又輸出從生產者偷來的商品於殖民地，故竊盜就是資本家的本質。

這種豐稔的生產物，直達到比前時代過剩和無限量的地步。 這個效果，應當能够創造所有生產者的幸福；但是得相反的結果，反產生他們的貧困。 於是當那商店裏充滿了商品，而工人反在受饑餓的時候，相率罷工，會合來討論，這是爲什麽原故：知道饑餓所由來是因生產過多了。 從前的饑餓，減少中世紀的市民，是當收獲缺少之時。 現在生產豐富，反引出饑餓來。 這種不合情理的事，立在眼前，并使工人豫備着頭顱來革命。 這是對抗的結果，已經明明白白記載在這種共產主義的生產形式，和個人主義占有的形式之間。這些生產者，陷在這種不合理的貧困之中，就是因爲資本家每日剝去他們工作的利益的原故。

壟斷工作的利益，便把社會變成一個大市塲。 在市場中，不僅販賣人類操作的生產物；就是人的本身，也被販賣。買手作工人的腕力，買智識工人的腦力；因爲智識工人是工程司，是化學家，是農學者；因爲他們有組織和管理的才幹。　在這種共產主義的生產，與個人主義的占有兩相對抗之間；使人類降位減價，造成商品，並做成社會。　這眞是一個極大的商場。

細雪郎 Ciceron 所著的義務 devoir 一書中說：（如何可以顯出商店中的尊榮呢？）他並解釋當時的輿論，和以前各時代及各社會的輿論，都不是根據於商業和資本主義的生產業之上。　他說：（如何可以顯出商店中的尊榮及怎樣商業能够產生廉潔呢？所有叫做商店的，都不佩稱爲正經人；因爲商人那個不欺騙能够賺得錢，你看什麽還有比欺詐的可憾呢？那麽人應該注意這些卑賤和惡劣的事情，如賣他們的勞力或藝術。　爲賺錢而工作，就是自賣和自置於奴隸的地位。（大家喧燥的反對。））

最後這些引起你們反對的話已經得了光榮時代希臘人和羅馬人熱心的贊賞。　的確人賣出他手的或腦的工作，是人類屈辱最受壓迫的憑證！把斯巴達和羅馬所有的市民，降分品位的行爲，是一個放棄我們資本階級中生產者惟一之手段：就是傭工是一種奴隸制度：啊！細雪郎說則有理，在商店中表顯出來的，祇有欺騙。　旣然在廣大的商店中，完全是欺騙，這就是資本家社會的組織。

這些製操品呵！是完全虛擬的，是假造的。　這樣誇眩的資本主義的文明，把粗糙品時代的名詞將要埋沒，人自不歡喜假造天然的製作品，還是改造假造成的製作品。譬如人工牛酪，就是假牛酪，就是轉展假造成的；並且不單止在這種人虛僞和物質虛僞的物質界中；即在精神界中無不是一致通行著社會的虛僞，誰能說所有的道德與所有的政治，除虛僞外，還有別的麽！現在我不能把流行在這些最尊敬的統治階級中的虛僞去檢查，因這紀事册太長了；我僅僅願意拿幾件事可以說明我們目的的來討論。

人常常說，所有權是社會的基礎；保管個人的所有權，是統治階級惟一的職務。在別的方面，還有崇拜金錢偶像的牧師，和經濟學家；高唱資本主義組織的社會的諧和與有秩序的聲調。 這個完全是虛假啊！無論那個社會之中，莫不有擾亂和衝突的事情。這種不停止和無益處的內亂，即足以破壞資本主義的諧和。 兩個商人販賣同樣的物品，兩個工人製造同樣的物件，他們不是常常的爭鬥麽？他們每個人不是常常致力於爭奪顧客，排除他們工業或商業的同業，或在市場上驅逐他，或破壞他，或置他於死地麽？這個戰爭叫做「商戰」。Concurrense

這是深沈的論理學家阿伯Hobbes 所謂一切反對一切的爭鬥。IA Iutte De tous 在中世紀的時候，這個戰爭，暫時停止，統治由這些比鄰的宮殿；但是這個戰爭，他能自做槍劍，他被啓發在封建諸侯家裏的所謂使人類身體和精神高尚的各種品性。（如勇敢，義務的感覺，服從命令，權力，忍受疲勞，不順，和痛苦之類）在資本主義社會特有的嗜好，就是利潤滿足財富的慾望，得到不作工：所以經濟的戰爭，僅僅產生人類靈魂中陰謀的思想，狡猾欺僞貪吝等利己主義：就是消滅了社會，消滅了國家，消滅了人道，我但去得財產去啊！這就是資本家心中所叫喚的。

資本家經濟的戰爭和貴族尚武的戰爭，得到同樣的結果：集合所有權。 封建時代的諸侯，併合土地，和敗北的奴隸，做自己的財產；工業則買收工作場和競爭失敗的僱客。 這個大資本收集小資本，小資本日漸消滅爲合成大財產。 所以這個社會建基於由小所有權消滅而僅容留大所有權存在之上。

當一千七百八十九年法國大革命的時候，資產階級的人，自以爲人權之保障者，弊政之改革者；宣布要實行平等，自由，博愛，並且載在憲法上，刻在牢獄的壁上；但是沒有一事可以實行。所謂自由平等博愛，不過是資本階級三宗重大欺僞的事，還有一件可惜的欺人的事情，就是歌頌進步的人，他常常宣稱這個機械，應當減少人類的工作，現在機械進了步，而在資本家的社會反增加了工作；在大革命之前，夜間工作是禁止的；現在這些資本家的工作場中，正是監獄一樣，無論男女老幼一樣無晝無夜的作工。

在前世紀國家和教會都保護工人。每年規定一定的休息日期，如五十二個禮拜日，四十個休假日，還不計算那些地方和公衆的紀念日。這都是當時託言大祭日；那時人人有燕會的間暇，並且榮幸的消度這個神聖的「游惰日」。Saintc—Parsser 到今日再沒有這個時間了；一個禮拜應當勤勞七天；這些信天主教的資本家，已經忘記仁愛和萬能的上帝所說在七天工作之後，應當休息一天的話了。

家庭啊！還是社會上一個極堅固的和神聖的基礎啊！曾否鄭重的討論過嗎！一切的人如工場主人，經濟家，道德家，政治家，首先應有保護家庭發達家庭及完美家庭的專責。不幸得到完全相反的事實啊！資本主義的社會，擾亂家庭，並破壞家庭：就是工業的工作場，把婦女和小孩子奪出於家庭的巢穴，又奪去看護搖籃中的小孩子的母親，和主人的新婦；而鐵路上和銀行會社中，更來完成這種破壞家庭的手段。婦女被剝去所有治家的本務，以至少年女子自製造廠出來，作家庭中的主母，既不知得縫紉，也不能治理家中的事務。

有些假慈善家，常常把工人階級情狀危急的話，來強爲掩飾，說這些婦人和小孩子被用於資本家的刑場，不過是爲改良家庭中的命運，增加他們生活的收入。這是欺人的是不顧面孔的欺人啊！這些婦人女子受工業的處罰去作勞力的工作，適所以減少這些男子的工價；並且自婦女去作工以後，又取去這些小孩子作工，因此又減少婦女的工價。這些資本家的慈善家，引導他們分裂競爭在家庭之中，促使家庭中的父母子女互相爭鬥爲賣出他的工作於最好的市場啊！

在從前個人主義工業之中，主父一人的工作，還能供給全家人口；在今日資本主義工業之中，不單止主母和兒女應當自己工作，去取自己的工養物，並且常要主母和小孩子的工價去供養主父。在合衆國之中有些工業城市，婦人作工，還比男子容易些；有這樣的情形，男子留在家中爲看管小孩子，幷且監視烹調：人叫他爲「女城」 She—tours 就是婦人城市。 Ville—Femme 婦人還比男子苦惱些；但現在那個痛苦的製造工作和社會工作，可以解除男子的拘囚，這種拘囚，比那束縛羅馬末葉貴族女的嫁貲制度，還要完全些。

這些婦人引入奴隸的工作，和男子一樣，參與社會的工作，得到從事政治的權利和義務，得參與社會運動。我們忘記他們是我們的同類；在工厰中，他們補充一切的職務；在這些職務上，可以指數他的才能，並在

共產社會中，他們認出他們自從主母主事的家庭，被奪於家長主事的家庭以來所失掉的一切市民權利。 解脫男子的束縛和陽性道德的壓迫；婦人可以自由發達他們身體和精神的能力；他們將恢復當時創始的偉大的職務他曾成就了原始時代的人類。 這個職務的紀念，是被我們保存由這些神話的原始宗教的聖人傳記。

在從前印度埃及小亞細希臘這些人類進化最古的發祥地。 傳說是屬於女神 Deesses 所賦與技術的發明與工業的實用。 不是屬於上帝的。 由這種神話，可以推測婦人的腦筋，定是第一宜於造就的。現在還是事實，這些女孩子要比男孩子聰明活潑多了；但是在後他們失掉這個優美的性質；其錯誤是在倫理智識身體各種教育制度的不合理。 人曾用不合理的教育制度，科罰這些女子，一代加甚一代，那些要適不適的資本主義學者說婦女是劣等人，眞是胡說啊！在他們少年時代人就把他放在桎梏之中，你看兎子走不贏烏龜，是不是曾捆

了他的四個脚。

有人說現世紀是工作的世紀，工作又是本世紀的榮耀，聰明，和知識是本世紀的報酬，這是欺人的話啊！從前小工業的工人，是一個配合手的工作，和腦的工作在一身的職工。譬如一個細木工，想做一件器具；先拿一件器具放在腦筋中想好，再用手實行做；他的腦筋指揮他的手在工作之中。 這些事情是同樣的經過於機械工業之中麽？工人不再要思想了，好像一個車輪嚥合在担任思想的機械上一樣，這個資本主義的工業，把這些工人僅僅的降爲一個機械的奴隸。

智識工人的命運，漸不是很滿意的，至手作工人，除作機械的車輪以外，應當創造一些精美的工人，來發明，來計畫，來指揮。 應當產生智識工人做廠主，做事務員，做工長，工程司，化學家農學者。……若科學和智慧眞是工作的報酬。 這些工人組成的腦筋計畫工作，應當在資本家的社會中占第一位。 如當宗教壟斷科學的時候，這些牧師在最古神權政治中一樣。

這些智識工人，反爲卑屈如手作工人在資本主義侮辱的拘四下一樣。 他們不過是做傭奴得可憐的工值。竭盡他們的心思才力，爲增加大資本家的財富，這些大資本家，自從在市場上用一百五十佛郎，或二百佛郎一個月，找得這些化學家，工程司，農學者；再不要勞苦，就可以取得這種恩惠的利益。 人完全知道有豐富的製造：譬如那靛子，大大小小，恰合他無形間的容量，現在造成如許化學家，和電氣學家，恰如園藝家培植蘿蔔一樣，同樣他們的價值大跌落，卑賤科學和智慧的價值，完全是造成資本主義來尊敬及酬謝智識工人的。

（未完）

△小說▽

死後的回憶

陳日羽

珠蕾慘死的印象，已經好久沒在我腦筋裏了；因為伊雖是我的堂妹子，同我的感情卻很薄弱。我還是小時候同伊在一塊兒玩過兩三個月，近來幾年，不過每年過年的時候，或者有甚麼特別事故，遠遠的看見伊一兩面；除外就只一個同住的關係了。伊同我的關係既然這樣淺薄，自然伊雖遭了不明白的慘死，我也不過當時兄弟姊妹的好奇心把這事考究了一下；後來沒得結果，也只好罷了。珠瑯——我的妹子——同伊是很要好的，或者腦筋裏還時常存着這事；但是也是莫可如何，不過偶然想起伊來，嘆一口氣，說伊一聲『可憐』罷了。伊的模樣，我也記不大清楚了，伊也曾經同大姐照過一次相，伊死以後，叔父就把相片收去，再也不肯給人看；這個原故，我也實在想不出來。伊的身材大約是在高的一方面，并且很單弱的；至於面貌，就到底是模糊得很，說個所以然不出來了。伊時常穿一件青衣或白衣，總沒看見穿別的顏色。我記得母親還說過伊太素淡了，不像個年青的女孩子。好些人說伊像楊家的梅小姐。梅小姐我是常看見的——伊進學校，總要在我的學校經過——但是我也想不起到底像到甚麼程度。

伊的性情，那我自然更不記得；而且我也不大知道。大約是很靜穆的，因為總沒那個大聽見伊的聲音，但是珠瑯對我說，伊很喜歡同伊說話，甚至於兩人談到一夲天；不過是不喜歡同別的人說話就是。——依我想來，或者竟是無可說話的人呢！除了這一點以外，我就一點不知道。　但是小時候，我卻記得伊不是這個樣子；是很活潑的，並且很喜歡辯論的。

在上海的那一年——民國元年——我們全家都住在順元里一棟房子裏，房子既小，所以我同四姐，珠瑯總是在伊的三姊妹的房子裏玩——大哥，二哥當然是不來的。　中間雖有幾次，叔父同父親鬧了意見，叔父教他們拒絕我們，但是不僅不能生效，到反增加了我們的感情。　這個地方近於中國街的界，所以蚊子很多；我們常捉蚊子來比賽，往往總是伊捉得最多；——伊的眼睛又尖，手脚又快。　我們或者大家說笑話；或者要二姐講西遊記，白蛇傳給我們聽；或者大家圍在一個棹子上，討論做一篇極可笑的小說。　我們之中珠瑯不過八九歲，還不知道甚麼事；伊的年紀，也不過十二歲左右，就已經是很聰敏了，二姐出閣的時候，我嘲笑三姐，伊還替伊辯護，我簡直說伊不過。

伊同珠瑯有一口小箱子，他們總圍着那裏玩；一看見我來了就關上，總不給我看。　但是有一天我乘他們沒在那裏的時候，我偷着一看，原來裏面是用種種小東西，布置成一間極精緻的小房間，床，櫃，棹，椅，一概都有。還做了幾個小小的人住在裏面，並穿着各種的衣服鞋子。　他們被我發覺之後，愈不給我看，把箱子鎖了。　我那時狠羨慕那種精美的游戲！現在想起來眞像一個夢；一層一層的在腦筋裡過去，又像看電影戲一樣！咳！這就是我同伊的關係了，以前我們也總沒同伊住在一塊呢！

後來二哥住在樓上來了，——因爲娶了二娘——叔父遂教他們不要常出來，並且把他們的房子通外面的門也閉了。　從此出入都要在嬸母——繼嬸母，不是他們的親母親——的房裏經過，我們會面的日子就很少了。

這時候還有件很可注意的事，我至今還不明白到底是件甚麼事。就是：有一天他們三人在房裡忽然哭起來了。嬸母，杜姑娘——叔父的姨太太——都說沒甚麼事，不過小孩子鬧的花頭。後來又說二姐是向來有神經病，時哭時笑的。但是這一夜，他們那邊吵了一夜；不過聲音很小，也沒人聽見是甚麼事。但是，我現在迴想起來，這一件事在當時彷彿是一件很重要的事；因爲至今還有深刻的印象在我腦子裏。至於爲甚麼有這樣深刻的印象，我又想不起來了。

民國二年我們一家次第回來了，我們仍是住在一棟房子。但是就是我先說的那個樣子了——只有每年過年的時候，或者有甚麼特別事情的時候，遠遠的看見伊一兩面罷了。有一次我從學校裏回來，上樓去找一部書。我看見珠卿同一個女子也在那裏找書，我以爲是一個客，後來仔細一想起，才知道就是伊呢！

這幾年之中，我都是過的學校生活，在家的日子很少很少。他們都在家做詩，塡詞，寫字。我的叔父本是個自命名士的人物，所以對於詩詞等類，在家庭中都是儘力提倡，組織了一個衡社，唱和詩文。珠卿在這裏面，當然是個健將。我記得早前北京有個又新日報曾經發表過她們的詩，現在怎能找來讀讀呢!?

漸次二姐，四姐都出了閣，家裏姊妹就只伊同珠卿了。——其餘都很小，我們同叔父的意見也是一天一天的深。於是伊的狀況，就是珠卿，也不十分淸楚了；至於我，那自然一點也不能知道。我只記得有一年冬天，伊病了；姨奶奶，——祖父的妾——去看伊的病，伊卻只穿着一件極薄的棉襖。——簡直是凍病了。姨奶奶便說杜姑娘幾句：『你何以棉襖都不給伊穿，把伊凍病了呢！』杜姑娘於是給了一件又舊又不合身的棉襖把伊，並且遍對人說：『這大 個妹子，自己的衣服都不曉得料理。』到了這個時候，卻把我的衣服占去，害得我沒得穿。』後來珠卿問伊：『你何不早點說呢？』伊卻答道：『我何嘗不曉得早點說，我說了，又曾要說我爭着衣服糟踏了！』但是同住的有一部份人，還在那裏議論：『這麼大一個小姐，自己的衣服都不知道料理。杜嬸太太眞賢惠呢，連忙把自己的衣服給伊穿，眞賢惠呢！』

還有一次伊同着珠卿往樓上找書去了。到吃飯的時候，也沒人喊伊。直到伊下樓來，當然飯是已經吃過了。杜姑娘對伊說：『你這眞是一位千金小姐，玩着吃飯都忘記了，還要人來三請四催。現在火也熄了，菜也沒了，又不早招呼，叫人留火，留菜。今天要招呼吃飯，明天要招呼穿衣。我又不是三頭六臂，只好拿刀來切做兩個人，專門侍候你這位千金小姐罷！』珠卿聽見了，就叫伊到我們這邊來吃飯，但是伊還是沒有來。聽說伊也就始終沒有吃了。這些事都是我當時聽到家裏零零碎碎的議論和珠卿告訴我的，現在想起，不過約略記得一點罷了。

有一年我們過了一個很快活的夏天。大姐，四姐和二姐都回來了；我同二哥也都放了暑假。這時天氣很熱，我們每到晚上，就大家拿了籐椅到後院裏去乘涼。這個院子很寬很寬，地下鋪着茸茸的細草，有幾顆老柚子樹站在那邊，隱隱現出那堊白牆。牆外田裏的蝦蟆，閣閣的亂叫。那樣潔淨的月亮照着樹影的動搖，髣髴波濤的起伏。啊！多美麗的景緻啊！我們唱歌或者吹笛；有時間也聯句，射謎。幾樣快活呢！但是一伊卻是不能出來的。——沒有出閣的女孩子，夜裏坐在外面乘涼，那是很違背禮教的。就是二姐也不能久坐，不過八點鐘就進去了。有一夜談得實在高興，伊進去遲了；後來還是悄悄的扒窗戶進去的。從此以後伊也就脫離了我們這乘涼團了。

叔父離開衡陽的前一年——民國七年——家裏發生了一種不相干的議論；或者就是伊致死的遠因也算

不定呢。那時我雖在學校裏，卻勞勞也聽到了這種議論，說是杜姑娘要買一個兒子；又好像說是杜姑娘已經買定了一個沒生下地的胎兒。這種徜彷迷離的議論，縱那裏來的呢！真的；假的呢？買了做甚麼用處呢？真是莫明其妙！但是家裏的人都把這事，當做一件奇怪的新聞，紛紛的議論。同時又有一種新聞，說是杜姑娘快要生兒子了。這兩個絕對矛盾的新聞同時發生，到底那個是真，那個是假呢？第二個新聞是一件很好的消息，無論那個說出來的，都沒關係。至於第一個新聞，關係很重大，到底從那個說出來的，就不能不引起了一般人的研究。

杜姑娘自己是決不會說出這話來的。嬸母那是著名的道婆，不曉得造這種議論，而且也決不敢說。劉媽？廖嫂？那都是杜姑娘的心腹，決不至於把這事說出來。其餘的人，都不能知道他們那邊的事。只有一個珠蕾，伊住在杜姑娘的隔壁，而且伊的心又細，常常極小的話都被伊聽見。伊雖不喜歡說話，但是也常同珠鄉談談天，也偶然到姨奶奶房裡坐坐。而且伊的意見，又常與他們不合。這樣推想起來，那能不令人不疑心到伊身上去呢？

這些議論，都是互相背着談論，從沒公開的說過；卻是並不能秘密，是無論何人都知道的。議論一晌，也自然漸漸消滅了。就是到現在都沒一點結果，一件也沒實現。

有一天桂姑娘同洪道人另外帶了一個尼姑來了。桂姑娘是杜姑娘的把姊妹，很要好的。洪道人是 個尼姑，因為是桂姑娘的師父，所以也就好像同我們家裏結了一門親一樣，時常來往。這天他們帶了這個尼姑，就跑到珠蒂房裏，把伊仔細，上下周身的打量，勞勞看把戲一樣。伊被他們看得難為情起來，於是就逃到珠鄉房裏來了。後來他們三人又鬼鬼祟祟地，同杜姑娘談了半天。在當時也沒有那一個注意這件事，他們說的話也沒有一個別人聽到。　現在想起來，覺得都是沒蛛絲馬跡可尋的呢！

將近十二月了，天氣已經冷得利害。　下午不過四點多鐘，就已經不大亮了。　天上的愁雲，被嗚嗚的北風，刮得一層一層的堆積上來；那種可怕的天，彷彿要倒下來。　那些老鴉在半空中，啞啞地一陣一陣叫過去。　我同珠瑯都在母親房裏烤火，那些小孩子也圍着火盆，吵過不住——這個說那個踩了他的脚，那個說這個擠了他的腿。　這時候房裏還沒點燈，加上窗戶是緊緊的閉着；四圍已經是黑越越的不看見了。　只有火盆裡發出的一點紅光。　照到各人臉上成一種金色，同小孩子的影子，在那裏亂晃，姨奶奶忽然走來，對我們說道：『六妹子——珠蕾——後天下定了呢，你們知不知道？』我們以前一點影子都不知道，忽然聽到這話，自然奇怪，問伊的詳細情形。　伊答道：『我也不十分清楚。　是洪師父同李師父做的媒。　只聽說男家姓蕭，家裏很發財，祖上也做過官。　姑少爺也讀了很多書，但是沒進過洋學堂；你叔父橫直不要進學堂的。』我們聽了這點消息，自然很想打聽過明白出來。　我們最想知道的，就是這位姑少爺的學問如何；但是他都沒講到這一點，我們自然無從問起。

第二天我聽見姨奶奶同爺爺說話：『…………一代只管一代；自己的老子，難道還不會替自己女兒選，還叫你來操心…………』爺爺很有氣的答道：『我不管，到也可以；但是我極不以爲然？』我是在窗戶底下過身，所以只聽一點，大約也就是爲着伊下定的事。　這天家裏那些人談的，無非總是關於這件事。　說蕭家很有錢，他的母親如何慈善；這位姑少爺如何能幹。　有許多金銀首飾，綢緞衣服下定，將有如何樣熱鬧來取親。　我們當時聽到這些話，當然也替珠蕾慶幸；雖不要別的如何好，只要姑少爺聰明能幹一點，無論如何總比在家裏要好一點。　那裏知道是一個這樣的結果呢！

自從下了定以後，就一天一天又聽天人議論．蕭家並不發財，每年不過取得百多石谷，還欠了債；姑少爺并沒讀過甚麼書，不過稍微認得幾個字，而且臉上有幾個大疤；他的母親極不賢惠，脾氣很大；而且還有一個寡嫂，也不和氣。這一樣的議論，一時又充滿了那個家庭。

這兩個絕對相反的消息，也並不是甚麼另外的人說的，無非都是杜姑娘那一派的人說的。相隔不過幾天工夫，話頭就這樣的不對，眞不知道何解！現在暫且不管蕭家到底好不好；但是這些事都是杜姑娘一手辦理，所以有許多人都說伊是很賢惠呢！

這個冬天完了，過了年，蕭家那位姑少爺到我們家來拜年。但是我們已經爲了點小小事情，同叔父的感情破了產。所以那位姑少爺也並沒有到我們這邊來，我們也不便同他去接洽。卻是我們對於他是很留心的。他臉下確實是有個疤，不過也沒先說的那『有幾個大疤』的利害；讀書大約也讀過，恐怕沒有好就是。他每看見了門上的春聯，他就去念；字大約免強可以認得，不過時常斷錯了句，其餘我們也不知道甚麼了。

這年二三月，叔父得了長沙關監督署秘書的一個職務，他於是把他一部分人，都要遷到長沙來住。珠蕾當然也是要同去的。動身的那天正是下雨，因爲杜姑娘等人，，是同叔父一起上船，所以我們也沒送出去。但是珠蕾，卻過來對我們母親辭了行。我還稍微記得伊是穿的青衣，十分低了。頭 後來他們去了，我才知道，伊對我們母親哭了好久；所以伊出去還是低着頭。當時也不過以爲伊是想着這別離的情狀下淚，也不知道伊的心是怎樣啊！

他們去了之後，珠卿是常時寄信給伊，但是總沒接到伊的回信。叔父偶然寫信給祖父，說伊很好就是了。珠卿有時又寫信給大姐，問伊的狀況；回信也不過說還好就是。直到六七月的時候，才接到伊給珠卿的一封信。信上純是一篇文章，說早晌如何好玩，現在也好，毫沒一點別話。我們當時覺得很怪：伊同珠卿感情很好，珠卿一共寫了八九封信給伊，卻只寥寥回這幾個不相干的字，真有點不近人情，後來還是珠卿留心，在這頁信的背後，發現了兩行小小的字，是兩句七言詩，大約意思是說：『我的信是不能寄到你那裏來，只好是夢裏看你能！』啊！這是怎樣淒慘的事情呀！信何以寄不到呢？誰沒收了呢？何解要被沒收呢？ 後不久幾天，伊又來了一封信，也沒說甚麼，還寄了四首詩來了。 這詩我也記不得了，末尾似乎有『淚痕幻作桃花水，儘逐湘波日夜流』兩句。伊的狀況也就可以想見了。

陰歷七月初間，蕭家那位姑少爺來了一封信，意思大約是他這邊要辦喜事。那個信封上寫的是「煩郵政局送至某處某街蕭宅岳父大人福啓，」這位郵差先生，卻也出人意料之外，居然找到蕭宅岳父大人了。 信的內容到底怎樣，我也不記得了：我只得第一句簡直是個大笑話，「岳父母雙親老大人藤 。」藤下怎樣解法，有個甚麼出處？這只怪我們才疏學淺，不得而知了。 但是這封信，爺爺也不能不替他轉寄到長沙去。

這個月十五日接到了長沙一個明信片——叔父寫給祖父的——上面祇有很簡單的幾句話，說珠卿於十二日夜急痧病故。當時大家都着實傷感了一回。 有的說伊太陰沉了，有一種短壽的樣子。有的說伊動身到長沙的時候有些如何不好的豫兆。有的說伊的詩太淒涼了，總難得好結果。 大家都在月亮底下，回憶伊的遺事，我同珠卿就想到是事有點可疑，於是就馬上寫了一封信給大姐，要伊把詳細情形告訴我們。 沒到幾天，大姐就回了我們一封信，把這事說得很長，我把中間要緊的寫下：

『……姊與杜姑娘意見不合，亦不常往彼處，故前書問及六妹狀況，亦不能詳告也……據杜姑娘及叔父皆云彼為自縊，以二姑母之考察，又似為服毒，彼死後不過數小時，尸體即已發變，色青而浮腫，七竅出血不止。且頸上所繫之白綾，長不過二尺，不能致命；而且並無縊痕，顯係死後繫上者……彼死之前數日，姊隨二姑母曾見彼一面，兩目紅腫，似曾哭泣竟日者。當時姊即深以爲怪，然杜姑娘等人皆在，又不便細問。……』

我們接了這封信，於是大家研究了幾天，那當然也沒甚麼結果。依二姑媽看見尸體的情形考察起來，確實像是服鴉片而死的。但是伊自己無論如何是不會出去買鴉片煙的，這鴉片又是從何而來的呢？死了之後，又何解要替他繫一條白綾，說伊是自縊呢？前幾天又爲甚麼事，哭得兩眼通紅呢？我們雖也還有幾封討論的信，但是沒得另外的證據了。

這些事不覺又過去兩三年了。我於去年來到長沙，從營盤街，叔父從前住的房子——伊死的地方——前過身，大姐還指給我看，說：『這就是六妹死的地方呢！』我當時聽了，忽又想起伊死的事情，心裡覺得很難過。一個活潑潑的人，不知道怎樣糊糊塗塗死了。我也不免在那門口徘徊了一會，那些過路的人，來來往往，他們那裏知道這裏面曾經出過這樣的一件悲慘的情事啊！

我現在又進了學校，過我的學校生活；精神，思想也多半在書籍裏磨練，把這件事也漸漸忘了。伊的枯骨已於兩三個月運到衡陽，埋到一座荒山裏去了；自然有斜風，細雨，淺草，孤烟做伊的伴侶。我前夜髣髴覺得象那一年一樣，大家都在家裏花院乘涼。濛濛的月色照着幾個人，默默相對，很淒涼的。覺得伊也穿着一身青衣坐在樹下，被樹影遮住，髣髴在那裏哭泣。就是同坐的人，大家也似乎都是爲伊垂淚的樣子；我也覺得異常傷心。而且乘涼的地方也不是我們家裡，好似一座山上一樣。一下我就醒來了，心裏還是非常悲哀。不知道那位同學，一呼一吸，髣髴是有人遠遠在那裏哭一樣。漸漸紡紗廠裏汽笛，時遠時近，嗚嗚的叫起來。窗糊上也漸漸現了一點慘白色，房子裏充滿了悲哀，我的靈魂，似乎失了依歸，茫茫無所之。咳！我們不應該這樣的淒涼啊！我們那時何以毫不設法救伊出來呢！我只好把伊的一生中我所知道的寫出來，做我的懺悔罷！我寫完之後，明衡姐又出記了伊由長沙寄給珠卿的兩首詩；我就把伊寫下，做個結尾罷。

『今日是何日？』

含悲獨問天：

「如何閒裡月，

偏向別時圓？」

♣ ♣ ♣

後會知何日？

相逢什夢中！

可憐花月夜，

獨自泣春風！

十一月十二日二一年。

詩

悼亡

寄僧

去年十月，
我到長沙去的時候，
她抱着慶華，
嬉嬉地送我，
送了一程，
又送一程.
最後更握着我底手兒，
千萬番殷勤囑咐：
『去能！
自己珍攝些！
家中的事…………
不要記念！
歲暮了，
早些歸來！』
說着，便淚如雨下。

歲暮了，
我歸來了，
已來到門前了！
但不見她和平素一般的出來接我，
心中就有幾分疑慮。
却萬想不到：

她已是病倒房中
坐着行動不得了！

我走進房中，
半明半暗底燈光，
照著她消瘦的肌膚，慘白的面龐；
只聽她嗚嗚咽咽地說．
『你回來了呀！
我……我……已是病得很利害了！』
那時我底心已是碎了，——
也不曉得怎樣地去安慰她；
祇緊緊地握着她底手，
呆呆地望着他的臉，
落淚，
嗚咽，

說不來一句話。
臨了還是她勸我道：
『你回來了！
我底心安了！
不久就會好的，
你不要這樣傷心！
你傷心，
我更難過，
我底病將更要添了！』
從此我便是她底看護生了。
醫生呢：
姓姜的，
姓楊的，
姓周的，
姓鄭的，

我都請過。
藥呢：
溫的，
熱的，
寒的，
補的，
她都吃過。
但是終不能診好她底病！
我還記得：
她初來的時候，
就要我教她識字。
不上半年，
她竟讀了女子國文兩本，
識得四百多字了！

我還記得：
我每晚讀書，
她必伴我坐着。
天熱呢，
替我揮扇。
天寒呢，
替我生火。
我有時因高興讀得太久了，
她不肯唐突的催我，
只在一旁低聲自語：「夜已深了！」
我還記得：
有時我出外回得太晚，
她必靜靜的等我；
甚至更深人靜，
還是獨自一個人，

空房孤燈，
寂寂地坐着。
我還記得：
有一回我病了，
她在娘家得了信，
立刻跑了十五里的路，
趕回家來。
到家時，
已是點燈好久了，
全身底衣都汗透了，
兩脚還沾上許多滓泥。
我還記得：
前年她病了，
有人說她難好，
不久她却好了，
她十分歡喜，
笑着對我說：
『今後我倆可「百年偕老」了！』
最難忘的：
此次初病時，
她時常對我說：
『你不要着急，
我總會好的！』
祇有一次，
喊我到他面前，
握着我底手兒，
嗚咽着，
淚下如雨。
我再三問她，

終無一語。

更難忘的：
她臨死的前一天，
還微笑着對我說：
『等我好了，
一定跟你到長沙去。』

更難忘的：
正月二十八日的早晨，
我從床上扶起她來，
她就坐不住了！
要我關着房門，
好像要和我說甚麽重要的話似的，
偏是別人又來了，
終竟沒有說一句。

我那時還是一片癡心，
想着她總會好的，
無論如何也決不至…………
還跑到街上去找醫生，
等我回來，
她已是口不能言了；
只兩眼睜睜地望着我，
淚如泉湧，
最後微微地向裡一側，
竟是瞑目長逝了！

人亡了！
室也空了！
七載的深情，
便如此完結了！

只剩着些殘藥遺物，

狠藉地擺着，
要我來收拾；
只剩着個三歲嬌兒，
朝夕地啼着，
要我來撫育。

唉！
我不肯信，
死了麽？
她眞是這樣地死了麽？
或者還是我在這裏做夢呢？
如果是夢，
那個夢中的情景，
我一一都記得，

這夢也太長了！
要到什麽時候才醒呢？

隨感錄

列強果能撤消北京政府的承認嗎？

春仁

臨城土匪刼車案發生，鬧出一個國際大交涉，這本是北京政府，無能力統馭中國，縱匪殃民，危及外人的生命，喪失國際地的位一個表現。那樣的政府，我們久已不要他了。但是國際資本帝國主義，却萬萬不可少他，——北京政府——的，因爲要掠奪中國一切政治的，經濟的權利，就非利用北京政府不可。所以北京政府弄得越糟，國際資本帝國主義，也就越發高興。臨城刼車的事變，正是給他們——國際資本帝國主義——管領中國的一個最好機會。果然，英國美國，都預備派兵來中國了。國際資本帝國主義，對於他那樣的功臣——北京政府——正該感激不盡。可笑不識時務的伍梯雲，在上海和某西人談話，主張列強撤消北京政府的承認；同時孫中山先生，也打算向列强作這種運動。（見京滬各報）現在我要代國際資本帝國主義，問孫伍兩位先生幾句話：『你們主張撤消北京政府的承認，如果實行撤消以後，你們重新組織的政府，能够做我們的傀儡嗎？能够和我們串通一氣，以掠奪貴國的一切政治的，經濟的權利嗎？如果不能，那就再有十次八次的刼車案，或者還更重大的事變發生，我們祇有派兵來管領貴國，至於撤消北京政府的承認，是萬萬不能遵命的，請你不要妄想罷！』

二

可惜跑得太遲了

春仁

黎菩薩信了吳秀才一番的甘言蜜語，跑到北京去做事實上的總統，我們老早就知道這個六十老翁，做了人家的傀儡，必然沒有一個好下塲。果然，現在眞個被逼不過，不得已，一溜烟跑到天津去了。我們記得去年黎氏由津入京的時候，發了一個很長的通電，說些甚麽「廢督裁兵」的話；最後還有幾句：「上至巡閱，下至鎮使，皆須先行解職，待元洪於都門之下」。如果黎氏是個言行相顧的人，「上自巡閱，下至鎮使」，沒有解職待你於都門之下，你就不應該入都；既入都了，就應該下令罷免他們的職，實行「裁兵廢督」，如此做去，雖事實上必然發生很嚴重的反響，但也可因此引起大多數國民的同情，以促進和平統一的事業。萬一心中害怕，連此步都不敢做，也就應該早些一跑，挨到現在，「身敗名裂」，才出於一跑，可惜跑得太遲了。

曹公不出，如蒼生何？

春仁

黎元洪跑了，誰都曉得中國最近的未來總統，必然是曹錕。曹錕有些什麽政治上的常識，我們暫且不管。卽論他的功業燦爛，也眞是中國獨一無二底有候補總統資格的人了。何以呢？民國元年，北京的兵變，不是曹錕嗎？四年，代袁皇帝出力，帶兵入川湘，攻打護國軍的，不是曹錕嗎？贊成復辟，「上表稱臣」的，又不是曹錕呢？最近收買猪仔，整日裏鬧甚麼最高問題的，又不是曹琨嗎？最近縱匪殃民，鬧出臨城大刦案的又不是曹琨嗎？最近逼走黎元洪，並且使王承斌加以扣留，逼取璽印的，又不是曹琨嗎？曹氏的功德，旣如此其巍巍，那麼，「曹公不出，如蒼生何」？

利用與同情

佑魁

今日以前的歷史，差不多都建築在『利用』二字上面；今日以後的歷史，大約會要建築在『同情』上面了吧！韓信對劉邦有一句話很說得好：『陛下善將將』，好一個『善將將』，把從來野心家的秘訣赤裸裸的說了出來！他的意思就是說：劉邦善於利用走狗。 古今來多少帝王，多少英雄，多少說客，多少名流…………那一個不想利用人？那一個不被人利用？人類以前的歷史，都是利用與被利用造出來的；人類所有的罪惡，也就是這些利用與被利用造出來的！唉！利用…………利用！你也可以休息了吧！你的生命就截到這裏止了吧！『同情』硬要『取而代之』呢！

袁世凱想利用失節的革命黨而稱帝，結果兩敗俱傷！吳佩孚也要效尤了，想利用一些走狗以達到他的武力統一！於今孫傳芳靠不住了，沈鴻英失敗了，馮玉祥已非我所有…………四川，湖南，湖北，江西…………都漸成瓦解之勢了！這是最近的，人人都知道的，眼見得『利用』有點子靠不住了！除此之外，『利用』失敗的地方已多極了，我們若加研究便知道的！我們再反轉來看一看『同情』怎樣呢？法蘭西人都表同情於平等自由，大家一齊舉手，革命卽刻就成了功！美利堅人都表同情於獨立，大家一齊舉手，美利堅竟獨立了！俄羅斯都表同情於共產主義，一聲呼哨，俄羅斯的共產主義也實現了！就拿我們中國講：辛亥年同盟革命，滿清竟推翻了！民國五年大家都舉手表示反對帝制，袁世凱竟一敗塗地！於今更要表同情於孫中山了，進一步還要表同情於共產主義了，將來的成功我們就可以推想而知之！只可憐一班迷夢未醒的人，還在那裏鼓動他那滿腦子的野心，打『利用』的主義！更可恨這位『利用』先生，分明末路己經到了，他偏偏還要霸占在這些野心家的腦子裏，想苟延殘喘！唉！『利用』呀！你縱然狡兎窟多，能夠延一綫殘喘於不死，今日以後，我們可以斷言，無論如何你總絕對的沒有成功的時候了！

北京政府是什麼東西？

佑魁

『土匪者，用武力以掠奪他人之財產者也』，從來就沒有人能夠把他說清，所謂土匪，不過是指那些介於土匪與非土匪之間的弱者；而眞正的大土匪却不敢目之爲土匪，不但不目之爲土匪，並且還十二分的崇拜他！我們現在試就這『土匪者，用武力以掠奪他人之財產者也』的定義畫一個圈子，和這個定義相符合的，我們就把他放在圈子裏面，就叫他做土匪！普通所稱爲土匪的固然也是圈子內的人，不過他們所掠奪的還是極微極末的，每人每次至多也不過幾十元；一元以下的分贓就是他們的常例了！並且他們還有可以原諒的苦衷：大半都是直接爲生活所逼迫，間接爲大土匪所逼迫！去年湘西蔡鉅猷殺了兩個普通稱爲土匪的，剖開腹部看時，所吃的大半都是草，由此更可證明他們是弱者，是介於土匪與非土匪之間的了！我們回轉頭來再看這些什麼大總統，總理，巡閱使，督軍……長……官……之類又怎樣呢？他們搶一次至少總要以幾十百萬元爲單位；殺一次人至少也要以幾十百萬爲單位！他們在這個定義上合不合呢？在這個圈子裏所有的地位怎樣呢？他們總是眞正的土匪，總是這個圈子裏面的中堅分子，總是土匪的中央政府哩！那末，現在和臨城土匪對等和議的北京政府到底是什麽東西呢？我們很可以直捷了當的說：他們是『土匪圈子裏面的中央政府』！

自殺

侑魁

自從六一慘案發生以來，因外交失敗，憤國事之不可爲而自殺的人，已屢見不一見！初現於長沙，由是而常德而平江，相繼而起！舍身爲國而死，其志非不可佳，然而這種死法，我實在不敢表同情，不敢認爲正當！外交之失敗，國事之痛心，固不待言，然而假使我們都依這種辦法，大家自殺，試問幽事尚有辦法沒有？這種行爲簡直是一種弱者行爲，自己表現出頹敗無能的性根，自願退出這塊錦簇簇的中國而讓日本人或他國人來享用！不然，既能舍身爲國，何不奮身以殺日本人？何不奮身以殺國賊？我既願死，何嘗不可以使我的仇人，日本人或國賊，死一人或若干人呢？以偌大的中國，竟無一個健者！唉！……唉！

新時代

第一卷第三號

民國十二年六月十五日出版

編輯者　湖南自修大學

發行處　長沙文化書社

印刷處　經棣華印刷局

代售處　各省大書坊

定價　每月一冊大洋壹角伍分

全年十冊大洋壹元肆角

新時代

第一卷 第四號

湖南自修大學出版

十二年七月十五日

新時代第一卷第四號目次

隨感錄

中國商工階級應有之覺悟

李達

一種政治組織是建設在一種適宜的經濟組織上面的，這種經濟組織若是變動了，那種政治組織也要隨着變動。這是歷史進化的公例，無論古今中外任何國家都沒有一個例外。

中國是個農業國家，自周秦以至滿清末季，可說是長期的純粹的農業經濟時代。和這長期的農業經濟組織相適應的政治組織是封建的專制政治。兩千多年之間，經濟組織上沒有發生重大的變化，所以政治組織上雖有轉朝易代的波瀾，而在實質上也沒有發生重大的變化。

在農業經濟時代，中國人民，在經濟上自給自足，並不仰助於外國，也沒有發生過什麼利權外溢，經濟恐慌的問題。自從中英鴉片戰爭以後，歐美日本資本主義的帝國主義侵入中國，中國固有的經濟組織，於是開始發生變動。從此以後，機械製造的洋貨，挾着帝國主義的勢力，征服了中國全土，中國的農業經濟，大受破壞了。

滿清末年，中國有新智識的官紳和富商大賈都知道歐美各國的富强是由於機械工業的發達，於是也提倡採用歐美的新生產方法，實行殖產興業，其實資本主義的經濟組織，他是要按照自己的模型造成全世界的，中國當然也逃不出這個公例。

新工業的開始發達和手工業的日就零落，遂使中國進於產業革命時代。但是中國早已被帝國主義征服了，經濟上政治上早已形成半殖民地的狀態，中國的產業革命是不容易進行的，換句話說，中國這般有新智識的官紳和富商大賈所構成的商工階級處於國際資本階級的壓迫之下，他們所銳意經營的新式工業是很難發達的。

所以中國的新工業，在當時竟沒有絲毫的進步。

經濟組織既由農業而趨向於工業，同時政治組織，也不能不由封建政治而趨向於民主政治。所以數千年因襲而來的專制政治，不能繼續下去了。因此民主革命黨人便趁機起來代表商工階級標榜民主主義，來推倒阻礙新工業發達的滿清政府。可惜民主黨派沒有商工階級的支持，勢力過於薄弱，致使封建餘孽連年倡亂，遂以釀成今日武人政治。民國成立以來，武人割據，魚肉人民，戰時搶掠刼奪，平時搜括剝削，弄得民不堪命，商工業之不能發展，本來是自然的現象。

其次，民國繼承滿清積弱之後，國際帝國主義在華之政治的經濟的勢力，更是有加無已。單就經濟的方面而言，如外人操縱金融，壟斷商業，協定關稅制度，在華建設工廠之類，處處都獲有優先權利，中國幼稚之工商業，豈能與之競爭？其必遭失敗，又何待言。中國人如欲發展工商業，首先要排去外力，推倒軍閥，這幾乎是天經地義了。

最近以來，商工階級的分子，已經覺悟到這方面來了。去年十二月上海總商會曾經發起一個以罷市要求廢督裁兵理財的大會，雖然沒有實現，但就其動機而言，他們已覺得軍閥亂國之足以妨害工商業而要求秩序與和平了。前月北京政變發生，北洋軍閥，倒行逆施，陷中國於黑暗時代，各政黨各派別對於時局都沒有牢不可破的主張，唯有上海總商會能夠毅然決然正式反抗北洋軍閥主張召集全國國民大會解決國是，並組織民治委員作為解決國事的機關，這真是中國工商階級破天荒的壯舉，是他們痛感着民主革命的必要的一個表示，很值得我們特別注意的。

我們可以斷言，推倒軍閥政治完成民主政治以促工商業之發展，確是商工階級唯一的重要使命。但是這個使命怎樣完成，我以為商工階級的分子應有下列的四個覺悟。

第一，應當與國民黨聯合。 我們知道一七八九年的法蘭西革命是新興商工階級因被封建階級壓住了不能自由發展的一個反動。 歷史教訴我們說民主革命是商工階級做主動的。 中國的現况正是這樣，所以商工階級分子應當加入國民黨，支持民主的革命，因為國民黨的確是一個民主的革命黨。

第二，應當與工人攜手。 中國的工人階級，方處於國際帝國主義和國內軍閥政治的兩重壓迫之下，他們目前急切的要求還是民治政體所應當許可的集會結社等自由，他們現在所極力反對的是外力與軍閥。 商工階級分子應除去上年攻擊工人反對軍閥吳佩孚的罷工舉動的偏見，而和他們攜手，因為他們在反對軍閥這一點，是和商工階級站在同一戰線之上的。

第三，絕對不與任何軍閥妥協。 我們知道德意志和日本的軍閥是最熱心的為本國商工階級謀利益的，所以這兩國的商工階級常和軍閥狼狽相依，至於中國的軍閥完全是土匪，他們只知掠奪和剝削，無論本國工商業等怎樣摧殘，他們是毫不覺得痛癢的。 直系軍閥是這樣，奉系軍閥皖系軍閥都是一邱之貉，過去的教訓已經使我們明白，這是絲毫不錯的。 軍閥是豺虎，豺虎的外貌雖各不同，却是一樣的食人獸。 商工階級若與任何軍閥妥協，將來决沒有好處。

第四，應當反抗外力。 商工階級只知反抗軍閥，不知反抗外力，這是大錯。 舉個簡單的例來說，外人何以干涉中國關稅自主權而建立協定關稅制度呢？關稅曾因担保關係而必加干涉，何以又干涉稅率的改變，這豈不是很明顯的要妨碍中國之工商業的發展嗎？外人與華人在中國境內同經營一種工業，同建設一種工廠，而外人方面獲利很多，還明明是因為外人在國內享有營業上種種優異條件的原故了。 以資本雄厚而又享有營業上優異條件的外人而與資本薄弱且在營業上又處於低劣境地的華人競爭，孰勝孰敗，不言可知。 這樣，就使華人能推倒軍閥，完成民治，也決不能和國際資本階級爭勝負。一再就政治方面言，外國政府勾結我國軍閥，製造並延長內亂，以便行其宰制的陰謀，如往年日本之於段祺瑞，最近美國之於曹錕吳佩孚，都是很顯的實例。外力與軍閥既然這樣團結不解，反抗軍閥而不反抗外力，實是大大的矛盾。 商工階級應當有反抗外力的覺悟，隨時糾正國際共管監督財政等宣傳作用。

四

這是商工階級應有的覺悟。 商工階級必定要這樣的從事民主革命，纔有能推倒軍閥，反抗外力，組成於自身利益的民治政府，纔完成自己階級的使命。

我不是專為商工階級說法的，只因現在軍閥的跋扈和外力的壓迫，特草此文促起商工階級的覺悟，來造成民主革命的聯合戰線，完成國民的工作。

觀念史觀批評 續第三號

李維漢

四，絕對眞理

在科學與理居人類指導地位的時代，提出絕對眞理這個問題，似乎不必要；可是玄學家還天天在那裏迷信思想底至高無上性，至少社會科學界的理想主義者大半是如此；故這個問題在今日仍然有他底一部分的意義。

思想底至高無上性只能實現在思想比較不發達的人羣中；知識底無條件的眞實底要求只能實現於一羣相對的錯誤中。無論彼或此，只能由人類在無限長的生命底過程中漸漸把他充量地實現出來。故人類思想可說他具有至高無上性，亦可說他未曾具有；他底認識底能力是無限的，也是有限的。就他底本性，他底天職，他底勢力和在歷史中他底終極的目的說，他是至高無上的和無限的；但是，就他底每一實現，和任何狀態說，他是沒有至高無上性的，是有限的。

眞理是思想底結果；所謂絕對眞理，就是他底價值是至高無上，而他底眞實是無條件的。這絕對眞理當然是人類努力要求的，但是，努力底結果，即無限長的生命過程中所遺的痕跡，其價值和眞實是相對的和有條件的。

有人說，二二等於四，三角形三內角之和等於二直角，巴里在法蘭西，一個人不得食便要餓死……這些不是無論如何都是永久不變的眞理，絕對的眞理嗎？一定的。我們可以依浴裴的見解將知識底領域分作三部分。第一部分包括所有的無生的和多少可用數學處理的自然科學：數學，天文學，機械學，物理學，化學。在這些科學中，某些結果固然可說是永久不變的眞理，但是終於只是某些而已。量底無限大與無限小之轉移，最大數的積分與微分，數學家只能憑信仰的行爲整理之。近來數學家有證明三角形三內角之和不等於二直角，與通過一直線外之一點可作多數直線與此線平行，則所謂絕對眞理之大本營亦已動搖不定了。至天文學和機械學底現狀則更較不如：在物理學和化學，則一般學者都輾轉於許多假定中、如在一個終集中一般。在物理學我們假設有分子運動，在化學有由原子構成的分子運動，在光學中有光波底交差現象，如果說這些不是神秘，則憑我們底眼珠實在永遠沒有機會看見這些有趣味的事實。牛頓底定律有許多地方被後來物理學家修改過了。科學上已把「質」「力」底區別根本打銷；譬如說桌子，不是物質，乃是無數的力在那裡活動。從前物理學有兩種永存定理，一爲勢力永存定理，一爲質量永存定理，惟二定理互相獨立；自有相對論，二定理乃融合爲一了。相對論出，又於物理學上，宇宙論上開了一個新紀元，誰還敢說科學日進，絕對眞理底迷夢不隨以俱醒呢？

第二組科學包括研究生物底科學。生物現象相互間的因果關係是最不容易了解的，每一問題，在解決底過程中，常又提出無限的新問題 每一特別問題，常要求若干世紀的探求；同時，因爲有提住總體與總合之必要，於是不絕地以假設底茂密的花葉飾成一些正確的眞理。其實 就只哺乳動物中血底循環這回極簡單的事實，我們如果要精確的建設他，也何等地需要一些中間的證明了！ 於血分子底根原，我們知道了什麼呢？ 病底徵候與他底原因間之合理的連繫，我們何曾用過夠足的工具去建設他們呢？ 而且在事實上，有許多發明（如細胞）使我們不得不將從前一切所謂不變的生物學的眞理重行估定一番價值，有許多是已被其除去了。 在生物學中想要建設完善的，不變的眞理，除非是把下面的常用語重鈔一番：凡人有死，凡陰性哺乳動物都有乳房…………。

　　但是，所謂永久不變的眞理沒有更不完全的第三組科學，就是研究人類生存條件，社會狀況，立法和政治形式的歷史科學，與由是而有的觀念學的上部構造如哲學，宗教，美術之類。有機的自然界，當我們直接觀察他的時候，至少仍覺得是一組頗有規則的現象，在廣大的範圍中重番演去：物種可以說自亞里士多德時代以來是沒有變更的。社會底歷史則不然，自人類原始狀態所謂石器時代以來，重複是例外的而非常規的；在人類歷史底領域中，我們底科學比生物學更爲沒有進步。更不能說有永久不變的絕對眞理。

　　黑智爾底辯証法，最主要的思想，就是不把宇宙看同各個孤立的，不變的物底總體，而看做一個歷程底總體；在這歷程底總體中，事物常在經驗一種生化與死化之不斷的變化；這裏縱會有一切表面的輻輳，縱會有一切暫時的逆轉，然而最後的結算是一種連續的進化。這大根本思想，從黑智爾以來，經過普遍的實驗，找不出什麼矛盾。但是，口頭地承認他是一事，把他應用到實際，在每一領域中把他置之嚴格的試驗之下，又是一事。我們皆在用他去對付定義底解答，去對付永久眞理底要求。我們對於一切知識都仍然不斷的在制限中，並且知道這些制限決於制限所從生的境遇；科學家已不再長期地委身於舊時玄學家所不能解決的抵觸中，如：眞與假，善與惡，同與異，必然與偶然之類。這些抵觸只有相對的價値，今日所謂眞的，他日即有一面被認爲假的；現在顯然是假，却有他底眞的一僞，昔日曾接受而崇拜之。所謂必然的，不過從一些偶然的條件構成；而所謂偶然的，就是一種形式其底下藏着些必然的。

　　從前玄學的方法，當研究事物時，把事物看同固定的和停頓的，而呆板板地印在人底腦子中。他以爲在能夠檢查事物底歷程以前，應當已經檢查了事物；在能够觀察演於事物中的變化以前，應當知道這是什麼事物。這樣的觀念，長期地主宰了玄學與科學底領域。自然科學直至十八世紀之末，仍然是一種專事集合的科學，已成就的物底科學；到了十九世紀中葉，才變爲從事整理的科學，歷程底科學，物之進化和起原底科學，連結這些自然歷程爲一大全體的科學。 生物學研究動物界底歷程，胎生學研究由萌芽以至成熟的個體組織底發展，地質學研究地球表面底成形，凡此皆是十九世紀底產物。 其中有三大發明，足以表示自然歷程底聯絡上的認識大踏步前進了。 第一，即細胞單位底發明 知道由細胞之差異和蕃殖，即全動物體和植物體之所以發展；由是，一切最高有機體之生長和發展，在性質上屬於同一總律底支配之下。 第二，即能力變化底發明，他指示我們一切所謂機械力與其補助力，潛力，熱力，光力，電力，磁力，化學力，是宇宙底各種現象，這些現象在一定的比例中互相對流，因此，這一現象之一定量消滅了，別一現象之一定量即表現出來，凡非動物性的活動 不外由這一形式到另一形式底往來不絕的歷程。 第三，即經過達爾文滿足的証明，知道自然界有機全體——包括現在底人類——是一個小數原始單細胞芽長期 化底產物；而這些原始的單細胞芽出自可以由無機物質用化學方法製成的蛋白質的原形質。

因爲三大發明，因爲自然科學有力的進步，我們遂不僅能够對於自然每種部門證明其歷程底連繫。而於各相異的部門間亦能証明其連繫：借實驗的自然科學所供給的事實，在一種大概的系統底形式之下晝自然的連繫圖。 這樣把自然看同一個整個的歷史的進化歷程，亦平等地應用於社會歷史之各部門，以及各種研究表層構造的科學上。 簡單言之，這就是近世科學方法底應用；從前所用的方法乃是玄學的方法。 科學方法與玄學方法對於自然與社會之態度，其不同之點有三，今比較言之：

科學方法　　玄學方法

重客觀的實驗；	重主觀的理想；
把自然和社會都看做整個的歷史的歷程而考究其內在的連繫；	把自然和社會都看做不變的同一事物底循環要捉作其最高的本體；
對思想認爲只能得到相對的眞理不由人不繼續不斷地努力創造。	對思想要求絕對的眞理，否認空間和時間底努力

唯心論和從前的唯物論都陷落在玄學的圈套中，不能擺脫出來。人類思想中固然具有一種客觀眞理的問題，然這絕不是一個理論的問題，乃是一個實驗的問題。眞理本來如媒婆，其作用就在擺渡，故眞理底價値應當受實驗底估訂。離開實驗的思想，是所謂實在或非實在底玄學的爭論，不是我們人類現實生活所要求的。

（五）道德

我們遇見種種事體，在我們心中自然而然發出一種有權威的聲音，說這是善或是惡；我們只要聽着這種聲音底命令走去，愛他和犧牲等行爲自然而然發現於我們底身上。在這種有權威的聲音底指揮之下，忠信，正直，公平諸種德性都能在我們底身上實現出來；我們若是不聽從他，我們受自己良心底斥責；我們自己若作了惡事，就是他人不知，我們也自覺悔悟，自感羞恥。這自全因爲我們心中有道德心的要求，義務的要求。自然科學哪，法律哪，政治哪，宗教哪，哲學哪，都是學而後能知的東西，決不是自然有權威的東西。惟有道德纔是這樣自然有權威的東西。

由此，道德心底存在，是一件極明瞭的事實，不能不承認的。道德底根原問題，苦了几千年底哲學家和倫理學家：有人把這種道德心歸諸個人底經驗；又有人想把這種道德心歸諸教育或歸諸習慣，或歸諸追求幸福的心念，或歸諸精鍊出來的利己心或對於他人的同情心。然而總不能說明人心中的聲音——犧牲自己愛他的行爲。

自達爾文出才說明道德心卽社會的本能。道德心底本質如此闡明了。可是，那道德心却依國民性，依時代關係，發生種種變化，這又是什麼理由？爲什麼社會的本能底活動生出了那種種差別？達爾文對於這道德心歷史的變遷，沒有說明過。這點我們專從馬克思得着解答。馬克思發現有史以來私有財產時代和商品生產時代中社會的本能所以發生種種變化的主要原因。

依馬克思底論證，人類社會因爲有了生產技術發達和分業進步之結果所產生的私有制度，乃發生了所有者與無所有者的階級。這兩階級自開始以來常爲了生產物和生產機關而互相爭鬥。後來生產技術愈益發達，兩階級間的爭鬥也隨着更發達起來了。這種趨勢到了近代，更加成了道德思想變化底原因。

道德底初期是神化的。第一因爲道德心既不能由地上的現實生活說明如前面所述，於是爲了道德心卽善惡心難解一事所苦的人們，不得不把這件不可思議的事神靈化了。就是說善心是神靈特別賦與人的，惡心是由人心底肉慾發生的，由物質界發生的，由罪惡發生的。第二，因爲在人類生產技術還未能征服自然力的時期中，「自然」差不多完全支配了人類；人類勞作底器具，只是取存於自然界的物質原形而利用之，還沒有自製器具的知識和能力。那時人類只是崇拜自然力：大陽，天，電光，火，山，木，川，動物等，人類都看作最重要物件，崇拜之爲神靈，以爲一種，一族底生命安全底寄託者。從而倫理的情操亦以神爲依存；道德心神靈化，不外此二個原因。

神底內容是隨社會底物質的基本構造之變化而變化的，譬如由物質的多神教變爲人的精神的一神教（羅馬統一時代底商業社會），又變爲精神的多神敎（羅馬商業社會崩壞，領主制度代興），又變爲近代的抽象觀念的一神致（個人主義的資本社會）；這種種變化反映到倫理的情操上，又與道德心以歷史的變遷。

在神化的道德之側，又有中產階級的道德，與未來底無產階級的道德：在文明程度最高的歐洲，過去，現在和未來，關於道德的學理，分成三個很大的體式，並且是不可妥洽調和的。誰是眞實的？說到絕對眞理，是毫不會有的。但是，可以斷言的，卽道德之最含有持久性的元素的，就是否認現在代表未來的道德：就是無產階級的道德。

我們看見，近代社會三階級——封建的貴族階級，中產階級，無產階級——底每一階級有他底自己的道德，我們可以得一個結論，在最後的分析，人有意識地或無意識地從他們階級底實際的境況中，從他們底生產和交換底經濟狀況中引出他們底道德的觀念。

但是，實際，在這三種道德的理論中，有共通的元素：這是不是至少有一部分常常固定的道德，永久不變的道從呢？這些道德理論代表同一歷史進化底三種不同的程度，所以他們有一共通的歷史的實質，由此，必然地有諸種共通的條件：進一步言之，對於經濟的進化有相同的或大概相同的程度的，其與之相應的道德的學理，必然地有多少相合之點。自人類發現私有財產制度之日起，卽有一種應當通於一切社會的道德法則，卽：你絕勿偷竊。但是這個法則是一個永久不變的道德律嗎？這是絕對沒有的事。在一個社會裏面，沒有發生偷竊的動因，則『絕勿偷竊』這個道德律，將變成何等可笑的句子！更誰願意宣佈他是永久不變的眞理，以受嘲笑！

總言之，我們否認道德法則底永久性。在反面，我們從最後的分析肯定一切道德的理論直至今日都是社會經濟狀況底產品。社會至今動作於階級對抗的形式中，於是，道德也常是一種階級道德；他或者辯護統御階級底利益和支配作用，或者代表（被壓迫階級變成相常強壯的時候，（一）反抗道德律的[illegible]來的利益。自有階級底對抗以來，所謂「人人爲的」「爲他人犧牲」的道德律就站不住了，除非讓他們到[illegible]於現實生活以外的天堂，或者看得比現實還低[illegible]，他們到教會中去當法螺吹。

馬克思解剖商品和資本家生產底性質，曾經明白告訴我們，人若各自獨立爲交換經生產商品的時候，人底性情必成爲敵視的、疏隔的；而人底關係已經不是人與人的關係，而是物與物的關係，和那詩人牧師口裡說出來的關係，全是兩回事。一階級對於那要滅亡或衰弱本階級的他一階級，當然沒有道德可講。他一階級對於這階級，當然也沒有什麼犧牲心，誠實心了。只有同階級中間，在階級爭鬥底範圍以內，到某程度爲止的道德，才可以發生。所謂對外有競爭、對內才有互助可言。在羣栖的動物中，道德唯有對同類的動物存的；依同理，在太古的人種中，道德唯有對於同種的人行的；依同理，在階級的社會中，道德只有對於同階級的人行的——而且只行在那階內競爭所許可的範圍以內。階級爭鬥底益激烈，則對於他階級中分子的社會感情——道德心愈益消退，而對於同階級中分子的感情和犧牲心，則越發增大起來。

現在到了階級對抗最後的形式——中產階級無產階級之對抗——也是階級爭鬥最激烈的時期，因而道德心階級性底表現，亦十分顯明。但是，道德學說也同別的一切派別的知識一樣，必會產生偉大的變化和進步，是無可疑的。不過一種真的人的道德，只有在實際生活方面忘記了階級反抗這回事情的社會中，才有實現的可能。理想的高調，即不是故意造成的騙人的魔術，也是現社會制度底下單純的感情的反動，唯物史觀是不惜用殘酷的批評來糾正他的。

要知道道德不是永久不變的。道德是活的，是常變化的，是隨物質的生產技術之變化而變化的；生產力不到能衝破資本桎梏，消滅階級爭鬥的時候，眞正的平等，自由……等人的道德是無由實現的。前面如果有道德的光亮，必也是社會主義的社會罷。

（六）平等

一個觀念，如果在一切人底腦中有相等的共通性，必定是他已經有很老的歷史：因爲要經過長期的演進，其性質才能普遍化。平等這個觀念，在近代運動上的意義，是與古代不同的；說一切人，至少一國底一切市民或一社會底一切分子有平等的社會的和政治的價值，這個肯定是平等這觀念經過歷史的變遷演繹出來的。由相互平等底原始觀念過到國和社會中權利平等底觀念，並且到這種意義底擴充能夠自然地和明顯地表現出來，是需要幾千年的時間的。在最老而最接近自然的社會中，其分子間就已多少發生平等底問題：婦女，奴隸，外人自然是被排擠的。在希臘人和羅馬人中，不平等底重要比平等底重要還高。希臘人和蠻夷，自由人和奴隸，市民和被保護人，羅馬市民和羅馬臣屬都要求有同樣的政治權。在羅馬帝政之下，除開自由人和奴隸爲例外，一切差別漸漸消滅了；從此，至少對於自由人在落在最完全的私有財產制上之權利中有各個人底平等，這就是建築在羅馬法所由以發展的基礎上之平等。但是，自由人與奴隸間之對抗依然存在，則要從人底普遍平等取得立法的影響是不可能的。

基督教會只承認一件平等，就是一切人中原罪底平等：這平等適足應合基督教底本性，因爲他是奴隸和被壓迫者底宗教。在新宗教底開始可以平等地發見的財富共有底痕跡，與其說可由眞正的平等的思想去解釋，不如說可由放逐底連帶關係去解釋。所以隨後不久，就發生長老與俗人間的反抗，把這些基督教的平等底虛僞完全揭破了。日耳曼人底侵襲，如同洪水一般地蔓延於西歐羅巴，在幾個世紀中，把一切平等主義的思想打散了：漸漸形成一種政治的和社會的階級，其複雜為從前所未曾見過。但是，同時這次侵襲在歷史的運動中，給西歐和中歐連結了，第一次創造一個同質的和繼續的文明地，而且也是第一次在這領域上創造了有民族特性的國底組織，互相影響而互相支持。這樣，他簡直為後來人類平等的要求，人權底要求準備了一條唯一的路。

到了中世紀，封建階級在他自己的胎中發展了另一個階級，其歷史的使命代表近代平等底要求：就是中產階級。當十五世紀之末，大的海上的發明給中產階級開闢一個新的和更廣的競爭場的時候，已經在封建社會底骨子裏把產業（尤其是手工的產業）和生產品底交換提到相當的高度。與非歐羅巴國間的交易，從前只限於意大利與勒芬間的，從此乃擴到美洲與印度，而歐洲國際間的交易反超過每一國內部的流通。美洲底金銀侵入歐羅巴，如同醱酵素一般鑽入封建社會所有的罅隙。所有的毛細管裏面。手工業再不能滿足日益增長的需要了：最先進國底最重要的生產都讓給工廠生產了。

但是，在社會生活底經濟條件中的這種突進和革命，不是馬上就引起了政治階梯底一種相應的變換。當社會漸漸成了中產階級化的時候，政治的秩序仍然是封建的。大踏步前進的商業，需要在運動中能獨立自由的商品領有，才能駕馭得住。由手工業到工廠生產，需要大量的自由勞動者——所謂自由，一側解脫手工組合的束縛，一側脫離歸他所有而可以使他們底勞動力變成價值的工具——大量能將勞動効力用契約關係租給製造主的勞動者，因此，他們在契約上好像與製造主同樣是契約者，權利相等。平等，和所有人底勞動底平等的價值，在近代中產階級經濟學底價值律中得着他們底最有力的公式，依照這公式，一物底價值是由生產時所必需的社會勞動決定的，這社會勞動就包含在這個物件裏面。但是，當經濟的情勢需要自由和權利底平等的時候，政治的紀律則一步一步仍在爲組合的障碍和特權張目。　地方特權，不同的關稅率，一切種類底例外律，在他們底商業中，不僅及於外國人和殖民地底居民，而且及於國家底各種人物。　組合的特權的聚集，到處而且常常從新阻碍工場製造底發展。　沒有職業是公開的；沒有機會對中產者的競爭是平等的。

於是，大家宜言要擺脫封建制的羈絆，要在法律前頭從廢除封建的不平等以建設平等：這種要求，一旦因社會底進步成了普遍的口號，應當取得最廣的適應。到了他從產業和商業底利益中降生的時候，應當給農人大羣衆宜佈同樣的平等，因爲他們要把他們勞動力底大部分無條件地供給封建主，同樣要付給國家無數的年賦金。　別的方面，人不能不要求廢除封建的特權，貴族的免稅權，和國土底政治特權；　到了人不再生活於萬有獨裁制之下（如從前之羅馬）而生活於平等相待的獨立國底制度中，並且當中產階級進化到了相當的程度，這種要求自然應當取得一種普遍性而超越獨自的國界，自由和平等遂應當如人權一般被宣布了。　但是，能够特別表出這些人權底中產者的特性的莫如美利堅的憲法，他首先承認人權，准許黑奴繼續生存於美州：階級的特權被侮辱了！種族底特權被証實了！

中產階級，自從他從封建制度脫出如同飛蛾從他底蛹中脫出一般的時候，自從將要變中古的國爲一個近代的階級的時候，是常常而且不可免地被他底影子伴着：無產階級。　同樣，平等底中產階級的要求被平等底無產階級的要求伴着。　中產階級在那邊要求廢除諸階級底特權，無產階級則在這邊要求廢除階級底自身——起首在原始的基督教底遺傳的宗教形式之下，繼則建築在中產階級底平等主義的理論之上。　無產者大聲指着中產階級說：平等不應當純是表面的，不應當僅只實現所謂國底領域中，而應當實現於社會的，經濟的路上。自法蘭西中產階級在大革命中把人民的平等置在舞台底前面，法蘭西的無產階級便針縫相對地問他要社會的，經濟的平等：『平等！』成了法蘭西無產階級戰爭底呼聲。

平等底要求，在無產階級底口中有一個兩重的意義。有時，他是對於社會的不平，對於富與貧，統御與奴隸，浪費與飢餓間諸對比的自發的自然而然的反動，這樣，他單純地是革命本能底表情。有時他生自對於平等底中產階級的要求所有的一種反動，在這裏，他可抽得更確定的影響，借資本家所肯定的事物以刺激勞動者，在如此情狀中，他是連繫於中產階級的平等的。無論在這或那種情形中，平等底無產階級的要求底眞實的內容是階級底廢除。

在中產階級前頭，我們聽得說：『凡國民在法律前是平等的』在基督教前，我們聽得說：『靈魂在天堂中是平等的』。我們無產階級受這些格言底賜不少了！覺悟轉來罷！

（七）自由

從心理學的研究，意志在諸影像，或諸感覺，或諸情緒中，好像有選擇的自由；但是，這必因爲諸影像，諸感覺，或諸情緒各有相等的勢力，使人在兩相反對的刺戟作用間有所牽引，有所動搖，才覺得能自由。，其實覺得自由是一件事，自由又是一件事；因爲行爲是常與有力量的刺戟一致的。

絕對自由底信徒，如同最必然的定命論者一般，不能不承認現實的和尋常的生活中，人類是有意識地或無意識地被確定的誘因所支配；換言之，卽由他底欲望，他底需要，和他底觀念所支配。尋常的人於他底行爲，都應有一個充分的理由，這是不可辯駁的。人在尋常都要求得食物和其生活所需要的一切物品；爲求滿足需要，人人去適合自然的和人爲的環境，或適應自然的和人爲的環境。認識了人類一切需要和滿足需要的方法，換言之，認識了介於人類與其環境間的一切關係—

彼此相互的影響，則從一定的考察，或者不只能知道過去和現時人類動作底狀態，而且能推知他未來底動作狀態。故人在他們日常生活中所專務的，不是解決自由問題，而是生活，是求安全的生活——如果生活爲可能的時候。在歷史家底見解，自由就是滿足個人適宜發展底一切需要的權能。

我們認人類歷史的變化，都受必然律底決定。然則，必然與自由是無關係而相衝突的麽？如果我們所認識的自由不是如玄學家所稱道的，則不會有這麽一回思想。黑智爾就能把必然與自由間的關係表明出來；他說：『必然，越發沒有被了悟，越是盲目的。』自由不是在一種獨立於自然法則外的行動底幻想中，乃是在這些自然法則底認識中，這認識許使那些自然法則有統系地動作於一定的目的中。這對於外界底法則是眞實的，對於管理人底物理的和心理的生存底諸法則也是同樣眞實的。意志自由無異是原因認識了以後自決底權能。因此，一個人對於一個有定問題底判斷越自由則決定這判斷底內容——判斷底材料——的必然性亦越大；如果遲疑由於無識——不定，就是要於許多矛盾的不同的，可能的決定間執行一種自由的選擇——即此就證明不定絕不是自由的，他之被支配於物等於他應該支配。然則，自然，無論關於外界或關於我們自己，他底最高權是建築於自然底必然法則底認識之上的：自由必然地是歷史進化底一種生產品。最初與動物界分離的人們，其不自由實與動物等；但是，文明底進步，就是向自由的路上前進。在人類歷史底初期，發明機械運動生熱，磨擊生火之變動；最近的進步，發明熱力生機械運動：蒸汽機關。蒸汽機雖然在社會界中完成了廣大的和解放的革命，（這革命還沒有完成及一半），然而磨擊取火的發明仍然由他底普泛解放的行動，將他後一個發明棄置在他底背後，因爲他是最先允許人們管理一種自然力而且由此使人們與動物界永遠分離。蒸汽機從來沒有給人類一種這樣强有力的反動，雖然在我們底眼中，他代表巨大的生產力，可以促成一個再沒有階級分別和掛慮個人生存的社會，一個眞正人類自由的社會。但是，人類底全歷史這樣的短。如果便賦給我們今日底思想以一種絕對的價值，那簡是非常可笑的事情，所有的歷史不過是代表從機械運動生熱的發明到熱力生機械運動的發明一個時代。

繼這時代而起的新時代對人類的貢獻，應當是自然底必然法則底發明日益增加，使人在生活中自由底範圍日益擴大；但是，社會的障碍常妨害這種發明底普遍的運用；比如熱力生機械運動底發明，不能普遍地擴充人們底自由，就是因爲私有制度把他底作用束縛了；故新時代底開始，應當是人人都能認識並管理自然底必然的法則；私有制度打破，階級對抗消滅；公共生產，公共分配實行的時候。故自由必然地是歷史進化底一種生產品。

玄學家所稱道的形而上學的自由，只是代表資本制度所頒佈的自由。這種自由全是形式的和抽象的；亦可說只是論理的。他不能供養他底人們；他底人們只有死於飢餓和凍餒的自由；資本家對勞動者時常說：『工作底條件如此，幹不幹有你們底自由。』這樣的自由，固然亦可於極有制限的，可能的界限內登基御極。但是，人類是生活於實際的世界，於麥粒的王國中的；我們應當把歷史的世界當做服從自然法則和環境律的生物世界一般去研究。

(八)正義

文明社會中正義觀念底來源有二：一在人類共同的性質中，一在建築在財產私有權的基礎上的社會環境中。在財產私有權沒有構成以前的人類底情好和思想與由財產私有權所產生的興味，情好和思想相生相應，結果，正直不正直的觀念遂在開化人類底腦中胎化發展而結晶。

正義觀念底人性的根原是復仇情與平等情

復仇情是人類靈魂之最古者；潛伏其根於保存本能中，於動物和人遇着攻擊時促之遇抵抗和機械反動的體態中——若是不爲恐怖情所抑制：回到最單純和最後的說話，復仇是一種反射運動底擴張。

野蠻人復仇情之蓬勃不可和解，此在新世界和古代民族史中都可以考見，這完全由於自然環境和社會環境使然。野蠻因爲要不斷地同禽獸，人和由想像而生的恐懼精神作戰，不能孤獨生活，所以結合成羣；跳出他們底無紀律的羣以外，即不知道怎樣生存。驅之出羣，等於處以死刑。同種中的人相視爲出自同一的祖先，有同樣的血在他們底血管中循環流轉。野蠻人沒有個性，具有個性的，是種，族和家庭。最堅固最狹隘的連帶責任，構合種或族底分子爲一人；原始時代，妻是公的，兒童屬羣公有；個人的所有權沒有出現，最近於私有的物如軍器與裝飾品，也是極快地由這個移到那個，沒有幾許停留；種人中各分子底動作如同一個人，遷徙，佃獵，耕種都在共有的地上。

恥辱也是公共的。一人受辱，痛苦及於全體，如同全體受辱；流一人之血，即是流了族人全體之血，這族人中無論何人都有報復之義務：復仇是集合的。一人受辱，既全族同羞，一人殺人，亦即全族同犯；所以一個戕殺事件出現，即是兩族人全體底動元令；仇仇相因，沒有已時。然而，這樣全族同仇的行爲，每每引致全族被破壞的危險；爲着這種危險，使野蠻人不得不抑壓其連帶責任的感情而犧牲禍首給敵人。常有當執械猛鬥時候，見敵人有一人受傷與本族受辱者所傷相等，即毫不猶疑地罷戰講和：生命抵生命，傷抵傷。抵償的法子於是乎生。

抵償：『生命抵生命，眼抵眼，齒抵齒，手抵手，腳抵腳，火傷抵火傷……』（舊約全書）能給原始的共產民族底平等的感情以充量的滿足——在這原始的共產社會中的生活，人人都是平等的。抵償不過是將滿足的物質的平等適用於恥辱的和解：過失底平等的賠償。食物和用品平均分配底平等的本能創造了抵償法；仇殺底結果有不幸的必然性把這種償抵法普遍到原始的社會：正義於抵償創造沒有作用，於他底普遍亦沒有作用；許多民族中沒有「犯罪」「過失」「正義」等字，沒有正義觀念，却有抵償法。

原始的審判底形式，即今日所謂正義的審判，也生於這個時期；因為要決定和執行一種抵償，仲裁是不能免的。

復仇的感情雖然受過審判形式和抵償法底箝制，仍然不易剷除：惟有財產私有權能夠拔出他底根牙。財產私有權只在被犯罪和不和睦團壞了的家族中出現，當嫡長權沒有出世的時代，私有財產權使兄弟姊妹為着遺產互相傾殺，希臘神話中保留許多這樣悲慘的紀念史。財產私有權是內亂，國際戰爭和個人罪惡底活潑而有效力的原因。財產私有權如同惡魔一般，闖入人類胸膈中，擾亂人底本能，感情和固定的觀念，掀動新的慾望。財產私有權一經成形，則流血不要求流血報復，而要求私有財產；抵償法由此變形。

奴隸制和奴隸販賣是使抵償法變形最易的原因。人與牛，軍器與別種物之交換，足使野蠻人成就以血底相當物償血的習慣。新的家族形式是幫助奴隸制使抵抗法變形之有力的原因。母系制度時代，婦人居族中待一男或數男來合；父系制度時代，則少女離其家庭往居夫家：女不再屬父有，父得相當的賠，少女變了交易品。父對其女，開始視為交易品，落後則成了販賣品，希臘和羅馬底法律皆指出這種變遷。做父親的賣掉他自己的血統，打破當時家人間的連帶責任——這種連帶責任本來是生死成一片的。家長既然以兒女換畜類和別的東西，那麼，為着所流的血，為着被殺的兒子接受畜類和別的物品，自是必然之結果。兒女呢？自然也照准父母底法子，爲父母底血接受任何物質的賠償。

到此時，生命抵生命，齒抵齒的抵償法遂變爲畜類、鐵，今抵生命和別的傷害了。

從野蠻人這樣的平等的精神中産生抵償法：生命抵生命，傷傷抵，這是野蠻人調理復仇事情儀他們所能想到的方法；但是，自抵償法在財産私有權底勢力之下成了變形，而生命抵生命底粗暴的方程式被以獸畜和別的財産抵償生命、傷害及名譽等的經濟的方程式替代了以後，野蠻人底知識界發生困頓的變動：要滲透抽象作用底領域以解決不得不解決的問題。一側要估量一家或一人因被殺戮或凌辱所受的物質的和精神的損失，一側要估計對於一家或一人所應有的物質財産之移付，換言之，就是要審察計算在相互間沒有直接的物質關係的事物。這種審察計算便野蠻人勉強從人類相互間因事物而起的關係上得些新的抽象的意義，從而在其腦子中構成酬報的正義觀念以比例損失底賠償。

保存本能，最原始的本能衝動野蠻人攫取他所需要的物，如同他底祖先在獸類時代一樣；凡他所能攫取的，都攫取之以充他底飢餓和嗜好。野蠻人攫取物質財富的手續好比學問家吸取精神財富的手續。歐洲底旅行家曾受過這種本能底傷害的，都肆其道德的忿怒，給野蠻人加上強盜的形容詞，好像強盜這個觀念，在財産私有權構成以前，已跑進了人類底腦子中。

制馭這攫取本能，置之於桎梏中而抑壓之，是文明底職務之一。這原始本能底馴服，成功就從抑制復仇情所胚胎的正義觀念。

野蠻人當在沒有被人佔領的地上和河海沿岸上過其漂蕩生活時，所到地方有豐足的食料供他們消費，所以攫取本能得着充量的練習。自時代演進，人類有自己取得生存方法的必要，於是攫取的本能不得不有相當的制限一個地方人口稠密，則居於其上的種族將這塊土地分割爲若干獵場；到他們初有獸類底豢養，則於獵場而外更有牧場底分配。古代和新世界底野蠻民族以中立的地帶圍繞他們底領土，以保護他們底生活料，如天然果實，魚，及野生動物之類。凡個人越出本族底領土以外，必被鄰族所追逐，攻擊，甚至置之死地。領土以內，可以任取所需，踰出領土一步，則危險立至，攫取本能因此受極大箝制。

即在領域以內，有時因特別原因所取的手段，也給攫取本能以節制。 如澳洲土人當兇歉時禁止消費母雞母豬。當魚類缺乏之時禁止自由捕取；加拿大的紅色人因別的理由禁止捕殺海鯉；有許多野蠻人對於他們所奉爲圖騰的動植物保護極嚴，雖至餓死不能侵害。 這些制限是從維持一族中公共利益而生，在野蠻人中，除公共的制限之外，對於攫本能還有其他的制限。

凡野蠻民族，男女因其職務而成顯然之分離：男子是戰士和獵人，女子則撫育小孩，小孩屬於母而不屬於不認識不的確的父親。女子担任食料底保存和分配，担任衣服，什用底調治。而性的離異必然發生兩性的競爭而給攫取本能以强制的制限；這種制限是屬於兩性間的，不是全般的，換言之是階級的，馬克思說階級競爭在兩性競爭之下開始發見。這里有幾個制限女子的好例子：食人肉的種族普通禁止女子參與人肉宴會；有幾種動物底肉在澳洲土人中，是戰士特有的食品，羅馬人和希臘人曾禁止婦人喝酒。

就在同一族人中，財產私有權愈益發達，則攫取本能亦愈益受制限。族人中土地底分配，於野蠻人底想像中闢一新世界；這種分配擾亂他們底本能，情好，思想，風俗。要在他們底腦子中種些反自然而沒有關係的觀念，同時即化他們底腦子中生出些神秘的想像。每家的田場各有中立界線包圍着；標界的石堆和木塊，希臘人視爲有神護之，不可移動。嘗有一種通用的詛咒：『移動界標的人，神必譴罰之：他底房屋必崩壞，他底種族必滅絕，他底土地必再不生產；嚴霜，淫雨，乾旱必破壞他底收成；他底肢體必潰爛以至於死。』可見財產私有權給人類以正義，同時卽將博愛從人類中逐去。

但是，最恐怖的神與恐怖的詛咒還不足以完全撲滅攫取本能，於是從來沒有見過的，殘忍的，有形的懲罰繼之而生。謀財的人，其被罰比謀殺更重：正義來到人間，如同是土地私有底結果。財產私有制出現，使野蠻人博愛平等之情完全掃地；最嚴酷的法律，都是爲侵害財產私有權而宣佈的，羅馬和希臘之法律都能指出這個意義。現今各文明國法律都有『人民有保護其私有財產之權』底詳細規定。

故抵償法給人們底腦子佈下正義觀念底種子，土地底分配則從而孵化之，蕃植之。抵償教人節制其復仇情以約束之於一定規律之下；財產私有權則揉曲攫取本能於宗教，法律底圈中。

且正義觀念，其根原雖只是平等精神底表現，然因在被他助成的私有制度底勢力之下，其實現遂充滿人類間之不平。因爲財產私有權必需取得點滴攫取本能的法律爲之保障，才得鞏固，這種法律一經取得，卽變成一種獨立的和自動的社會勢力，轉以支配人類，節制人類。中產階級底成功和發展，就是因爲有正義替他做生力軍。

一個支配階級底眼光，凡忠於他底政治的和經濟的利益的是合於正義的，否則，是不合正義的。支配階級底利益滿足了，便是他所懷抱的正義實現了。中產階級底利益是中產階級正義底指南針，如同貴族階級底利益是貴族階級底指南針。

正義，由哲學的說法，他在被中產階級統御的社會底過去立了奇功，他好像督率人類向和平和幸福底將來前進；實際，他是社會不平底母親。從前給奴主以蓄人如畜家畜之權的是正義，現在給資本階級以剝削無產階級男子，女人和兒童，之標的也是正義。正義使奴隸為主人犧牲，主人有權懲罰奴隸；正義又使勞動者貢獻資本家以廉價的勞力，許資本家沒收工錢勞動者底剩餘價值。　奴主鞭撻奴隸時，曰我有我底權；資本家偷竊工作底結果時，曰我有我的權。

然則，正義好像食母的昆虫，破壞產生他的平等精神，而慣於征服人類。

社會革命必剷除財產私有權，解放人類，使之復活其平等精神，此時，自財產私有權構成以後在來人腦中的正義觀念，自然隨之消滅。

（九）人道

人道主義亦是歷史的產物，起於某種生活情形下之小中產階級的厭惡與憐憫的心理；在實際上則不異是資本階級底延命湯，勞動階級底麻醉劑。

十八世紀在法蘭西啟發革命精神的人，他們自己卽最大革命家。他們絕不承認外界的權力。宗教，自然科學，社會，政府都遭最嚴酷的批評，一切都應俯首於理性裁判之前以辯護其生存或終結其命運。　理性變成了一切底最上準繩。　依黑智爾底名語，就是『頭腦指揮宇宙』的時代。　開首，在這種意思中，頭腦和由思想得來的原理是人類一切聯合和行為底惟一適當的基礎；落後，這意思更旁擴了，凡與這些原理相矛盾的有形的實在都應徹頭徹尾地推翻之。國，社會都應當建築於永久不朽的理性之上。　這是十八世紀法蘭西哲學，也就是革命的木鐸，他極力鼓動中產階級向貴族階級革命的潮流，助其成功。

然而這永古不朽的理性，絕對不過是理想的中產階級底智慧。　法蘭西革命雖然給這合理社會與合理國一個實在；而所謂新的制度仍然與絕對合理的實體隔着很遠。　合理國失敗了，盧梭底社會契約只能在恐怖的統治中找着他底實在。　建築在理性上的社會更沒有好的命運。貧富的對抗，愈演愈烈，而連繫其間的特權和組合，與緩衝的教會底慈善組織一旦破壞淨盡。在資本主義基礎上的工業底發展，以工人全體底痛苦和貧困爲社會生命底條件。犯罪底數目與年俱增。經過長久日子儼然而行的封建的惡德，被打入地獄中去了，中產階級的惡德，從前只能秘密自支的，此時乃如花怒發，如決江河，勢不可遏。商業漸漸成爲合法的詐術。賄賂取殘忍的壓制而代之；黃金代腰刀爲社會底第一槓桿。宰權從封建的諸侯移交製造底主人。結婚立於法定式賣淫的制服之下，而以多量的奸淫補充之。一言蔽之，踵理性勝利而至的社會的和政治的制度，不過表顯其詐僞和滑稽而已。

儘先對這些殘酷，詐僞，醜惡等起反動思想的，特別是小中產階級的智識者，如聖西門，傅葉等都能察出這些妖魔而給以冷酷的批評。但是，他們也是生活於時代漩渦中的，他們底思想和他們底志願都不能毅然代表無產階級底利益。他們不能決然去解放一個確定的階級，而要解放全人類。在他們看來，建築在哲學原理上的中產階級世界，其不合理與不義全與封建制度以前的別種形式相等；他們以爲純理性和眞的正義至此還沒有統御世界，是因爲沒有完全被發現。從他們底厭惡的和憐憫的心理呼出正義，人道的聲音，以爲這是救濟過渡時期的靈藥：一面給中產階級以冰冷的批評，一面責成他們實行人道主義的慈善。這樣，好像給中產階級以打擊而加煞於無產階級了；其實，中產階級既有了政權，有了一切統御機械，一切有形無形的新發明都不得不供他利用，正義和人道，中產階級反樂得利用他們去施行他底侵略主義和肥豬政策

中產階級把人道和文明的繡花包裹在他經營社會和待遇人類的手段上。蹂躪殖民地則曰運輸文明到野蠻民族中去，曰從惡俗中救出他們，曰改良他們底生存條件；基督教的蠱惑，酒精底流毒，土人的殲滅，中產

階級的人道卽在這些情形之下現出原身來。在中產階級統御國底工人階級中，兒童，男子，婦人底一切幸福均被剝削，受晝夜强迫勞動，歇業，結核病，佝僂病…………的刑罰；犯罪底增加，瘋癲拘留所底擴充，刑罰制度底完備和發展都是必然與中產階級的人道，文明相緣而至的情勢。

在大工廠底傍邊，有新建的工人住房，工人子弟學校；有欽辦的消費合作社和醫院；還有些跳舞場的娛樂和教會的安慰：生老病死，婚嫁教育都受一貫的，機械的，奴隸隸的環境之支配。我們如果早晚同着西洋工人一塊兒過活，便可証實他們底機械的，奴隸的，苟且的心理。用工人底血底餘滴豢養工人，肥豬政策那有這樣的惡竦？然而那些理想主義的批評家偏要說這是人道主義之實現咧！

然而支配階級自己永遠不受理想底責備，因爲支配階級永遠無需抽象觀念暖他底身體；這觀念術的把戲是支配階級經濟的和政治的詐騙之最有效力和最穩定的方法。日本日日倡導的『中日親善』主義與『東亞和平』主義，華府會議特別賞給中國的『機會均等』『門戶開放』諸恩典，最是現代帝國主義的人道，正義底實際的榜樣。

（十）國家

國家是什麼？據一般人的見解，國家是階級調和底機關，在一定人民，一定土地之以政治權力保持一個秩序的而且進步的生活：無論在那一種國家必須具有最小限度內的權力，對外保護國家本身之生存，在內維持社會秩序，保証個人的生命，財產，自由。

據唯物史觀的見解，凡階級爭鬥是政治的爭鬥，而國家是政治的形式。

階級對抗隨着經濟關係底一種變化而迸出，精確些說隨生產底方式而迸出；政治的權力不過以單簡的方法執役其間。比如就中產階級與無產階級說，從合作的手工藝到工場製造，從工場製造到利用蒸汽與機械的大產業，這生產方式底變遷卽兩階級之所以發展。 在一定的程度，中產階級運用的生產力以及由這生產力發展出來的交換底需要和條件都變成與當時生產制度卽歷史所遺傳和法律所容用的生產制度不相容，與封建社會的國家和法律底無數特權不相容，於是新生產力起而反對封建地主與組合老闆所代表的生產利度。 結果，這反抗被事實承認了，封建制度的覊勒遂被打破了。 由封建的專制到中產階級的德謨克拉西。 表面是政權易位的爭鬥，骨子裏乃是生產力澎漲出來的階級爭鬥：凡政治爭鬥是階級爭鬥。

至國家，他絕不是自外壓入社會的一種力。 明白些說，他不是一種道德觀念底實在，不是理性底一種產品，如同黑智爾所說的。 國家是社會在他發展到一定程度時候的生產品；國家卽是承認社會陷於不可解的內部衝突情形中的表示。 要使這些反抗，這些由相反的經濟利益所劃分的階級不消滅於無謂的爭鬥中，便覺得有由一種有形勢力去統御社會的必要：由一種可見的力調和那些不可免的衝突，給他們維持在秩序底範圍中。 這種力是社會底產品，但他高出社會，並且漸漸遠離社會，這就是國。 簡明地說，國卽是階級底不可調和的對抗底表現和生產品；國家底存在卽証明階級底反抗是不可調和的。 更簡明地說，國家是階級統御底機關，是這一階級用以支配另一階級的工具。 在古代和封建時代的國家是實行奴隸掠奪的機關；現代的國則是資本掠奪勞動的工具。 法律，教育，警察，軍隊…………與道德，風俗，宗教，學說…………等有形無形的設備則是維持這工具的柱子。 國家既建築於階級對抗之上，那麼，階級消滅則國家亦隨着要消滅了。 無產階級一握着政權，他開始卽變生產工具爲國有財產。 以無產階級獨裁制的民主主義反抗資本階級獨裁制的民主主義，實現普遍民主主義。 由這種事實，他就要把他自己漸漸消滅起來；依同樣事實，他要消滅一切階級底區別和一切階級的對抗，同時即消滅國家。本來社會一直到這個時候生存於階級對抗之上，本當要代表階級的國家以維持他底生產底外界條件，換言之即用努力維持被壓迫階級於被這樣生產方式所決定的壓迫條件中。如果國家真能平等地代表全體社會（即階級消滅時），則他便成了贅疣，社會關係中政權底參入要成為贅疣了，統御在人底上面的政府，從此只掌握着事物底管理與生產底監督。國家不是被廢除了，他自己消滅，他死了。

（完）

一九二三，七，二三，長沙。

墨子的教育學說

陳炳琨

墨子是周朝末年的一個大哲學家，大教育家。他在那時學術界的聲勢，簡直可以上追孔子。韓非子說，『世之顯學，儒墨也。儒之所至，孔丘也；墨之所至墨翟也。』（顯學篇）呂氏春秋說，『孔墨徒屬彌衆，弟子彌豐，充滿天下。』（尊師篇）淮南子說，『孔墨皆修先聖之術，通六藝之論。』（主術訓）我們可以知道孔墨並稱，由來已久，也可以想見墨家之盛，眞是不讓孔門了。

墨子比孔子生在稍後。胡適之先生考定墨子生時約當孔子五十歲六十歲之間（孔子生西歷紀元前五五一年）卒年約當吳起死前四十年。梁任公先生則以爲墨子生於周定王初年，（西歷紀元前四六八年至四五七年）當約孔子卒後十餘年，（孔子卒於西歷紀元前四七九年）卒於周安王中葉，（西歷紀元前三九〇年至三八一年）約當孟子生前十年。（孟子生於西歷紀元前三七二年）

墨子生當魯國，又當孔門極盛之時。有人說他曾『學儒者之業，受孔子之術，』（淮南子，要略）但他却終究對抗儒家，別創一個新學派。那時正是『天下失義，諸侯力征』，如齊，晉，楚，越，都是當時『好戰之國。』他們『奪民之用，廢民之利』，『砥礪其卒伍，以攻伐兼併爲政於天下』，以致政治腐敗，社會黑暗，那時的老百姓眞是痛苦極了！墨子眼見那樣的時勢，又受了那時思潮的影響，故他的學說可說是那個時代的產兒，可惜我不能在此地詳述他的時背景了。

荀子說墨子『蔽於用而不知文』，（荀子解蔽篇）其實墨子學說的精彩，正在不注重『文』，而注重『用』。墨子學說的根本觀念，只在於『用』；什麼兼愛，非攻，尙賢，尙同，非樂、非命，節用，節葬，……：都不過是這根本觀念的具體辦法罷了。

我要敍述墨子敎育，先不能不在此地把墨子所生的時代，及其學說，大概說個明白，以後就要歸到本題上去了。

我們現在要研究墨子的敎育學說，有幾個難點：第一，現存的墨子這部書很少關於敎育學說的資料。第二，墨子這部書有許多靠不住；（如親士，修身……篇）就是認爲可靠的，又每篇中時有脫簡譌文。摘取資料的範圍既狹，即摘取資料又恐陷於錯誤，蹈穿鑿附會之嫌。第三，墨經中間有些可取的資料，但用歷史家的眼光去觀察，——即從思想進步的階段上，和文章體製的蛻變中去看，但恐彼不是墨子的書，也不是同時墨子的弟子所記的書。胡適之先生說彼是後來那些『別墨』做的，似說得過去，祇最近梁任公先生還是認那經說爲墨子自著的書呢。茲分述墨子的敎育學說爲四大要點如下。

一、注重個人能力的　墨子以爲學者要學什麼，當估量他的能力怎樣，就怎樣去學。公孟篇說：

二三子有復於子墨子學射者，子墨子曰，『不可！夫智者量丌（古其字）能力所至而從事焉。國士戰且扶人，猶不可及也；今子非國士也，豈能成學又成射哉？』

個人的能力各有所至，能做這樣，未必能做那樣，學了這樣，未必能兼學那樣，所以成學的未必能成射。倘若人人都照自己的能力專心去做去學，不好高務遠，不貪多務得，就沒有不可成功的了。所以耕柱篇又說：

治徒娛，縣子碩問於子墨子曰，『爲義孰爲大務？』子墨子曰，『譬若築牆然，能築者築，能實壤者實壤，能欣者欣（王引之云，欣當讀爲睎，說文云，睎，望也。畢沅云，欣當作掀。）然後騎成也。為義猶是也，能談辯者談辯，能說書者說書，能從事者從事，然後義事成也。』

個人的能力既是各有不同，施教的方法自然不能一樣，墨子很能見到這點。耕柱篇：

子墨子怒耕柱子。耕柱子曰，『我無俞（古愈字）於人乎？』子墨子曰，『我將上大行，駕驥與羊，子將誰毆？』耕柱子曰，『將毆驥也。』子墨子曰，『何故毆驥也？』耕柱子曰，『驥足以責。』』子墨子曰，『我亦以子為足以責。』

又貴義篇說：

子墨子南遊使衞，關中載書甚多，（畢云，關中猶云扃中，關扃音相近。）弦唐子見而怪之，曰『吾夫子教公尚過曰，「揣曲直而已。」今夫子載書甚多，何有也？』子墨子曰，『昔者周公旦朝讀書百篇，夕見漆十士，（畢云，漆七假音。）故周公旦佐相天子，其修至於今。翟上無君父之事，下無耕農之難，吾安敢廢此？翟聞之同歸之物，信有誤者，然而民聽不鈞是以書多也。今過之心者，數逆於精微，同歸之物既已知其要矣，是以不教以書也，而子何怪焉？』

讀了上面兩段，我們可以知道墨子施教的方法是很能顧到個人能力的了。登太行山的要駕良馬，不要駕羊，這是因為良馬的力量做得到的，羊的力量還不够的緣故；可以『揣曲直』的就教他揣曲直，可以『教之以書』的就教以書，也只是這個道理。總而言之，教人要看他的能力怎樣，不能強其所難，逼他學不能學的功課，做不能做的事體。同學一樣功課，同做一樁事體，各人應要學到什麼地步，做到甚麼地步，須得看各個的能力足以實到什麼地步，不能全體一樣。可是有些學生，他的能力足以學那樣，而且在某一時期內能學到某個地步，祇因為他沒有興趣去學，不肯努力，不會做到・這是常有的事。墨子曾有一次設法叫一個不肯努力的學生去學，那學生果然肯努力了。公孟篇說：

有游於子墨子之門者，身體强良，思慮徇通，欲使隨而學，子墨子曰，『姑學乎！吾將仕子！』勸於善言而學其年（畢云，同期年。）而責仕於子墨子。子墨子曰，『不仕子！子亦聞夫魯語乎？魯有昆弟五人者，亓父死，亓長子嗜酒而不葬，亓四弟曰，「子與我葬，當爲沽酒。」勸於善言而葬。已葬，而責酒於其四弟，四弟曰，「吾末與子酒矣！子葬子父，我葬吾父，豈獨吾父也哉？子不葬，則人將笑子，故勸子葬也。」今子爲義，我亦爲義，豈獨我義也哉？子不學，則人將笑子，故勸子於學。』

墨子這段故事，未免太滑稽了。墨子注重個人能力因材施敎，自是墨子的長處。但他用的——或許是偶然用的——這種獎誘的法子，是糖包苦藥的法子，這樣哄人努力，雖然較勝於用恐嚇的法子驅人前進，然而這樣的引起興趣，不是在學問本身上找出，恐怕不是十分好的方法罷。又墨子曾有一次勸一個人求學，却另是一種方法。公孟篇說：

有游於子墨子之門者，子墨子曰，『蓋學乎？』對曰，『吾族人無學者。』子墨子曰，『不然！未好美者，豈曰吾族人莫之好，故不好哉？夫欲富貴者，豈曰我族人莫之欲，故不欲哉？好美，欲富貴者，不視人，欲强爲之；夫義，天下之大器也，何以視人？必强爲之！』

先敎學生知道爲什麽要學，後敎他怎樣努力地去學，這自然算是一種好法子。

♣ ♣ ♣

二，實用的墨子哲學是注重「用」的，他是主張「使言行之合，猶合符節」的，所以他在敎育上主張了就要行；學了不行，算不得眞正是學。魯問篇說：

有因子墨子而學其子者，其子戰而死，其父讓子墨子，子墨子曰，『子欲學子之子，今學成矣，戰而死，而子慍，是猶欲糶，糶讎則慍也，豈不費哉?』(王云，費讀爲悖。)

公孟篇說：

公孟子曰，『無鬼神。』又曰，『君子必學祭禮。』子墨子曰，『執無鬼而學祭禮，是猶無客而學客禮也!是猶無魚而爲魚罟也!』

又耕柱篇說：

子墨子曰，『君子不鬥。』子夏之徒曰，『狗豨猶有鬥，惡有士而無鬥矣!』子墨子曰，『傷矣哉!言則稱於湯文，行則譬於狗豨!傷矣哉!』

學爲義勇而不肯戰死，學爲祭禮而不明鬼，滿口仁義道德，却又行同禽獸，這樣學了不行，不能使所學的東西指揮他的一切行爲，是墨子所不取的。 若是他所知的學問不能影響到他的行爲，他的行爲又不根於他所知的學問，那末，他爲什麼要學?學了又去做什麼?貴義篇說：

言足以遷行者常之，(常尙通用)不足以遷行者勿常，不足以遷行而常之，是蕩口也!

貴義篇又說：

必去六辟!嘿則思，言則誨，動則事，三者代御，必爲聖人!必去喜，去怒，去樂，去悲，去惡，去愛，『去惡!』(從俞樾校補)手足口鼻耳『目』(從孫詒讓校補)從事於義，必爲聖人!

又明鬼篇說：

天下之所以察知有與無之道者，必以衆之耳自之實，察知有與無爲儀者也。誠或聞之見之，則必以爲有;莫聞莫見，則必以爲無。

我們讀了上面引的三段書，可以知道，(一)言不足以指導行爲，値不得尊尙。(二)思想，言說，行動，必須交相爲用;從事於義，有需於口鼻耳目手足。

（三）察知有與無之道，必以衆之耳目之實。墨子是何等注重實際應用的呀！

× × ×

三，平民的：墨子確是一個很有平民精神的人，從他教人上就可以看出。公孟篇說

公孟子謂子墨子曰，『實爲善，人孰不知？譬若良巫，處而不出，有餘精；譬若美女，處而不出，人爭求之，行而自衒，人莫之敢也；今子徧從人而說之，何其勞也！』子墨子曰，『今夫世亂，求美女者衆，美女雖不出，人爭求之。今求善者寡，不強說人，人莫之知也。且有二生於此，善筮，一行爲人筮者，一處而不出者，行爲人筮者與處而不出者其精孰多？』公孟子曰，『行爲人筮者其功多。』子墨子曰，『仁義鈞，行說人者其功善亦多，何故不行說人也！』

墨子大概是個不講究『束修以上』的，所以他主張『强說人』，就是你不請我賜教，我可忍不住要找起來教你了。墨子也大概是個不會講究些什麼『禮聞來學，不聞往教』的禮，大擺其老師架子的，所以他主張『行說人』，就是他不來求教於我，我可要走去教他了。這可見墨子不會有智識階級自視高貴的態度，也可見他是個實行『社會教育』的教育家了。又魯問篇說：

翟以爲不若誦先王之道而求其說，通聖人之言而察其辭，上說王公大人，次匹夫徒步之士。王公大人用吾言，國必治；匹夫徒步之士用吾言，行必修。

天下匹夫徒步之士少知義，而教天下以義者功亦多，何故弗言也？若得鼓而進於義，則吾義豈不益進哉？

墨子教人，上自王公大人，下至匹夫徒步之士，不分階級，可說是很合平民主義的了。況且墨子『席不暇暖，』（淮南子修務訓）『突不及黔，』（文選班固

答賓戲）說人爲義，強聒不舍，那種勤勤懇懇的精神更是令人佩服哩！

× × ×

四，刻苦的 墨子是個實行家。 他主張『節用』，『廢樂』，所以他教人要吃苦修行。 他不但自己勞苦不休，還要使後世的墨者，大家『以裘褐爲衣，以跂蹻爲服，日夜不休，以自苦爲極。』（莊子天下篇）我想當日墨子的弟子大概都曾受過一種刻苦的訓練。 備梯篇說：

禽子事墨子三年，手足胼胝，面目黎黑，役身給使，不敢問欲，墨子其（其當作甚）哀之，乃管酒塊（餽）脯，寄於太山，昧（搣）茅坐之，以樵（醮）禽子，禽子再拜而歎，子墨子曰，『子何欲乎？』禽子再拜，再拜曰，『敢向守道』…………

又魯問篇說：

子墨子仕曹公子於宋，三年，而反睹子墨子，曰，『始吾遊於夫子之門，短褐之衣，藜藿之羹，朝得之則夕弗得………』

禽滑釐在墨子之門，經過三年刻苦的生活，還不敢求教。 曹公子也是在墨子之門經過刻苦生活的。 這樣看來，大約墨子的及門弟子，先要受過一個時期的刻苦訓練，這好像希臘畢達哥斯的入社弟子——畢氏曾結社講學——先要受過五年靜穆的嚴格試驗一樣，也未可知。

孟子說，『墨子兼愛，摩頂放踵，利天下而爲之。』孟子這話原是罵他，倒變成恭維他，還正合俗話說的『幫倒忙』了！『摩頂放踵，利天下爲之，』這是何等人格！自古以來，能有幾人如此？他的弟子都曾受他的人格感化。 陸賈新語說，『墨子之門多勇士。』淮南子說，『墨子服役者百八十人，皆可使赴火蹈刃，死不旋踵，化之所致也。』 楚惠王時，公輸般替楚國造雲梯，想要攻打宋國，墨子得了這個消息，走十日十夜，從魯國趕到郢都去阻止他。墨子的弟子禽滑釐等三百人就拿守圍之器在宋國城上等候楚兵，楚兵卒不敢

八

攻打宋國。」僅據此數事，我們可以知道墨子的人格是怎樣的偉大，他的感化力怎樣的強而普偏，在巳往的中國教育史上可找不出第二個這樣的人了。

環境與教育

羅學瓚

以前研究教育的人常常只注重如何成就個人，只注重以人教人，並且相信教育的効力太過，甚至於有說教育萬能的。譬如我國所謂：『君子之學以美其身。』『學始乎修身』，『君子學以致其道』柏拉圖說：『教育是使身心達到他們可以達到的完滿』，可美紐斯說：『教育是全人的發展』，裴斯塔洛基說：『教育的意思是使個人所有的能力，爲自然的，進步的，有系統的發展』；這都是注重教育個人的例。又以前教人爲學，只注重擇師，我國學記上所說的：『凡學之道，嚴師爲難，師嚴然後道尊，道尊然後民知敬學』；湯本武比氏說：『無親愛的教師，如日有光無熱，不能化育，有親愛之教師，如日有光有熱，斯能善爲化教』；裴斯塔洛基說：『我們心的智識內容的全部結構，須完全由教師替他建築；海爾巴特且說：『學生前途的命運，完全是由教師一手操縱的，所以學生的行爲舉動善惡邪正，都要教師負完全的責任；這都是注重以人教人的例。又如我國前人所說的：『化民成俗，必在乎學』，『學問所以變化氣質』，『大學之道，在明明德，在止於至善』；又如曼提因 montaiGne 說：『授以知識，養成德性，是教育的事』；黑智爾說：『使人類爲道德的舉動，只有教育可能』；康德說：『人字只以教育而成立』；洛克說：『人類可任教育爲轉移』；海爾巴特說：『教育須造成思想的團體及品性的團體』；杜威說：『世界的進化，不是偶然的是要由教育提倡的』；對物生的 Da—vidson 說：『教育是社會進化最高的終極的法子』現在我國也有一些人說：教育是造成獨立思想發育人類身體與精神的』；民國初元的時候，教育部所定教育宗旨爲：『注重道德教育，以實利教育輔之，更以美感教育完成其德性；民國十年，又改爲『養成健全人格發展共和精神；這都是相信教育萬能，把教育當做神聖事業的證據。由以上所說的考察起來，教育僅僅只注重個人，以爲把社會各個人一個個去教導他，等各個人都好了，全社會也都好了；這是事實上做不到的。我們生在環境中，譬如一塊鐵，擲在熔鐵爐一樣熔，鐵爐中的鐵，同一樣的熱度，不能使他其中一部分不熔化，正如我們同在一個環境中，不能使一個人特別改良；從前德國某生物學者著「人種衛生學」說：『如社會上公共不講衛生，僅有個人衛生之舉，對於種族全體，不惟無益，而且有害』；又如非洲西岸有地叫做『白人之墳墓者』，歐人雖講究衛生，一到此地，即刻也叫他死亡；又如資本主義社會，一致流行着虛僞，大家以虛僞相尙，已造成風氣，我們無論如何敎學生誠實，他一定不會誠實的，就是眞眞能誠實，必定他不能在社會上生活，必到要弄成一個遺世脫俗的人；不然就會使他外面說誠實，暗地裏實行欺詐；所以敎育只注重個人，是不濟事的。朱子說得好：『敎學者如扶醉人，扶得東來西又倒』，這確實是有經濟的話。至於注重選擇敎師，我固然也贊成，但在敎育的成效上說來，確實是不很重要的事，因爲在不好的環境中，人類都不會好的，那有所謂好敎師；譬如在熱帶地方的人，性情都懶惰，我們自然難找一個勤勉的敎師，縱然有幾個勤勉的敎師，他們能把全熱帶的人類，都能敎育他成勤勉的性情嗎？又譬如在一個富貴之家，豐衣足食，一個敎師要他家中的子弟去作工，這是可能的事嗎？一個貧寒之家，一個敎師敎他家中子弟莫作工，也學富人的樣，也要豐衣足食，這是可能的事嗎？孟子說過：『有楚大夫於此，欲其子之齊語也……一齊人傅之，衆楚人咻之，雖日撻而求其齊也，不可得矣，這明明是說敎師個人不能對學生效力的；並且敎師縱然有改變學生性質的能力，對學生未來受敎育以前，敎師沒有法負責任的，既受敎育以後，也沒有方法向他負責任的，今日能受教師的感化，異日也能受社會的感化，譬如學生在學校的時候，間有能照良心行事的，一出了學校，每多胡作亂爲，不能依照理性行事，教師從何處負起責任呢？　我們中國人最作仰孔子，崇他爲「至聖先師」，然他教過學生三千，只有七十二個賢人，並且所謂七十二個人賢人，還是各有各的性情，各有各的言行，未必是受孔子感化的；以後崇拜孔子的，並不是要行孔子之道，不過各人有各人的作用，藉孔子爲傀儡而已。　何嘗受了孔子的感化；幷且孔子還不是一個言行一致的人，他滿口仁義道德，說什麼富貴於我如浮雲，其實東奔西走，無時不想做官發財。　近日吳又陵先生，說他三月無君則栖栖皇皇，如喪家之犬，由此可以曉得孔子也不是一個良教師。現在還舉一個人爲例，譬如託爾斯泰氏，他高唱人道主義，世人所稱爲人類之福星者，論他的言語之文章，實在不錯，然考察他的實際，是一大欺僞家，如他排斥私財，他以私財給妻子；他主張節慾，他生子十六人，七十歲還戀其妻；主張菜食，必要將菜食烹成與肉食同味…………一生顛倒於情慾理性的中間，自己尚不能實行自己的理想，還能教育別人嗎？所以世人大都知道他是好人，但不能學他爲好。　他一生雖能苦人類之所苦，究無補於人類之所苦；然我對於孔子對於託爾斯泰都沒有責備及失望的意思，他們兩人，也是環境中的產物，不過和別人一樣能了；這是教師不能依靠的不足以對學生負完全責任的理由；並可以知道個人奮鬥是不能濟事的，如居在甕中的人，不能轉甕一樣的道理，至於相信教育萬能的人，完全是不明白教育的起原，和教育的意義；現在我略爲說一點教育的起原，並藉此可以知道教育的意義；當原人時代，並沒有什麼教育，那時沒有教育的原因，就是人類生活在那時環境之中，尚不需要教育；譬如漁獵時代的漁人獵人，就只要能取魚能打獵，就能夠供他的生活，這種取漁打獵的本事，自然是很簡單的，用不着另外去學；到畜牧時代，人類止要明白畜牧的事，也不需要另外去學，所以那時的環境，不需要教育，只要依據習慣做去就是。　到農業時代，人類聚族而居，生活漸漸復雜了，因爲要知道耕種，要營造宮室，要製作衣服器用，都不是憑著一人的經驗，可以完全知道的；於是有技藝教育的興起。　並且家人相處，鄰里相望，人與人的關係日加親密，有交際之事，衝突之事，不能不有處置的方法，漸漸組織國家，發生政治；於是有人倫教育之興起。　以中國爲例，當五帝的時候，漸由畜牧時代，進於農業時代，於是炎帝教民稼穡，樹藝五穀，螺祖教育蠶；這是技藝的教育。　唐虞時，契爲司徒，敷五教，夔典樂，以教冑子；這是人倫教育之事。　那時技藝教育和人倫教育，無非適用於那時的環境；現在到了工商業時代，社會組織日益復雜，人事亦日繁多，生活方法亦千奇萬變，所以各種職業教育，法律，政治，倫理，哲學，各種教育，千門萬類，也隨之一天大加多，無非是要適於現在的環境。　所以教育是環境所需要而起的，亦隨環境需要而發達的；換言之，教育的意義是什麽？就是一種常求適應環境的工具，只可以幫助人類適應環境，論其作用，不過將以前人的經驗，傳授後人，甲地方的經驗傳敎乙地方，求如何適應環境，不致於失敗罷了，不能根本變更人類。　身體和精神的組織，明白這一點，當不致於相信教育萬能了。

由以上所說的，教育只注重個人，不能生效力，教師對於學生也無法負完全責任，教育對於人生的影響，也很有限度；豈不是將現在教育家所信奉的宗旨，所希望的效力，所施行的方法，都一齊打破了嗎？　將不會使教育家灰心喪氣嗎？人類終無發展趨於善良生活的機會嗎？　不然，不然，我是絕對相信人類的身體和精神有改善的可能，人類生活有改良之必要的，但是不能依靠教育，我的意思，就是要依靠環境，要使環境的勢力，變成教育的勢力。　但我所說的環境，Environment

不止物質界的山川原野等地理的形勢，寒暑風雨等氣象上的變化，還有指心思的，道德的，社會的，美感的，宗教的，歷史的，及人羣相互一切的影響；就是不論何種事物及意義，凡足喚起人類的反應、或能夠影響於人類的動作的，都是我所說的環境，我相信環境對於人生的影響，有萬能的勢力，幾乎以前教育家所希望於教育的効力，盡可以希望於環境，故有人說『環境是人類的創造者』換言之，也可說人類是環境的創造物，所以我希望教育家如有志想改造人生及社會制度的，不宜注重教育，應該注重環境。但是有人說；以為環境固然要注重，尚有遺傳比環境還有重要些，以為各個人的身體，都是受諸祖先父母，身體上各種構造，如肌肉器官神經等都是由祖先父母遺傳來的，前人說的：『有是父必有是子，』又俗所謂：『龍生龍，鳳生鳳，老鼠生兒子會打洞，』這都是極力形容遺傳的勢力；我們不能把生來一個白痴的人，變成一個有知識的人，生來聾瞎的人，變成一個耳聰目明的人，這都是遺傳的勢力，所以遺傳比環境還要重要些；這些話也有道理，但是我們若肯研究遺傳是如何成就的，我們更將發見環境的重要；原人類所遺傳的事實，完全是受了環境的影響，完全是由他的祖先父母，受環境的刺激，受環境的磨練，漸漸一代一代的遺傳下來的，譬如美洲山洞中有一種盲目魚，紐西蘭有一種無翼鳥；則是陷入黑暗的深洞中，用不着觀望，所以眼珠漸次失明，一代遺傳一代，遂成了盲目魚；一則是在無獸類的地方，不怕搏噬追逐，用不着飛翔兩翼退化，一代一代遺傳下來，遂成了無翼鳥，我們不能說，這是遺傳的勢力，這畢竟是環境的勢力；就是遺傳是受了環境影響後的結果，在不好的環境中，受了不好的影響，遺傳下去，固然是不好，若是把環境改良，使人類受好環境的影響，遺傳下去，人類豈不是日趨於善嗎？由此看來，我們現在的人類，既秉受我們祖先所受環境的影響，又直接接受當時環境的影響，並且又將這兩種影響相乘起來，遺傳於後代，所以我們覺得環境關係人類非常之緊要，這是一說，又據德國生物學家威斯曼weismann氏說：人身細胞，別為兩種，一種是原始細胞，一種是身體細胞，兩者各不相關；普通的遺傳所傳的，只是原始細胞，不是身體細胞，所以影響身體細胞，所產生變化的勢力，不能影響原始細胞；這個結果，就是子體與親體所得先天的遺傳，大概相同；親體後天所得的影響，不能傳給子體的，就是人類的言語，禮節；職業，道德，理想，都要一代一代的重新學習；所謂教育家的事業，祇能奏效於受教者的個人，而不能留永久的成績於人類，這種學說，經各國生物學家的證明，是確實的事實，我們間或以親子有許多相似的情景，如言語，思想，疾病，行動……都是由生後所接受於親族及同一環境的影響，換言之就是他所受的，只是環境的教育，故戴桑克說，『假使人類都搬到別的行星上去，留着小孩子在地球上長大，二十年後，將見要故一種野獸，他們對於遺留下來的文明，只覺得驚奇駭異，斷不知道利用』由此看來，遺傳與教育，並不生妨礙，現在我們就止要研究環境的問題了，我畧變更康德所說的話，人字只以環境而成立，變換洛克的話，人類可任環境為轉移；再從分方面來考察環境對於人生的影響，以證明我的環境萬能說；就是我希望教育家把注意教育的心情，去注意環境的改善．

(一)環境與人類之發生．

(二)環境與人類身體的構造．

(三)環境與人類的智識思想．

(四)環境與人類的性情．

(五)環境與人類的行動．

(一)環境與人類之發生　當地球在星雲時代的時候，無論何人不會揣想那時會有人類的，因為那時的環境不能發生人類，現在的天文家沒有說太陽上可以居人的，也不會推想距日較近的水星金星上有人類，也不會推想距日最遠的天王星海王星有人類；這是爲什麼原故？原知道太熱與太冷的環境，不能產生人類，現就地球表面上說來，南極北極和沙漠中間的地方，沒有人居住，就可以知道了．並且我們還曉得天空中，月球上，地殼內，海水中，不能够居人類，原知道這些環境勢不能容人類產生的．因此我們可以曉得產生人類的地方，必有最適宜於人類產生的環境，現在社會學家，考察人類起原的，有三說：一說人類是在北極地方；一說是在南洋羣島爪哇一帶；一說是在阿非利加洲，如何說他是在北極地方呢？因爲地球原如火塊，其最先冷的，爲北極地方，故人類始發生於北極；這是就環境考察得來的，又如何說人類是發生在南洋羣島或亞非利加洲呢？因爲這兩處都在熱帶地方，熱帶天然生產物，非常繁庶，原始人類既不能利用天然，又無能力生長在生物稀生的寒帶地方，祇有就近熱帶，凡事仰給於天然物，纔能謀得生活；這也是就環境推想出來的，這幾種假定，雖不能說一定是可信；但我相信如有別人要來推翻這種學說，新去找出証據，必定要根據現在人類生活的環境，更求比這種學說合理的適宜些，才不致於錯誤，所以我們可以斷定因爲有適宜於人類產生的環境，故人類才發生，反轉來說，就是不適合於人類發生的環境，人類決不會發生，不惟不能發生，就是現在人類遇着了這些環境，還是會要滅亡的．

(二)環境影響於人類身體的構造　我們既然明白了人類要有適當的環境才能發生，但是人類身體的構造是不是與環境有關係呢？就是五官四肢圓顱方趾像我們這種形像是生來如此的，還是也與環境有關係的呢？現在我先舉一個有趣味的例？大家一定會知道他的關係；近西洋科學家推定火星上一定有人類，但是火星上的人類是怎樣的形狀呢？他們說：『火星上的人類肺臟異常的強大，他的胸膛更爲膨大；因爲火星的空氣太稀薄，呼吸很困難，不得不多吸入空氣，吸入定量酸素的原故．火星上人類的耳朵，分外的大，我們見了一定要害怕的；這是因爲火星上的空氣稀薄，音響異常微弱，要捉住音響，非有大耳朵不行；火星上的人類全身必定被着很深的白毛，這是因爲空氣太冷的原故；鼻子伸得甚長，像象一樣，這是因爲空氣稀薄，一切香氣發散微弱得很的原故，又因爲吸力薄弱的原因，他們身體易於伸長，長可達一丈或一丈三尺，又因爲已利用飛行機，自動車，及各種機械力，和那些文明利器的原故；不用足走路，股與脛已退化，僅存其形了；不用腕和臂做事，都已退化瘦得不堪了；又因爲他們只揀擇滋養分多的食物來吃，又不用他說話，因此他們的嘴很小，又因空氣稀薄，聽音不淸楚，因此他們頭上的左右，生兩個觸角，可以和對面人互相傳達意思。」以上這段話，那一句不是因環境影響於人類身體的構造的；我們看火星上的人類，簡直成了一種怪物，其實並不是人怪，是環境怪。但是有些人以爲這是推想出來的，究竟是不是這種情形，還不能確實知道，我們不要就信以爲眞，我現在再舉幾個實在的例：近代社會學者，說原始人類有幾個特徵：如顎齒强大，腸胃肥盛，下肢輭弱，軀幹短小，身體剛强……這是什麼原故？他說顎齒强大的原故，是在當時農業沒有興起，器械缺乏，凡咀嚼食物及操作等事，皆以牙齒爲用，故牙齒特大；現在澳大利亞的土人，口腔肥大，牙齒銳利，能生食禽獸皮骨，尙可以爲例，腸胃的肥大，是因爲食物粗惡，滋養分太少，吃得多，廢料亦多，且吃食又沒有一定的時間的原故；現在青海甘肅一帶的回人，每日尙能食羊一頭，通古斯人一日可以吃四十斤肉，非洲有一種土人，每日可以吃二十斤魚，還可以作例證，又體幹短小，是由自然界氣候食物失宜，沒有供給營養物的原故：如非洲的亞加人印度的依他人，男子都不滿五尺，女子更短小之類，至於身體剛强，原是由那時候技術器具，皆不會完備，而外界來侵襲傷害的常多，因使他的身體增大了堅强之度；如亞哥德之鐵人，能以肉坦臥霜雪，印度土人能呼吸毒氣之類．又如祕魯國有一部分居民，常在一萬五千尺高地之上，所以他們的肺量，非常發達，由以上所說的，那一事不是受環境的影響，總而言之，我們身體上各種的構造，都是環境造成功的．使我們脫離了環境，各種器官，就無從發達，如沒有聲音，我們的耳器官，不能發達聽覺；沒有氣味，我們的鼻器官，不能發達嗅覺；沒有光明，我們的目器官，不能發達視覺；這是因生物進化是機械的動作，因環境的改換，發生細胞組織的變遷的原故。

故達爾文氏謂：『生物之進化，完全是受環境支配；合於環境的，就留着他；不合於環境的，即淘汰他；爲天擇所操縱，無自由之餘地。』

三環境與人類的智識思想。我們由上節看來，可以知道人類身體構造的原因了；現在再考究環境對於人類智識思想的關係，智識思想起於心的作用，必先明白人類心的起原；據生物學家考察人類心的起原，在有生物以後，有生物起感覺時，這就是心的萌芽；生物的感受性，就是心的最簡單的性質．原來有機物的生命，因運動才能存在，他的運動，因有所感受而起，故能够運動的生物，他必含有感受性；因有這個性質，才能求得滋養，才能避免危險；故感覺初起時，即人類心靈發生時；但是所謂感受性，因何而起感受作用呢？就是因環境而起的；環境合於他的生存，故感受愉快；不合於他的生存，故感受痛苦．因此感受性漸漸因各種環境而加以練習，以促成他的進化，就成今日人類心的構造，及心的性質，故達爾文氏說：『人類的身體，因動物的身體進化而來，人類的心亦是由動物的心進化而來，』後來的人，分他的進化爲三期，一期爲生命的起原，二期爲心靈的出現，三期爲智力的發達；由此我們曉得心的作用，一面是爲應付環境用的，一面是爲接觸環境而發達的．因此我們又可以知道知識思想的來源了；就是我們的心．由感覺所接受各種環境的刺激存記於我們的腦中，或交互聯絡於我們的腦中，使我們的腦中發生作用，這就是所謂智識思想。近來行爲派的心理學家說：『一切心理現象，如感情，意志，思想，等都是物質現象；所謂純粹思想，也不過是隱微的言語，器官的變動，也同別的物質現象有同樣的因果，』所以說凡屬心理的現象，皆物質作用之所產；凡屬物理的現象，皆心靈作用的發現。以前洛克更說得明切，謂：『人類一切的智識，皆由經驗而來，我們的心生來有如一張白紙，沒有一點什麼東西，以後隨我們去染色；染成青色，就是青色，染成紅色，就是紅色；受外界怎樣的「印象，」就成了怎樣的，「觀念」；『故一切單純的觀念，皆由遇着環境而發生，有了單純觀念，由我們內部將這種觀念聯合起來，就成了複雜的觀念，故洛氏所說的知識思想，就是代表物質的觀念，也可說是代表環境的觀念，洛氏的話，雖有許多哲學家不滿意；但是由心理學上去考察，却是不錯的；心理學上說：『我們所以得知外界的狀况，完全是由環境的刺激所引起神經上的興奮而起；身體上各種器官，專豫備接受環境各種的刺激：譬如視覺的器官，專備容收以太所震動而成的光波；聽覺的器官，專備受聲浪的震盪；舌上的味蕾，專對於液體而生甘鹹酸苦四種的四種的反應；齅覺的器官，專對於皮膚上所接觸的溫度冷度和重量而生反應，』由以上各例看來，假使沒有外來的光綫達於眼中，我們就不能成立視的感覺，就不能分別世界上各種物象的形色，沒有外界物質震動的音波，我們就不會成立聽的感覺，就不能利用世界上各種聲音的作用；………但是必有人說：『這是由感覺所獲得的知識，我們還有想像的知識，不是當時環境所給與的，不得說與環境有關係；譬如我想造成一種理想的世界，我想我的前途危險，目前並沒有這種事實，』這些話我們都可以用心理學上的話答覆他，心理學上說：『想像是一種事物的再生，或就舊有的觀念構成新觀念，或喚起以前所感覺的所經歷的原本觀念；譬如朋友的笑貌，劇的布景，歌者的唱曲，都可比想像追憶他；均為再生的想像，沒有一毫新的色彩；』這可說是環境印象的複生，又如我們想定火星上的人類的形狀，太陽構成的原料，……這並不是舊有的觀念重行提起，不過利用我們所知的地球上的人類形狀如何成功的，及地球上物質變化的法則的舊有觀念，以為推想，這所謂構造的想像。世界上各種發明，各種政策，各種計劃，翻陳出新，爭奇鬥巧，都是這樣構造成功的；這可說是環境印像的變胎。所以無論什麼新的想像，都是根據於原來的經驗，就是原所接受於環境的刺激。至於思想說到他的起原，原是受環境所起的困難的壓迫而起，必先有一種待解決的問題，或必需順應新的環境，然後才有思想，這是原為對付環境而起的。至於思想的成因，無非是根據於過去的經驗，譬如資本主義的社會不好，才產生共產主義的思想，但共產主義的思想，並不是憑空杜撰的，也是根據資本集中，工業發達的社會，才產生的；故杜威說：『理想之目的始終在實現經驗，』法人達爾采氏曰：『人與人的關係，不外乎精神的關係，精神的關係，在於模倣他人的思想，兩個精神相接觸，必模倣他人的思想，如我們日常的言語行為把他分析起來，無不是他人的所有，就是新發明一事物，不過聯合二個之模範而成，一種變形的模仿，……』可知所謂全世界全屬我們的經驗，除經驗外，別無所謂世界；不惟合理的思想，是根據環境的印象；就是無意識的夢幻，也是基於過去的經驗，以從前經過的事實為材料，這種材料，仍為實際所能經驗的；若是沒有這種實際的經驗，也不能產生夢的事實，總而言之，我們的知識思想，都是環境給與我們的，沒有環境，就會不能有知識思想，又可以說是一種怎樣的環境，就會給我們一種怎樣的知識思想，

四環境與人類的性情。我們不是討論性情的本質，不過是說性情為什麼原故表現出來，怎樣的變化法，怎樣

的養成法，我們可先下一句斷語，性情的表現，必是受了環境的刺激；性情的變化，是隨環境的變化；如要養成人類某一種性情，必先造成某一種環境。然後我再來說明所以然的道理。心理學上說：『外界的赤黃色，使人生激烈奮興之感；青紫色，生和平柔順之感；綠色在赤黃色青紫色之間，就生安息之感。又說：光明生快感，黑暗生苦感，黃色生溫暖之感，青色生寒冷之感，赤色生活動之感，紫色則生活動而兼有嚴正之感。又說：『高音能使人生感快活輕飄之情，低音能使人生嚴肅鎮靜之情，強音能使人生宏壯之感，弱音生柔和之感，急音使人生軒昂之感，緩音能生陰鬱之感，……

……以上所謂光明黑暗黃紅青各色，及各種聲音都是環境現象的表示，所說的快樂溫暖寒冷……都是感情的表現，可知這些感情都是隨環境發生的，隨環境變化的，但以上所說的，不過一時的情感，若說到稍爲持久一點的性情，譬如我們所說的某人的性情溫和，某人的性情暴戾，某人的性情怠惰，某人的性情勤勉，……究竟是生成的，還是也與環境有關係呢？現在我引陶孟和先生一段話：——見社會與教育

……在都會裏的人，大概容易受羣衆的刺激；都會裏刺激的種類很多，不調和的聲音顏色，鎮日裏擾亂我們的神經，不規則的變化，時時惹起我們的注意；各種的刺激多了，使人性趨於躁急，所以都會裡所產生的兒童的毛病；就是性情無恆，思想努力都不聯貫。至於鄉村中有廣大川野，奔馳之河流，季節之變化，草木之生長，以及生活上之義務，娛樂相迭而至的變象；所以養成兒童和樂穩健有恆的性情。………

以上明明白白是說環境養成兒童的性質，現在再引意大利人Lambrosd所著犯罪學上一段話：——

……白克爾 Buckle 謂熱帶居民，衣食等之需用少，故不必富於抵抗力，與天然物爭鬥，如寒帶之居

民；因此之故，熱帶居民多偏於惰性，習用麻醉藥，喜爲無謂默想，……此項因熱戀弱之惰性，使人體質拘攣，……結果則爲宗教上狂熱與壓制；既有有此項景況，於是過分之淫風，繼以過分之禁慾主義，……在較寒之國家，人類氣力多用於謀覓衣食等事，故抵抗力太大，而虛妄變動之性因之不常現。……又因寒冷直接壓抑神經系統之故，北極居民皆極沈靜和靄，……那萊 Larrey 謂『墨斯科退軍之際，軍士感俄地風雪之苦，性情頓變怯弱，……著名兩極探險家勃賴由Preyer謂在這種寒度之中，彼意志爲之不靈，五官昏聵，言語亦感困難……

以上兩段話，一則是說鄉村城市的環境，一則是說氣候差異的環境，養成人類各種不同的性情；現就歐洲民族考察，所謂拉丁，條頓，斯拉夫，三大民族因所處的地位不同，各有各民族的性情，如南歐各國氣候溫和，土地肥美，風光明媚，所以拉丁民族性情溫和，大抵浮華輕薄，或奢侈懶惰。在中歐以北的地方，氣候較寒冷，生物的發育較遲，並且物產的種類較少，所以養成條頓民族質素勤儉勉於職業意匠密緻的性情。在北歐東歐各處，爲廣漠之平原，三冬白雪，千里一色，地勢雄壯，所以養成斯拉夫民族偉大而深遠的性情。這都是地勢氣候影響於人類性情的例。　現在再就人事社會來考究，譬如農人的性情，終日耕作大抵樸素勤勉，商人的性情，則多狡猾欺詐，紳士和官吏的性情，又多務虛浮斯僞驕侈淫逸；這是就各人所務的職務不同，而生不同的性質。又蒲丁 Louis Boudin 曾著『社會主義與戰爭』說：

資本主義發達的歷史，可以分作三時期：第一少年時期，是奮進的時代，使人民富有好戰的性情，第二是成年時期，是全盛時代，專務內部的整頓，使人民的性情漸化爲和緩。第三是衰老時期，是崩壞的時代，急轉直下，使人民的性情又變為性急好戰的狀態。……

以上是就社會制度影響於人類性情的，譬如在男權制度下的婦女，性情多柔順怯懦嫉忌，……因為這都是受男子的壓迫，漸漸養成的。在女權制度下，男子的性情，反柔順怯懦嫉忌，如西藏男子是。這又是受女子壓迫之故，以上都是社會制度影響於人類性情的事；現在藥物學上常定有某有某種藥物，可以使人性安靜，某種藥物，可以使人性狂暴，某種藥物可以使人性躁急，……由此可知道藥物與食物也與人的性情有關係；總以上各節所說的，可以知道，人類的性情是由環境養成的。

五環境與人類的行動。我所說的行動是行為表現於外的事實，如風俗習慣道德政治宗教職業之類。人類的行為，除了本能的衝動無意識的動作和習慣的動作以外。大都是受意識支配的，意識的起原，在設法使人類適應他的環境，就是在某一種環境之下為某一種之適任，應行某一種之動作。故意義相同的事物，多引起相同的動作，意義相反的事物，常引起相反的動作，——但因各人的年齡地位及環境不同的原故，也有過相同的意義之事物，不生同一之行動，——但是意識用什麼為標準以判定應付各種不同意義的事物呢？就是全靠着以前所積得的經驗，就是以前所受環境刺激所構成的知識思想。也可以說拿已知環境的事物，來作榜樣。我在前已舉了德國生物學家威斯曼的話，親體一生所受的影響如言語禮節服飾職業，道德理想……不能遺傳給子體的，就是各人一代一代都要從新學習的，但是各個人往什麼地方去學習呢？無非是在環境中學習，我們最初的環境，就是家庭；當年齡幼稚時，我們一無所有，最容易收納外邊的印象社會的經驗，就是從這個時代發端。所有的暗示同情模仿也都是在這團體內發生萌芽。故有人說：我們的學問思想，是在小兒五歲以前造就的。以後年齡稍長，能與鄰里鄉黨發生交涉；漸漸模仿鄰里鄉黨的人的行為，禮記上說：『箕人之子多學為箕，裘人之子多學為裘』；又俗所謂：『老子會浮水，兒子變為溺鬼，老子偷瓜摘果，兒子殺人放火』；孟子當少的時候，居屋近墓：他就嬉遊為墓間之事；他的母親遷於市，孟子又嬉遊為賈衒之事；再遷到學宮之旁，他即嬉遊設俎豆揖讓進退的事；這都是模仿環境顯明的例。以上所說的，還不過是各人模仿社會習慣的行動；但社會習慣各有不同，洛克說道德標準因時因地因人而有差異；如古以忠君為道德，今以為妖，這是因時不同；印度人以投其子女於河，以充鱷魚之食為道德，我們以為怪異，這是因地不同；矢人惟恐不傷人，函人惟恐傷，人這是因人不同。統而言之，是因環境不同。柯茨基說：『隨於社會的變化而道德變化，乃是當然的事，沒有什麼不可思議；如果僅是原因變化，而結果不變，這纔叫做不可思議』。豈單止道德是如此嗎？人類一切的行動，都是如此。故馬克斯有一條公例說：『凡屬於人間意志的東西，都隨人的生產關係，隨其社會的關係，隨其社會的存在，一齊變化』。又說：『物質的政治的及精神的一切生活過程，不是人的意識決定人的生活，是人類社會的生活決定人的意識』。換言之，就是物質與經濟決定人類的思想，主義，哲學，宗教，道德，法制，等一切的行為。馬克思的惟物史觀上說得很詳細，引證得很詳切，我不必多說。總括他的意思，人間所行的道德宗教哲學法制政教，都是適應生活的變動，隨着社會的需要，因時因地而有變動，所以有新生活新社會發生，必生一種新道德新宗教新法制新政治……來適應他。所以人類的行為，一方面是模仿環境而成功者，一方面又是適應環境變化而變化的。我們不能有獨立自主的行動，不能有超乎環境所需要的行動，又不能有環境變動而人類行為不變動的行動，更不能有不模做環境而可以由自己矯揉造作的行動：由此可知環境實為人類之司令官，受他管轄，受他指揮無自由之餘地。

總括以上五條所說的，我們可以知道環境對於人生的勢力了；所以環境爲人生之創造者，就是人爲環境的創造物。但是環境雖然創造人類，而人類也可以創造環境。譬如巴拿馬海峽一帶的地方，以前充塞了瘴癘之氣，不可以居人，自運河開通以後，兩岸漸加繁盛，商業漁業農業日日發達；印度恆河流域之都會，如加爾各答等處，地勢卑濕，飲水不良，夏季惡疫流行，自英人佔領以後，建築街市，發展交通，培植園林，加以種種人事上之設備，到今日已把「妖怪之府」變成「安樂之窩」了。尚不止此，現在歐美各國，生產發達，人生一切需要，社會一切建設，比起中國來，眞有「天堂」「地獄」之分；但他也是人造成的。現在海洋上面有輪船可以航行自在，天空中有飛艇可以乘風馭氣，已打破海洋天空他的限制了；電報傳達消息，九分鐘可以環繞全球；無綫電可以攝影，聽音樂講演，教課；非州及南洋各熱帶地方，西人所至，廣植樹木，高起樓臺，室中設製電扇，化裝冰窖，可化熱地爲涼地；在寒熱各處的西人，也多隨地培植樹木，堅築居室，設製温爐，使居寒帶的人，不覺其寒；凡此物質進化的各種事實，這都是人類改造天然環境的例。又如語言文字道德職業政治習慣……雖他的成就及變化的原因，是受環境的支配；但各種事務所成就的法式，和保持的方法，却是人類造成的。譬如中國以前男子制服女子使他纏足，西洋男子制伏女子，使他束腰；中國尊仰孔子，西洋崇拜耶穌；中國用漢文，西洋用希臘拉丁文；諸如此類，都是人造成功的；不過人造環境，也先要受環境的逼迫，受環境的驅使能了；但是無論自然的環境，和人爲的環境，對於人生常有適合的有不適合的；就是或爲有益的或爲有害的，教育第一的職務的就在辨別那些環境，是有益於人生的；那些環境，是有害於人生的。第二的職務，就是在如何可以打破有害於人生的環境，及如何可以建設有益於人生的環境。總而言之，教育應注意先改造環境，再由環境去改造人生。不過我以上所說的環境的勢力，是籠統的；現在應就環境對於人生勢力的大小分別出來，以便改造環境着手的方法。由我個人考究起來，一爲廣大環境的勢力大於狹小的環境：所謂爝火之光不足以比日月之明，我國古話「一木難支大廈杯水不濟車薪」。這恰好可做一個形容大小環境勢力不相敵的比喻，所以教育應注意全世界或全國的環境。換言之，就是勢不能注意教養個人，教一個人努力去敵全世界的環境。二是長久的環境的勢力大於一時的環境；因長久的環境，向人類不絕的壓抑，不絕的要求，使人類拒之不勝拒，只好投降受絆，所謂以久制勝；現在學校是一時的環境，社會及地勢氣候等是長久的環境，所以學校的勢力，敵不住社會及地勢氣候的環境。所以教育不專在注意改造學校，應注意改造社會及地勢氣候等環境。三是鄰近的環境的勢力較之疏遠的環境的勢力要大些；因鄰近的環境，係各人可以耳聞目見，感覺得到的，並且利害切身些，所以各個人受家庭鄰里的影響大些，受外國外省的影響小些，所以教育應該教育如何打破家庭，使兒童公育，不使受家庭的惡化。四是顯明的環境的勢力，大於模糊的環境；學校所教的多是抽象的理論，多是概括的事實，社會上多是顯明的事實，和具體的事物；所以社會的環境勢力較大。五是複雜的環境的勢力大於單純的環境；六是新奇的環境的勢力大於通常的環境：這都以人類心理注意之強弱，及生活之關係爲標準；由此我們可以知道着手改造環境的方法了。這是研究教育的人應該注意的。再說現在社會不合人類生活最甚之點。現在我們假定要造成人類。（一）身體平均發達，健康無病。（二）公平互助，不相殺害。（三）齊心合力，去征服自然，開發生產，建設文明，謀全體人類公共之生活幸福。這都是從來哲學家，教育家，實業家，以及政治家大家所想望的，可爲人類正當的生活。但是我們看看現在社會制度之下，是不是適合這種生活？譬如現在居貧賤地位的人們，大都終日工作勞其筋骨，餓其體膚，身體既然疲勞不堪，身受損害，並且無暇使用腦筋，自然不能發達腦力；並且工業發達，分工制度日加精細，用手工作的終日用手；用眼工作的終日用眼，常爲同一的動作，常用同一的器官，養成一種機械式的人；自然身體不能平均發達，會成偏枯不全的人。並且終日忙碌，不能講究衛生之事，飲食不能周全，營養自易缺乏，必易致身體衰弱，易生疾病。若在富貴之家，每食必甘美肥膩，縱口腹之慾，禦寒則用重裘疊被，保護惟恐不周，毫不願鍛鍊身體；並且終日坐享坐食，既不必多勞心思，更不必留心工作，自然身體柔弱，易生疾病；或者縱情肆慾，終日作敗德敗行的事情，自然易毀傷身體，破壞腦筋。這是一種妨害人生不能使身體平均發達的環境。又在這個制度之下，資產階級居社會上優越的地位，享受一切尊榮，占盡一切便宜，所以大家都想升入資產階級；因此不惜掠奪別人的生產，剝奪別人的權利，壓制別人的行動：所以造成社會上許多不公平的事，許多相爭相殺的事；在勞動家終日勞苦尙沒有飯吃，沒有衣穿，受盡虐待，受盡痛苦，僅得到餓之自由，死之自由，一切政治教育的權利，都不能得到。所以促起他們互相團結起來，與資產階級爭鬥，要制服資本家；這是不公平，萬難互助，互相殺害的環境。又我前所說的由人類造成的各種物質文明，本來可以利便人生的；却都是爲資產階級所佔有，爲資產階級所利用；不能公共享用。譬如在無產階級的人，因無時間和無金錢的原故，自然不能乘坐火車飛艇往來各處，自然無法飽食煖衣，無法居高樓大廈，無法入學校讀書。如克魯泡特金氏所說的：『一個工程司想改良實業和工人的景況，修一條鐵路，不料反促成黑暗洞裏工匠成羣的饑勞病死者，待這條路修好了，他便成了那運砲的通衢，又流了一個殺人的利器』。又說：『一個醫學博士，對於一個缺少食物，作工時過多，又缺乏空氣至得貧血症的女人；無法治好，以致這女人死了』。由此我們可以知道物質文明，雖日益發達，雖增加了一部分人的利益，其實增加了大部人的痛苦，反產生了社會擾亂危迫的情狀，但不過這並不是物質文明本身的害處，是爲部分人占有和利用的原故，就是由社會制度不良所造成的環境。就以上三件事說來，在這種資本制度之下，決不能夠如我們的希望，達到我們的目的，這是我們從事教育的人，應該明白瞭解的，就是教育要先設法打破這些障碍物；直言之，就是要倡革命的教育；引導社會革命成功。到社會革命成功以後，再去革天然環境的命；隨後各個人所受社會傳統的思想，和習慣的行爲，將要一齊打破，所謂『太陽一出燈燭無光』；用不着教育家再勞心思爲各個人設法了。就要爲各個人設法，駕輕就熟，也容易成功。並且漸漸要做到環境就是學校，環境的事物，都是教材，一切環境中的成人，都可以爲教師。把現在這種環境的教育，變成一個教育的環境。這就是我所希望於研究教育的人們！

（附註）此文未詳細校對，有許多錯字錯句，祈閱者留意。

康德與現代哲學

傅昌鈺譯

康德思想的發展

(一)

康德的哲學思想當他建設批評哲學的時候已入了一新時期。所以正如康德所自認的，他底思想的發達大體可區別爲批評前的時代與批評期。批評前的時代還沒有構成確定的學說，還是左顧右盼的時代，自己所傾向的由種種的影響時有不同。從大體說起來，如前章所述，隨種種的影響而彷徨於形而上學與自然科學之間。起初以自然科學的研究爲主，次第移於形而上學的問題，更轉而論形而上學與論理學之關係，卒至懷疑古來的形而上學，開闢新見地——其詳細的區分，諸家的意見稍有差異。波耳爾氏區分爲：(一)理性論的獨斷論的，(二)經驗論的懷疑論的，(三)批評論的理性論的。克羅．飛涉氏區分爲下列三時期：(一)波耳夫底德國形而上學及牛頓底自然科學時期，(二)受羅克的經驗論及含彿茲柏里的道德哲學時期，(三)受了朽摩底經驗論的懷疑論及盧梭底理想的自然主義之影響的時期。他們都各有相當的理由。飛涉的區分法雖設有得意的巧妙對立法，其中尚有成問題的點，就是：能彀如此明白區分諸影響與否，朽摩的影響應置於何處，導來批評哲學的主要問題是什麼。波耳爾氏視康德爲不脫本來理性論的形而上學，所以在其區分中已示其見解而名第三期爲批評論的理性論的。就此等論點看起來，此外的康德研究家更有詳論。如滑與格以獨斷懷疑批評三說爲分類的標準，逐一支配外部的影響，排列之如次。

第一發展過程

一（自一七五〇至一七六〇）獨斷論的立脚地——

奈不尼茲

「一七五五「新釋」，一七五六「物理的單子論」，一七五九「樂天論」」

二（自一七六〇至一七六四）經驗論的影響——朽摩

「一七六二「推論式論」，一七六三「負號量論」，一七三三「有神論」，一七六四「概念明晰論」」

三（一七六六）批評的立脚地

「一七六六「視靈者的夢」」

第二發展過程

一（一七七〇）獨斷論的影響——奈不尼茲

「一七七〇就職論文」

二（一七七二懷疑論的影響—— 朽摩

「一七七二送於黑耳茲的書」

三（一七八一）批評哲學

「一七八一「純粹理批判」」

像這樣的分區益發精巧。解決此問題的要點之一是「關於朽摩的影響如何」，既如前所述，關於這個問題當於後章略加敍說。他一要點是康德底主要問題是怎樣的」，關於此問底實質內容也要讓於後章次第敍述，但其形式的點——就是康德在他底理想的發展中表示了怎樣的態度和立脚地——現在可以把他敍述起來。關於此我自己本不相信康德自一七四七年所公布的論文以來就立了將來的計畫，然在各種的論文中自然一步一步地示了批評哲學的萌芽，而有漸次從反對的態度脫離的形跡。所謂反對的態度，乃指對於批評的普通用語如「獨斷的」及「懷疑的」以外更有他種意味，明白了此中的意味，同時可明白批評哲學的特有精神。

這樣觀察起來，我們知道施截然的區分于批評前的時期是不可能的，然爲便於說明起見，如普通一般所認的，想以一七六〇年頃爲境界，區劃爲受了獨斷論或形而上學的影響的時代與受了經驗論的影響的時代。但是形而上學時代同時又爲研究自然科學的時代，我記得混特曾於他的哲學史講義上稱批評前的時代都是自然科學時代。這雖是強辯於一理，但自然科學與形而上學的影響並行，他有時候還肘制形而上學的影響，而爲達到康德特有方法的原因，——這是我們不可輕易看過的點。

(二)

今假設批評前的時代爲第一小期，若自其主要的題目分類，則有下列三部：(甲)自然哲學的，(乙)自然科學的，(丙)論理形而上學的。

(甲)一七四七年，大學卒業的時候所提出的論文係以「關於動力的眞測定的考察，及奈不尼玆和其他有力學者，關於此論爭所用的論證的批判，附，普通關於物體之力的若干先行考察」爲題，這是受了他的師克脩玆野的感化而埋頭於牛頓思想的結果。此次的論文就是對於得卡耳特派以運動力之大比例於質量與速度，奈不尼玆派以之比例於質量與速度之自乘，區別運動爲死的運動及活的運動兩種；而以得卡耳特派屬於前者，奈不尼玆派屬於後者，企圖兩派的調和。此論文中的用語及說明或爲今日的學界所非難，但是我們當知道康德草此論文時的意氣何等軒昂，更當注意如此的解決方法已經發了其後所謂批判方法的萌芽。蓋批評主義實想於一面從更高的立腳地調和統一從來的獨斷的形而上學和經驗論。我們從此點考察起來，對於康德的批評哲學認爲受了朽摩的影響以外還要認爲是研究牛頓學說的結果。此外在與此相關聯的「火論」上亦駁斥得卡耳特說而取牛頓的光說；「物理的單子論」乃調和奈不尼玆的單子論與牛頓的引力說。這些都是同一精神的發露。

(乙)關於自然科學——天文地文地理等——的論著得首先舉出來的，是一七五五年以匿名出版的「天體

四

的一般自然史及理說」。即以牛頓的引力說爲基本，應用之於具體的事實而說明天體發生的理，倡創所謂康德，拉卜拉斯的星雲說，是歷史上有名的事實。假若康德終生只有此一著公於世，恐怕會要僅以此一書傳其科學者的名於後世。此書又惹起我們哲學上的他種意味。此書一面全然機械的說明宇宙開闢，同時於他一面又認爲有使用如此法則的宇宙創造者（即神）之存在，想要調和牛頓的機械觀和奈不尼兹的目的觀。此種有神論的論旨本沒有理論的價值，其後康德自己亦加以駁斥，然不可不謂其兩說調和的方法與其卒業論文一同暗示了批判的方法。在此著作的前後還有「地軸論」，「地球老滅論」，「地震之研究」等著作。這些雖說爲當時康德的科學者的事業，但是無一一敍述的必要。

（丙）以上關於康德的自然科學的論究已經表示了傍徨於牛頓及奈不尼兹之間，他更基於這個精神以純粹的形而上學論理學的問題爲主而論究的著作，是一七五五年的「形而上學的認識第一原理新釋」。他於自然科學的論文雖大具有調和的精神，而於此論文則有從調和及奈不尼兹的形而上學脫離的傾向。此論文分爲三篇。他於第一篇矛盾原理的論究與第二篇理由原理的論究，想從根底說明奈不尼兹所謂思惟的二根本原理；而於第三篇，對於予盾原理說明同一的原理，對於充足理由的原理說明決定理由的原理，更將決定的原理應用於空間時間的關係而說明共在和繼起的關係。這樣的論辯是以論理學上的原理爲經，以形而上學的問題即神自由等的論爲緯，明明是從奈不尼兹派的哲學出發的。但是他曾從引力說的原理說明事物相互的關係。從這點看起來可以說他是以牛頓的學說補足奈不尼兹的學說。於是我們知道康德的思想徑路是從形而上學與自然科學的調和而進，漸次開超脫形而上學的端緒。

（三）

一七六〇以後屬於第二小期。這時候漸漸地從形而上學脫離，從傍考察心理研究的價值，然此時又有棄掉此種考察的傾向。如此的脫退或舉揚實於統一調和的方法以外，更有顯示批判方法的特色的地方。今以第二小期的論文大概分爲次之三類：（甲）論理的，（乙）經驗論的，（丙）懷疑的。

（甲）如前所述，雖在論文「新釋」中脫離奈不尼茲式的形而上學，但是還沒有定論理學與形而上學的區別，還沒有定理由（即論理的）與原因（即事實的）間的區別。然自一八六二年至一八六六年所作的論文漸次明示其意。在「推論式四格的詭辯」中，以爲論辯第一格以外的推論式（即媒語）爲在大前提的主辭及小前提的賓辭的位置以外，即僅爲兩前提之主或兩前提之賓，是無益之辯。這樣看起來於其裏面可說他表示了反抗形式論理而明示經驗論的精神。次於導入負號量的概念於哲學的企圖」，說明負號量不能與論理上的否定同一視之；更說明應用之於自然學與心理學等爲性質缺損的意味，獨於論理學上不能使用他（即是論理學只有否定）的理由畢竟是論理的理由與實在上的理由不是同一的——此處可認爲受了朽摩的因果論的影響。何以見得呢？因爲朽摩的因果論不以這樣的論理的關係適用於事實世界。說明論理的證明與形而上學的證明不一致更有次之論文：「關於神的存在的論理證的唯一可能的論証理由」。然此時又從宇宙論的証明與實體論的証明（詳述於後）說明有神論。更於「判明自然的神學及道德學的根本原理的研究」，說明事物的認識不是從論理的定義與命題而成立的，是從既定的概念的分析的研究而得的。如此益發表示了與從來的形而上學絕緣的態度。

（乙）在此期間英法思想的影響給他以明白的轉變機會。如前章所述，康德耽讀了盧梭的著述。他雖說以盧梭的學說爲太奇矯，但由此確定了人性之可貴，知道文化與幸福未必平行，而開說明存於文化的道德意義的端緒。同時又為英國舍佛茲柏里的感情主義所感動，更研究巴格等所倡的美論，遂作了「關於優美與壯美的感情的考察」。這篇論文表示康德如何取經驗心理學者的態度，如何通曉人情。不僅是美學上的論文，就說他開了國民心理，男女心理等研究的端也是可以的。這樣看起來做了形而上學者的康德，現在想要做人性論者了。但是同時也做了以具體的議論為主的民族心理學的主唱者。

（丙）一七六四年在克尼希士柏耳希有奇怪的野人出現。身着山羊皮，手持聖經，亂髮跣足，隨伴八歲的小孩在街上歌唱而行，抽讀聖經以判斷吉凶，忽博得世人的信仰。這個小孩全然是山野中人，差不多和禽獸沒有分別，可稱為盧梭所謂自然兒。康德對於當時講倫理的人提出此事作為他們的好材料。他以為這個野人（即世所稱為山羊豫言者）不過是一種狂人，因此作了關於精神病的論文教導當世的人。同時喧傳於當世的東西是斯威得波耳格的神秘觀。傳聞他目擊天堂地獄，有必要時得和幽界的人談話，且有知道遠隔的地的神通力。康德很以此為奇，從窮困之中投資購買大卷的書籍。經幾許研究之後非常憤恨他荒誕不稽。康德為何注意此類的書籍？莫或是窮盡了諸家學說，對於魔術也想窮究一下而與化賠士有同一的精神罷。總而言之，在此期間確是對於從來的知識越發懷疑。他對於當時的形而上學表示不滿的論文有「能以視靈者的夢，形而上學的夢解說的」。此書一面諷刺視靈者得出入於天界地獄的荒謬，一面以波耳夫一派形而上學者得洞觀神世界靈魂等為同樣的荒謬而加以排斥。如此我們得了康德的思想全然從形而上學脫離的實例。而此處又有朽摩的影響無論何人不會懷疑的。

（四）

這樣看起來，康德全然脫離了形而上學，有傾於經驗論或心理的考察的形跡。然自一七七〇年，十五年間的講師生活成為大學教授的時候，依照慣例試行開講演說的論文（即所謂就職論文）又稍顯示形而上學的精神，同時說明關於空間時間的新奇見解，始開赴於新立腳地之端。

所謂就職論文的題目是「關於感覺界及叡智界的形式及原理」。內容分為五篇：（一）世界一般的概念，（二）可感的（感覺的）及可想的（叡智的）一般的差別，（三）感覺世界的形式原理，（四）叡智世界的形式原理，（五）關於感覺叡智兩世界的形而上學的方法。從第三篇最新的空間時間論看起來雖表示他脫離了從來的經驗論的傾向（詳述於後），然於他一面自其說明叡智世界的點看起來又表示他沒有脫離奈不尼茲哲學的樊籠。但考察此論文全體，就認為有奈不尼茲的影響也是有道理的。我以為對於此論文應該注意的點是他區別兩世界的事有幾分示于後來批判的方法。何以見得呢？批判云者，既如前所述，乃分割諸說於適宜的領域而各認其價值。

此論文不久已有增補，本當即時出版成書的，徒以對於友人的豫告就擱了時日。於一七七二年所作的書簡，已把書名定出來了，因其書不易成功，經十二年之久到一七八一年纔以「純粹理性批判」之名發刊出來。故其間的時期名為過渡期。其間的始末從送於黑耳茲的書信可以知道。

即一七七〇年的論文出版後，康德隨即有增補，想更為完全的論述。一七七一年六月七日送於黑耳茲的書信，其中有謂『因此，我正從事於次之事業，題為「感性及理性的界限」』。在此論文中，關於在感覺界所定的根本概念，與法則的關係及構成趣味論形而上學與道德學的本質的設計，想更加詳述一下。所以冬季已經努力於材料的蒐集，通覽了一切，不久將要著手做這件事』。這就是以一七七〇年的論文為基本，試行關於心性各能力的批判事業。一七七二年二月二十一日的書簡再揭此論題，其中的細目也把他舉出來了。此書簡分爲兩部：第一理論部，分爲現象論與形而上學；第二實踐部，分爲感情趣味欲求的一般原理與道德的窮一原因。還有一段論文繼於此兩部之後，其大意如下：『理論論部已經把他考察了一番，但其中有一重要的缺點，由此缺損之處得開形而上學的秘密的關鍵』。這就是「各個人的表象由如何的根據得與對象發生關係?」的問題。對於此問題，若兩者有因果關係，可用自然的說明；若是沒有因果關係，不得不用超自然的說明了。 超自然的說明就是以神力或豫定調和說明這個問題，這些都是Deus exmachina 之論。 在此書簡中尚有次之數語：『我現在正想作純粹理性批判一書。其中論究理論的認識及實踐的認識的本性。前者論究形而上學的源泉，方法及界限；後者論究道德的純粹原理。前者大約三月中可以出版』。 如此才把批評哲學的問題確定，批判哲的名稱也明白記出來了。由此我們知道一七七二年的書簡明明白白表示他入了批判期，在他的思想發達史上當然不可輕視這件事。

一七七二年的計畫中，其首部分題以「純粹理性批判」之名出版，但出版的時期實在九年之後。在此期間，這個問題常常往來於康德的心中，而於一七七六年十一月 十四日的書簡以「純粹理性的批判，教練，軌範及建造法」的題目詳細說明這個問題。這個說明直到復活節的時候還沒有完結，自稱身體不健要到翌年夏季才能成功。 然此問題一出，實不容易完成。 到七七年八月二十日約於冬季完成，到七八年五月又約於夏季完成，都沒有實現。 直到一七八一年五月一日的書簡中才宣告他多年的宿想已經實現。 起初只有一論文的計畫，最後乃成了彪然八百五十六頁的大本書。 他對於這個問題雖說思考了十年以上，其實執筆的時期不過四五個月，所以對於文體未免有不完備之弊。 但是康德自己對於文體的構造等未必不能自信。　他於緒言中引用特拉松的一段話：『書籍的大小不是由頁數的多少計算的，是由理會他的時間測定的。　若是不想使他太短，會要得出更短的文章』，他以爲這就是說：若不期望他如何明晰或能使他更明晰。他引這段話的意思，乃期望敘述的時候不厭棄重複，不避具體的實例，才不失學術書的體裁。　他在其「自記」中有云『我的講述方法有不利的形態，有煩瑣的外觀，因此吹毛求疵乾燥無味且拘泥之處甚多，到底與天才的步調不合』。　這是很可玩味的話。　叔本華評他是「壯美的乾燥無味」，又不失爲知言者了。

總而言之，康德完成批評哲學雖屬晚年之事，但早已傾注此精神於各種問題，受形而上學，自然科學，經驗論的影響而有種種的變更，最後才有對於知識問題的批評而具理性批判的形式，遂至發生哲學上的一轉機。

但是所謂「理性批判」果何所指？批判方法的眞義如何？將敘述之於次。

新時代 第一卷 第四號

共產主義與經濟的進化（續）

羅學瓚譯

三

現在我們從別方面來研究。

我剛才向你們陳說，智識工人和手作工人的痛苦，是由生產的共產主義的集中買占由幾個個人主義的資本家所發生的。這個生產方法和公衆的財富的壟斷，能夠使資本主有智識上和道德上的發達麼？資本主所歸還於社會的職務這些工人可以得知他所領受的光榮和他所得的快樂麼？

在個人主義工業之中，這個資本主是一個非常緊要的人，他通常製作，得家庭和幾個徒弟夥計的帮助。假使他陷於疾病或放棄了，他的工業就要倒閉，因他是一個工場或商店中一個勤勞的魁首。

在共產主義工業之中，這個主人已經消滅了；但是你們要找資本主可以到糖業精鍊工廠之中，鐵路之中，治金工廠之中鐵業之中；你們再不能在工人工作場中發現他們；但只可以在小窗口接收利益和分配金。就是他們可以居在離工作很遠的地方，他們可以居在巴黎柏林北京各處，並且安然可以居在月光之下，為計算他們應歸於自己主權的職務。

當生產方法和交易方法為共產主義集中的初步，所有主即把持管理和指揮的便利職務；到集中的事實成就了，他即自做代理；畢竟到個人主義工業中的主人的目光，應當完全看見是破裂了。

但這是由資本主夢想社會的形式分為行動與責任兩事，他最發達的形式，除為所有主張目以外，完全是無益的。並且因為他是無益，他當還是有害的。這並不是我故意造出這樣驚駭的話，這是一個學士院通信員，一個有名的經濟學者他做經濟學者大雜誌的總理莫立那李 molirani 先生，在一千八百八十年刊行的「經濟的進化」一書中所說的。他說：

（（在現社會制度之下創成一種企業，其中管理的職員只要略備一部分極少的資本，嚴格說起來，可以不具備一點資本，實違反一般輿論的稱許，這種最後的形式，對於社會的事務有適當管理的目標，會要較好一點。一個非股東的職員，他沒有管理自己的權利。 他充分的備有才幹學識和必要的品行，爲供他的職務。 完全是最容易會合的性質，並且不需煩費，在市場上可以分出與他相和的資本。））

莫立那李先生僅僅只證明一件事；但較之這些官家的經濟學者隱匿眞情於阻礙智力好穿鑿附會及無意識的空言之下，應當知道表示滿意於他敢於說實話。

資本主再不掌握生產中的任何職務，近來工業和商業的共產主義的機關，已經剝去他所有便利的職務，他已簽定資本階級死刑的監禁，資本階級將受從前貴族一樣的命運。

歷史反復的說：以前貴族制的變化大相類似於資產階級的變化當那時這些封建的諸侯生活在他們土地之上握盡有利益的職務，尚不能夠免除貴族如一千七百八十九年人所向他所行的事；其實他們保護他們的奴隸和他們的家臣，爲使他們保護自己的利益， 抵禦圍繞他們無數的敵人：封建制度就是歐洲土地的後備軍。 但是不久貴族解甲胄爲着朝服並改換戰爭的重劍拿來決鬥者的細刀，不久封建君主就變成了凡爾塞Versailles宮中及各皇朝中司教堂中的侍臣貴族就由此宣布了死刑由一定和必然的社會革命，將截止資本家的盛世，宣布資本階級的死刑．這是由經濟現象所宣布的。

我乘此機會警告，在我確信之中，我們不願意勞動者士星祭日之血，汚辱資產階級的革命，這些貧賤的人民，并不是殘酷野蠻，像資產階級一樣。（在各坐椅上的人大喝采）

在前世紀這些資產階級的革命黨人，自相吞噬，交互的禁絕這些革命的保護者，縱不如也要把他們的最大的功績置於危險之地；并且在這世紀之中，每一次這些貧賤之人，伸起來要求他的權利，並把他的地位暴露於光天白日之下，這些最強迫的壓制，必要壓倒他們的運動。在一千八百四十八年和一千八百七十一年之間，資產階級曾殺戮二萬與三萬死屍，密布在巴黎石道上。當那時候，你們回想兩個月之間，巴黎曾插入無產階級之手，並且沒有一個被捕虜者不遭殺戮。（和氣的陳辯）

這僅僅是最後交戰的時日…………（再起爭鬧）

主席先生說：請你們不要爭鬧任他辯論。

納化格再說：還是最後交戰的時日當人民失誤由這個戰敗與司令官所爲的恐怖與罰作囚徒之恐怖的時候（叫喊）但這兩個月之經過已成歷史上的事實，這些貧賤之人主宰巴黎曾沒有挨觸他們頭上一根頭髮並且各革命市廳的將領已經降服爲四人之後反部險意被暗殺了（再爭鬧，停止。）

主席先生說：先生不要中斷了，德毋蘭先生將要回答。

納化格說：我來陳述我們所見的一定而且必要的社會變化；他將沒有前世紀社會變遷的殘暴的表現，他僅僅經過資本階級的殘害。

四

經濟現象奪去生產者工作的器械，使他們集合起來公同在幾個大工作場中；又曾收聚那些在農場中耕種的農人，使他們集合在各處工業的城中，合在一些同樣的工作場中。那些工作場，使他們得解脫一切小資本主的本性，發生一個個人失掉的所有權的回想，就是生活在役使他們機械的面前，他們不知不覺明白了他絕不可以由個人占有生產工具，把他的主權統歸公有，是可能的。這個機械的生產，已掃除無產階級腦中個人占有的思想；使他們發生公共占有的思想。這個腦筋的轉變，自然成就了共產主義外面的行動。這是機械生產成立在資本主義的資產階級管理之下的結果。共產主義的思想暗暗的存在於傭工的腦筋中間；這些共產主義的傳播者，不過叫醒他們並指示他們的行動。

資本階級集合這些貧賤的人，並使公同生活在他們的工作場中，給他們一個傳播社會主義莫大的力量；不單止使他們腦筋中覺悟，並供給他們一種有効力的方法，存在他們腦筋之中，當我們到那工業的城中，發現許多有準備的工人羣衆的聯合，熱烈的歡呼我們不會播去的共產主義的思想。但我們應當解脫這種使工人爲玩具爲殉難者的經濟現象。

資產階級他需要生產，準備這些貧賤的羣衆，爲共產主義的宣傳，我們也供給他一個解決的方法，使他們爲政治的組織，並使他們實施革命的職務。

資產階級爲政治權力的主人翁，隨意的壟斷政權；

到處皆然，在法國如同在英國在德國在荷蘭一樣。他曾創立限制選舉，Sufrage retreist 除開無產階級政治的監督權。在所有資本家的文明國家之中，常最急或較緩的用普通選舉法來相調和。

然資產階級自己強要置威嚇的武器插入傭工的手中，一定要使這個加倍快利的武器達到傷害工人階級的目的，不合法的來維持他們，自一千八百四十八年以後我們得到普通選舉，但是議會的開議，在他們議員大多數之中，僅僅是受資本家的支配，或代表資本家的利益。這些工人被舉由資本家，爲代表他們，工人曾取得保護他們的利益及防禦他們可惡的仇敵。縱有普通選舉，有政府也是和限制選舉的時候一樣，是在占有階級的手中不過在他們固有利益之中議決幾條法律罷了。（中斷又爭鬧）你們不以爲然麼？是不是這個稅關的物價表每年要收供養生命的食物稅數千萬呢？這不是他們一致的同意所票決的致增高地產的租金呢？

但這些社會革命者開始從事於工人階級的教育，使他知道利用普通選舉：就是他可以證明他所知道共產主義教育的利益。 前次各縣鎮的選舉，在工黨中我是爭戰中之一個，用里昂定的黨綱，曾交戰過七十七個城中，我們曾征服二十七個城中的大多數，爲我們所有。並且其中有些有完全的決心，我們尙使一部分重要靑年感動，所得選擧的數，僅在第一次就達到十萬二千之多，這是開始所施於市鎮的効力。

由工人階級這句話，我們可以明白手作工人和智識工人是同樣的好，是同一樣的傭工。 這個階級擔負一切的生產並同時指揮一切的生產方法，他是現在獨一無二的便利階級；再不要容留他干預各種公共的職務，及管理國家政治上的利益。 好啊！所以現在共產計畫中的社會革命家，開始於從事侵佔，造成爲管理國家必需要的人才的黨會。（中止）

無產階級爲各鄉鎮和國家的權力的主宰，照前世紀中資產階級給與他一樣的例：就是在己沒收資產階級政權之後，再來沒收他的經濟權；他停止我們在前所証明的生產事業是共產主義的組織，而工作的器械與工作的利益，爲個人主義的占有，那個相違反的法則。 他使資本所有權變成社會化。 那時候不單止生產方法公共享用，並且也公共享用娛樂的方法。

像機械的生產這樣的增加人類所能生產的，或超出人類所不能生產的生產力，必定能滿足人類所有正當的需要。 雖然基督的話，爲這些特權和壓制階級的政治家道德家著述家所稱頌所附會，却是將來一定會沒有窮困的人生在地球上：就是幸福是普偏一致的。

五

各位先生，你們是明白這個了，我不曾夢想；我沒有所謂應當指揮社會運動在公道和平的感覺之後，或在公道和平的絕對理想之後。 我僅僅研究這些在我們眼前進化的現象並指示你們所進行的傾向。

我曾表示給你們聽，經濟的組織，當他在個人主義占有的時候，冒著共產主義的形式變換個人所有權的性質，使他集中起來，破壞了家庭，發生豐富中貧困，改易古時工作的情狀，把生產者分開爲手的職務和智識的職務，並離間他們使成兩類的傭工；無効用的歸降於資本主，資本主具有階級的特權，他不酬報按照各人公私的勞力；這些傭工集合在這些製造的城中；脫去他們個人主義資本主的首領所有的本性；萌芽著共產主義在他們的腦中，使他們預備爲社會主義的傳播，得利用普通選舉，並佔有鄉鎮與國家的權力，造成一種個人主義所有權的資本階級到鄉鎮與全國的所有權的過程。

這是夢想麼？這不是明白可見的事麼？這是引起戕殺和掠奪使這些工人羣衆準備於做革命事業被叫喚於行使人道主義的幸福麼？

這經濟現象引起大罪惡和革命的恐怖擾亂人類一切的習慣和幾世紀一切社會的基楚；馬克斯和昂格斯及我們共產主義的門徒僅僅是經濟現象的說明者，就是如這些海鳥對水手預言暴風雨一樣。我們告訴統治階級那個暴風雨將掃除他們的特權，這並不是我們所鼓吹的。

當社會革命擾亂時期的社會，比資本主義所發生的生產過剩的定期危險，尚要較少些痛苦，不久仍將歸於有秩序與諧和起來，從事於開闢利源，與財富平均的分配。那時的機械將成最可駭怪的生產工具，將不再陷入占有階級的手中，將變成人道的救世主；那時奴隸的工作已經過去，如亞里士多德所預料的神怪的勞工一樣。

德科蘭先生俟市民納化格說完，他來談鋒。他不肯辯駁所討論的事：就是他僅爲一個目標說明資產階級個人主義的理論。

但當談到共產主義的時候，可以放棄將來的個人主義的理論，德科蘭先生如同精深的全智的斯賓斯爾一樣，急於混合共產主義與多數官僚制度。Fonctionnari—sme 放眼一看，他發見各處都是共產主義；生活在那宮庭中的貴族，是共產主義者，資產階級由工業和商業的經營，可以避去危險，使國家地位安全，也是共產主義者，你注意他們，他們仍將有貴族的命運。

這個共產主義他所有的壞處，如返於愚昧，妨礙個人的發展，使人類痲痺不仁；人也說愚昧的東方人，一切的族類，都是共同所有物。這是畜牧時代人羣的社會組織，因為草類是自己生長的，不需要人的工作，草就是共產主義的比喻。

在反面看起來，已經進化的人民，歷史上重要的位置，都是個人主義的民族；如羅馬人之征服舊世界，盎格魯遜人 Anglo—Saxonne 之殖民新世界，新世界先為拉丁民族占有，因為有共產主義的傾向，與他的習慣只想為國家的幫助，所以不能知道保守。

共產主義是劣等社會的形式，僅僅能適合亞細亞高原的野蠻民族。反之個人主義是這些進化民族的優等社會的形式。現在最特出的個人主義的種族，就是盎格魯遜人種。若這些拉丁民族再昏昧不自醒覺，並無國家之救助，將無法自處，世界將全屬於他，為他所有。

布民納化格的答辯

主席說：納化格先生請你們允許他答辨德毋蘭先生幾句話，沒有反對的麼？（各人都答應好！好！）

以下就是納化格的辨論

納化格說——各位先生，我再簡單說幾句話，因為德毋蘭先生容易催起我注意。他攻擊國家，但我也是同樣的攻擊國家……（並鼓掌喝采）我們惟願國家廢止，我們相信國家單是資本主義一個強有力的位置；假使資本階級沒有他們的警察官，他們的兵隊，他們的司法官，他們的獄監，以保護他們。他們不過很少數的人，容易使工人階級伸起頭來消滅他。（再鼓掌喝采）假使你們拿來全部的歷史，你們可以明白這個國家是權力壓制的機關，壓制由特權階級，并且國家的戰勝，常常是判定一個社會管理的階級。

在前法國那個王權表明貴族占有國家，當時他保護這些貴族的特權，近來他墮入資產階級的手中，資產階級就變成社會的主人翁，他自己使國家保護他的利益。（拍手喝采）

在共產主義社會之中，沒有特權階級只有工人，人人有同樣的權利，與同樣的義務。因此就不需要國家。（拍掌喝采）因爲沒有保護階級：就是各人自己保護自己。（叫喚並笑）所以都是平等的，我還可說沒有人因自己的利益，傷害別人的利益，當其在資本主義的社會中，不僅特權階級傷害工人階級，並且兩個階級中的夥友，亦復彼此互相傷害。

我才對你們說過，在我們社會之中，沒有繼續不停行的戰爭有工業止於爲工業，有商業止於爲商業，並且人僅僅樂於幇別人消除禍害。　譬如一個醫生只求醫治有效，爲賺他的生活費，其餘他不要計及。在我們一個不同的社會之中，各個人的利益不會相衝突，不必需要保護個人的利益，自然在他們之中不致有戰爭發生。

德毋蘭先生剛才所說共產的社會，他對我們說，草就是一切共產的本原。想你們能允許我使你們記及幾宗事，從前在墨西哥meriyuc有幾處很廣大的公有地，沒有畜羣占有吃他的草：如像這些小民族還往來於那亞細亞高原上一樣。在秘魯Perou曾是一個優美共產的王國。在他們野生物的破壞者的著述中所考究的曾引起人驚歎。這些家畜馴服了，僅有野畜食這些生草，在這個國中，只有一種秘魯羊；但羊數還是很少，還要留心看管。由此你們可以明白草不是共產主義本來的情形、所有的民族已經經過了這種形式，如同族長制的家族，正在此分裂一樣。從前一切都經過共產主義，如同他們居在亞細亞高原上或大不列顛島上一樣，英國農學者馬爾薩

marshal 他在前世紀末著一書說美列 maine 城是在東方與西方的共產村中，記載不列顛農人的組織 完全與俄國的米爾 mir 相像，並盎格魯遜人最初的殖民地，新到美洲北岸附近成立共產村。 我在說及美列地方之後，再引一件奇異的事，足以增加我們問題中的勢力。

我們有一件記起的事，並那件事可以引起你們特別的注意，因爲他是關係於一點哲學上的見解，在印度有幾處共產村，都是照美列的模樣。 由英國在印度的法律的證明，說其中的人沒有我們理想中對於公道權利義務的觀念。(註一)爲什麼呢？因爲在共有 切之中，沒有利益的衝突，又在別的時候，因爲各個人所感受的損害，完全由公共承當，並且利益是公共的，沒有相違反的事，如同在我們的社會中一樣；不需要政府的權力，也不需要這些官僚來矯正各個人的不法。

(註一)美列的經過的譯文中說：(在法學家的意想中，沒有權利義務在印度人的共產村中，沒有一個犯罪的人，不自悔憾他所加於別人的損害及發生擾亂於小社會的秩序的行爲)這種考察證實洛克 Loke 在十七世紀所發出的偉論所謂公道的思想僅僅跟隨個人私有權才牵入人道主義之中到公同所有權的時候他一定會要消滅並僅僅存留最古元始時代的法律各國國民及各種不同的種族生活在這種和平主義與同胞主義之境况中是非常和睦的。

你們有想化合共產主義和多數官僚主義的態度，并且在多數官僚主義之中，你們只明白國家的多數官僚，但這個資本家生產事業的大機關，這不是多數官僚麼？這個鐵路，銀行，鑛產，大商店，他們不是同一樣繁多的官僚麼？

無論人鈔寫在商家在銀行中或在大臣家中，本是同樣屬於愚蠢或卑鄙人類品格的工作。 但以外這些國家的職官，崇賞報酬要比商家和工業中的官僚較好一點；所以在資本主義的國家中，都很希望因被用於國家。在

英國有好尊稱的狂熱，常把官銜拿來誇耀，敢於他的什歷（財政大臣或郵政大臣）刊在名片上，好像別種人書寫（公使的隨員）一樣

這是不對的，多數官僚不單止有在國家行政機關之中，在有大工業之地，到處都可以遇著。你們不能够以爲廢止國家，就廢止了多數官僚制度和你們豢養的畜類。惟我們共產主義者，可達到破滅他的目的當那時這些生產事業的共產機關，屬於全國各個人的手中。國家仍委託生產機關於這些工人團體。你們將談到且頌揚英國的組織法。你們在此點會頌揚他，因爲我們是在法國；但若是你們追溯二十年前，你們可看得這些在英國同樣腐敗的工聯會。Trades - unions 他常用一種暴力向前攻擊，並反對法國的工團。Syndicats 人是不得已的稱頌他，於是工聯會就變成了反動的基礎，就是在英國許多政治界的人，都爲那個稱羨他；因爲政治界的人利用他有政治的需要。—gladstone 先生與自由黨人在選舉時期把頌揚老工聯會做一種達到選舉的手段。

我說當生產的大工具是國家所有的時候。國家仍交付給工人團體，那時會再沒有多數官僚，爲看管幾個特權者，利益中之職務，只有社會的工人各人擔負各人的責任，並且他們已知道工作的利益，完全是屬於他們自己的。

你們將說這個共產主義制度的缺憾，是減弱人類的體力，加鈍個人的勞作，自從工作的利益不歸各個人所有之後必定每個人自好懶惰使鄰近的人作工。但這是在資本主義社會中所必有的現像，因這些工人完全知道工作的利益，不歸他們，他們僅僅得一小部分在這種傭工形式之下，那最大的部分歸資本家所有的原故，在一個共產主義社會之中，他知道他完全所生產的，到充滿了社會積載之時，是屬於他所有。

一定不移的，資本家工廠中的工人是被拘囚在他的

工作場中；他所留在的工作場就是他的生存地，假如有幾個人要跳出他的圈套，就好好的加他們以兵役，為什麼呢？因為離隔他的工作場，就入了饑餓之鄉，就是缺乏等他做的工作　他們是和樹木一樣，固定在一定的土中，土面上就是他的生活地。

在我們那個合意社會之中，人可以按照生產怎樣可以充分滿足一切的需要，來限定必需要的工作時間。（中斷）

現在人可以好好的限定應當供養全國的麥子的產量，那麼將更容易於規定鞋子的數目，為應該供給法國全國所有的脚的鞋子。（喝采）將來把社會各部分的工作都可分配出來，並可以固定各個人所應需要求的時間的限量，為自由的享用完全工作所創造的財富。　到那時候，人僅僅是自由生在社會之中；可以旅行，可以隨意變換工作，並可以陸續變換工做，因為在前已有必需職業的學習期間，可以在這個時間，使用各種機械。你們都在此地，可以用一架機器，只在一個月間，就可以縫紉，不致使針綫相衝突，再用同一樣的短促時期，學習紡績。（笑）這種僅有的職業可以存在於將來，這是將來的機械師；一個人可以交互經過一切的職業，這可以使他發達身體與精神得到人生莫大的幸福。（鼓掌喝采）

你們不以為然麼？但看確實所做的成績如你們所稱頌在美利堅的盎格魯遜人種：就是在佛爾威斯的人，曾練習過幾種職業，並且不休息的練習新職業。　由這種職業到那種職業的經過是發達個性和腦力最好的方法。然則人只能在人類的共產社會中，才可以解脫個人占有的煩惱，並且才能擔負社會的職務為享受社會的恩惠。可以由北方到南方自由的旅行，經過紡績業到農業或所有的職務，並且無窮的啓發各個人完全的個性。

德博蘭先生所談的智識教育，對於工人是一種死的文字，——並且枉然說了——因為一個人拘囚在工作場中，經過十點鐘工作，再不能公共會合來聽博士的講，就是因疲勞煩惱還要睡眠的原故，並且資本家的工廠裏過多的工　，常常破壞工人的腦力。

你們看來中世的平民的詩歌和各國平民的詩歌——這是全人類可作的証據——如俄羅斯人資本主義的工業還沒有成就，你們看看他們是如何可稱頌的詩歌。Fillade 詩集不過是一些平民歌曲的聯合體。

現在你們可到北方各州縣中去，並拿取這些能聽得的可憐的歌曲，你們可以看出極大的差別分出共有的社會的職工和資本家工業中憂愁的貧民出來。（鼓掌喝采）

若你們實在要做一個抱發達人類個性的同志，可以研究以外的理論，要直達到願意廢止壓迫個人的資本家的所有權纔能做到。

到十一點一刻鐘散會

小說

脫了牙的狼

李達譯述

一

當世界開闢不久的最古的時候，狼們不知道過成羣結隊的生活，只是各自獨立奮鬥，各自尋覓生活的資料。但這種各自獨立的生活，不單是不便利，而且很麻煩，所以後來他們就發明了合羣的法子，大家結合起來，互相扶助，一致出外獵取食物，一致抵抗外敵的侵略。在他們這一羣裏，身體強壯的，個個都出外打獵，獵得的食物，都歸全體共同分配，所有年老的年幼的以及餵乳的母狼，都可以不出外覓食，而分食公共食物的份子，若是身體強壯而不出外打獵，便視爲公敵，把他逐出本羣之外。獸類中猛獸固然很多，卻都不知道結團體，至今還是孤立着，狼們現在既然有了團結，那向日捕狼而食的老虎們，也就不能不改變他們的食物的種類了。

但是不久，這狼羣之中，發生了一個不幸的種子。他們的同類之中，出了一個老饕，這個老饕，食量非常之大，可是性情非常之懶。他最恨的是作工，吃起來卻可以抵得三五隻狼的分量。他在本羣之中，成了一個討厭的東西，他每日只打些不勞多食的歪主意。他想了許久，就想出一個方法來。他想：假使他們同類的那種尖利的牙子，歸他自由支配，他便可以自由獲得食物了，便可以不做工吃飯了。不錯：狼的牙子，的確是獵取食物的工具，是噬裂敵人的武器，若果取得這種工具，這種武器，那麼，狼就和羊一樣，可以歸他自由支配了。

老饕每日總呆想取得同類的牙子的計策，簡直是廢寢忘餐，弄得身體也瘦弱起來，連眼睛也凹進去了。因爲老饕欲望雖然很大，却不見得怎樣聰明，這個工作，竟超乎他的能力以外。

有一天，他遇着一個狐狸。這狐狸名叫尖嘴，素來有智囊的稱號。老饕於是把這種計畫同尖嘴商量，尖嘴聽了，搖頭擺尾，洋洋自得，便對老饕說道：

『老饕先生！這件事我倒有個很好的法子』。他所說的好法子怎樣呢，就是教老饕想法子多造些鐵的牙子來替換同類的狼的牙子，因爲這鐵牙子比狼的牙子還要堅硬些，別的狼必定都喜歡拿自己的牙子來換這鐵牙子，而這鐵牙子歸老饕所有，這樣，老饕不是可以自由支配別狼的牙子，可以自由飽食了。這豈不是一個

二

不勞多食的好法子嗎？但是這鐵的牙子怎樣能够製造呢，這却是一件難事了。於是這尖嘴先生就自鳴得意來包辦這件事情。尖嘴有一個猴子朋友，他曾被人類捉去養活了若干年，後來逃到山裏來，他學習了打鐵的工作，所以知道這製造鐵牙子。尖嘴於是出了一張『見票發胡桃百個』的期票，交給那猴子，教他打若干隻鐵牙子給他，那猴子便欣然承諾了這件工作。

二

老饕得到了這些鐵牙子之後，最初只是教那些牙痛的老狼們把痛牙拔去來換上鐵牙。但這鐵牙子做得很合式，換上去恰和生成的一樣，而且比自生的牙子還要堅利些。這個新奇事件傳到狼們底耳的時候，差不多個個都想把牙子拔去來換上鐵牙以便獵取別的獸類。他們於是都來懇求老饕，要他發慈悲拯救他們，都替他們把鐵牙裝上去。這時候老饕便自命爲文明的恩人，爲天生慈善家，都無條件的把他們的牙子拔去，替他們

換上了鐵牙。但是老饕要求衆狠對他發誓，承認他的命令。第一，他說不要打獵的時候，大家就應該把鐵牙取出歸還他，因爲鐵牙是他所有的；第二，除得了他的許可以外，無論那一個狠都不得任意出外打獵；第三，大家獵得的食物，都要拿出十二之一給他，作爲年貢；這三件事，衆狠都一一答應遵守了。

這羣的狠，雄的共有十三匹，都欣然承認，暫時相安無事的過去了。有一天，尖嘴來到老饕家裏索報酬，可是要求過奢，老饕到底辦不到，因爲老饕所得的只不過是衆狠所得的十二分之一。尖嘴就獻計老饕提高年貢額爲十一分之一。老饕把十二分之一供給尖嘴外，下餘的都歸他自己所有。但這時候那製造鐵牙的猴子也拿起期票來索還胡桃了。老饕倒非常爲難起來，四方尋覓，連一個胡桃都不能支付，他左思右想，只好和尖嘴商量，尖嘴便一口應承，他對老饕說這事並不要緊，期票是我出的，他問你時，你要他向我交涉好了』。老饕便依他的話告訴猴子，猴子就拿期票去找尖嘴，尖嘴說：『這期票的確是我出的，可是那個銀行現在已經倒閉了。那猴子說：『已經倒閉了嗎？胡桃一個都沒有麼？』尖嘴很抱歉的答道：『是的！』尖嘴四處搜索，只搜得一個乾胡桃給那猴子，那猴子沒法，只好自認晦氣走了。

自此以後，鐵牙的名譽大好，別地方的狠，聽了這個消息都來加入了這個團體。老饕便把胡桃的數目加倍起來，請那猴子替他加造鐵牙。那猴子本來是健忘的，如今受了甘言的誘騙，又替老饕造了許多鐵牙。於是狠的數目增加到二十匹，老饕使得了加倍的貢物，同類之中就發出不平的聲浪來了。軍師尖嘴先生便替老饕請了一位哲學家梟先生來解釋衆狠的誤會。梟先生於是高談起哲理來，他說：『衆狠若不向老饕領用鐵牙便不能生存，老饕不向衆狠徵收年貢也不能生存，雙方利害，完全一致，老饕和衆狠可說是情同父子，老饕的利益就是衆狼的利益」。天眞浪漫的衆狼們，他們忽然聽得梟哲學家這種艱深的哲理，就以爲這是天經地義，便也害羞的不鳴什麼不平了

三

到了老饕的兒子的時代，事事都大進步了。 老饕的兒子名叫玲瓏，他比他的父親聰明多了，他雖然也是講利己主義，却不露絲毫形跡。 玲瓏雇用野狗做警察，聘請野猫做偵探，，若是稍有不利於自己的事情，便可以指名逮捕那一個狼來處置他。 他又聘用鸚鵡替他辦報，又雇傭烏鴉的經濟學者編製種種細密的統計，說明世界上所有的狼，只要自己作工就不至沒有吃，貧窮便是懶惰者的刑罰。 玲瓏於是漸漸增加年貢額，衆狼所獵的食物要把九成納給他，他們自己只能分受一成了。

這樣一來，衆狼們雖說是馴良，却因不能挨餓的緣故，不期然而然的同盟罷工起來了。 玲瓏趁着這個時候，叙命梟先生對衆狼說些「儉約」，「安分」的美德的話來勸慰他們，又賄託鸚鵡先生宣傳他自己的德政，譬如：「褒獎孝子」，旌卹百零三歲的老狼」，「捐贈養老捐欵」，「練辦警察」，「建造監獄」以及許多施恩於窮狼的善事等等，幾乎連日都登滿了新聞的篇幅。

然而這個同盟罷工却不是那樣容易鎮壓下來的，後來玲瓏又敎尖嘴的高足弟子，裝作窮狼的樣子，跪向貧窮街上去。 這個狐口才非常好，他在幾百匹狼的面前，大大的發揮熱辯，手舞足蹈，涕淚交流，拚命的講演了一番，凡是聽了這種演說的狼，無論怎樣頑固，怎樣瘦弱，沒有不相信他是眞的志士仁人的。

這狐取得衆狼的信用以後，便很悲壯的對衆狼說道：『諸君！我若不完成我的使命，今生誓不與諸君相見！』 於是他帶領衆狼的代表二三十匹到玲瓏的城內去了。

這個消息被野貓探得了，就飛報豺的軍隊，那豺的軍隊就在路上埋伏，等那些代表到來便一齊跑出把那些強硬的代表咬死了，把那些怯弱的嚇走了。這時候，那個口才很好的狐，便帶了一車滿載着玲瓏吃剩的貓頭鼠尾，意氣揚揚的回到那些窮猿的隊伍中去了。他對衆猿說：玲瓏對於窮猿很表同情，衆猿的不幸玲瓏就認爲是自己的不幸，說得天花亂墜，好像眞有其事。他來了便把帶來的一車貓頭鼠尾散給衆猿吃。衆猿本來是餓了許久的，現在又承這個有口才的狐的厚意，不得已只好把這些剩餘物分吃了。野猫的偵探，豺和野狗的凶暴，衆猿已經領過敎的，還敢反抗嗎？這同盟罷工便暫告鎭定了。

四

玲瓏對於經商營利，最是奸巧利滑，此外一點智識也沒有，簡直是目不識丁的粗鄙野蠻的東西。玲瓏買賤賣貴，操奇計贏，有時想買北極的熊皮，便把牛皮當做熊皮收買了；有時把世界的無鑑的貝殼和破石片當做寶玉收買了來取媚貴族的雌猿；有時將五色版的廣告買來，當做古代大家的名畫。而且自鳴得意，以爲這是世界稀有的貴物，招請狐，梟，豺等一流獸物，大開其宴會。他所有的是衆猿日夜辛苦獵得的東西，任憑怎樣浪用，都是用不盡的。後來，金庫貯滿了金銀，糧倉貯滿了獸肉，簡直連收藏金銀食物的地方都沒有了。這時候，玲瓏非常滿足，便下了一道命令，敎衆猿暫時停止打獵。衆猿得了這個消息，覺得挨餓的日子又到了，不平的聲浪又鼓噪起來，大家就集會來商量對付的法子。

衆猿這個會是在玲瓏的城內一間密室裏開的。事前玲瓏也和老饕商量過，老饕是個毫無智識的人，除了他食以外，什麽都不知道，他對玲瓏說：「這有什麽要緊，衆猿沒有吃，我們多賞賜他們一點就好了」。但是玲瓏却以爲這個辦法最是危險，認爲他的父親已是老耄無能，以後再也不使他參加任何會議。玲瓏所召集開會的，無非是狐，梟，猴，豺等一流獸物，大家對於這個風潮，都沒有什麼計策。最後還是虧了那位智囊尖嘴先生想了一個主意出來。他說：消弭內亂的方法，只有製造對外的戰爭。第一便是挑撥鄰近兩個狼羣，使他們兩不相容，互相戰鬥起來；其次，假使第一步做不到，便與鄰近的一羣挑釁，惹起國際戰爭。這樣一來，本羣的眾狼，自然忘掉了不平的心思，而且戰事發生的時候，隣國必需用本國貨物，工作也會增加起來。這是尖嘴的計畫。鸚鵡主筆聽了，覺得這事很可以增加新聞的材料，大大的表示贊成。梟先生也承認這是很好的機會，可以向窮狼們鼓吹愛國的熱誠，消除不平的誤會，也表示贊成了。最後玲瓏也想到戰爭的時候，做國王的威風凜凜的出巡，何等堂皇冠冕，便也大表贊成了。

尖嘴最初實行第一步的辦法，派他的高足弟子到外國去，很巧妙的挑撥鄰近兩個狼羣的惡感，釀起利害的衝突，煽動敵愾的心理，使他們互相對敵起來。果然不久，這兩個狼羣宣起戰來了。玲瓏乘着這個機會，向兩國都表示好意，都供給他們些兵糧，武器，粗製濫造，貨劣價高，自然大發其財。眾狼也在這時候，替隣近兩國運糧運械，忙過不了，才勉強的把那飢餓的心理消了下來，也都非常滿意，也覺得戰爭是件很好的頑意兒。

五

鄰近兩國的戰爭完了，那戰勝了的一羣甚是威武異常，也就漸漸的向玲瓏的國裏擴張起殖民地的範圍來了。但是玲瓏的一羣終比不上鄰羣的狼數之多，只好忍耐些罷了。於是鸚鵡主筆和尖嘴軍師，就大借事故捏造消息來煽動眾狼的敵愾心，使他們忘却對於玲瓏的仇恨。玲瓏也借着這個機會斂財，說軍備不能不增加，要塞不能不堅固，所以不能不增加稅額來充軍費。眾狼本來不知道玲瓏所過的奢侈生活，例如玲瓏爲了建築別墅，臺榭，跳舞場，以及購買貴重古董和嬌美的婢妾之類，巳花費了無數金錢，而衆猴却是不知道的。 他們只以爲這次增加的稅額是的確用來鞏固國防的，他們以爲鸚鵡主筆和梟哲學家所說的臥薪嘗胆就是指着這事說的，所以只好忍着痛苦聽玲瓏剝削而去。

這個時候，他們的鄰羣忽然起了一個大內亂。 因爲鄰羣之中也出了一個和老饕玲瓏一樣的不勞而食的古怪猴，現在被一般青年猴打倒了。 先是古怪猴曾經招集了一類蠢猴做死黨，和一般青年猴作對，正在對敵的時候，玲瓏聽了尖嘴，話與動干戈來干涉鄰羣的內亂，果然玲瓏的軍隊得勝了。 結局，玲瓏的領地，較以前增大了一倍。

鄰羣戰敗以後，那古怪猴便被部下所棄，而且被他們咬死了。 鄰羣的一般青年猴就開會討論公共生活的紀律，決定除了老猴，幼猴及乳猴以外，所有强壯的猴個個都要出外打獵過活。 這個紀律議決後即宣布實行，從此再沒有被別猴剝削的事發生了。

但是戰勝了的玲瓏的一羣却不是這樣。 玲瓏因此增收了不少的年貢，狐，猴，鸚鵡等，因爲承辦兵糧器械，也加增了許多利益，豺軍的首領也得了許多勳章和寶星。 只有窮猴們不但爲戰爭犧牲了性命，咬斷了手足，而且因爲領土的加倍大擴，反加增了四五倍看守的責任，戰爭雖說是得了勝利，而在他們却增了許多的不幸。 然而他們讀了鸚鵡主筆有益的新聞，聽了梟先生高尚的哲理，只好忍氣吞聲的作工，而且怕把這些苦痛提起。 他們覺得玲瓏的繁榮就是他們的繁榮，玲瓏的富貴，便是他們的富貴，所以他們雖然餓得要死，還在那里祝國威的發揚。

六

這時候，老饕巳是太上猴王，只因吃得過多，肚子膨得要破了，他恰像一個大飯桶，一點也不能行動了；

他神昏顛倒，又像一個呆物，眼睛起了白翳，嘴唇只是張開着，看起來正是一個六根不全的鈍貨。但是他的慾望越發增大，年紀己是老耄，猜疑心也便增加起來。他很耽心着他的吃用不盡的鹿肉和兎肉，恐被他人盜去了，他整日的坐臥不安，弄得頭腦愈鈍，身體更弱了。他的病的眼光，沒有一刻不提防着他的功臣尖嘴。

他只是猜疑着他的鹿肉和猪肉怎麼會不見了。他於是在其一晚上把他的倉庫的秘密進口的地方張起了一張罠。有一天早晨這張罠上竟留下一條白毛的狐尾，這個無疑，當然是那元老尖嘴的尾子了。

後來不久，老饕因爲喫得太多弄壞了身體，尖嘴因爲尾斷受傷害了病，兩個都接連的死去了。別的獸聽了他倆的死耗。沒有一個不做出嚴肅的悲悼的樣子來。尤以梟哲學家最富感情，替他倆做了一部歌功頌德的大書，鸚鵡主筆也搜集他倆的逸話，載滿了新聞的篇幅。

七

衆狠們因爲戰勝的祝賀，因爲老饕和尖嘴的葬儀，暫時忘却了的不平的念頭，可是到現在仍舊伸展起來不可遏止了。無論玲瓏怎樣鼓動豺軍向他們示威，無論鸚鵡主筆和梟哲學家怎樣宣傳高尚的哲理，無論烏鴉經濟學者怎樣搜集十年前二十年前本羣全體的收入來編造細密的統計，可是他們餓凹了的肚子，依舊沒有醫治的法子。所以衆狠們議論紛紛，又起了不平的聲浪，現出不安的形勢。

玲瓏爲了這事在岩洞裏又召集了御前會議。列席的尖嘴的弟子們，也和尖嘴一樣的有才智，他們認定這一回再也用不着挑起對外戰爭，消弭內亂的老法子了。他們定下計策教鸚鵡主筆在報上宣傳，說窮狠所以挨餓是因爲缺乏政治思想的原故，假使大家都熱心政治，組織政黨，製出好的法律，那麼，無論什麼幸福都可以享受了。

衆狼們從報上得了這點智識，便立時如法泡製來組織政黨。但鸚鵡主筆又說，政黨應該要有兩個對抗才行，一個在朝，一個在野，這樣，政治便有清明之望了。 正直的衆狼們果然遵命組織了兩個政黨。 他們於是笑顏開，以爲國中有了兩個政黨，從此可以不挨餓了。 衆狼們本來非常忠厚，工作很忙，又沒有受過教育，那能知道世事，只要有新聞爲他們褒奬，便覺得自己是個偉人了。 他們甚至忘却了一般，豺，狐，梟，烏鴉，野狗是他們的敵人，反因爲是同志的關係，選舉他們做議員。 狐，豺，梟等因爲有玲瓏替他出選舉運動費，所以個個都能當選，窮狼們連候補者的希望都是沒有的。

這般當選的議員，在最初運動選舉的時候，到處演說，發表政見，說他們如何與窮狼表同情，假使他們當選，必定要爲窮狼們謀利益。 那曉得他們當選以後，便大變其態度，不特不爲窮狼們謀利益，反替玲瓏增加了不少的年貢，來分得餘潤。二個政黨之間，爭權奪利，醜態百出，他們還藉口正義人道，說要謀國利民福呢。

八

這樣下去，衆狼們又遭着不幸了。 玲瓏的倉庫早又貯滿了金銀獸肉，又下了命令，收回鐵牙，停止打獵了。 這個消息傳出，衆狼們又鼓噪起來，哭的哭，嚷的嚷，無論老的少的瘦的，病的都一齊鬧着這個牌示叫罵不休。 老而無用的說這是天意，玲瓏這般人這樣倒行逆施，將來必遭天譴，只好拭目等待罷，但是少壯有精神的狼們却是不肯罷休。

一個瘦狼，張開了他的凹進去的眼睛，放出閃閃的光芒對着衆狼說道：『山林之中，獸類不少，只要我們出獵，總是容易獵到手的，玲瓏他們自己若是不要，就不必抽稅，我們打獵自食，難道也不可以嗎？』 大家聽了，都覺得這話很對，都要擁進玲瓏的城內去。

於是狐，梟，烏鴉師弟等都跑到羣衆之中，站在空箱子的演台上演起說來。梟哲學家說：當鐵牙子的所有者得不到利益的時候，衆狠若是任意出外打獵，便是犯下了十惡不赦，天人共棄的大罪，違背了玲瓏國內固有的美風。狐先生講演勤勉節約的道德，烏鴉學者講演作工不窮的公理。個個演說家都盡量發揮意見，末了致衆狠順從天意，不要說天意的不好。

內中還有一個最近從外國讀書回來的留學生，他是有名的新思想家，做了民治新聞主筆的一個鸚鵡，他的議論新奇，他說：

『諸君！現今是立憲政治的世界，一切都與古代不同。現在有議會，有政黨，有憲法保障言論集會的自由。諸君對於政府的施設若有不平，儘可訴諸言論機關，訴諸議會，訴諸政黨，以立憲的手段堂堂正正的發表自己的意見。希望諸事，千萬不要輕舉妄動，從始至終都要保持紳士的態度…………』。

十

這方面雖然打着文明的國民旗，別方面獰猛豺的軍隊，却依了野貓的秘密報告就自由行動起來。他們是勇敢的軍人，和窮狠們說什麼「言論機關，議會，政黨」，說什麼「立憲的」，「紳士的」的話，他們是絲毫不加考慮的。他們一聲步哨，便蜂擁到羣衆中間，把衆狠們驅散了，強硬的被咬傷了，老弱的被打壞了。

次日的新聞大登特登這個消息，鸚鵡主筆運用利害的筆鋒，說昨天的暴動似乎是不依「立憲手段」的衆狠們釀成的，其責任並不在豺的軍隊。而且作了悲歌慷慨的時評，下些什麼「非立憲的」，「輕舉妄動」的斷語。

九

當着這過暴動發生的時候，忽然從外國混進來一個青年狠。這青年狠是革命的鄰羣之中的一個健將，先年和一般志士殺了古怪狠，建設了自由制度的。他的額角上有一個大疤痕，是在和古怪狠軍隊打戰的時候被咬破的。 他的眼睛銳利，目珠發光，牙子雪白，一見就知道他是一個革命英雄。 他的名字叫做健脚，他對人說的總是平常的道理，明白透澈，並不像梟哲學家烏鴉學者所說的那樣高深難懂，無論老幼婦女，都聽得明白，感動。他最初到這裏來的時候，聽衆狼所說的本國政治昏暴的事情，都以爲非常奇怪，不能相信，後來仔細考察一番，才知道衆狼所訴的苦情，件件都是真的。

他的眼睛越發顯出神光，用很嚴肅的態度對衆狼說道：

「諸君！若是你們沒有主張自身的權利的勇氣，那麼，你們餓死了，都是自作自受呵！」

衆狼們聽了，都是互相呆看看。 其中有個年長的狼嘆了一口氣說道：

「但是，你們年青的可以這樣說，至於我是沒有牙子的，我若是有牙子，我又弱於誰呢？」

「爲什麼不把牙子取回來？ 牙子原來是自己的，難道被別個奪了去，就永遠不奪了回來麼？」

「話雖這樣說，一旦變了他人的東西，若要勉強取回來，就與偷竊無異了」。

「你老這樣說，那麼，你把被人奪去的東西取回來，不比殺人好些麼？」

「殺人？ 你說那里話。」

「是的呀！殺人是醜事呀！但是諸君如今餓到要死的地步，諸君用這樣無情挨餓的武器自殺，而且殺了你們自己的妻子兒女，殺了你們的同類了！ 這樣悲慘的殺人也可以做嗎？ 與其這樣，不如去把牙子奪了回來，橫豎是個死！」

說到這里，有一個少年狼站起來大叫道：「既然是要死的，什麼事也可以幹。 我們橫豎是死的！ 去罷！諸君！」

衆狼們雖說是已瘦了，弱了，勇氣却是有的。 於是大家集合起來，由健脚帶領敢死隊衝鋒，長驅直入的向玲瓏的岩洞走去。鶡鴟主筆於是大發其號外，說玲瓏聽了這個消息，已答應從次日起恢復打獵的工作。

衆狼們都不由分說，齊聲叫道：「我們不是因爲想做工才這樣的，我們是要牙子，還我們牙子來！」接連鶡鴟又發出第二個號外，說玲瓏的心像海一樣寬大，以後窮狼們獵得的食物，只收半稅，本屆議會已經把這案列入議事日程了。窮狼們並不改變激烈的態度，都說道：「現在已來不及了，若要這樣幹，已前爲什麼不幹呢，現在不行了。我們要牙子，還我們牙子來！」

狼軍和豺軍在玲瓏的城外發生了劇烈的衝突，健腳猛勇的作戰，弄瞎了一隻眼睛，弄破了一個耳朵，後腳也被打斷了，此外沒有牙子的狼軍之中，被野狗和豺的軍隊殺傷了的甚是不少。但是狼軍的勇氣百倍，連婦人小兒，也都個個勇猛倔强，向前突進，那般被金錢僱用的豺狗們，那裏能怎樣出死力和狼軍作戰呢？所以豺軍陣亂的時候，瘦狼游擊隊猛然從深山中把那藏着的牙子運了出來了。別支的狼軍也把兵糧的倉庫打開，奪回他們以前獵得而被玲瓏奪去的獸肉。於是野狗和豺也都逃開了，狐，梟一類東西，也降的降了，逃的逃了。玲瓏也自殺了。

衆狼們仍然照父母的時代團結起來，過那公共的快樂的生活了。好呀！

詩

獨奏

陳炳琨

一絲絲的雨
排著陣兒，
密著步兒，
行軍一般的跑過了。
那遠遠的一灣溪水
正流經山脚，
來到田間，
獨自奏著和平而愉悅的歌聲。

十二年四月二十二日

厄運的悲哀

陳炳琨

直淋下的雨
打著山上的松林，
松林很大度的容受著。
那田裏面的——
又白又嫩的穀芽，
却經不起這般蹂躪，
於是只有厄運的悲哀了！

十二年四月二十三日

該富有的

陳炳琨

從灰白的浮雲洞窟裏
透出一派溫煦的嫩黃的陽光；
看看雲也換了黃了。
好一個金色的春之晨阿！
鳥兒空中飛著，
樹兒風裏笑著，

草兒路旁舞著，
水兒溪邊縈迴著，
髫髻喫够了的孩子們
儘自由自在地嬉遊著。
浮雲快要跑盡了，
陽光依舊汪汪的黃，
我們該富有的
金色的春之晨阿！

十二年四月二十四日

被傷害了的

陳炳琨

給雨傷害了的，眼巴巴地
正渴望著那陽光的援助，
慈惠的陽光可忍不住了；
怪的浮雲竟遮著道兒。
雨在暗地裏得意之時，
那被傷害的却要碎心了！

二

十二年四月二十五日

熱情之歌

陳炳琨

春天已深深地來了，
自是你們唱的時節了。
唱麼，蛙，遠遠近近的蛙！
那滿鋪著綠茵的池角塘邊，
不是你們最好的歌塲麼？
那夜鳥聲，溪流聲，微嘯的風聲，
正和著你們唱呢。
還有那月光，星光，倒映著天影的水光，
也正照著你們唱呢。
春天已深深地來了，
自是你們唱的時節了。
唱麼，唱——唱阿！
儘熱情地開懷地唱阿！

十二年四月二十六日

孤獨的旅行者

陳炳琨

夜神之幕正籠罩著大地的一切，
任誰也不能逃了。
祇那天際的月光
兀自徐徐地來莚幕之外，
待踱過東方了，
還移向西方，
伊眞是孤獨的旅行者阿！

十二年四月二十九日

新時代　第一卷　第四號

四

隨感錄

舊國會不死大盜不止

舊國會代表誰？據我看來，他們只能代表軍閥的走狗。　他們之中固然不少庸中佼佼的分子，但豬仔們占居大多數，凡是通過的議案，都是豬仔們所贊成的，其結果舊國會的全體只能代表軍閥的走狗。　現在有不少國會議員，因爲折台的緣故，遷到上海集會了。　在表面上他們或許名譽要好些，其實與留京議員也沒有多大的分別。留京的分子被曹錕所利用，遷滬的分子被盧永祥所利用，同是一樣的被軍閥利用，也不過是五十步百步之差。　舊國會的命運已延長至十餘年之久了，據我們的觀察，中國內亂延長多少年，舊國會的生命也要延長多少年。　過去袁世凱利用他們做了總統，現在曹錕又要利用他們來做總統，將來盧永祥乃至張作霖也許要利用他們來增高自己的地位的。　結果舊國會存在一日，竊國的大盜必繼續發生，所以我敢斷然說：舊國會不死，大盜不止。　達

曹公之力不小

孫中山幾十年奮鬥，幾十年失敗。　大家都稱他做大砲，他自己也曾說過：『素大砲，行乎大砲』，然他的砲力並不見得怎樣厲害，攻城多不能下，爭地多不能得；這次奮全力再起廣東，與吳佩孚決最後勝負；黃大偉解體，陳炯明舉兵，沈鴻英頑抗日暮途窮，幾無容身之地；誰不捏着幾把汗替他擔憂？　可喜曹公的大砲響了，武漢首義鼎鼎大名的黎元洪聞聲就跑，全國都被他的烟霧籠罩得天混地暗，震驚得心神恍惚，於是偏國中幾翕然而嚮孫中山，中山幾又轉敗爲勝，中山的大砲雖不響，也將要東征西怨，南征北怨，以簞食壺漿以迎了！　現在聽說曹公的二次大砲又決要響了，將移其大選的全付精神以用武力，先奉天而後西南，那麼，孫中山的時機就再好沒有的了，孫中山

眞應該二十四分的表示感激纔是！孟子曾說過：『爲淵毆魚者獺也，爲叢毆爵者鸇也，爲湯武毆民者桀與紂也』，我現在要續一句『致孫中山成功者曹錕也』，曹公之力豈不甚大？

佑魁

新時代

第一卷第四號

民國十二年七月十五日出版

編輯者　湖南自修大學

發行處　長沙文化書社

印刷處　羅棟華印刷局

代售處　各省大書坊

定價	
	每月一冊大洋壹角伍分
	全年十冊大洋壹元肆角

图书在版编目(CIP)数据

湘江评论　新湖南　新时代/湖南学生联合会，新湖南社，湖南自修大学编．—长沙：湖南师范大学出版社，2009.12

ISBN 978-7-5648-0133-5

Ⅰ．湘…　Ⅱ．①湖…②新…③湖…　Ⅲ．期刊—汇编—中国—20世纪　Ⅳ．Z62

中国版本图书馆CIP数据核字(2009)第225662号

湖湘文库(甲编)

湖湘文库编辑出版委员会

湘江评论　新湖南　新时代

编　　辑　[民国]湖南学生联合会
　　　　　新湖南社　湖南自修大学
策划编辑　黄　林
责任编辑　刘苏华
责任校对　赵玉琴
整体设计　郭天民
出版发行　湖南师范大学出版社
网　　址　http://press.hunnu.edu.cn
地　　址　长沙市岳麓山
邮　　编　410081
营销部电话　(0731)88873071
经　　销　湖南省新华书店
印　　刷　长沙化勘印刷有限公司
版　　次　2009年12月第1版第1次印刷
开　　本　960×640　1/16
印　　张　36.25
字　　数　439000
书　　号　ISBN 978-7-5648-0133-5
定　　价　160.00元

如有印装质量问题，请与承印厂斢换

厂址：长沙市青园路4号　邮编：410004

ISBN 978-7-5648-0133-5

9 787564 801335 >